Ingo Röger

Sächsische Wanderberge

Gipfelziele zwischen Vogtland und Zittauer Gebirge

65 ausgewählte Touren

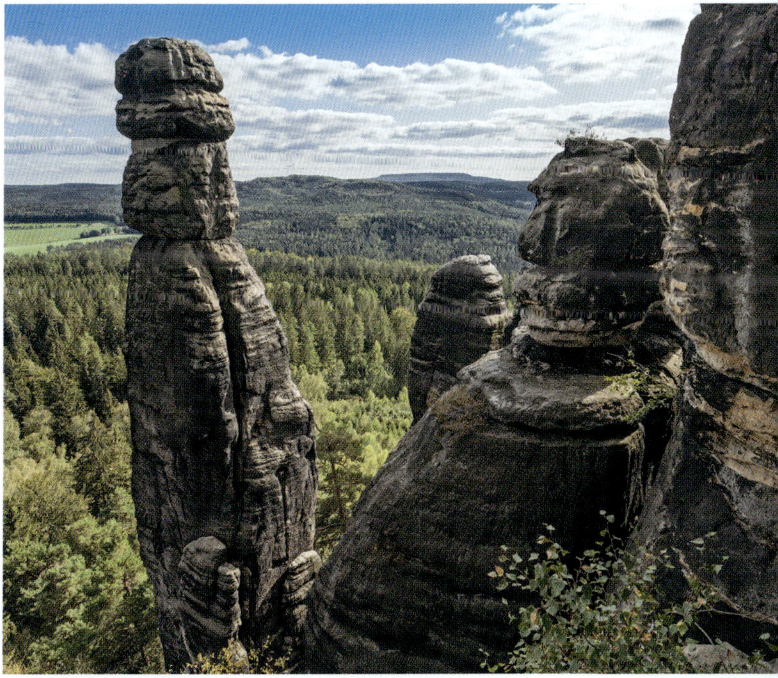

ROTHER
BERGVERLAG

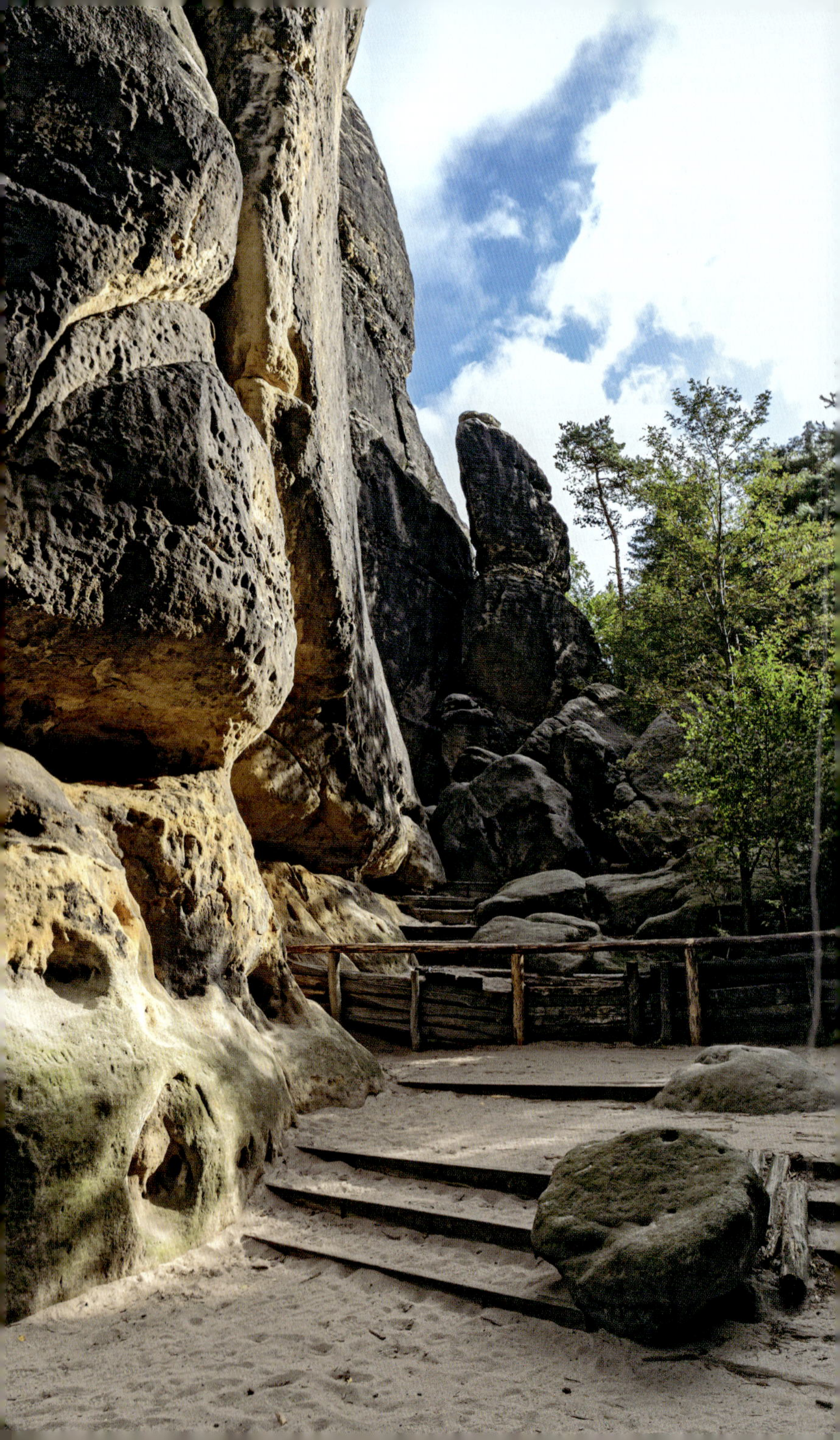

Vorwort

Aufgewachsen im Herzen des Erzgebirges, sind mir die Berglandschaften im Südwesten von Sachsen von Kindesbeinen an vertraut. Die Höhenangaben von Hirtstein und Schwartenberg, die höchsten Berge des damaligen Kreises Marienberg, durfte ich bereits in frühen Grundschuljahren auswendig lernen: Schulwissen, das bis heute präsent ist. Ein Jahr später wurde mein Horizont erweitert. Fichtelberg, Auersberg, Greifensteine und Co. aus dem Heimatbezirk Chemnitz (Karl-Marx-Stadt) kamen dazu. Doch beim theoretischen Wissen blieb es nicht. Auf Familienausflügen lernte ich manchen Heimatberg »persönlich« kennen. In den neunziger Jahren entdeckte ich das Felsklettern für mich. Damit bekam ich einen völlig neuen Blickwinkel auf die heimatlichen Berge. Zugleich rückten auch die Felsformationen der Sächsischen Schweiz, des Zittauer Gebirges, aber auch das Vogtland und Mittelsachsen in den Fokus. Die weißen Flecken auf meiner inneren Sachsenkarte wurden allmählich immer kleiner, mein Aktionsradius immer größer. Ich fing an, sächsische Gipfel zu sammeln: zu Fuß, mit dem Rad, kletternder Weise und am liebsten im Winter auf Langlaufski. Mit dem Umzug nach Leipzig entfernte ich mich ein Stück von den geliebten Mittelgebirgslandschaften. Dafür rückten nun die wenigen, aber nicht minder interessanten Erhebungen in der Mitte und im Norden von Sachsen in den Fokus. Der Collmberg bei Oschatz wurde über Jahre mein bevorzugtes Feierabendziel mit dem Rad.
So war die Idee, ein Buch über sächsische Wandergipfel zu verfassen, der nächste logische Schritt, und ich war dankbar, dass der Rother Bergverlag diesen Plan unterstützte. Im Frühjahr 2020 begann der praktische Teil der Arbeit. Ich machte eine Liste meiner bisherigen Lieblingsziele, füllte Lücken und fing an auszuwählen, welche der Gipfeltouren ins Buch kommen sollten. Dazu gehören natürlich »Klassiker« wie der Lilienstein, die Lausche, Fichtel- und Auersberg oder der Rochlitzer Berg. Daneben haben es insbesondere auch persönliche Geheimtipps ins Buch geschafft, die kaum bekannt sind. Beispielsweise die Fuchskanzel, der Wilisch, die Oelsener Höhe, der Lauterbacher Knochen, der Eisenberg oder die Halde Trages.
Die Bandbreite sächsischer Wandergipfel reicht vom 147 Meter hohen Nahleberg inmitten der Messestadt Leipzig bis hinauf zum Fichtelberg (1213 m), dem Dach des Erzgebirges. Das Gros der Berglandschaften steht zurecht unter Naturschutz, u.a. im einzigen Nationalpark des Freistaates und in mehreren Naturparks und Naturschutzgebieten. Weite Teile des Erzgebirges genießen sogar UNESCO-Welterbestatus. Wanderer treffen in Sachsen auf eine Fülle von Landschaftsformen und Kulturräumen. Viele der Berge sind beliebte Ausflugsziele mit Gastwirtschaft und Aussichtsturm. Andere, oft einsamere Gipfel sind felsiger Natur: Basalt, Porphyr, Sandstein, Gneis und Granit bieten nicht nur geologisch interessierten Wanderern eine unglaubliche Vielfalt.
Wenn Begleiter und Gesundheit passen und der Drang nach Neuem in Euch wohnt, ist eigentlich jede der Wanderungen ein Erlebnis. In diesem Sinne wünsche ich Euch, egal ob bei Sonne, Wind oder Nebel, erlebnisreiche Stunden in den sächsischen Bergen.

Frühling 2024 Ingo Röger

Inhalt

Top-Touren

Wenn Wetter und Begleiter passen, ist jede Wanderung im Buch ein Erlebnis. Diese Auswahl soll den unterschiedlichsten Vorlieben Rechnung tragen: geologisch einzigartige Felsformationen, kulturell Interessantes am Wegesrand, Hochseilgärten und Sommerrodelbahnen oder pure Waldeinsamkeit. Von kühnen Felssteigen im Elbsandsteingebirge bis zu leichten Spaziergängen reicht die Palette.

Töpfer und Scharfenstein
Kühne Felskanzeln bieten Fernblicke weit in tschechische und polnische Berglandschaften hinein. Der Kurort Oybin ist das touristische Zentrum: mit Umgebindehäusern und Schmalspurdampfbahn, überragt vom mächtigen Klosterberg *(Tour 2, 2¾ Std.)*.

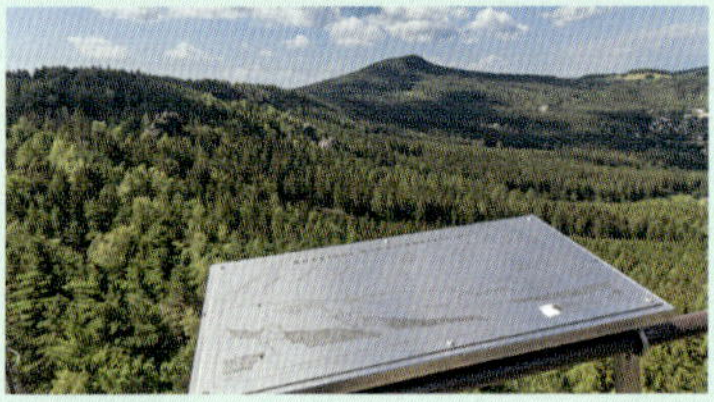

Königshainer Berge
Ein geologisches Kleinod, das zum Erkunden einlädt. Begeisterung wecken die Wollsackverwitterungen der Granitfelsen, abgrundtiefe Steinbruchseen und lotrechte Wände *(Tour 6, 2¼ Std.)*.

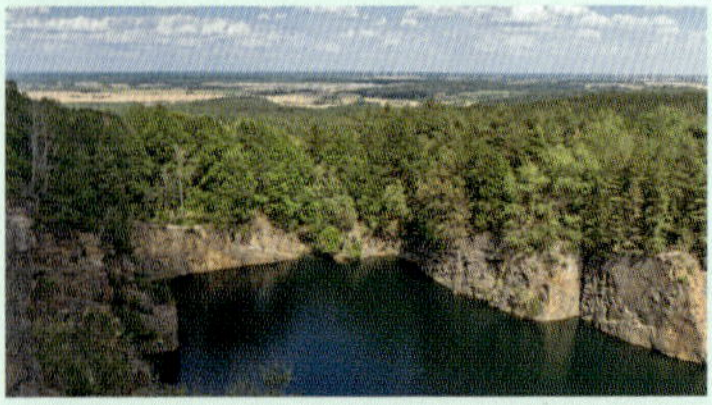

Schrammsteine und Hohe Liebe
Auf der rechten Elbseite reiht sich im Nationalpark ein zerklüftetes Felsriff ans nächste. Keines ragt kühner in den Himmel als die Schrammsteinkette. Trittsichere Wanderer genießen hier den Blick auf steile Felsbastionen und ins Elbtal. Mehr Ruhe findet man auf der Hohen Liebe und in kühlen Felsgründen *(Tour 21, 2¾ Std.)*.

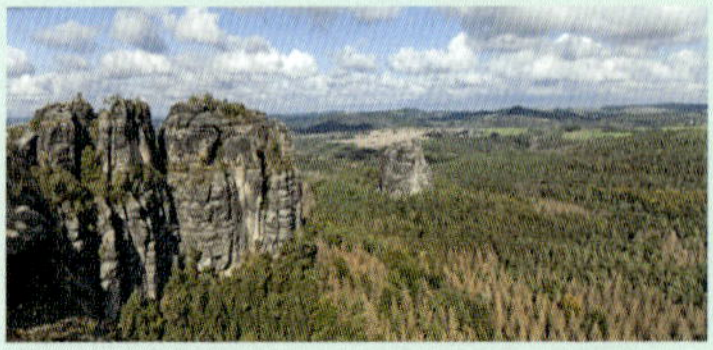

Zirkelstein und Kaiserkrone
Ohne Ausnahme sind alle Tafelberge im Elbsandsteingebirge Top-Ziele. Wer's wie der Autor etwas ruhiger mag, findet an diesen kleineren Felsformationen Gefallen. Besonders schön präsentieren sie sich im Abendlicht *(Tour 22, 1¾ Std.)*.

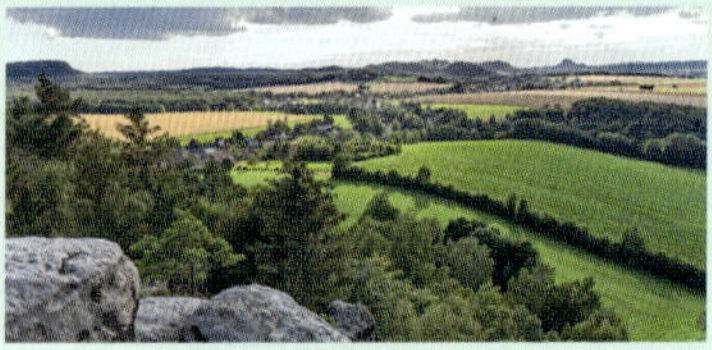

Wilisch und Finckenfang
Geologisch, geschichtlich und kulturell hochinteressante Wanderung in abwechslungsreicher Landschaft. Eindrucksvolle Aussicht aufs Osterzgebirge, übers Dresdner Elbtal und auf die Sächsische Schweiz *(Tour 31, 3½ Std.)*.

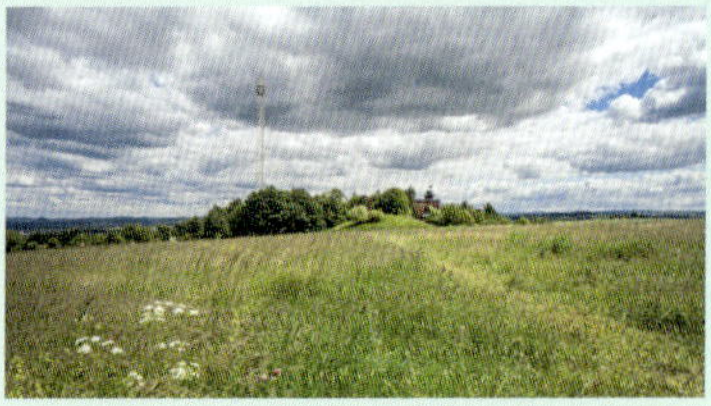

Hirtstein
Wanderung in den Höhenlagen des Erzgebirgskammes durch stille Wälder, vorbei an Hochmooren und über Bergwiesen zum baumfreien Gipfel mit schickem Panorama, gekrönt vom einzigartigen Geotop des Basaltfächers *(Tour 40, 4¼ Std.).*

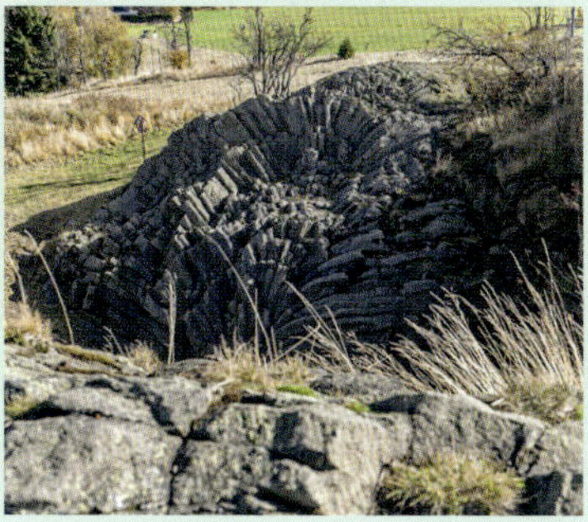

Scheibenberg
Noch mehr Basalt: Im Oberen Erzgebirge fallen drei markante Tafelberge vulkanischen Ursprungs ins Auge. Mit den sogenannten Orgelpfeifen hat der Scheibenberg die markantesten Felsformationen zu bieten *(Tour 45, 1¾ Std.).*

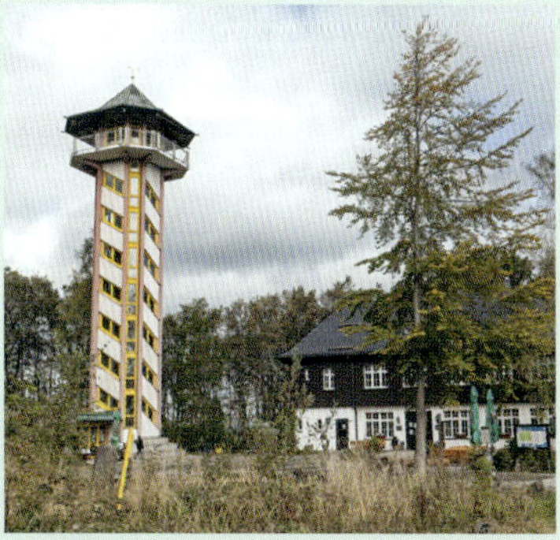

Eisenberg an der Talsperre Pöhl
Kein großer Berg, aber viel Abwechslung: Die 170 Jahre alte Elstertalbrücke lässt uns auch heute noch staunen. Trieb- und Elstertal bieten schattige Gründe und die nahe Talsperre Pöhl lädt zum Wassersport ein *(Tour 53, 2¼ Std.).*

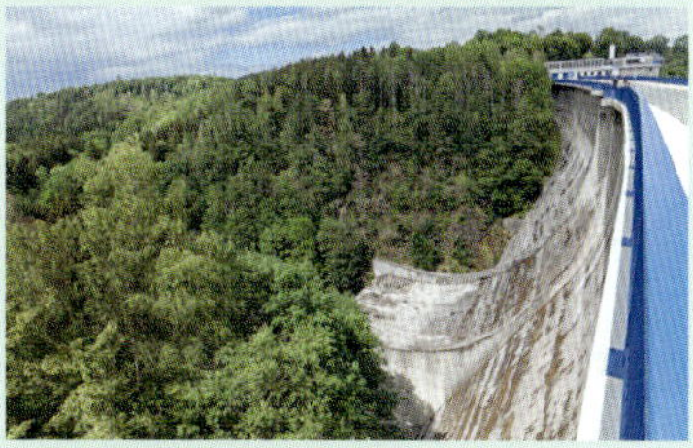

Kunnerstein und Augustusburg
Der Schellenberg allein wäre schon ein großartiger Aussichtsberg im mittleren Erzgebirge. Gekrönt von der 450 Jahre alten Augustusburg ist er heutzutage ein Ausflugsziel von überregionaler Bedeutung. Wanderer genießen zudem die Rast auf dem felsigen Kunnerstein *(Tour 57, 2½ Std.).*

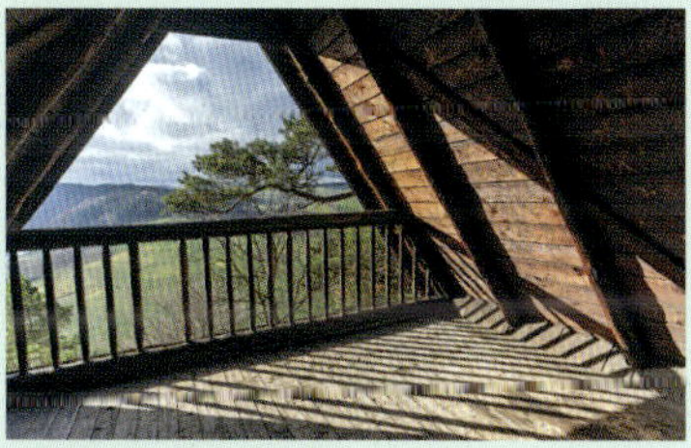

Rochlitzer Berg
Geolehrpfad, Klosterkirche, Aussichtsturm und gepflegte Einkehr: Bei der Tour vom Ufer der Zwickauer Mulde hinauf zum Rochlitzer Berg ist alles dabei, was eine gelungene Wanderung in der Mitte Sachsens ausmacht *(Tour 60, 3½ Std.).*

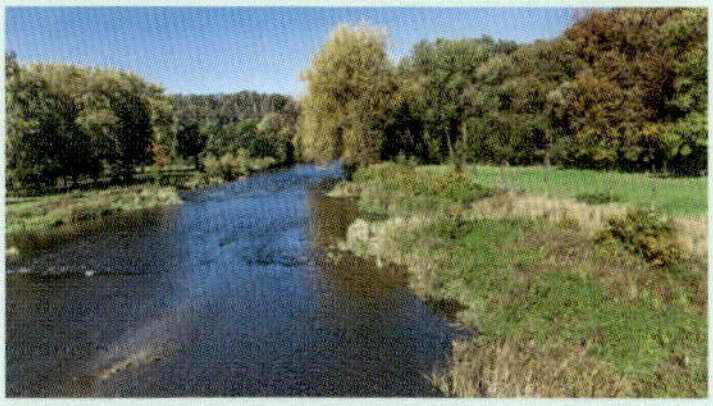

Allgemeine Hinweise

Anforderungen

■ Leicht

Diese Wege sind meist gut markiert, ausreichend breit, nur mäßig steil und somit auch bei schlechtem Wetter relativ gefahrlos zu begehen. Sie sind auch für ältere Menschen und Kinder geeignet.

■ Mittel

Diese Wege sind in der Regel noch ordentlich markiert, oft aber auch schmal, z. T. auch steil und können auf kurzen Passagen etwas ausgesetzt oder weglos sein. Es ist ein gewisses Maß an Trittsicherheit, Schwindelfreiheit und Orientierungsvermögen erforderlich.

■ Schwierig

Wanderungen, die aufgrund der Länge und der Höhenunterschiede konditionell fordernd sind und/oder auf denen schmale, abschüssige Pfade, Leitern und versicherte Stellen Trittsicherheit und Schwindelfreiheit voraussetzen. Die Orientierung kann mitunter anspruchsvoll sein.

Gehzeiten

Die Zeitangaben beziehen sich auf die reine Gehzeit ohne Pausen. Diesen Werten haftet zwar stets eine gewisse Subjektivität an, aber es wurde versucht, die Gehzeit einem mittleren Wandertempo anzupassen. In der Tourenübersicht wird immer die Gesamtdauer angegeben, in den Höhenprofilen finden Sie auch die Etappenzeiten zwischen den einzelnen Wegpunkten.

Ausrüstung, beste Wanderzeit

Die Bandbreite der Wanderziele in diesem Buch reicht von kleinen stadtnahen Erhebungen (Nahleberg, 147 m, Tour 64) bis zur Besteigung des höchsten Berges Ostdeutschlands (Fichtelberg, 1214 m, Tour 44); von kurzen Spaziergängen, die in anderthalb Stunden Gehzeit zu bewältigen sind (Gamrig, 4,4 km, Tour 28), bis zu tagesfüllenden Unternehmungen (Kuh- und Steinberg, 23,8 km, Tour 54). Es gibt Wanderungen, auf denen in kurzem Abstand zwei oder mehr Gaststätten zur Einkehr einladen (Lilienstein, Tour 27) und solche, wo uns auch auf längeren Touren nicht ein einziges Gasthaus erwartet (Hohburger Berge, Tour 63). Entsprechend unterschiedlich kann die erforderliche Ausrüstung auf den einzelnen Wanderungen ausfallen. Großen Einfluss haben natürlich auch die Witterung und die Jahreszeit. Prinzipiell kann man, bei flexibler Tourenwahl, jederzeit auf die sächsischen Berge steigen. Natürlich kann eine Wanderung in der Leipziger Tieflandsbucht an heißen Tagen schnell zu einer Hitzeschlacht werden, bei der Sonnenschutz und ausreichend Getränke am wichtigsten sind. Und ebenso kann es passieren, dass man im Winterhalbjahr auf dem Fichtelberg in ein Schneegestöber gerät, oder – gerade auf den waldlosen Anhöhen des Osterzgebirges – mit Sturm in Orkanstärke konfrontiert wird. Daher sollte man sich zeitnah über die Wettervorhersage informieren. Die beste Wanderzeit ist in dieser von Mittelgebirgen geprägten Region naturgemäß vom Frühling (im tieferen Regionen bereits ab März) bis zum späten Herbst. Die Winter können in Sachsens Bergen sehr unterschiedlich ausfallen. In manchen schneearmen Wintern kann man selbst in den Hochlagen das ganze Jahr wandern gehen, andererseits hält sich der Schnee mitunter auch hartnäckig bis in den

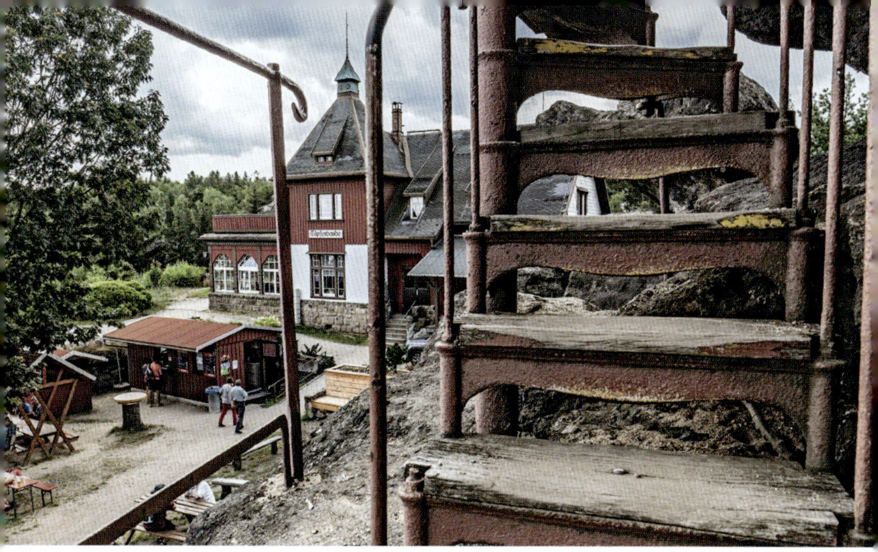

Töpfer mit Bergbaude und etwas betagter Gipfeltreppe (Tour 2).

April hinein. In den vergangenen Jahren kam der Winter tendenziell eher spät, sodass man die meisten Touren auch noch spät im November unternehmen konnte. Besonders in den sonnenarmen Wintermonaten, aber auch generell nach starken Regenfällen, sind manche Wege im Wald lange rutschig und schlammig. Gerade in solchen Momenten sind robuste Wanderschuhe ein Garant für sicheres Gehen und trockene Füße. In trockenen und warmen Zeiten reichen für die Mehrzahl der Touren hingegen Leichtwanderschuhe aus. Besonders im Elbsandsteingebirge und im Zittauer Gebirge, aber phasenweise auch in den anderen Regionen ist eine gute Profilsohle und sicheres Gehen auf felsigem Untergrund eine Voraussetzung für unfallfreien Wanderspaß.

Bei der Kleidung ist je nach Jahreszeit und Höhenlage das Zwiebelprinzip sinnvoll. Mehrere dünne Kleidungsschichten sind hilfreich und bieten die größte Flexibilität. Wo auf kurzen Touren, z.B. bei der Besteigung des Windberges (Tour 56), bei stabilem Sommerwetter ein T-Shirt ausreichen kann, muss man bei langen Wanderungen, gerade in höheren Lagen und in der Übergangszeit, mit dem Wechsel aus wärmender Sonne, frischem Wind und kühlen, schattigen Waldpassagen deutlich variabler sein. Eine leichte Windjacke im Rucksack ist da das Minimum, besonders sinnvoll in Kombination mit einer Softshell- oder Fleecejacke. Bei zu erwartenden Niederschlägen, gerade auf langen Touren, ist eine vollwertige Regenjacke (und ggf. -hose) unerlässlich. In der kalten Jahreszeit und in höheren Lagen sind Mütze, Schal und Handschuhe ratsam, wohingegen im heißen Sommer ein leichter Hut mit breiter Krempe gut vor Sonne schützt. Eine Sonnenbrille schützt nicht nur in den Alpen, sondern auch im sächsischen Mittelgebirge unsere Augen. Wie viel Proviant man einplant, hängt neben der Länge der Tour natürlich auch von den Einkehrmöglichkeiten ab (wichtig: im Vorfeld aktuelle Öffnungszeiten erfragen). Essenziell ist es auf jeden Fall, ausreichenden Getränkevorrat einzuplanen: In der kalten Zeit ist dies bevorzugt heißer Tee. Neben den textlichen Tourenbeschreibungen und der Übersichtskarte im Buch erleichtern die im Tourenkopf genannten Wanderkarten ebenso wie ein Smartphone mit dem zugehörigen GPS-Track die Navigation. Sowohl die papiernen als auch die digitalen Varianten haben ihre Vor- und Nachteile. Während der Akku des Handys gerade bei Kälte und Wind auf langen Touren schnell an Leistung verliert, kann eine Wanderkarte unbrauchbar sein, wenn man im entscheidenden Moment Sturm oder Regen schutzlos ausgesetzt ist.

Verkehr und ÖPNV

Die Anbindung der Ausgangspunkte der Wanderungen an den öffentlichen Nah- und Fernverkehr kann allgemein als recht gut bezeichnet werden, ist aber von regionalen Unterschieden geprägt. Wo es sich ohne Beeinträchtigung der Wanderung einrichten ließ, wurden die Routen so geplant, dass die Ausgangspunkte an bzw. in der Nähe von Bahnhöfen oder Bushaltestellen liegen. Die Wanderung zum Fichtelberg ist die einzige Tour, die nicht als Rundwanderung konzipiert wurde. Hier erfolgt die Rückfahrt mit der traditionellen Fichtelbergbahn in historischen Dampfzügen auf Schmalspurgleisen. Drei der vier Wanderungen im Zittauer Gebirge (Touren 2 bis 4) sind ebenfalls mit historischen Dampfbahnen vom Zittauer Bahnhof zu erreichen. Die Anreise ist dabei vielleicht etwas zeitintensiver, aber auf jeden Fall ein unvergesslicher Bestandteil des Gesamterlebnisses. Auch die Tour 1 ist perfekt mit dem Bus von Zittau aus machbar. Damit kann man bei entsprechender Wahl des Urlaubsquartiers im Zittauer Gebirge das Auto getrost zu Hause lassen.

Etwa die Hälfte der Wanderungen im Lausitzer Bergland ist direkt mit dem Zug auf auch am Wochenende gut frequentierten Strecken zu erreichen. Ein Drittel besitzt praktikable Busverbindungen in die nächstgrößere Stadt. Einzig bei drei Wanderungen (Touren 9, 14 und 15) gibt es nur wochentags Busanschluss. Umweltbewusste Urlauber planen diese Touren deshalb nicht am Wochenende.

Durch das Elbtal führt eine Bahnlinie, auf der stündlich S-Bahnen von Dresden über Pirna verkehren. Einige der Touren im Elbsandsteingebirge starten direkt von einem Bahnhof aus (Touren 20, 27 und 29) bzw. nach einer kurzen Fährpassage über die Elbe. Die beliebte Wanderung zum Kuhstall und zum Hinteren Raubschloss (Tour 19) wird am originellsten mit einer Straßenbahnfahrt durchs Kirnitzschtal begonnen. Das Gros der anderen Wanderziele in der Sächsischen Schweiz ist mit den Wanderbussen überwiegend gut zu erreichen.

Am Fuß des Erzgebirges und des Vogtlandes verläuft die sogenannte Sachsen-Franken-Magistrale und verbindet u.a. die Städte Dresden, Freiberg, Chemnitz, Zwickau und Plauen mit Hof und Nürnberg. Davon zweigt eine Reihe von Regionalstrecken in die Erzgebirgstäler ab, die uns Wanderer zu vielen der Ausgangspunkte bringen. Einige Touren starten sogar direkt an der Sachsen-Franken-Magistrale (Touren 52, 53, 55 und 56). Daneben gibt es eine Reihe von Buslinien, dank derer viele erzgebirgische und vogtländische Wanderungen zu erreichen sind. Dennoch gibt es auch Touren, bei denen die Anreise nur individuell mit dem Pkw möglich ist, so zum

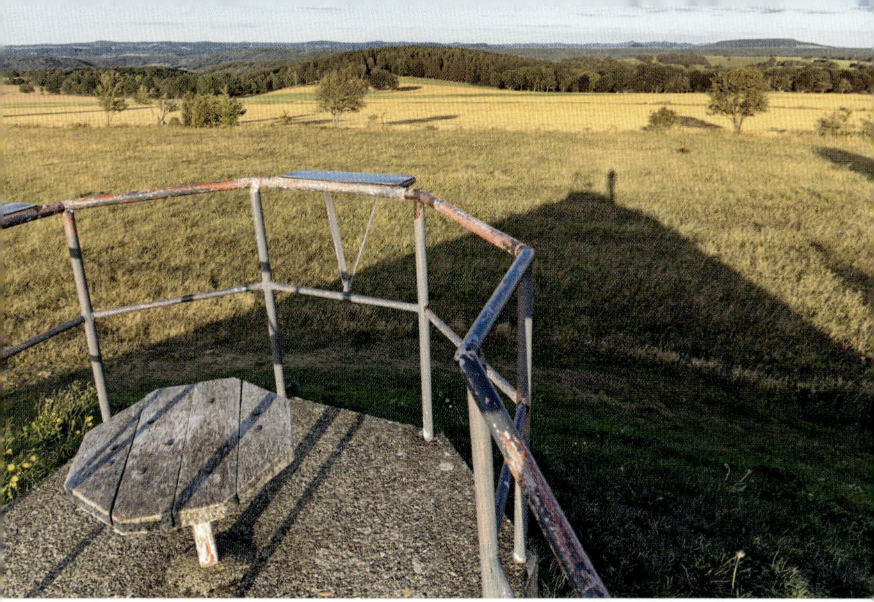

Spätsommer auf der Oelsener Höhe (Tour 32), in der Ferne grüßt die Sächsische Schweiz.

Beispiel bei den kammnahen Wanderungen in Oelsen (Tour 32) und Schmalzgrube (Tour 40).
Auch die Wanderungen in der Mitte und Norden sind zumeist mit Regionalzügen und vor allem mit dem regionalen Busverkehr zu erreichen, Ausnahmen sind die Wanderungen in den Hohburger Bergen (Tour 63) und zur Halde Trages (Tour 65). Also gute Voraussetzungen für alle, die umweltfreundlich zu den sächsischen Wanderbergen gelangen wollen.

Wanderkarten

Neben den kleinen Wanderkarten, die im Buch zu jeder Tour abgedruckt sind, empfiehlt sich die Mitnahme einer großformatigen, detailgenauen topographischen Karte. In jedem Tourensteckbrief werden die geeigneten Karten benannt. Prinzipiell sind die Produkte des Staatsbetriebs Geobasisinformation und Vermessung Sachsen – GeoSN – die erste Wahl (landesvermessung.sachsen.de/karten-3982.html). Dabei decken Wander- (WK25) und Naturparkkarten (NP25) im Maßstab 1:25.000 die bergtouristisch interessantesten Regionen entlang der tschechischen Grenze sowie rund um Dresden ab. Für die Tour zum Kapellenberg im äußersten Südwesten von Sachsen kann auf die amtliche topographische Karte BAYERN (ATK25) Blatt C14 Selb zurückgegriffen werden.
Für die touristisch weniger erschlossenen Ziele, besonders in der Mitte und im Norden Sachsens sind ebenfalls von GeoSN die topographischen Karten im Maßstab 1:25.000 bzw. 1:50.000 hilfreich. Unabhängig von Ortschaften oder Landschaften decken diese in einem gleichmäßigen Netz ganz Sachsen ab. Das hat mitunter den Nachteil, dass sich eine Wanderung über mehrere Kartenblätter erstrecken kann.
Weiterhin sind speziell für die Sächsische Schweiz, das Zittauer Gebirge und die Naherholungsgebiete rund

Der Umwelt zuliebe ...

Auch beim Wandern hinterlassen wir einen ökologischen Fußabdruck, aber im Einklang mit der Natur unterwegs zu sein, ist gar nicht so schwer!

VORBEREITUNG UND ANFAHRT

- Sich vorab informieren, worauf in Bezug auf Natur und Umwelt in der jeweiligen Wanderregion besonders zu achten ist.
- Soweit möglich mit Bahn und Bus anreisen, Wander- und Rufbusse nutzen.
- Ist eine Anfahrt mit dem Auto nötig, Fahrgemeinschaften bilden.
- Bei weiten Anfahrten Mehrtagestouren planen oder von einem Quartier vor Ort aus mehrere Touren absolvieren.
- Flugreisen möglichst reduzieren und durch Beiträge zu Klimaschutzprojekten kompensieren.

KLEIDUNG UND AUSRÜSTUNG

- Beim Kauf von Outdoor-Kleidung auf umweltfreundliche und faire Herstellung achten und Kleidungsstücke möglichst viele Jahre nutzen.
- Ausrüstung kann man eventuell auch gebraucht kaufen oder ausleihen.
- Reparieren statt neu kaufen.

VERPFLEGUNG

- Beim Einkauf Bio-Ware, regionale und saisonale Erzeugnisse bevorzugen.
- Hütten und Gasthäuser auswählen, die regionale Produkte verwenden.
- Auf Einwegflaschen und Plastikverpackungen verzichten, stattdessen wiederverwendbare Trinkflaschen und Brotzeitboxen benutzen.

ÜBERNACHTUNG

- Bei lokalen Anbietern buchen, damit Menschen vor Ort profitieren.
- Auf Hütten und in anderen Unterkünften Strom und Wasser sparen.

UNTERWEGS

- Wege benutzen und Abkürzer vermeiden.
- Sperrungen von Wegen und Schutzgebieten respektieren.
- Keine Blumen pflücken und keine Pflanzen entnehmen.
- Waldbrandgefahr beachten.
- Müll wieder mit nach Hause nehmen und dort entsorgen.
- Toilettengänge in freier Natur möglichst vermeiden.
- Lärm vermeiden.
- Hunde an die Leine nehmen.

ROTHER
BERGVERLAG

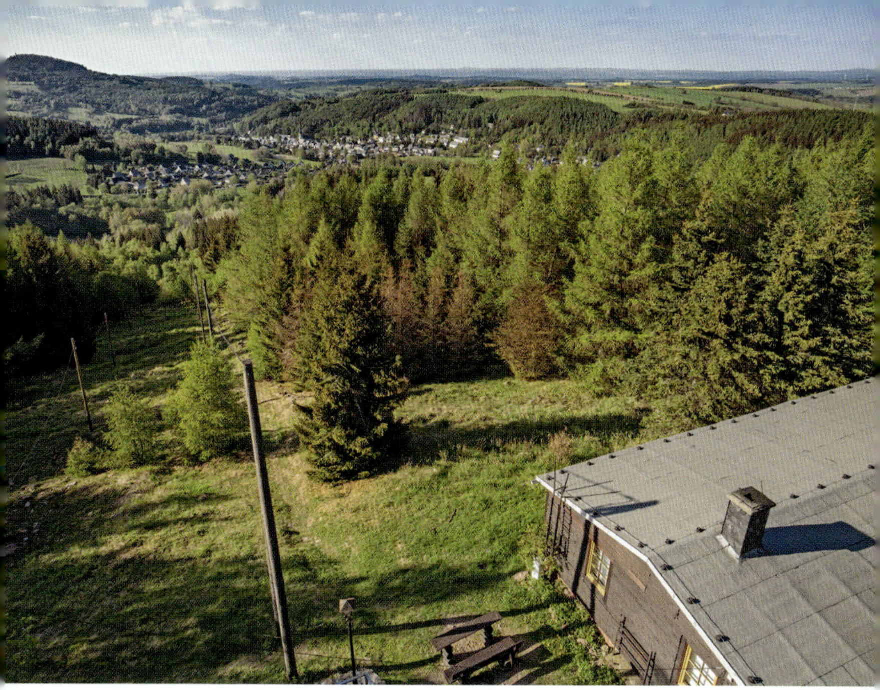

Blick von der Kohlhaukuppe zum Geisingberg (Tour 33).

um Dresden die detailverliebten Karten von Dr.-Ing. Rolf Böhm (boehm-wanderkarten.de) eine beliebte Alternative.
Ein weiterer Anbieter ist Sachsen Kartographie (sachsen-kartographie.de). Das Angebot von strapazierfähigen, wetterfesten Wanderkarten, meist im Maßstab 1:33.000, von zum Teil auch weniger stark besuchten Regionen ist hier gegeben.
Schließlich sei noch der Verlag Dr. Barthel erwähnt (verlag-dr-barthel.de), der preiswerte Wanderkarten von vielen touristischen Regionen, nicht nur in Sachsen, anbietet. Überwiegend in den Maßstäben 1:35.000 und 1:50.000.

GPS-Tracks und Koordinaten der Ausgangspunkte

Auf **gps.rother.de** stehen zu diesem Wanderbuch GPS-Tracks und die Koordinaten der Ausgangspunkte zum kostenlosen Download bereit. Dieser QR-Code führt direkt zum Download.
1. Auflage, Passwort: **328901zLe**
Die GPS-Tracks können in die **Rother App** importiert werden. In der App kann man unterwegs stets sehen, wo man gerade ist und wo es langgeht. **Anleitungen dazu: rother.de/gps**
Trotz sorgfältiger Prüfung können wir Fehler und zwischenzeitliche Veränderungen nicht ausschließen. Verlassen Sie sich für die Orientierung niemals einzig und allein auf die GPS-Daten, sondern beurteilen Sie die Verhältnisse vor Ort.

Wanderland Sachsen

Die Entwicklung zum Freistaat

In seiner heutigen Form ist der Freistaat Sachsen kaum mehr als 30 Jahre alt. Er entstand bei der Wiedervereinigung Deutschlands im Wesentlichen aus den früheren DDR-Bezirken Leipzig, Dresden und Karl-Marx-Stadt (heute Chemnitz). Die Geschichte Sachsens reicht freilich viel weiter zurück. Die Region war Siedlungsgebiet von Germanen und Slawen. Ein erster Grundstein für das heutige Sachsen wurde gelegt, als König Heinrich I. im 10. Jahrhundert die Errichtung der Burg Meißen initiierte. Seit dem Jahre 1089 bestimmte das Geschlecht der Wettiner als Markgrafen, Kurfürsten und Könige maßgeblich das Geschehen in Sachsen. Auf vielen Wanderungen begegnen uns Wettinsteine, die zum 800-jährigen Jubiläum der Wettiner Regentschaft errichtet wurden. Albrecht der Beherzte verlegte am Beginn des 16. Jahrhunderts die Residenz von Meißen in die heutige Landeshauptstadt Dresden. Schillerndster Regent war sicherlich August der Starke. Die barocken Prachtbauten aus jener Zeit prägen das Stadtbild und das Umland von Dresden bis heute. Die Monarchie endete in Sachsen mit der Abdankung von König Friedrich August III. im Herbst 1918, Sachsen wurde daraufhin Freistaat. 1952 wurden auf dem Gebiet der DDR die Länder aufgelöst und durch die eingangs erwähnten Bezirke ersetzt.

Gebietsabgrenzung

Sachsen in seiner heutigen Form hat sechs Nachbarländer. Im Osten markiert das Tal der Neiße die Grenze zu Polen. Im Nordosten bilden weitestgehend flache Wald- und Heidelandschaften die Grenze zu Brandenburg. Im Nordwesten grenzt Sachsen an Sachsen-Anhalt und im Westen an Thüringen. Nur kurz ist die gemeinsame Grenze im Südwesten

Beim Aufstieg zum Fichtelberg (Tour 44) blicken wir zurück zum Pöhlberg bei Annaberg-Buchholz.

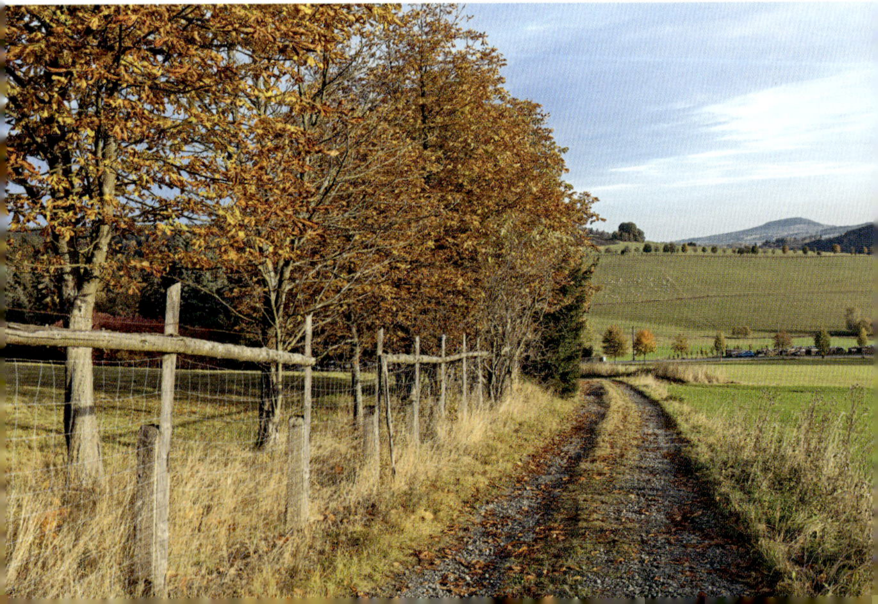

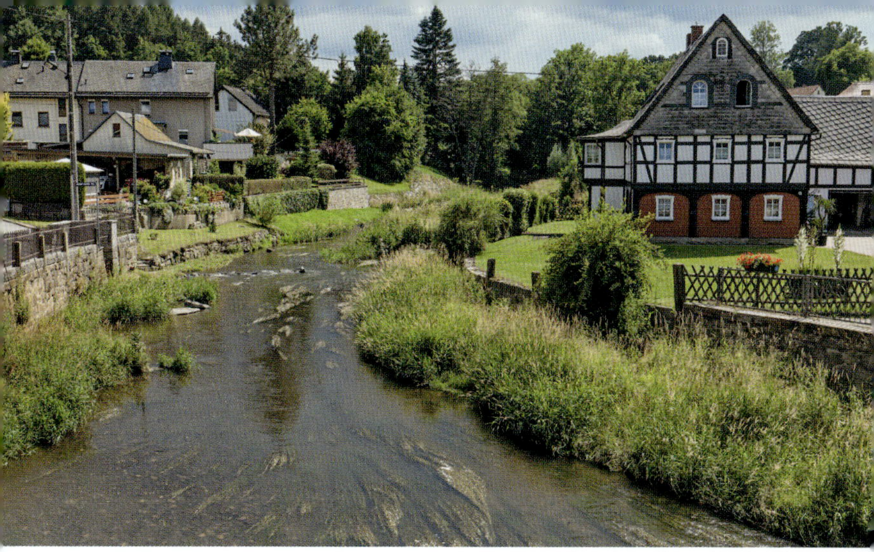

Auf dem Weg zu den Kälbersteinen überqueren wir in Schirgiswalde die junge Spree (Tour 11).

mit Bayern. Die mit Abstand längste und gebirgigste Grenze teilt sich Sachsen mit Tschechien und damit all seine prominenten Mittelgebirge: das Elstergebirge, das Vogtland, das Erzgebirge, das Elbsandsteingebirge, das Lausitzer Bergland und das Zittauer Gebirge. Hier findet sich auch das Gros der im Buch vorgestellten Gipfeltouren. Einige der markantesten Wandergipfel erheben sich genau auf der Grenze, wie zum Beispiel der Hochwald (Tour 3), die Lausche (Tour 4) und der Aschberg (Tour 49). Einige wenige Wanderungen und Varianten sind grenzüberschreitend angelegt und führen zu Gipfeln beidseits der Grenze. Die höchste Dichte an Gipfelwanderungen finden wir im Elbsandsteingebirge. In der Mitte und im Nordwesten Sachsens ist die Zahl der Wandergipfel hingegen deutlich geringer. Einige davon sind menschengemacht. Die Niederlausitz im Nordosten des Landes schließlich ist jene Region, die praktisch keine nennenswerten Erhebungen aufweisen kann.

Die Wanderregion Sachsen

Zittauer Gebirge und Lausitzer Bergland

Die Lausitz ist etwas ganz Besonderes. Der mannigfaltige Kultur- und Landschaftsraum erstreckt sich über den Südosten Brandenburgs, den Osten Sachsens und Teile Polens. Im Norden bestimmt flaches Wald- und Seenland die Landschaft. Der Süden – die sächsische Oberlausitz – wird von dem wunderbaren und zugleich hervorragend wanderbaren Lausitzer Bergland geprägt. Uralte Granitsockel und längst erloschene Vulkanberge aus dem Tertiär bilden die aussichtsreichen Gipfelziele. Die höchsten Berge kratzen an der 600-Meter-Marke. Viele der oft bewaldeten Gipfel sind mit Aussichtstürmen und Berggasthöfen erschlossen. Auf einigen stilleren Zielen erwarten uns kleinere Felsformationen, meist aus Granit, mitunter geheimnisvoll im Bergwald gelegen. Ein besonderer Aussichtsberg ist der felsige Phonolitkegel des Oderwitzer Spitzberges (Tour 7). Die höchsten und markantesten Berge der Lausitz sind von dort oben gut zu sehen: Das Zittauer Gebirge im äußersten Südosten Sachsens, auf der Grenze zu Tschechien gelegen. Nirgends sonst ist die Lausitz steiler, felsiger und romantischer als hier. Auf engstem Raum findet man erodierte Sandsteinplateaus, bei Klettersportlern beliebte Felsnadeln und steile Berge vulkanischen Ursprungs. Die Lausche (Tour 4) ist mit 792 m nicht nur der höchste Berg dieses kleinen, aber feinen Mittelgebirges, sondern auch der höchste Punkt Deutschlands östlich der Elbe. Das Gebiet ist touristisch gut erschlossen. Die Kurorte Oybin und Jonsdorf sind mit ihren traditionellen Umgebindehäusern die schönsten Ausgangspunkte für abwechslungsreiche Wanderungen. Weit reicht von den Berggipfeln der Blick zum Böhmischen Mittelgebirge, zum Jeschken- und Isergebirge und bei guter Sicht sogar bis zum Riesengebirge.

Die Lausitz blickt auf eine lange und wechselvolle Geschichte zurück. Hier waren seit dem 7. Jahrhundert die Slawen zu Hause. Und sie sind es auf gewisse Weise bis heute: Die Sorben, die zu den Westslawen zählen, sind eine kleine Minderheit in Deutschland, die sich ihre Sprache, ihre Kultur und ihre Bräuche bewahrt hat. Hauptstadt des Sorbenlandes ist Bautzen. Die Stadt besitzt eine schöne Altstadt. Besonders das Ensemble der Alten Wasserkunst mit der Michaeliskirche am Steilufer der Spree weiß zu beeindrucken. Bautzen war seit dem 14. Jahrhundert für fast 500 Jahre Teil des Sechs-Städte-Bundes. Neben dem heute in Polen liegenden Lubań (Lauban) gehörten noch vier weitere sehenswerte Städte der Lausitz dazu, die allesamt am Fuß schöner Wanderberge liegen. Kamenz ist die westlichste davon. Der Hausberg der Stadt ist der Hutberg (Tour 13), daneben sind der Schwedenstein und der Hochstein (Tour 14)

Die Felswanne des »Teufelswaschbeckens« auf der Kammwanderung am Czorneboh (Tour 10).

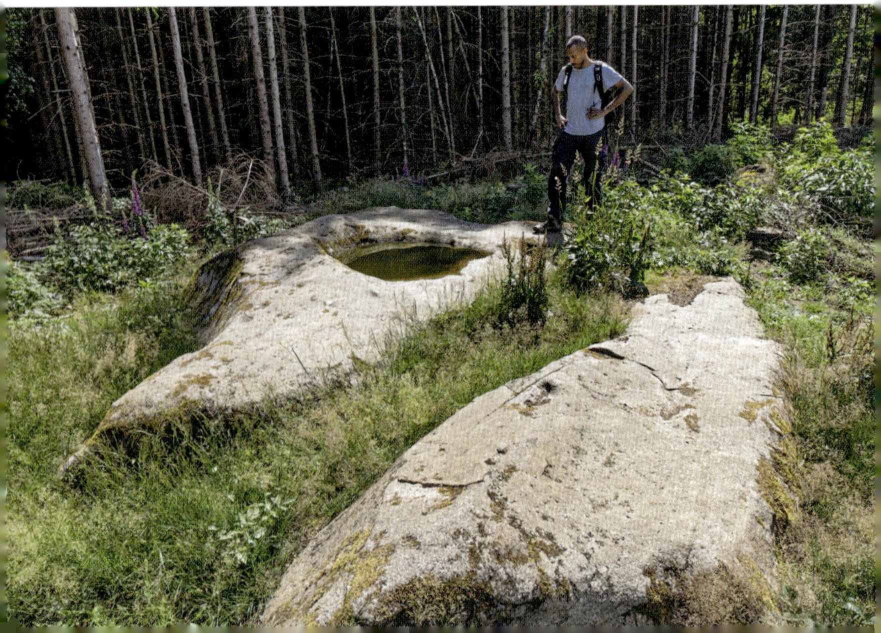

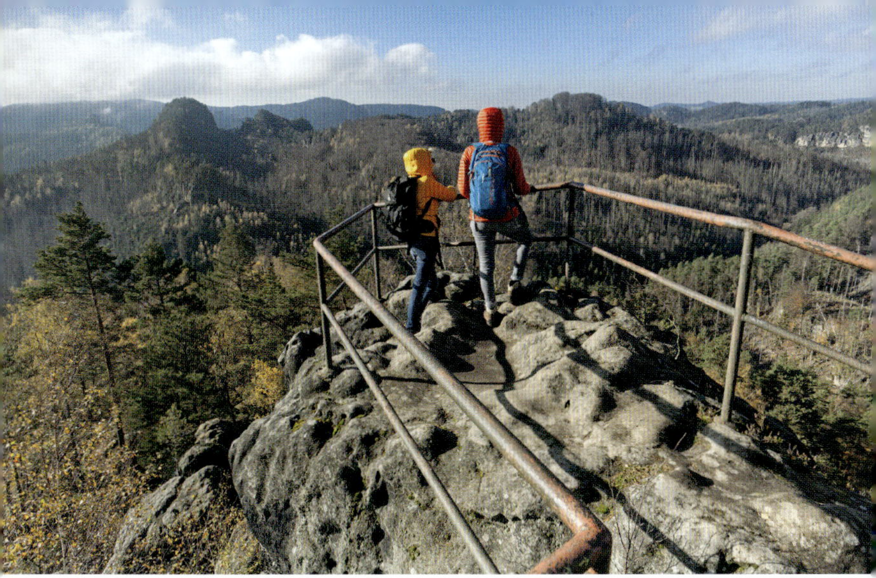

Herbst in der hinteren Sächsischen Schweiz: Wanderer genießen den Blick vom Großen Pohlshorn (Tour 18).

lohnende Ziele in der Nähe und mit besonders exponierter Aussicht der Keulenberg (Tour 15). Dann wäre da Löbau zu nennen, auch hier gibt es mit dem Löbauer Berg (Tour 8) ein lohnendes Gipfelziel, das direkt am Stadtrand aufragt. Ebenfalls nicht weit entfernt ist der Kottmar (Tour 9), an dessen Westflanke die Spree entspringt. Das niederschlesische Görlitz ist die östlichste Stadt Deutschlands. Die Grenzstadt an der Neiße ist Ausgangspunkt für die Landeskrone (Tour 5) und für die wilde Granitlandschaft der Königshainer Berge (Tour 6). Schließlich sei Zittau genannt, zu Füßen des gleichnamigen Gebirges.

Elbsandsteingebirge

Die Sächsische Schweiz – wie der deutsche Teil des Elbsandsteingebirges auch genannt wird – anzupreisen, hieße Eulen nach Athen tragen. Die weltberühmte Landschaft inspiriert seit der Romantik Maler, Musiker und Dichter, gilt als eine der Wiegen des Felskletterns und lockt alljährlich Tausende Urlauber aus dem In- und Ausland an, die in dieser wildromantischen Felskulisse ihren Aktivurlaub verbringen möchten. Das Elbsandsteingebirge entstand durch die Ablagerung (Sedimentation) von Sand am Grund eines längst verschwundenen Meeres. Mehrere Hundert Meter war diese Sandschicht mächtig. Sie verfestigte sich, versteinerte, wurde angehoben und gleichzeitig begann der Prozess der Abtragung (Erosion). Die Elbe hat sich mitten durch diesen Sandsteinsockel gefräst, und es entstanden die tief eingeschnittenen Täler von Biela, Kirnitzsch und Polenz. Rechts der Elbe wird die Landschaft von wilden Schluchten und labyrinthartigen Felslandschaften geprägt. Die linke Elbseite besteht überwiegend aus einem welligen Plateau, aus dem isolierte Tafelberge herausragen.
Der einzige rechtselbische Tafelberg ist der markante Lilienstein (Tour 27), von einer Elbschleife fast vollständig

umschlungen. Der Grad der Erosion bestimmt, wie kompakt, zerklüftet und bewaldet die Felsplateaus im Einzelnen ausgeprägt sind. Aus dieser geologischen Melange ergibt sich eine überbordende landschaftliche Vielfalt auf engstem Raum. Kühle Talgründe, geheimnisvolle Schluchten, luftige Felsbänder und unerwartete Tief- und Fernblicke sind oft nur wenige Gehminuten voneinander entfernt. Dazwischen sorgen Kiefern-, Lärchen- und Buchenwälder sowie unbewaldete Hochplateaus, sogenannte Ebenheiten, für Gelegenheiten zum Durchatmen und Innehalten. Allerdings sind durch die heißen, trockenen Sommer und die milden Winter der letzten Jahre besonders die Fichtenwälder gerade großflächig am Sterben: ein Anblick, der irritiert und schmerzt. Davon beeinträchtigt sind derzeit viele Wanderwege. Daher sollte speziell vor Touren im hinteren Teil der Sächsischen Schweiz die Begehbarkeit der Wege im Internet geprüft werden (www.nationalpark-saechsische-schweiz.de/aktuelles/wegeservice-und-wegeinfo).

Große Teile der rechtselbischen Sandsteinlandschaften wurden 1990 in den letzten Tagen der DDR als Nationalpark unter Schutz gestellt. Besonders in der Kernzone wird sich die Natur hier weitestgehend selbst überlassen. Es wird in den kommenden Jahren spannend zu beobachten sein, ob und wie die Natur selbstheilend die sterbenden Monokulturen ersetzen kann.

Durch die Bahnlinie im Elbtal, die Autobahn A17 und die Bundesstraße B172 ist das Elbsandsteingebirge gut und durchaus auch umweltschonend zu erreichen. Die Kreisstadt Pirna gilt als Eingangstor zur Sächsischen Schweiz. Wehlen, Rathen, Königsstein, Bad Schandau und Schmilka sind die touristisch wichtigsten Orte entlang der Elbe. Viele kleinere Dörfer liegen beidseits der Elbe vor allem oberhalb der schattig engen Talgründe. Zu erwähnen sei

Panorama auf den Schrammsteinen (Tour 21).

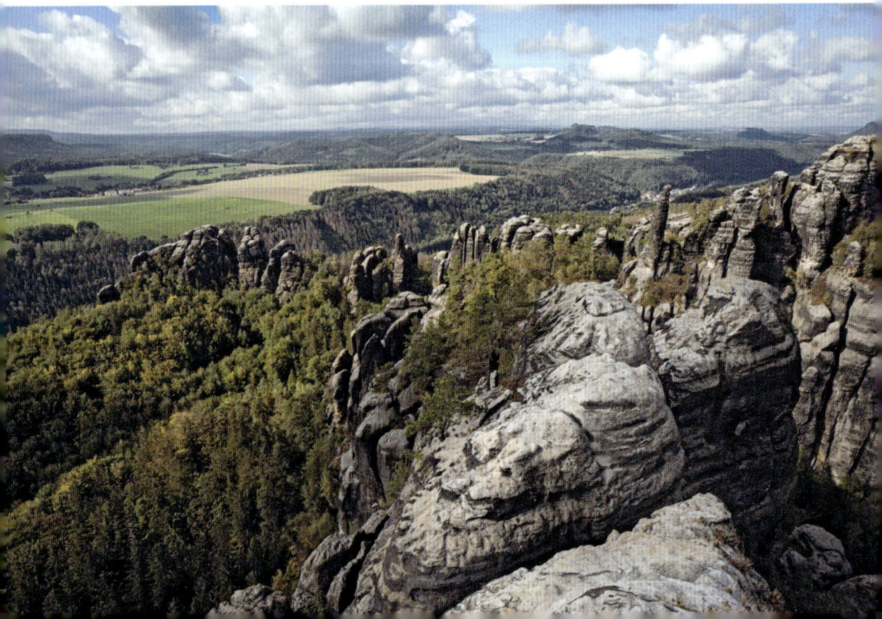

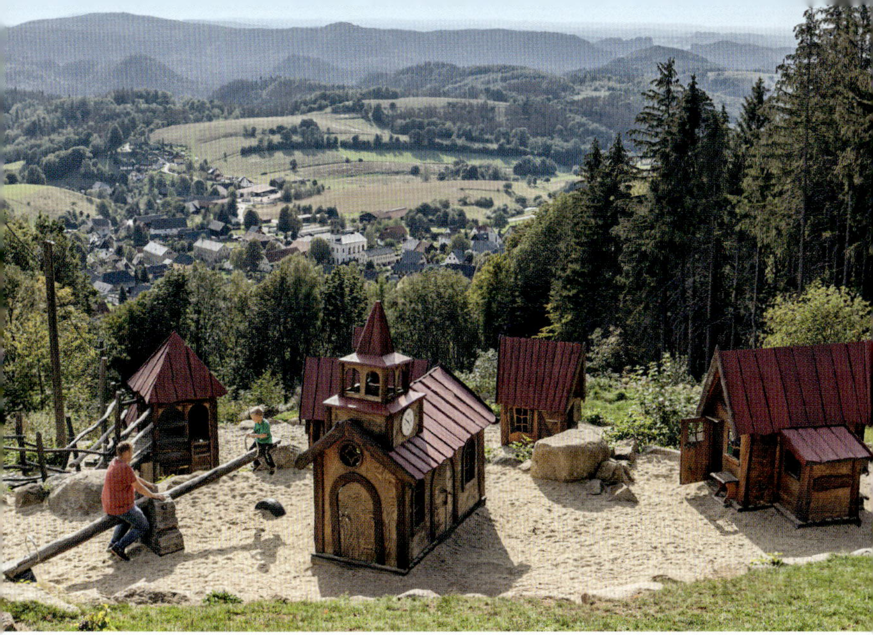

Spielplatz unter der Wachbergbaude (Tour 17).

noch die Stadt Hohnstein im Nordosten der Sächsischen Schweiz mit ihrer fotogenen Burganlage hoch über dem Polenztal. Wehrhafte Schutz- und Befestigungsanlagen wurden seit dem frühen Mittelalter überall im Gebirge auf den schwer zugänglichen und gut zu verteidigenden Felsgipfeln errichtet, so z. B. die Felsenburg Neurathen (heute ein Museum) und die Burgen auf dem Arnstein (Tour 18) und auf dem Großen Winterstein (Tour 19). Die bekannteste Befestigungsanlage, über die Jahrhunderte kontinuierlich ausgebaut und aufgerüstet, ist die Festung Königstein.

Mit dem Wachberg (Tour 17) im Osten und dem Cottaer Spitzberg (Tour 30) im Westen enthält die Auswahl der Wandergipfel zwei Ziele, die streng genommen nicht mehr zum Elbsandsteingebirge gehören, aber als unmittelbare Nachbarberge hervorragende Aussichten auf selbiges bieten.

Erzgebirge und Vogtland

Das Erzgebirge ist das höchste und flächenmäßig größte Mittelgebirge der neuen Bundesländer. Im Westen reicht es bis in das sächsische Vogtland hinein. Zum Vogtland gehören im südwestlichsten Zipfel Sachsens auch das Elstergebirge sowie nördlich anschließend ein von Elster- und Göltzschtal geprägtes Hügelland.

Die erdgeschichtliche Entstehung des Erzgebirges ist komplex. Die typische Topographie des Berglands, ein flacher, stetiger Anstieg von Norden (Sachsen) und ein abrupter Steilabbruch nach Süden ins böhmische Becken, ist auf das Ankippen einer tektonischen Platte zurückzuführen. Deshalb spricht man hier von einem Pultschollengebirge. Diesen Erdkräften verdankt das Erzgebirge sein kompaktes Erscheinungsbild und den 120 Kilometer langen Kammverlauf entlang der tschechischen Grenze. Einige ausgeprägte Berggipfel entstanden im

Tertiär durch vulkanische Aktivitäten. Mehrere Basaltformationen, z. B. am Hirtstein (Tour 40), Scheibenberg (Tour 45), Bärenstein (Tour 43) oder Pöhlberg (Tour 42) künden davon. Der Nordstau der Berge sorgt für Niederschläge und damit für Erosion und die Entstehung langer und tief eingeschnittener Täler, die mehr noch als Berggipfel das Landschaftsbild prägen. Die Nordseite des Gebirges wird hauptsächlich über die Freiberger und Zwickauer Mulde und deren Zuflüsse entwässert.

Was die Zahl an höheren Erhebungen angeht, so ist das Erzgebirge den anderen Bergregionen Sachsens weit voraus. Vieles jedoch, was auf Karten als Berg verzeichnet ist, entpuppt sich vor Ort als kaum wahrnehmbare Kuppe im dichten Bergwald. Deshalb wurden die 25 Wanderziele im Erzgebirge und im Vogtland mit Sorgfalt gewählt. Oft finden wir Berggaststätten und Aussichtstürme am Ziel vor. Es gibt aber auch herausragende Felsgipfel und Felsformationen, wie z. B. den Hirtstein mit seinem einzigartigen Basaltfächer (Tour 40), die Granitsteinnadeln auf den Greifensteinen (Tour 41) oder den Schneckenstein im Vogtland (Tour 50), wo – einzigartig auf der Nordhalbkugel – Topase überirdisch abgebaut wurden. Die magische 1000-Meter-Marke wird auf den vorgestellten Wanderungen zweimal überschritten: zunächst am Fichtelberg, dem höchsten Berg im sächsischen Teil des Erzgebirges (Tour 44), des Weiteren am Auersberg (Tour 48) im Westerzgebirge. In den weitläufigen Kammlagen passieren wir auf unseren Wanderungen immer wieder herrliche Bergwiesen und Hochmoore, so auf dem Weg vom Sattelberg zur Oelsener Höhe (Tour 32), an der Kohlhaukuppe (Tour 33), auf dem Weg zum Kahleberg (Tour 35) und auf dem Hirtstein (Tour 40).

Geologisch bedingt gibt es im Erzgebirge praktisch keine natürlich entstandenen stehenden Gewässer. Neben kleineren Dorfteichen wurden aber schon seit Jahrhunderten Bäche und Flüsse in größerem Stil angestaut. Der Greifenbachstauweiher (Tour 41) diente ursprünglich dem Bergbau und ist bereits über 600 Jahre alt. Die damals wegweisende Konstruktion der Talsperre Einsiedel (Tour 58) wurde vor über 100 Jahren auf der Weltausstellung in Paris ausgezeichnet. Meistens dienen Talsperren heute der Trinkwasser- oder Energiegewinnung. Genannt seien hier die Talsperren Lichtenberg (Tour 36), Rauschenbach (Tour 37), die Pressnitztalsperre (CZ, Variante der Tour 40), die Talsperren Cranzahl (Tour 43), Sosa (Tour 48) und Mul-

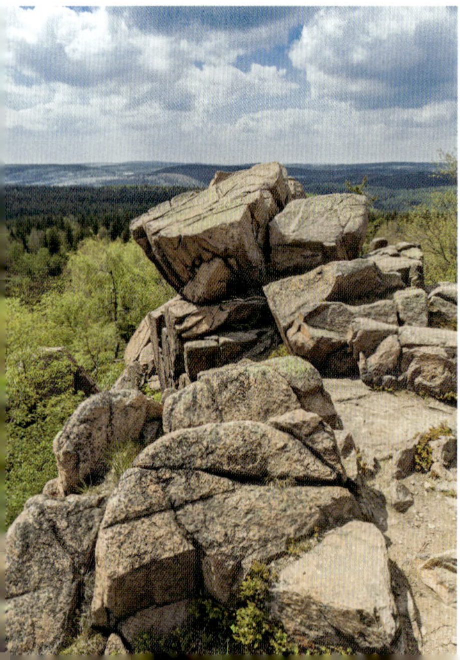

Die Felsformation der Lugsteine begegnet uns auf dem Weg zum Kahleberg (Tour 35)

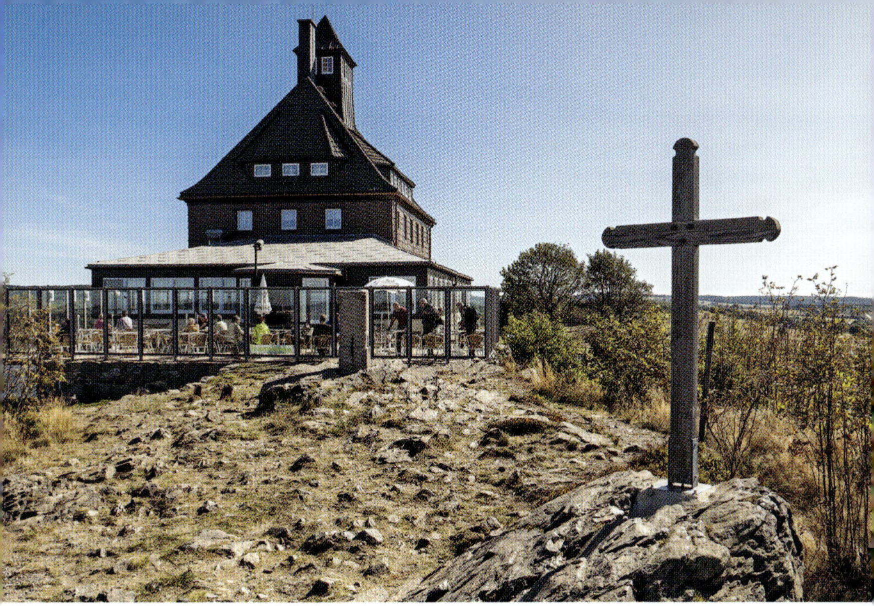

Der Schwartenberg: beliebtes Ausflugsziel im oberen Flöhatal (Tour 37).

denberg (Tour 50) sowie die Talsperre Pöhl (Tour 53). Die letztgenannte ist neben dem Greifenbachstauweiher die einzige entlang unserer Wanderungen, wo Baden und Wassersport gestattet sind.

Die längsten Touren des Wanderführers findet man vor allem in den einsamen Hochwäldern des westlichen Erzgebirges und im Vogtland. Drei der Touren liegen jenseits der 20-Kilometer-Marke: die Wanderung zu Aschberg und Kiel (Tour 49/21,9 km), die Tour auf den Auersberg (Tour 48/23,0 km) und als Königsetappe die Rundwanderung zum Steinberg und Kuhberg bei Rodewisch (Tour 54/23,9 km). Die langen Touren lassen sich jedoch oft mit Busunterstützung in zwei entspanntere Etappen aufteilen. Eine Vielzahl der Bergziele liegt innerhalb der Grenzen des Naturparks Erzgebirge/Vogtland, der ebenso wie das Elbsandsteingebirge kurz vor Ende der DDR 1990 unter Schutz gestellt worden ist.

Als im Mittelalter anderswo schon Kultur, Handwerk und Handel blühten, war das Erzgebirge noch ein unbewohnter, dunkler Urwald, Miriquidi genannt. Im zwölften Jahrhundert setzte die Besiedlung des Gebirges ein, die im Nordosten – in der Gegend des heutigen Freibergs – schlagartig zunahm, als die Kunde von Silbererzfunden die Runde machte. Als »Berggeschrey« ging dieser Bergbauboom in die Geschichtsbücher ein – ein zweiter folgte etwa 300 Jahre später. Berühmte Bergstädte wie Altenberg, Marienberg, Annaberg (heute Annaberg-Buchholz) oder Schneeberg entstanden in jener Zeit.

Der Bergbau veränderte das Landschaftsbild und prägt die Menschen und die Kultur bis heute. Im Juli 2019 wurde die Montanregion Erzgebirge grenzübergreifend in Tschechien und Sachsen zum UNESCO-Welterbe erklärt. Die Menschen sind stolz auf ihre Geschichte und ihre Tradition. Besonders intensiv spiegelt sich das in der Erzgebirgsweihnacht mit

Schwibbögen, Weihnachtspyramiden, Räuchermännchen, Nussknackern usw. wider. Seiffen am Fuße des Schwartenberges (Tour 37) gilt als das Epizentrum der erzgebirgischen Weihnachtskunst. Daneben sind die Uhrmachermanufakturen im osterzgebirgischen Müglitztal und die Musikinstrumentenherstellung im oberen Vogtland weltweit bekannt. Größere Städte findet man vor allem am Nordrand dieses Wandergebietes. Neben Freiberg gelten – von Ost nach West – vor allem Chemnitz, Zwickau und Plauen als Eingangstore ins Erzgebirge bzw. ins Vogtland.

Nord- und Mittelsachsen

Grob vereinfacht kann man über Sachsen sagen: der Norden flach, die Mitte hügelig, der Süden gebirgig. Dieser Abschnitt widmet sich nun den kleineren Bergen am Nordrand des Erzgebirges, dem Mittelsächsischen Hügelland und den wenigen, aber in mehrerer Hinsicht nicht uninteressanten Erhebungen im Norden des Freistaats. Freilich ist hier die Dichte an Wanderbergen geringer, was nicht heißen soll, dass die Ziele weniger lohnend sind.

Im Süden der Industriestadt Chemnitz gibt es mit der Dittersdorfer Höhe (Tour 58) einen schönen Aussichtsbalkon ins nahe Erzgebirge sowie fast in Sichtweite den Schellenberg mit dem weithin sichtbaren Renaissance-Jagdschloss der Augustusburg (Tour 57), eines der beliebtesten Ausflugsziele der Chemnitzer. Nicht jeder Berggipfel in Sachsen ist natürlichen Ursprungs. So stellt die Deutschlandschachthalde (Tour 59) bei Oelsnitz eine renaturierte Abraumhalde aus der kurzen, aber intensiven Zeit des Steinkohlebergbaus dar. Die Halde Trages (Tour 65) südlich von Leipzig wurde aus dem Abraum der gewaltigen Braunkohletagebaue rund um Espenhain aufgeschüttet. Einst eine Umweltsünde, ist die Halde heute ein Naturparadies, und vom Aussichtsturm bietet sich ein hervorragender Blick auf das Leipziger Neuseenland. Die Messe- und Kulturstadt Leipzig liegt in einer der flachsten Regionen des Landes. Von daher sind die wenigen Erhebungen der Stadt entweder begrünte Mülldeponien oder die aufgeschütteten Kriegstrümmer aus dem Zweiten Weltkrieg. Nichtsdestotrotz gewähren sie eine herrliche Aussicht auf die Skyline der Stadt und sind gerade bei Sonnenuntergang beliebte Ziele.

Einige wellige, nordsächsische Hügellandschaften wie die Dübener oder Dahlener Heide, verdanken wir dem Vorstoß von Gletschern während der Eiszeiten. Markanter sind da die um vieles älteren Porphyrsockel jener Region. So bieten der Schildberg (Tour 61) und die Hohburger Berge (Tour 63) trotz geringer Gipfelhöhen ungewöhnlich freie Fernsichten und dank intensiven Steinbruchbetriebs auch spektakuläre Felsszenerien. Diese Zutaten findet man noch ein wenig höher und dramatischer ein Stück weiter südlich. Der Rochlitzer Berg (Tour 60) erhebt sich über dem Tal der Zwickauer Mulde, kann mit eindrucksvollen historischen Steinbrüchen aufwarten, und das Panorama reicht vom Erzgebirge bis nach Leipzig. An seinem Fuß ist das aktive Kloster Wechselburg mit seiner romanischen Basilika ein kulturelles Highlight. Zu guter Letzt sei noch ein besonderer Berg erwähnt. Mit seinen 313 Metern Höhe ist der Collmberg (Tour 62) ganz klar die Nummer Eins im Norden Sachsens. Weithin sichtbar war der Berg bereits im Mittelalter für die Orientierung

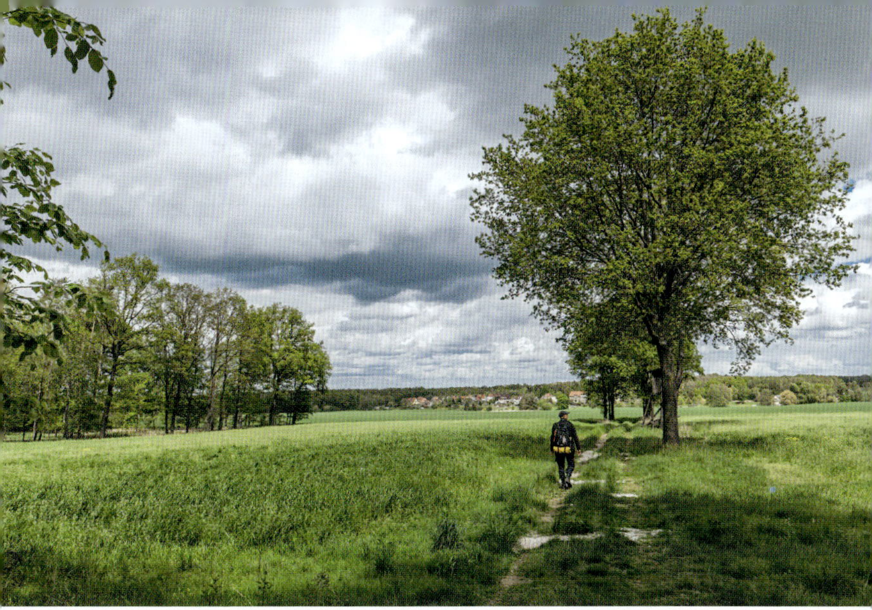

Wald- und Wiesenlandschaft am Fuß der Hohburger Berge (Tour 63).

wichtig, wenn die Menschen von weither kamen, um am Fuß des Berges Konflikte zu klären und Gericht zu halten. Die fast 1000-jährige Gerichtslinde erinnert bis heute daran.

Weitere Gipfelziele

Die Auswahl der Touren in diesem Führer kann angesichts der Fülle an Möglichkeiten im bergreichen Sachsen am Ende nur subjektiv und unvollständig sein. Wer hier zu Hause ist oder regelmäßig zum Wanderurlaub nach Sachsen kommt, wird möglicherweise dankbar für Anregungen sein. Deshalb folgt hier eine Liste weiterer lohnender Wanderberge. Dank guter sächsischer Topokarten und der Planungsmöglichkeit mit Apps wie komoot.de, outdooractive.com oder hiking.waymarkedtrails.org lassen sich noch mehr interessante Gipfeltouren gestalten.

- Der **Ameisenberg** (575 m), bewaldet, mit Sandsteinformationen, kann am Ende der Töpferrunde (Tour 2) nach der Teufelsmühle noch mit »angehängt« werden. Die Tour bietet interessante Felssteige.
- Der **Berg Oybin** (514 m) ist das felsige Wahrzeichen des Ortes mit einer Kloster- und Burgruine aus dem 14. Jahrhundert, kurzer Aufstieg aus dem Zentrum von Oybin (burgund-kloster-oybin.com).
- **Breiteberg** (510 m) und **Seidelsberg** (433 m) sind Erhebungen zwischen Zittau und Großschönau.
- Der **Rotsteingipfel** (455 m) liegt nordöstlich von Löbau und besitzt einen Aussichtsturm und einen Triangulationspunkt. Er lässt sich mit dem Löbauer Berg (Tour 8) kombinieren.
- Im Nordosten der Lausitz befindet sich am Rand der Oberlausitzer Heide- und Teichlandschaft die liebliche Hügellandschaft der **Hohen Dubrau** (307 m).
- Der **Thromberg** (432 m) steht südöstlich von Bautzen. Er ist bewaldet, mit einer Felsgruppe am Gipfel.
- Der **Mönchswalder Berg** (447 m)

nördlich von Wilthen besitzt eine Bergbaude und einen Aussichtsturm, über die Teufelskanzel gelangt man zum **Großen Picho** (498 m).

■ Der **Klosterberg** (394 m) liegt östlich von Bischofswerda und besitzt eine Berggaststätte. Rund um den Gipfel gibt es mehrere mit Wasser gefüllte Steinbrüche.

■ **Waitzdorfer Höhe** (414 m) und **Gickelsberg** (413 m) sind vulkanischen Ursprungs und liegen am Ostrand der Sächsischen Schweiz.

■ Der **Kohlbornstein** (387 m) und die drei Laasensteine bilden eine bewaldete Bergkette westlich des Krippenbaches. Stille Wege, Felsformationen und einige Aussichtspunkte sorgen für Wanderspaß.

■ Von Bielatal-Rosenthal aus erreicht man die stillen Aussichtsfelsen von **Lampertsstein** (425 m), **Schneebergaussicht** und **Kohlberg** (440 m).

■ Der **Bernhardstein** (425 m) ist ein stark erodierter Tafelberg oberhalb des Bielatals südlich von Königstein. Er bietet einige Aussichtspunkte und kann mit einer Tour durch die Nikolsdorfer Wände kombiniert werden.

■ Die **Festung Königstein** (361 m) ist eines der Wahrzeichen des Elbsandsteingebirges und thront hoch über der Elbe. Der barrierefreie Zugang zur geschichtsträchtigen Festungsanlage (festung-koenigstein.de) ist sichergestellt.

■ Der **Große** (324 m) und **Kleine Bärenstein** (328 m) sind zwei Felsmassive, die über abwechslungsreiche Steige erwandert werden können. Sie können mit dem Rauenstein (Tour 29) kombiniert werden.

■ **Borsberg** (362 m) und **Triebenberg** (382 m) befinden sich oberhalb der Elbhänge bei Pillnitz und sind beliebte Ausflugsziele der Dresdner.

■ Im Osterzgebirge gibt es rund um Altenberg 14 Erhebungen jenseits der 800-Meter-Marke. Sie werden analog zum Himalaya als die 8000er des Erzgebirges vermarktet – in Dezimetern, versteht sich. Sie können in einer sehr ausdauernden Rundwanderung an einem Tag »erstiegen« werden. Es sind dies der **Geisingberg** (824 m, Tour 34), die **Traugotthöhe** (807 m), der **Fuchshübel** (813 m), die **Scharspitze** (807 m), die **Biwak-Kuppe** (828 m), der **Große** (899 m) und **Kleine Lugstein** (892 m, Tour 35), die **Wüste Höhe** (827 m), der **Hemmschuh** (847 m), die **Schickels Höhe** (805 m), die **Steinkuppe** (805 m), der **Kannelberg** (805 m), die **Stephanshöhe** (804 m) und der **Pöbelknochen** (833 m), siehe achttausender-im-erzgebirge.de.

■ Der **Steinhübel** (817 m) und der **Lauschhübel** (CZ, **Cihadlo**, 842 m) sind zwei typische Erzgebirgsgipfel mit ein paar Gipfelfelsen beiderseits der sächsisch-böhmischen Grenze. Rundwanderung ab Rübenau, die Aussicht vom Lauschhübel ist die lohnendere.

■ Die **Drei-Brüder-Höhe** (688 m) westlich der Bergstadt Marienberg ist eine Erhebung mit einem flachen, bewaldeten Gipfelaufbau, beliebtes Ausflugsziel mit Berggaststätte und Aussichtsturm.

■ Im Markersbach, zwischen Schwarzenberg und Annaberg-Buchholz gelegen, wurde 1979 ein Pumpspeicherwerk in Betrieb genommen. Das Oberbecken der eindrucksvollen Anlage befindet sich auf dem Bergplateau des **Hundsmarters** (848 m).

■ Ein nordwestlicher Ausläufer des Fichtelbergmassivs ist der **Taufichtig** (1001 m), einsam im Wald gelegen.

■ Der **Rabenberg** (913 m) ist ein bewaldetes Bergmassiv bei Breitenbrunn. Auf dem ausgedehnten Gipfelplateau befindet sich der Sportpark Rabenberg e.V.

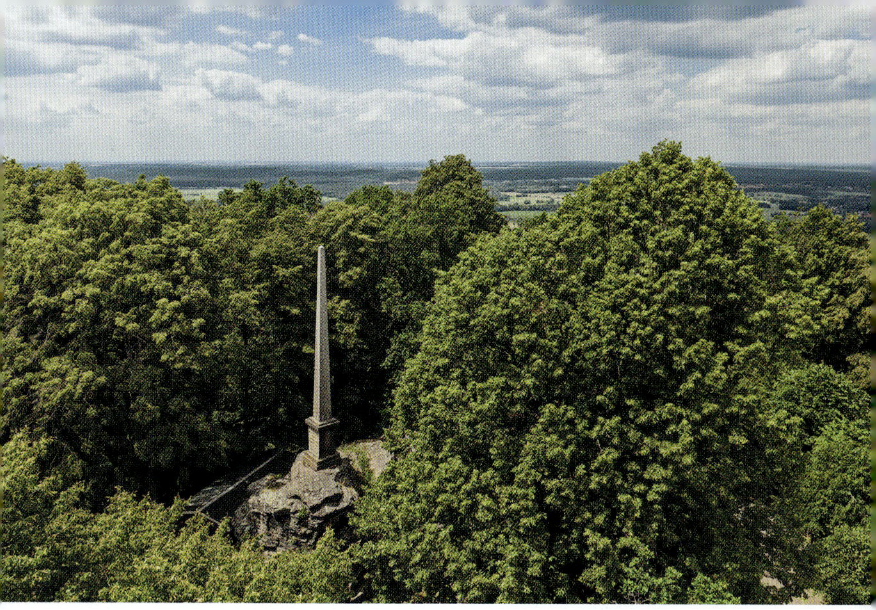

Oben: Weit reicht der Blick vom Keulenberg über den Obelisken bis zum Elbtal (Tour 15).
Folgende Doppelseite: Gipfelfelsen auf dem Oderwitzer Spitzberg (Tour 7).

■ **Keilberg** (552 m) und **Gleesberg** (593 m) sind die aussichtsreichen Hausberge von Schneeberg mit Aussichtstürmen und Einkehr.

■ Der Tharandter Wald ist ein geologisch interessantes Naherholungsgebiet im Westen von Dresden. Markanteste Erhebung ist der **Tännicht** (461 m) an dessen Südrand.

■ Das Spaargebirge südöstlich von Meißen wird scherzhaft als das kleinste Mittelgebirge Sachsens bezeichnet. Mit seinen Felswänden und steilen Weinbergen ist es ein wahrer Mikrokosmos. Schöne Elbtalblicke von der **Boselspitze** (182 m) und von der **Juchhöh** (185 m).

■ Chemnitz liegt in einem weitläufigen Talkessel. Auf den umliegenden Höhenzügen gibt es mehrere Aussichts- und Ausflugsberge: Der **Adelsberg** (508 m) mit Berggaststätte im Süden, der **Pfarrhübel** (432 m), eine freie Wiesenkuppe mit Blick auf die Stadt im Südwesten und der **Totenstein** (482 m) mit Aussichtsturm im Rabensteiner Wald im Nordwesten der Stadt sind die bekanntesten.

■ Der **Wachtelberg** (148 m) ist eine Erhebung südlich von Wurzen an der Mulde. Auf der Anhöhe steht der Bismarckturm mit schöner Aussicht übers Muldental.

■ Der **Kohleberg** (179 m) bei Brandis am Rand der Leipziger Tieflandsbucht ist eine Erhebung aus Granitporphyr. Eindrucksvoll sind die beiden Steinbrüche. Vom Rand des Westbruches bietet sich ein toller Blick auf die Silhouette von Leipzig. Der DAV Leipzig hat dort die »Sieben-Brüche-Wanderung« konzipiert.

■ Der **Fockeberg** (153 m) ist ein künstlicher Berg im Südosten des Leipziger Stadtzentrums, der aus zusammengetragenen Kriegstrümmern aufgeschüttet wurde. Die Aussicht auf das Leipziger Stadtzentrum ist besonders bei Sonnenuntergang ein Erlebnis.

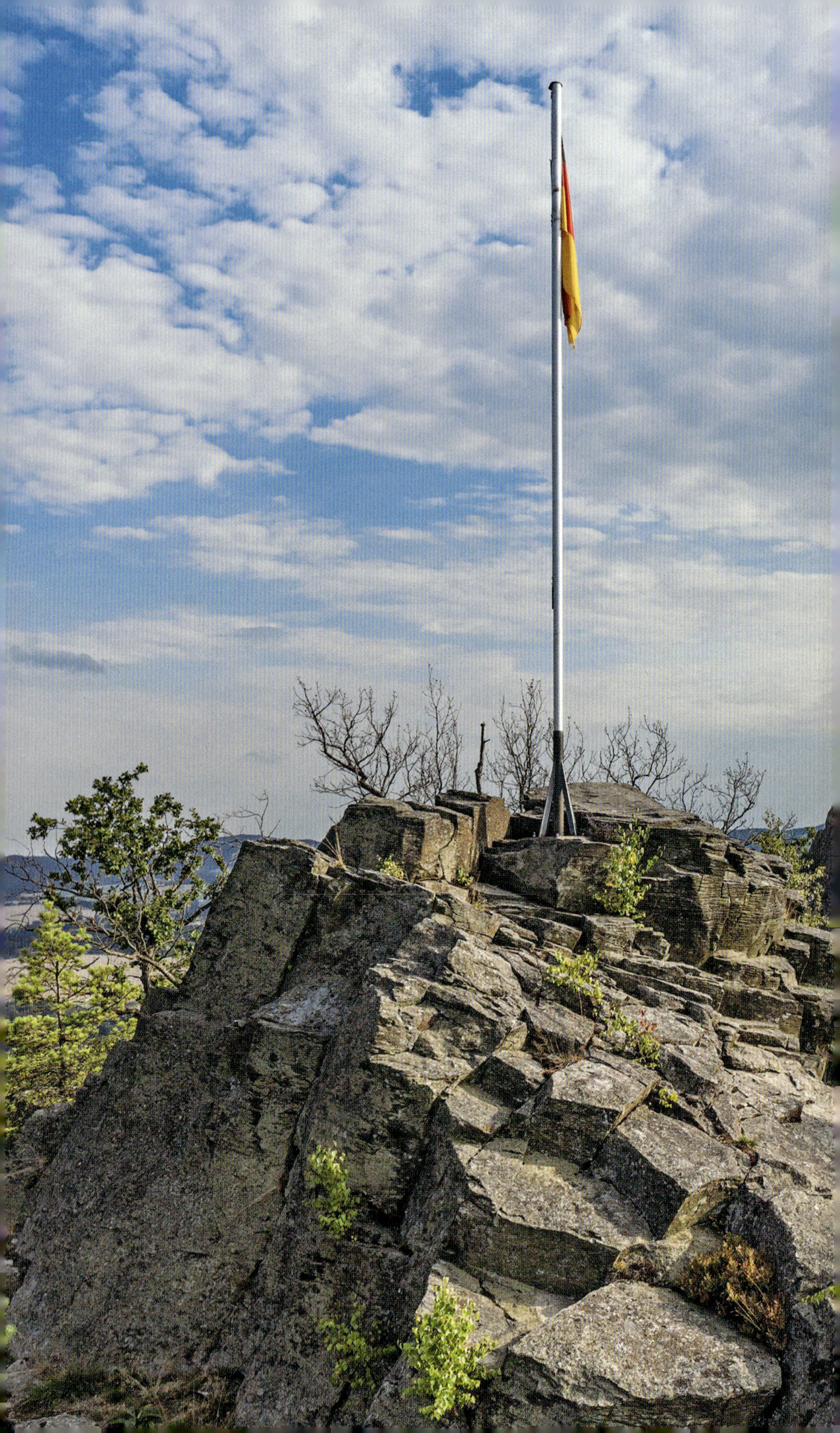

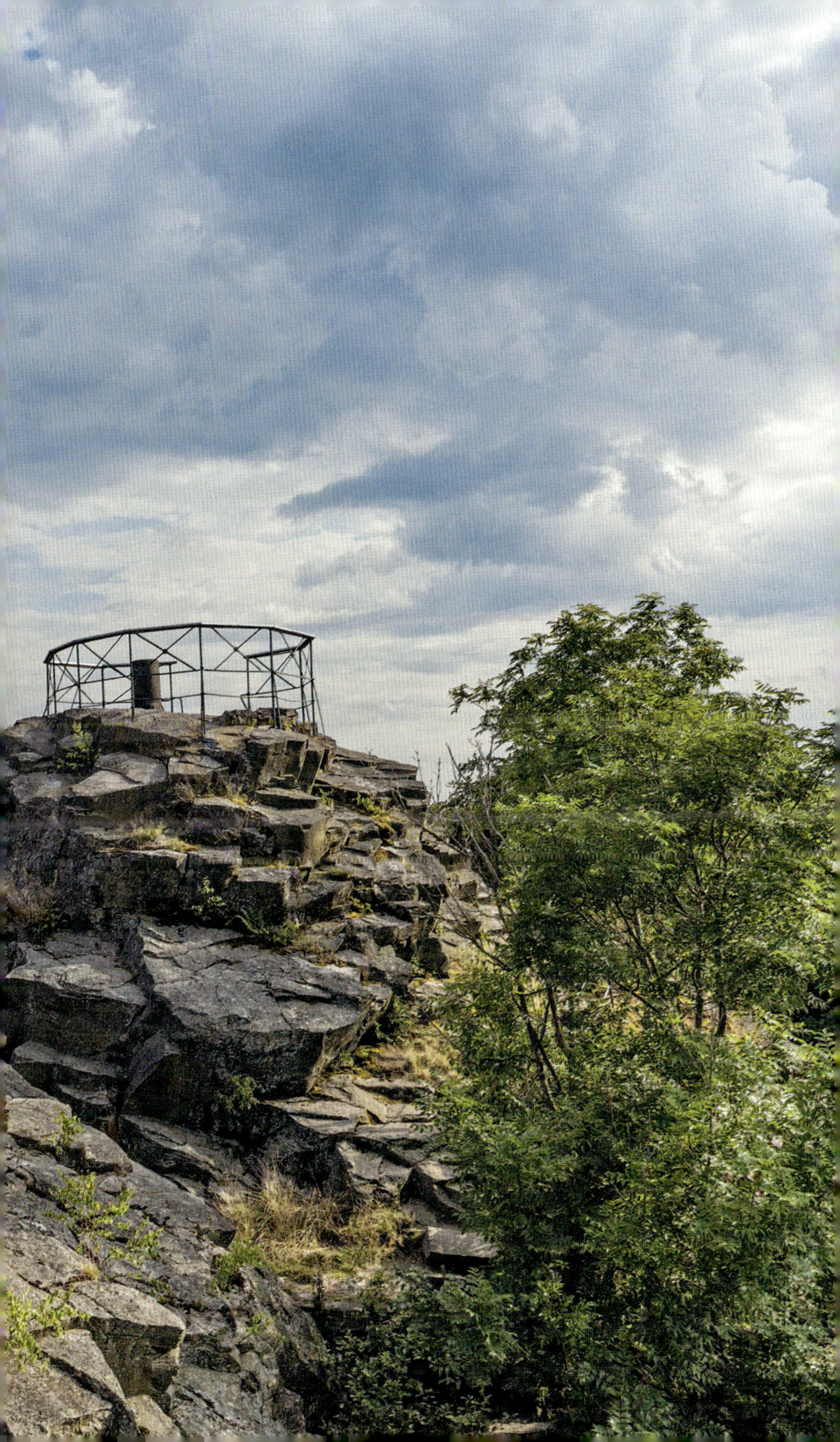

1 Fuchskanzel, 531 m, und Pfaffenstein, 565 m

Stille Aussichtsfelsen beidseits der Grenze

4.15 Std. | 12,8 km | ↗ 430 m | ↘ 430 m

Wo Fuchs und Hase einander »Gute Nacht« sagen

Das Weißbachtal liegt abgelegen im äußersten Südosten Sachsens und bildet die Grenze zu Tschechien. Eine felsige Engstelle trägt treffenderweise den Namen »Böhmisches Tor«. Zu beiden Seiten erheben sich waldreiche Bergkämme, die mit ein paar markanten und aussichtsreichen Felsriffen verziert sind: die Popova skála (Pfaffenstein) im Osten, in Tschechien, und der Straßberg mit dem schicken Aussichtspunkt der Fuchskanzel im Westen. Unterwegs passieren wir den einen oder anderen Kletterfelsen und auf dem Rückweg steht noch die Ruine der Burg Karlsfried am Wegesrand.

Ausgangspunkt: Hartau bei Zittau. Parkplatz am Rondell der Bushaltestelle »Wendeplatz/Siedlung«. Stündliche Busverbindung mit der Stadtlinie C ab Zittau Bhf.
Anforderungen: meist bequeme Wanderwege, am Pfaffenstein ein wenig felsig mit ein paar Treppen, der optionale Abstecher zur Ruine Karlsfried erfordert auf den letzten Metern Trittsicherheit und Weggespür.
Karte: GeoSN Wanderkarte 1:25.000 Blatt 51 Naturpark Zittauer Gebirge.
Variante: Der Bogen zu den Kletterfelsen nach dem Abstieg von der Fuchskanzel kann auch weggelassen werden, in diesem Fall folgt man einfach den roten Kreismarkierungen weiter bergab.
Tipp: Auf dem Weg zum Ausgangspunkt empfiehlt sich ein Besuch der Grenzstadt Zittau mit einigen sehenswerten Bauwerken und den Museen mit den berühmten Fastentüchern: Museum Kirche zum Heiligen Kreuz, tgl. 10–17 Uhr, das Kulturhistorische Museum Franziskanerkloster, zittau.de.
Hinweis: Die Tour führt über tschechisches Gebiet, ein gültiges Ausweisdokument ist mitzuführen.

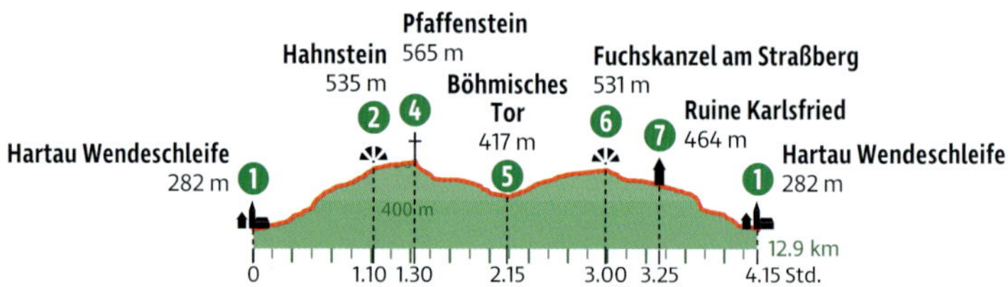

Wir starten am südlichen Ortsrand an der Wendeschleife in **Hartau** ❶, 282 m, und folgen der Waldstraße mit rotem Kreis markiert kurz nach Osten. Am Abzweig folgen wir den Markierungen rechts aus dem Ort hinaus. Bei der Gabelung am Wald bleiben wir links und wandern entlang des Waldrands weiter (weiß-grün-weiß). Am Ende des Feldes folgen wir an einer Wegeinmündung vorbei dem Weg in den Wald hinein Richtung Zigeunerwinkel. Dort halten wir uns links (weiß-blau-weiß). Wir überqueren den Weißbach und die Grenze zu Tschechien. Direkt dahinter gehen wir über einen Querweg an einem großzügigen

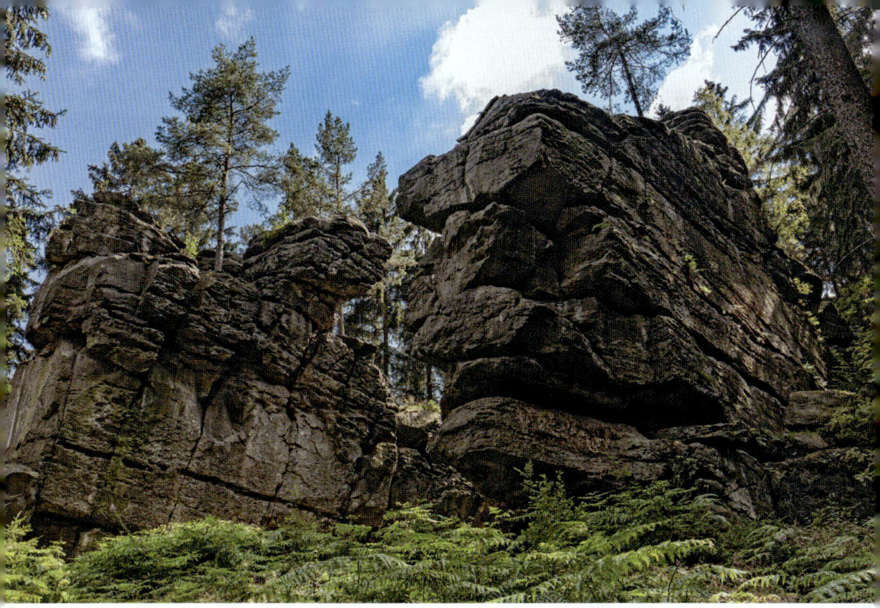

Die beliebten Kletterfelsen der Dianawände.

Picknickplatz vorbei und schließlich Richtung Popova skála geradeaus weiter, dabei verlassen wir den Talgrund und folgen dem Weg 1,5 Kilometer bergan. Nach einer markanten S-Kurve wird der Weg flacher. Nach einer Weile zweigt unser Weiterweg gut markiert auf einen schmalen Wanderpfad im Rechtsbogen ab. Teilweise als Hohlweg führt die markierte Route bergan, es wird felsiger, Überbleibsel von Steinbrüchen sind bald im Wald zu erkennen, danach führt der Weg im Linksbogen um ein Felsmassiv herum (hier bietet sich rechts ein kurzer Pfadabstecher zu einer ersten schönen Felsaussicht an). Bald geht es links, am Ende an zwei Pfadeinmündungen vorbei, steil hinauf. Am Ende des Anstiegs erwartet uns rechts der markierte Weiterweg und zuvor der kurze Abstecher zum felsigen Aussichtspunkt des **Hahnsteins** ❷, 535 m, der mit einem blauen Dreieck markiert ist. Hier blicken wir über die drei Länder Polen, Tschechien und Deutschland.

Der Weg folgt nun dem Kamm und wir erreichen die unscheinbare Anhöhe des **Spitzbergs** ❸, 544 m. Die Route senkt sich allmählich etwas hinab zu einem kleinen Sattel. Hier kreuzt ein Weg und geradeaus führen zwei Wege, wir folgen leicht links im Wald hinauf den blauen Dreiecken zu den Gipfelfelsen des **Pfaffensteins** ❹, 565 m. Dabei hält sich der markierte Weg vor ersten Felsen zunächst links, schwenkt dann hinauf zu einer Lücke im Felskamm und danach gleich weiter nach links über Felsen unter den Gipfelaufbau. Zum höchsten Punkt gelangen wir über eiserne Treppen. Uns erwartet eine Aussicht über das Zittauer Gebirge und zum Jeschken (1012 m) mit dem markanten Fernsehturm. Vom Beginn der Treppen gehen wir am Fuß des Gipfelfelsen im Uhrzeigersinn halb um dem Gipfelaufbau herum weiter. Genau auf der West- bzw. Talseite führt der nun unmarkierte Pfad anfangs zwischen Felsblöcken hindurch im Wald hinunter. Wir erreichen wieder den weiß-blau-weiß markierten Weg und folgen diesem nach links. An der Wegkreuzung im nächsten Sattel folgen wir den weiß-blau-weißen Markierungen leicht links des Kammes weiter. Nach einem Kletterfelsen am Wegrand wird das Gelände flacher. Wir erreichen einen Abzweig an einer Rastbank. Ab hier folgen wir dem weiß-grün-weiß markierten Fahrweg rechts im langen Bogen ins Weißbachtal hinunter. Im Talgrund weisen die Markierungen nach links über eine Brücke, wo nun parallel zum bisherigen Weg die Route an der Grenze entlang weiter talabwärts führt. Wir folgen dem idyllischen Weg, vorbei an Felsen und einer Lichtung, durch die felsige Engstelle des **Böhmischen Tors** 5, 417 m, hindurch.

Kurz danach kommen wir bei der Grenzschranke zu einem Rastplatz mit Infotafel. Hier zweigt mit gelbem Kreis markiert unser Weiterweg links in ein Seitental ab. Durch einen felsigen Talabschnitt schlängelt sich der Weg hinauf, an Abzweigen orientieren wir uns an der gelben Kreismarkierung. An einer großen Kreuzung mit Wegweisern biegen wir oben auf den Fahrweg nach rechts ab und folgen zunächst weiter dem gelben Kreis Richtung Forsthaus Lückendorf. Wir erreichen den Waldrand, links bietet sich eine Aussicht zum Hochwald und wir gehen noch kurz am Wald entlang weiter. Nach einer Sitzbank zweigt rechts der Weiterweg, nun mit rotem Kreis markiert, Richtung Fuchskanzel ab. Bei einer Wegkreuzung nach 900

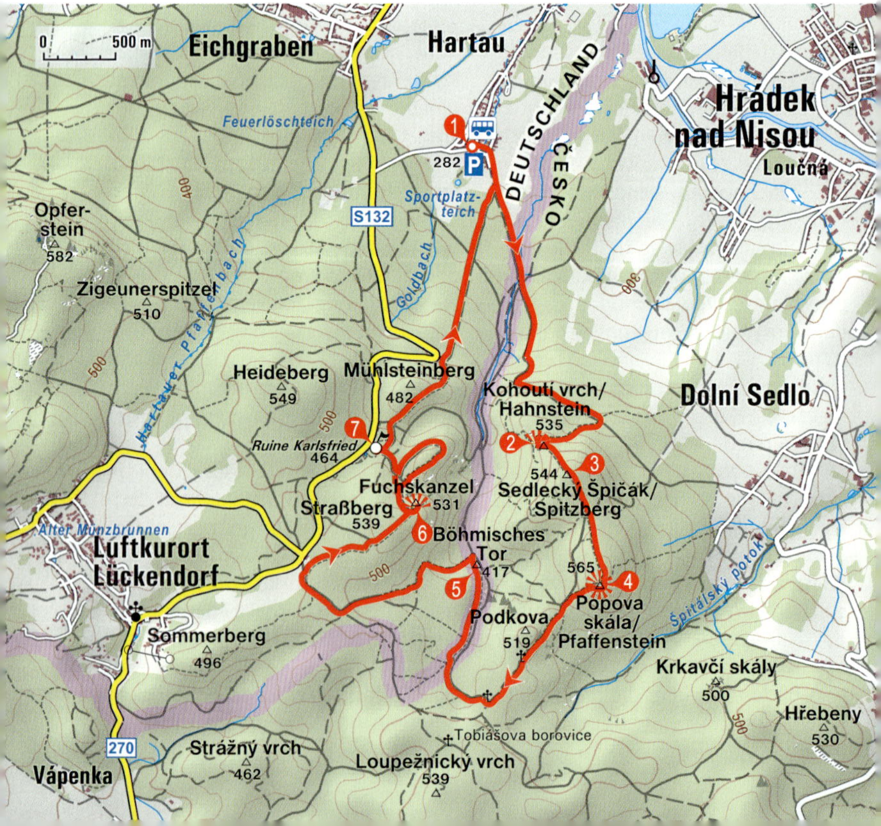

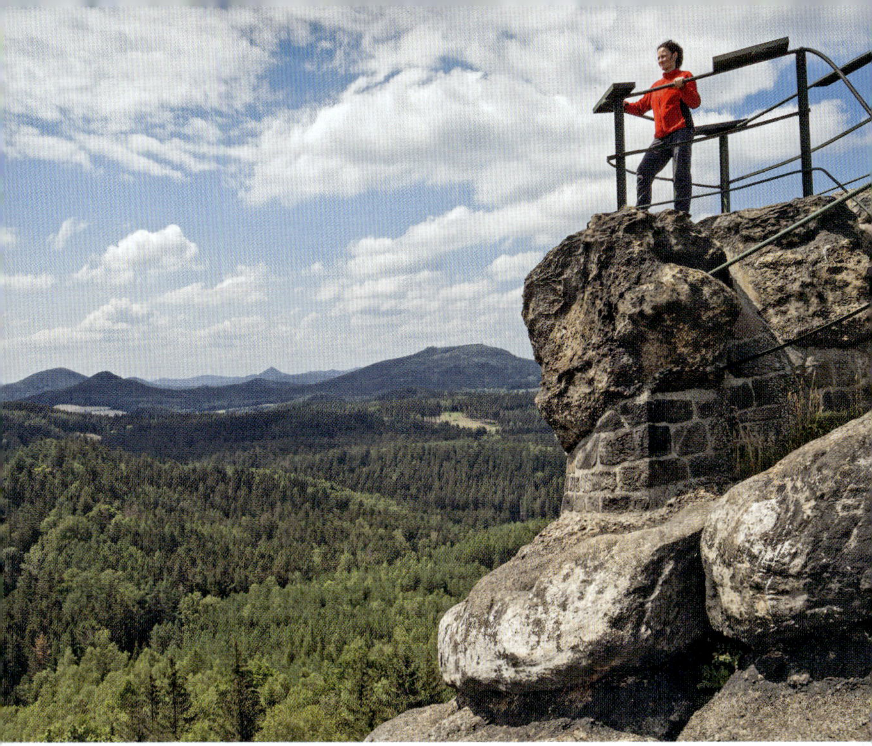

Gipfelpanorama am Pfaffenstein.

Metern gehen wir leicht links weiter über eine kurze Brücke hinweg zur vor uns liegenden, felsigen **Fuchskanzel am Straßberg 6**, 531 m, mit schönem Ausblick nach Norden. Wir gehen anschließend kurz zurück und folgen an besagter Kreuzung den roten Kreismarkierungen nach Nordwesten in den Wald hinunter. Dort wo der Weg aus dem Jungwald in den Hochwald wechselt, zweigt rechts ein Pfad ab (als sogenannter Steinzoo markiert). Hier verlassen wir für eine kurze Strecke die Farbmarkierungen und folgen diesem Pfad, vorbei an den eindrucksvollen Felsgestalten des Thielknopfs und der Uhusteine. Nach 300 Metern führt der Weg zwischen den beiden Dianawänden hindurch, macht dort Linkskehre und bringt uns unterhalb der Felsen wieder zurück zum markierten Weg. Wir erreichen im weiteren Verlauf bald eine Wegkreuzung. Schräg vor uns sind die Mauerreste der **Ruine Karlsfried 7**, 464 m, zu sehen. Man kann diese erreichen, wenn man den Pfad links hinaufgeht, sich vor der Ruine links hält und zwischen Felsen hindurch auf die Westseite der Ruine gelangt. Von dort ist in wenigen Augenblicken der höchste Punkt erklommen. (Das kurze Felsband auf der Ostseite ist gefährlich und sollte nicht zur Besteigung genutzt werden!). Wir gehen zurück zum Weg mit den roten Kreismarkierungen und folgen diesem nordwärts durch den Wald hinunter. Den Markierungen folgen wir nun über mehrere Querwege hinweg im Wald bergab. Vom Waldrand geht es auf bekanntem Weg zurück zum **Ausgangspunkt 1**.

2 Scharfenstein, 569 m, und Töpfer, 582 m

Aussichtsreicher Eckpfeiler des Zittauer Gebirges

TOP | 2.45 Std. | 8,3 km | ↗270 m | ↘270 m

Ein landschaftliches Füllhorn beim Kurort Oybin

Der Töpfer im Nordosten des Zittauer Gebirges erfreut sich dank Gipfeleinkehr und toller Aussicht großer Beliebtheit. Wir nähern uns dem höchsten Punkt in einer kurzweiligen Runde: Schnell liegt der Trubel des Urlaubsorts hinter uns und entlang der sogenannten Bürgergasse passieren wir so kühne Felsformationen wie den Haupttorwächter, die Ameise oder den Eisbären. Der Kelchstein ist das Wahrzeichen des Zittauer Gebirges und lässt uns staunen. Mit Beginn der großen Felsengasse liegen die meisten Aufstiegsmeter bereits hinter uns. Entspannt geht es dahin und uns bleibt die Luft zum Schauen: auf die Klettersteigler am »Alpinen Grat«, auf den Berg Oybin mit der Klosterruine und auf den nahen Hochwald. Letzteren sieht man besonders gut von den Gipfelfelsen am Scharfenstein, nach einem kurzen Aufstieg über steile Treppen. An der Böhmischen Aussicht bietet sich ein schöner Blick ins Nachbarland. Nach verdienter Gipfelrast am Töpfer führt der Weg vorbei an den Gratzer Steinen steil hinab ins Tal und vorbei am Berg Oybin zurück zum Ausgangspunkt.

Ausgangspunkt: Großer Besucherparkplatz im Zentrum von Oybin auf der Westseite des Kurparks, 100 m westlich des Bahnhofs Kurort Oybin der Schmalspurdampfbahn, Verbindung nach Zittau alle 2 Std.
Anforderungen: Wege und Pfade ohne echte Tücken, an den Gipfelfelsen von Töpfer und Scharfenstein ein paar teils luftige Stahltreppen.
Karte: GeoSN Wanderkarte 1:25.000 Blatt 51 Naturpark Zittauer Gebirge.
Einkehr: Töpferbaude, im Sommer Mi. – Mo. 10 – 18 Uhr, toepferbaude.de, Teufelsmühle, teufelsmuehle-oybin.de, diverse im Kurort Oybin.

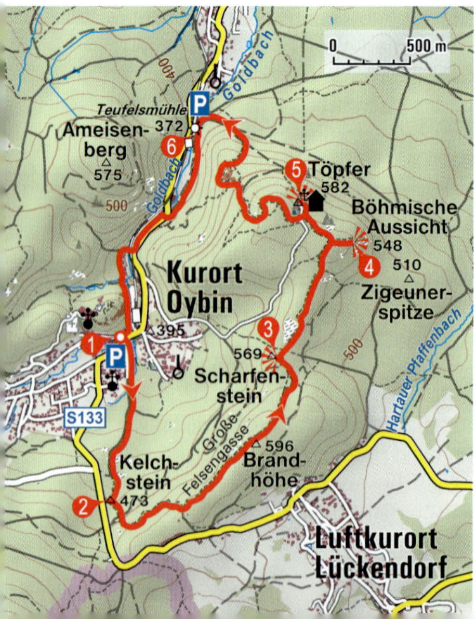

Vom Parkplatz auf der Westseite des Kurparks im **Kurort Oybin ❶**, 395 m, starten wir auf der sogenannten Bürgerallee, weiß-grün-weiß markiert, nach Süden und lassen den Ort bald hinter uns. Der Weg folgt dem Talgrund zwischen eindrucksvollen Kletterfelsen hindurch. Am nächsten Wegkreuz bleiben wir geradeaus und erreichen die einzigartige Felsgestalt des **Kelchsteins ❷**, 473 m. Der Weiterweg führt unmittelbar hinter dem Felsturm links im Wald hinauf. Wir passieren einen Querweg und gehen geradewegs einen unmarkierten Waldpfad weiter bergan, halten uns am nächsten Querweg links und folgen dem wieder breiteren Weg sanft

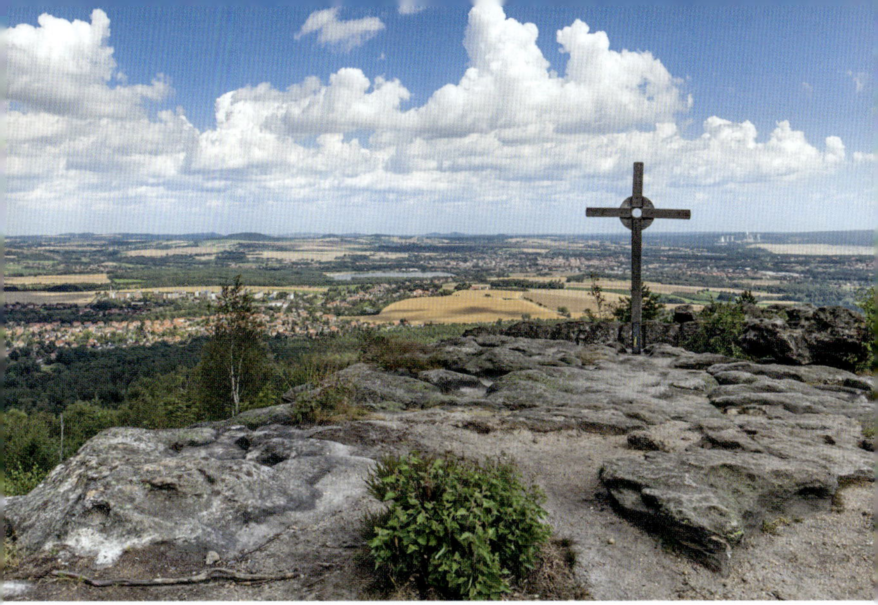

Aussicht vom Töpfer auf Olbersdorf und Zittau

im Wald ansteigend. Nach etwa 300 Metern kreuzt der weiß-gelb-weiße Wanderweg. Diesem folgen wir halbrechts hinauf. In einigen Kurven erreichen wir bald den beschilderten Abzweig zur Großen Felsengasse. Wir wenden uns nach links und folgen im Wesentlichen den gelben Kreismarkierungen über den Töpfer hinweg bis zur Teufelsmühle. Wenige Meter nach dem Abzweig geht es bei ersten Felsgebilden ein paar Treppen hinauf. Wir wandern ohne nennenswerte Höhenunterschiede auf dem reizvollen Weg durch die Felsengasse. Links bietet sich bei einem Felsspalt ein kurzer Abstecher zu einer herrlichen Aussichtskanzel am Ausstieg des Klettersteigs »Alpiner Grat«. Rechts an der Aussicht steht die Felsformation der »Taube«. Auf dem Weiterweg gestatten Felslücken immer wieder Tiefblicke auf Oybin.

Wir erreichen im Wald eine sanfte Anhöhe mit Rastgelegenheit, die Edmundshütte, und folgen dem Weg ganz leicht wieder bergab. Nach 400 Metern folgen wir an der Wegkreuzung den Markierungen nach links Richtung **Scharfenstein** ❸, 569 m. Der Aussichtsfelsen steht wenige Meter links oberhalb des Weges. Der höchste Punkt wird über steile Stahltreppen erreicht. Tiefblicke auf Oybin, sowie die Aussicht auf den Hochwald und ins böhmische Bergland sind der Lohn der Mühe. Beim Abstieg halten wir uns am Ende der Treppen links und erreichen den Rastplatz am Scharfenstein. An der Wegkreuzung folgen wir geradeaus dem gelben Kreis weiter zum Töpfer. Der Weg führt durch eine kleine Felsengasse, dann links kurz hinauf und auf dem Felsplateau weiter durch den Wald. Zunächst zweigt rechts hinunter ein Weg mit grünem Kreis markiert ab, und kurz danach erreichen wir einen Querweg. Hier weisen uns die Wegweiser nach links zum nahen Töpfer. Vorher jedoch lassen wir uns den kurzen Abstecher (weiß-gelb-weiße Markierungen) nach rechts zur **Böhmischen Aussicht**

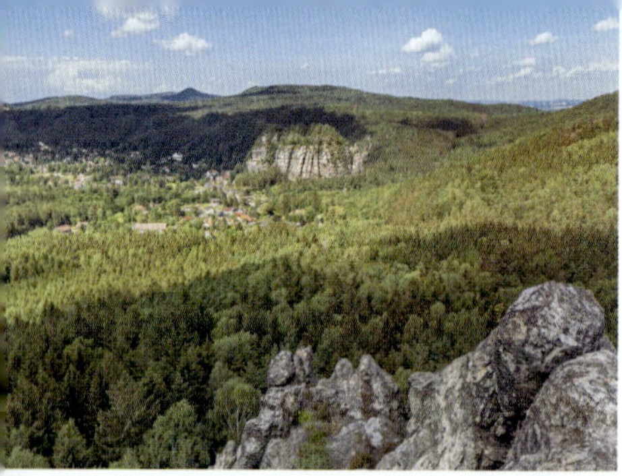

Links: Blick vom Scharfenstein zum Berg Oybin.
Rechts: Der Gipfelfels des Scharfensteins ist mit steilen Treppen erschlossen.

❹, 548 m, nicht entgehen. Die kleine Felskanzel bietet einen schönen Blick über waldreiche Berge bis zum Jeschken (1012 m). Es geht weiter zum **Töpfer** ❺, 582 m.
Links von uns endet die Töpferauffahrt mit dem Wendeplatz für den Gebirgsexpress (ein Touristenbus in Form einer Eisenbahn) und rechts grüßt die markante Felsformation der »Brütenden Henne«. Am Abzweig des Liebigwegs (rechts hinunter, weiß-rot-weiß markiert) vorbei erreichen wir das Gipfelplateau. Linker Hand steht die Töpferbaude mit Kiosk und Freisitz und vor uns befinden sich mehrere Aussichtspunkte mit schönem Blick auf das Zittauer Dreiländereck. Über antiquierte Eisentreppen erreichen wir zur Linken den höchsten Punkt des Gipfelfelsens.
Wir gehen kurz zurück zum erwähnten Wendeplatz und biegen hier, dem gelben Kreis folgend, rechts ab auf einen Wanderpfad Richtung Gratzer Steine und Teufelsmühle. Nach der Oybinaussicht führt der Weg erst links am Hang weiter und dann im Rechtsbogen hinunter. Bei einer Gabelung im Wald folgen wir den Markierungen nach links zu der bereits sichtbaren Felsformation der Gratzer Steine. Die Markierungen leiten uns im Uhrzeigersinn am Fuß der Felsen entlang. Der Weg steigt kurz an zu einem kleinen Sattel auf der Nordseite der Felsen und von hier nordostseitig im Wald hinunter. Am Querweg mündet von rechts oben die weiß-gelb-weiße Markierung ein. Im Wald hinunter und kurz vor der Talsohle links schwenkend erreichen wir den Parkplatz bei der Bahnstation neben der **Teufelsmühle** ❻, 372 m. Hier halten wir uns links und folgen dem weiß-blau-weiß markierten Talweg am Waldrand entlang. Der Weg schwenkt 500 Meter danach nach rechts über die Straße und wendet sich hinter den Häusern an den Gleisen nach links. An der Keramikwerkstatt folgen wir den Markierungen nach rechts über die Gleise und links das Tal weiter Richtung Kurort Oybin. Am Abzweig des Hausgrundes vorbei und unmittelbar am Fuß des Berges Oybin entlang erreichen wir den Ort. Linker Hand passieren wir den Bahnhof der Schmalspurbahn und kurz danach den Kurpark im **Kurort Oybin** ❶.

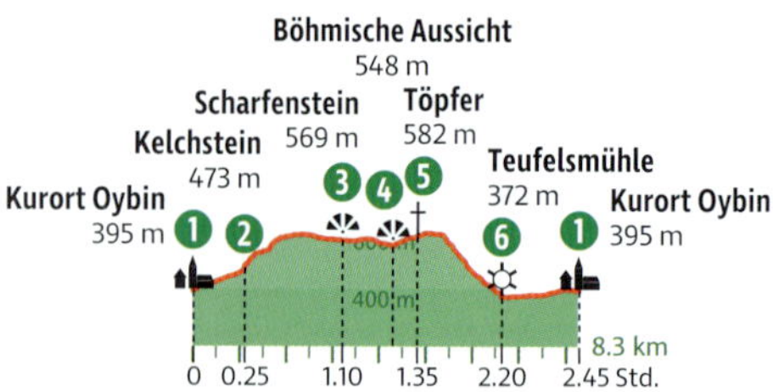

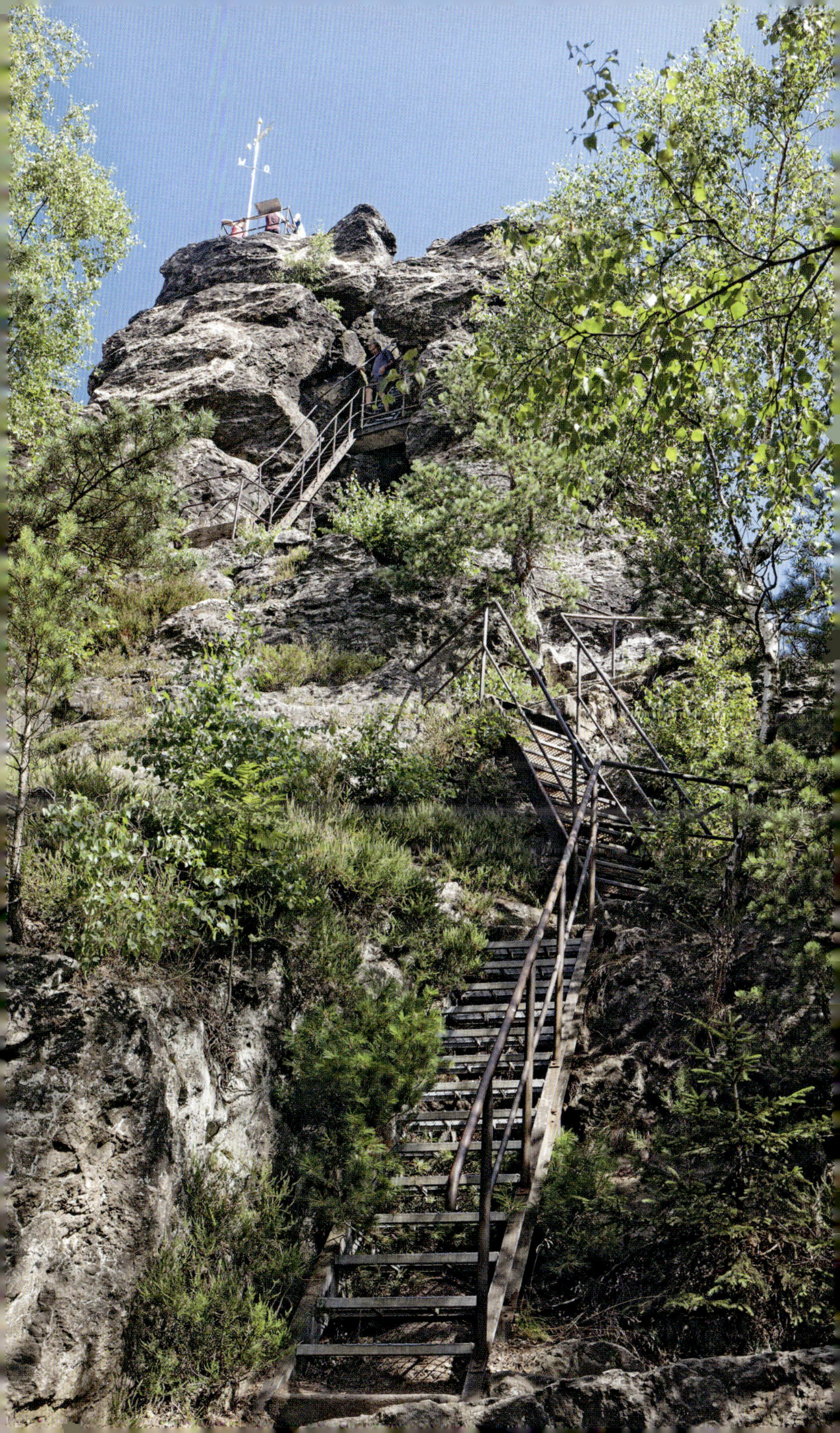

3 Pferdeberg, 541 m, und Hochwald, 750 m

Zweithöchster Berg der Lausitz

3.00 Std. | 10,0 km | ↗420 m | ↘420 m

Wuchtiger Riese im Herzen des Zittauer Gebirges

Der doppelgipflige Hochwald steht der Lausche in Sachen Beliebtheit in nichts nach. Das liegt wohl an den zwei Einkehrmöglichkeiten und dem Aussichtsturm. Unsere Runde führt zunächst vom Kurort Oybin durch die enge Ritterschlucht und am Klosterfelsen vorbei zum Pferdeberg, wo sich eine schöne Aussicht auf die Klosterruine bietet. Über den Ortsteil Hain erreichen wir die aussichtsreichen Bergwiesen am Johannisstein. Geologisch Interessierte werden hier über die zutage getretene Basaltformation staunen. Der Grenze folgend erreichen wir schließlich den Doppelgipfel des Hochwalds. Die Hüttenterrasse der Hochwaldbaude bietet ein herrliches Panorama, doch auch der Blick vom Aussichtsturm auf dem Nordgipfel ist nicht zu verachten. Auf dem Rückweg ist der Kelchstein mit seiner kühnen Gestalt der Hingucker schlechthin.

Ausgangspunkt: Großer Besucherparkplatz im Zentrum von Oybin auf der Westseite des Kurparks, 100 m westlich des Bahnhofs Kurort Oybin der Schmalspurdampfbahn, Verbindung nach Zittau alle 2 Std.

Anforderungen: Wenig schwierige Wege und Pfade, der Gipfelanstieg zum Hochwald führt über einige Felsblöcke.

Wenig bekannte Perspektive des Berges Oybin am stillen Pferdeberg

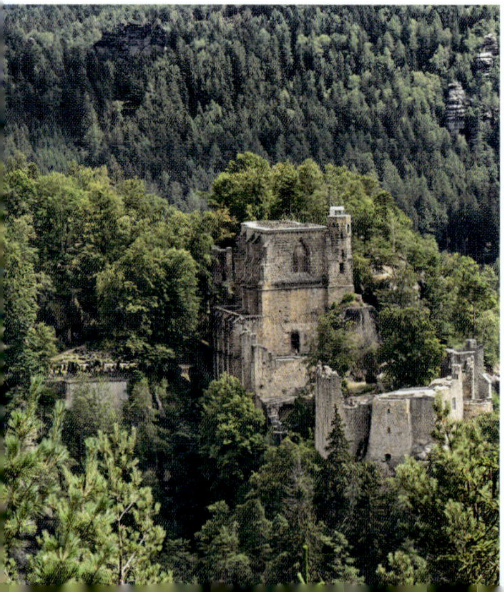

Karte: GeoSN Wanderkarte 1:25.000 Blatt 51 Naturpark Zittauer Gebirge.

Einkehr: Kammbaude, Fr.–Di. 11–22 Uhr, So. bis 17 Uhr, kammbaude.de, Hochwaldbaude, tgl. ab 10 Uhr, November bis März donnerstags Ruhetag, hochwaldbaude.de, Hochwald-Turmbaude, Mi.–So. ab 10:30, im Sommer tgl., hochwald-turmbaude.de, weiterhin großes Angebot im Kurort Oybin.

i ***Burg und Kloster Oybin*** *(burgundkloster-oybin.com): Die meistbesuchte Sehenswürdigkeit des Zittauer Gebirges ist der Berg Oybin mit seinen romantischen Klosterruinen. Das eindrucksvolle Felsmassiv ragt unmittelbar hinter den Häusern des Kurortes auf. Das Kloster wurde 1369 vom relativ unbekannten Orden der Cölestiner gegründet. Wenige Jahr zuvor hatte Kaiser Karl IV. den Platz als seinen Alterswohnsitz samt Burg und Kirche ausbauen lassen. Mit der Reformation endete die Besiedlung des Berges. Heute können die malerischen Ruinen rund ums Jahr besichtigt werden. November bis März 10–16 Uhr, April bis Oktober 9–18 Uhr.*

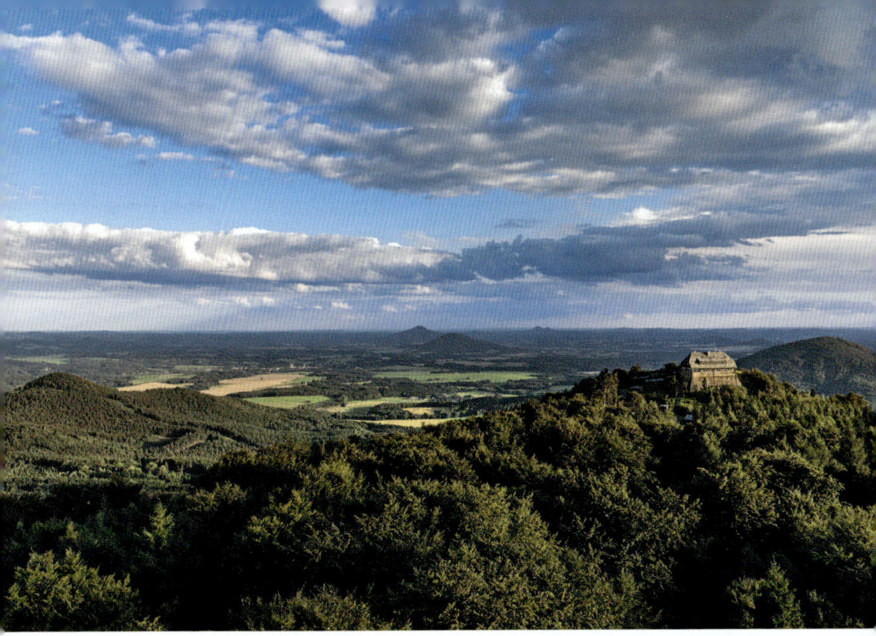

Abendstimmung auf dem Hochwald.

Beim Kurpark im **Kurort Oybin ❶**, 395 m, gehen wir in die Fußgängerzone. Nach 200 Metern führen gegenüber dem Haus des Gastes rechts Stufen hinauf Richtung Bergkirche und Burg Oybin. Hinter der sehenswerten Kirche gehen wir am Abzweig zur Burg geradewegs in die enge **Ritterschlucht ❷**, 436 m, hinein, unter einer Brücke hindurch und am Ende über Treppen rechts hinauf. 20 Meter danach schwenken wir am Parkplatz nach links, in den felsigen Grund hinunter. Wir passieren Kletterfelsen, erreichen den Weg im Hausgrund und folgen diesem, bald weiß-gelb-weiß markiert, links hinauf. Bei einem Wegweiser im Wald biegen wir rechts ab und folgen weiter den weiß-gelb-weißen Kennzeichen. Der Weg windet sich zwischen Felsen im Wald, am Ende links haltend hinauf. Wir erreichen einen Abzweig auf einem Bergrücken und folgen den weiß-gelb-weißen Kennzeichen links hinauf. Am Ende des Aufstiegs bietet sich rechts von einem kleinen Felsen ein eingeschränkter Blick nach Norden und ein paar Meter weiter links des Weges eine schöne Aussicht am **Pferdeberg ❸**, 541 m, zur Burg Oybin. Auf markiertem Weg erreichen wir nach der Rechtskurve eine Kreuzung an

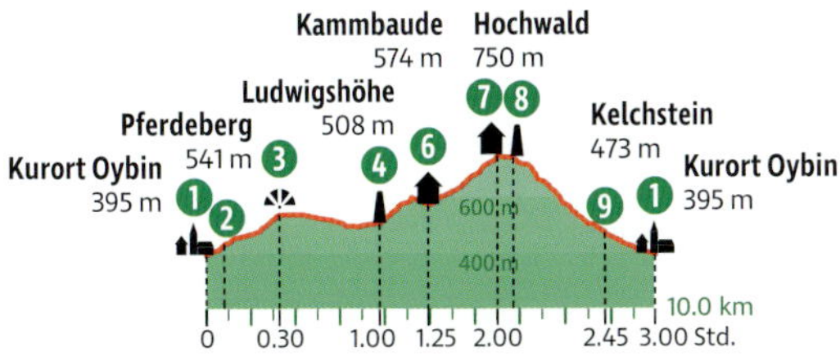

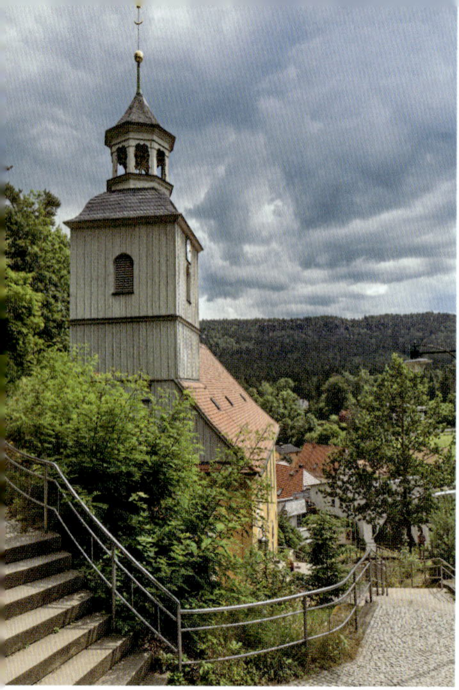

Bergkirche im Kurort Oybin.

einer mächtigen Buche. Hier folgen wir halb links dem mit gelbem Kreis markierten Weg Richtung Forsthaus Hain. Am nächsten Abzweig folgen wir den Markierungen nach links. Der Weg führt einsam durch den Wald. Wir kreuzen den markierten Thomasweg. Unsere Wanderung führt auf dem sogenannten Zschaukensteinweg am Hang entlang, macht dann zwei ansteigende Kehren und erreicht den Waldrand. Hier folgen wir den gelben Kreismarkierungen nach links. Nach 160 Metern verlassen wir den markierten Weg. Zunächst bringt uns ein kurzer Abstecher nach links zur Rast an der **Ludwigshöhe** **4**, 508 m.

Anschließend gehen wir gegenüber dem Abstecher den Weg an den Gartengrundstücken mit mehreren Zickzacks rechts haltend hinauf zur Jonsdorfer Straße. Auf dieser gehen wir 50 m nach links und biegen hinter dem einzigen Haus auf der rechten Seite ab und an der Kreuzung vorm Waldrand wieder links, den Wiesenpfad hinauf. Wir erreichen die kleine Basaltformation des **Johannissteins** **5**, 602 m. Dahinter halten wir uns links und gehen die Asphaltstraße an der Grenze hinunter. Wir erreichen bei Wohnhäusern die Grenzstraße, wenden uns nach rechts und passieren am Pass die **Kammbaude** **6**, 574 m. Dahinter folgen wir den gelben Kreismarkierungen am Parkplatz vorbei nach links. Weiter geht´s kurz am Waldrand entlang und dann 900 Meter, zwei Wege kreuzend, in den Wald hinauf. An einem Abzweig folgen wir noch kurz dem gelben Kreis links hinauf und gleich wieder vor dem Steilaufstieg auf dem Querweg nach rechts. Der Weg mündet in die weiß-rot-weiße Markierung ein. Wir gehen kurz eben dahin, bis direkt vor der Grenze der Weg mit den Markierungen links hinaufführt. Am

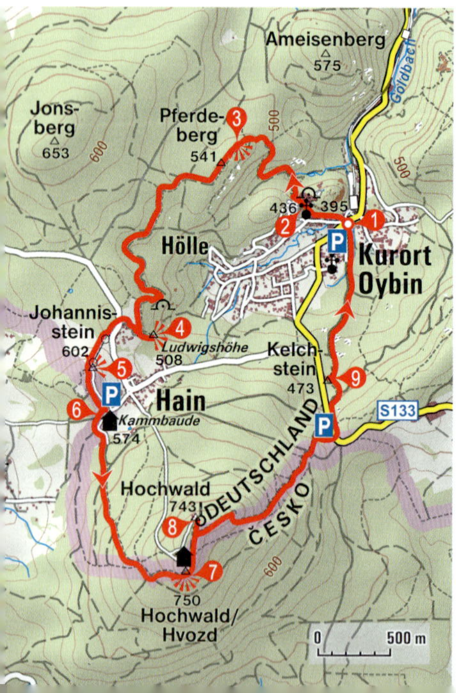

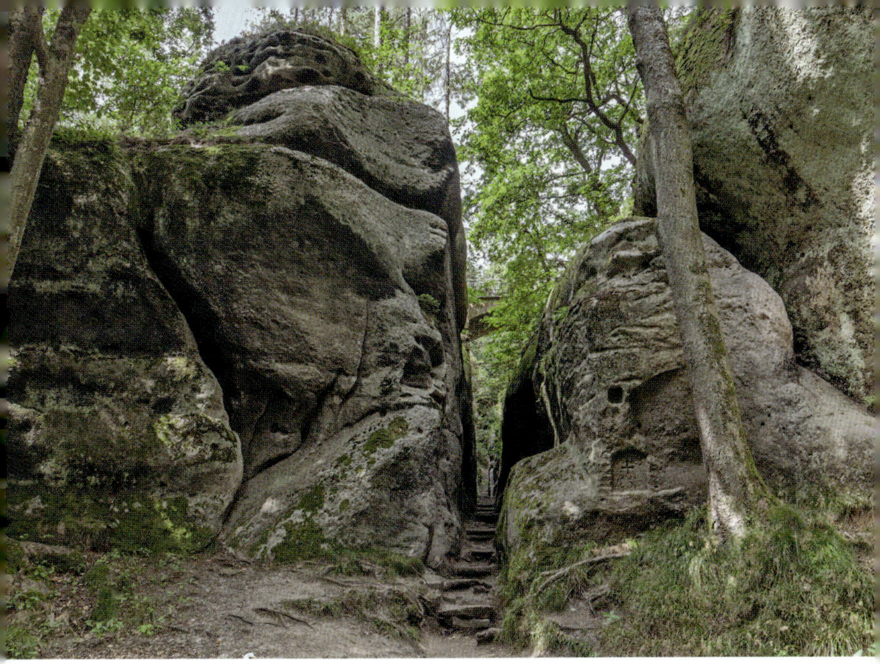

Die felsige Ritterschlucht am Berg Oybin.

Ende über eine Blockhalde gelangen wir zum **Hochwald 7**, 750 m, wo die gleichnamige Baude zur Rast einlädt. Wir gehen hinter der Baude links hinunter und folgen dem weiß-rot-weißen Weg geradewegs zum Nordgipfel mit dem **Hochwaldturm 8**, 743 m. 60 Meter vorher zweigt ostseitig unser Weiterweg weiß-rot-weiß markiert ab. Dicht an der Grenze führt der Weg mit einzelnen Kehren im Buchenwald teils steil hinunter. Wir überqueren einen Querweg (gelber Kreis, Weberweg) und folgen dem unmarkierten Weg weiter bergab. Am nächsten Querweg (Floßbergweg, roter Kreis) gehen wir kurz nach rechts zum Wanderparkplatz und dann 150 Meter an der Straße links hinunter. Beim nächsten Wanderparkplatz biegen wir rechts ab und wenden uns kurz hinter einer Schranke nach links. Wir kommen von oben zum eindrucksvollen **Kelchstein 9**, 473 m. Direkt dahinter biegen wir rechts in den weiß-grün-weiß markierten Weg nach Oybin ein und spazieren die Bürgerallee, an einigen imposanten Kletterfelsen vorbei, hinunter ins Zentrum von **Oybin 1**.

Kreuz auf der Ländergrenze vor der Hochwaldbaude

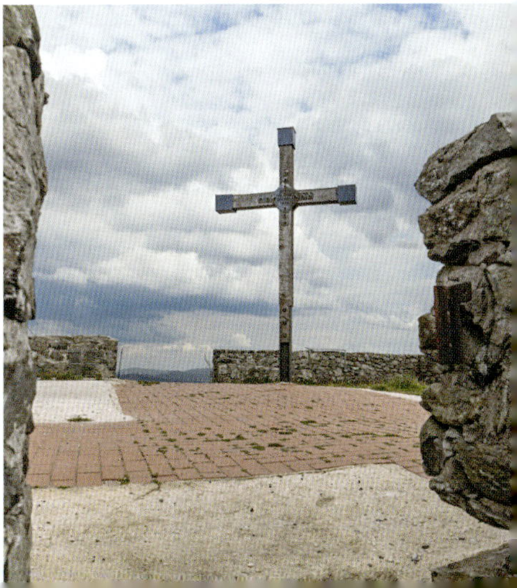

4 Lausche, 792 m

Der höchste deutsche Berg östlich der Elbe

3.00 Std. | 9,9 km | ↗ 360 m | ↘ 360 m

Auf die Königin des Zittauer Gebirges

Nach allen Seiten steil abfallend und von Weitem zu sehen, dominiert der höchste Gipfel des Zittauer Gebirges das Panorama. Die Sicht über die Oberlausitz und ins böhmische Bergland ist noch besser geworden, seit im August 2020 ein Aussichtsturm auf dem Gipfel eingeweiht worden ist. Vom Kurort Jonsdorf ausgehend ist die Tour in Form einer Acht besonders abwechslungsreich. Sie folgt über eine längere Strecke der Grenze, bevor der steile Gipfelaufstieg auf tschechischer Seite erfolgt. Zuvor können wir uns an der Waltersdorfer Wache über die deutsch-tschechische Geschichte informieren und in Myslivny stärken. Das Finale gestaltet sich felsig: Vom Berggasthof auf dem Nonnenfelsen genießen wir den Tiefblick auf Jonsdorf und beobachten die Bergsportler auf dem Klettersteig aus nächster Nähe. Der Abstieg führt durch die dramatisch enge Felsengasse. Mit einem Eis an der beliebten Einkehr der Gondelfahrt findet die Runde einen genüsslichen Abschluss.

Ausgangspunkt: Parkplatz Gondelfahrt/Waldbühne bzw. Bushaltestelle Kurort Jonsdorf Gondelfahrt (Bus von Zittau verkehrt i. d. R. nur an Schultagen). Der Bahnhof der traditionellen Schmalspurdampfbahn Zittau-Kurort Jonsdorf befindet sich 20 Gehminuten östlich des Startpunktes, Verbindung nach Zittau alle 2 Std.

Anforderungen: Weitestgehend unschwierige Wege und Pfade, steiler Gipfelsteig von Süden auf die Lausche.

Karte: GeoSN Wanderkarte 1:25.000 Blatt 51 Naturpark Zittauer Gebirge.

Einkehr: Gondelfahrt Jonsdorf, tgl. 11–20 Uhr, hotel-gondelfahrt.de, Rübezahlbaude Waltersdorf, tgl. ab 9 Uhr, hotel-im-naturpark.de, Lausitzer Baude (CZ), luzickabouda.cz, Gasthof Lausche (CZ), tgl. 10:30–20 Uhr, chataluz.cz, Hubertusbaude, tgl. geöffnet, hotel-im-naturpark.de, Berggasthof Nonnenfelsen, Do.–Mo. 11–17 Uhr, berggasthof-nonnenfelsen.de.

Variante: Ein kleiner, aber reizvoller Umweg bietet sich im ersten Teil der Tour an: Am Grenzkamm folgen wir den weiß-grün-weißen Markierungen geradewegs weiter, hinunter zu den ersten Häusern von Dolní Světlá. Dort biegen wir rechts ab und wandern über Wiesen, u. a. weiß-rot-weiß markiert hinauf zur Waltersdorfer Wache. Kurz vor der Grenze kann das Lausche Hochmoor auf einem mit grünem Diagonalbalken markierten Lehrpfad im Uhrzeigersinn durchwandert werden.

Hinweis: Die Tour führt über tschechisches Gebiet, ein gültiges Ausweisdokument ist mitzuführen.

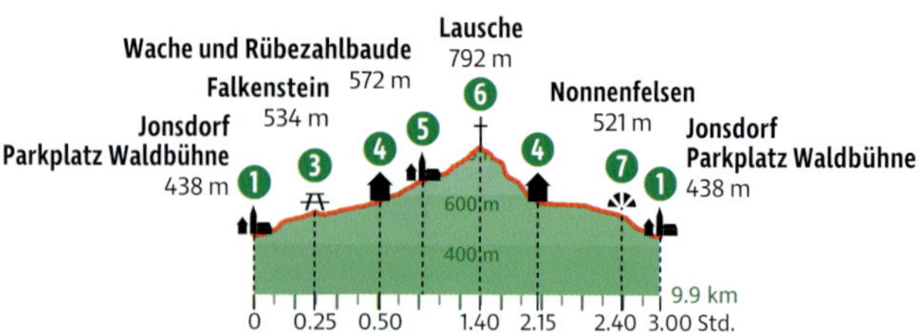

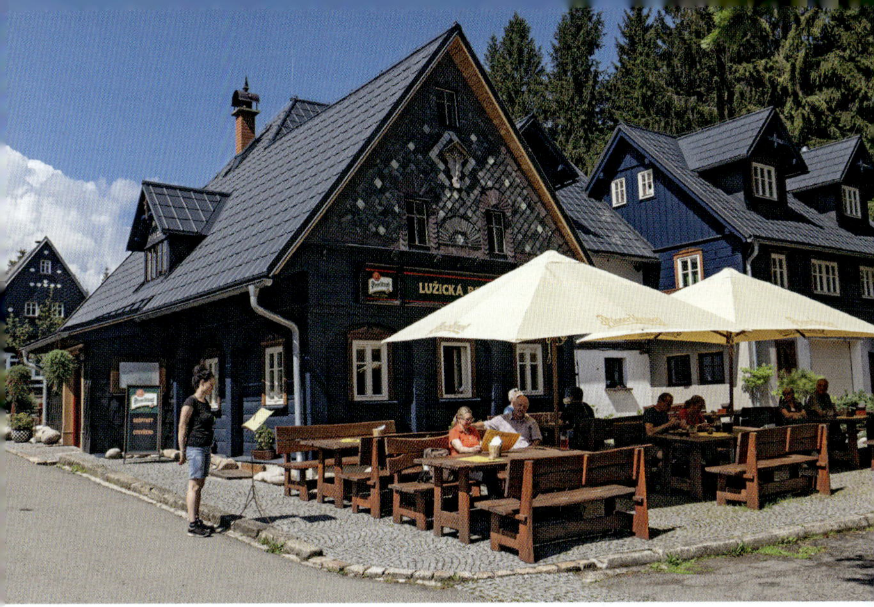

Einkehr in Myslivny (Jägerdörfel).

Vom Parkplatz **Waldbühne** ❶, 438 m, gehen wir die Straße nach Westen und wenden uns an der Gaststätte **Gondelfahrt** ❷, 443 m, nach links. Wir folgen nun dem weiß-grün-weiß markierten Weg bis zur tschechischen Grenze. Anfangs ragen rechts von uns die wilden Zacken des Nonnenfelsens auf, und bald zweigt der Weg dort hinauf mit einem grünen Kreis markiert rechts in ein Seitental ab (unser Rückweg). Wir erreichen allmählich ansteigend eine Wegkreuzung unmittelbar an der tschechischen Grenze. Wir verlassen die weiß-grün-weißen Markierungen und wenden uns parallel zur Grenze zunächst weiß-rot-weiß markiert nach rechts. Sogleich erreichen wir einen **Rastplatz** neben dem Kletterfelsen des **Falkensteins** ❸, 534 m. Der sich nun verjüngende Weg führt direkt am Felsen vorbei und folgt weiter dem Grenzverlauf. Nach einer Weile biegt der Weg mit den weiß-rot-weißen Markierungen nach rechts in den Wald hinein und wir folgen dem sogenannten Cottaweg weiter an der Grenze entlang Richtung Lausche. Linker Hand passieren wir schöne Bergwiesen, die Lausche ist links voraus schon recht nah zu sehen und der Weg gewinnt nun wieder an Höhe.

Vor der **Wache und Rübezahlbaude** ❹, 572 m, mündet unser Pfad in einen Fahrweg und wir erreichen eine Kreuzung. Wir gehen über die Grenze, passieren Infotafeln, die an die Angliederung des Sudetenlandes an Nazideutschland erinnern, und folgen halb links den weiß-rot-weißen Markierungen Richtung Myslivny/Jägerdörfel. Vor den ersten Häusern ist ein schönes Picknickgelände mit Infotafeln und in der kleinen Siedlung gibt es zwei Einkehrmöglichkeiten. Beim großen Parkplatz in **Myslivny/Jägerdörfel** ❺, 653 m, biegen wir rechts ab und folgen den weiß-rot-weißen Markierungen an zwei Abzweigen vorbei relativ eben im Wald dahin. An einer Lichtung mit einer überdachten Rastbank zweigt halb

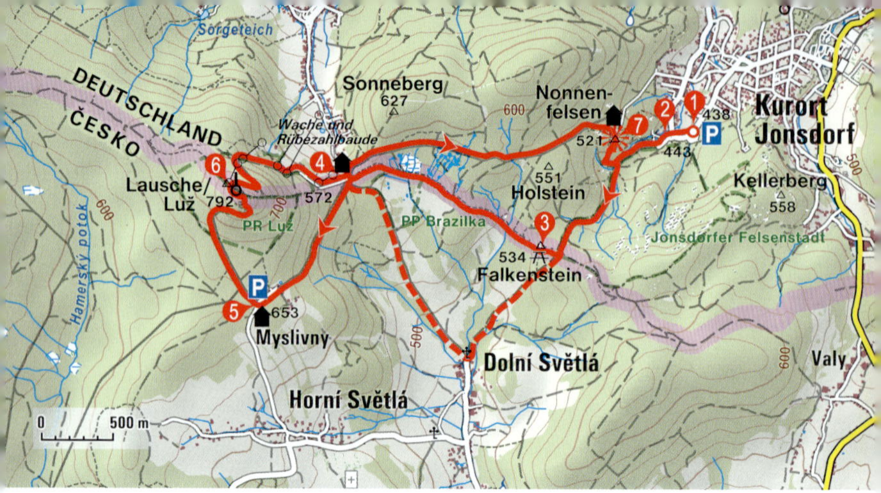

rechts der Gipfelanstieg zur Lausche (Luž) mit rotem Dreieck markiert ab. Steil windet sich der Weg nun den Südhang hinauf, am Ende links haltend, zur **Lausche** ❻, 792 m. Der Abstieg auf zunächst weiß-grün-weiß markiertem Weg startet nach Nordwesten. Er schlägt sogleich einen Haken nach rechts und später im Buchenwald wieder nach links. Wir überqueren eine steile Skiwiese und biegen sofort am nächsten Abzweig wieder zurück über die Wiese nach rechts ab. Der Weg führt oberhalb eines Skiliftes vorbei. Er passiert die Hubertusbaude und erreicht wieder die **Wache und Rübezahlbaude** ❹. Wir gehen an der Wache vorbei und halten uns bei der Einmündung des Hinweges auf dem großen, weiß-blau-weiß markierten Weg links und folgen den Markierungen sofort an der nächsten Gabelung rechts weiter. Jonsdorf und der Nonnenfelsen sind ausgeschildert. Wir folgen den Markierungen auf dem Hohlstein-

Lokomotive der Zittauer Schmalspurbahn.

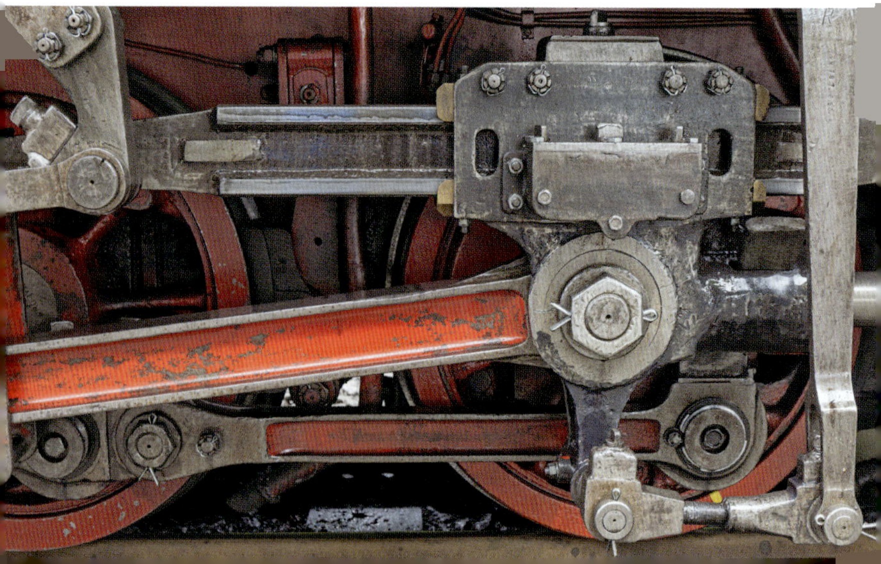

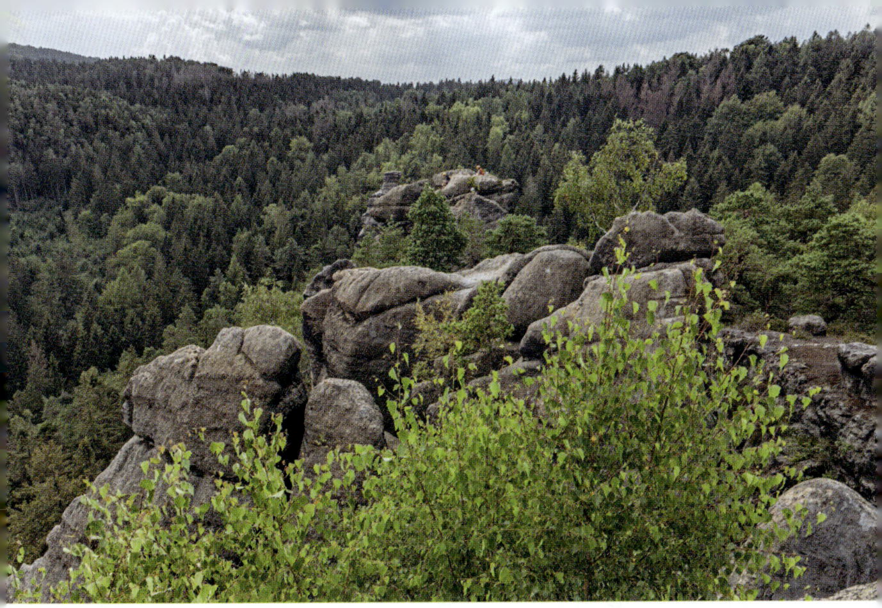

Auf dem Kamm des Nonnenfelsens.

weg für 1,7 km, vorbei an Abzweigen erst links zum Sonne- und zum Buchberg sowie, nach einem kleinen Teich, nach rechts, weiß-rot-weiß markiert.

Unser weiß-blau-weiß markierter Weg zweigt dann halbrechts vom großen Fahrweg ab (ganz rechts führt ein Pfad das sogenannte Mönchsloch hinunter) und bringt uns an Felsformationen vorbei zum Nonnenfelsen. Direkt davor zweigt rechts der Weg mit grünem Kreis markiert ab. Wir gehen hier kurz nach rechts und dann gelangen wir links über Stufen und eine steinerne Brücke hinweg zur Aussicht am höchsten Punkt des **Nonnenfelsens 7**, 521 m. Wenn der Berggasthof geöffnet hat, führt links der Aufstiegstreppen ein Durchgang zur Aussichtsterrasse mit Biergarten und von dort rechts die Felsengasse hinunter. Andernfalls müssen wir kurz dem Pfad mit dem grünen Kreis unter den Felsen nach rechts folgen, bis er nach einigen Metern links in die Felsengasse schwenkt. Am Ende der Felsengasse halten wir uns im Talgrund links, passieren den Beginn des Jonsdorfer Klettersteiges und gehen an der nächsten Wegkreuzung links auf bekannten Weg zurück zum **Ausgangspunkt 1**.

i ***Klettersteige:*** *Anders als beim reinen Felsklettern gibt es auf Klettersteigen Leitern, Brücken sowie Metallstifte und -bügel, die die Fortbewegung im steilen Felsgelände erleichtern, sowie ein durchgängiges Drahtseil, in das sich die Bergsteiger mit speziellen Sicherungskarabinern einklinken. Solche Steiganlagen gibt es in den Alpen schon seit über 100 Jahren. In den letzten Jahrzehnten sind sie auch in Mittelgebirgen in Mode gekommen. Im Zittauer Gebirge gibt es den Jonsdorfer Klettersteig und den Alpinen Grat bei Oybin sowie zwei kürzere Steige am Oderwitzer Spitzberg. Ein Begehen erfordert in allen Fällen die richtige Ausrüstung und Erfahrung mit deren Umgang.*

5 Landeskrone, 419 m

Niederschlesischer Aussichtsbalkon par excellence

2.00 Std. | 6,4 km | ↗190 m | ↘190 m

Steiler Aussichtsberg am Rande der Stadt

Görlitz ist die östlichste Stadt Deutschlands und zugleich die größte Stadt der Lausitz. Die sehenswerte Grenzstadt an der Neiße wird von der markanten Landeskrone überragt. Der ehemalige Vulkan ist ein großartiger Aussichtsberg. Die Stadt liegt ihr zu Füßen. Weit reicht der Blick über die Grenze nach Polen und Tschechien. Bei guter Sicht ist Gipfelzählen angesagt: Iser- und Riesengebirge, Zittauer Gebirge und das Lausitzer Bergland grüßen aus der Ferne. Auf dem Rückweg lädt der kleine Silbersee zu einer Rast ein.

Ausgangspunkt: Endhaltestelle Straßenbahn Linie 2 Görlitz-Biesnitz/Landeskrone. Parkmöglichkeiten entlang der Promenadenstraße.
Anforderungen: Steiler Auf- und Abstieg über Bergpfade, konditionell fordernd, im zweiten Teil leicht.
Karte: GeoSN Topographische Karte 1:50.000 L4954 Görlitz.
Einkehr: Burghotel Landeskrone, auf unbestimmte Zeit geschlossen.
Tipp: Görlitz ist bekannt für seine Jugendstilgebäude und die Altstadt. Darüber hinaus hat sich die Stadt als Filmset für internationale Produktionen einen Namen gemacht (u. a. Grand Budapest Hotel und Inglourious Bastards), goerlitz.de.

Blick von der Landeskrone nach Westen.

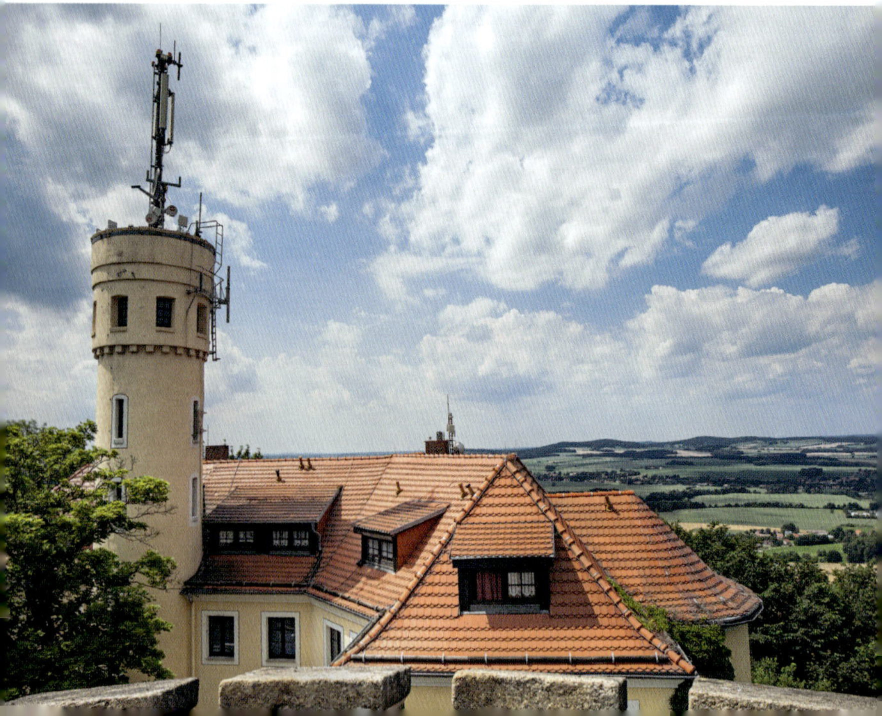

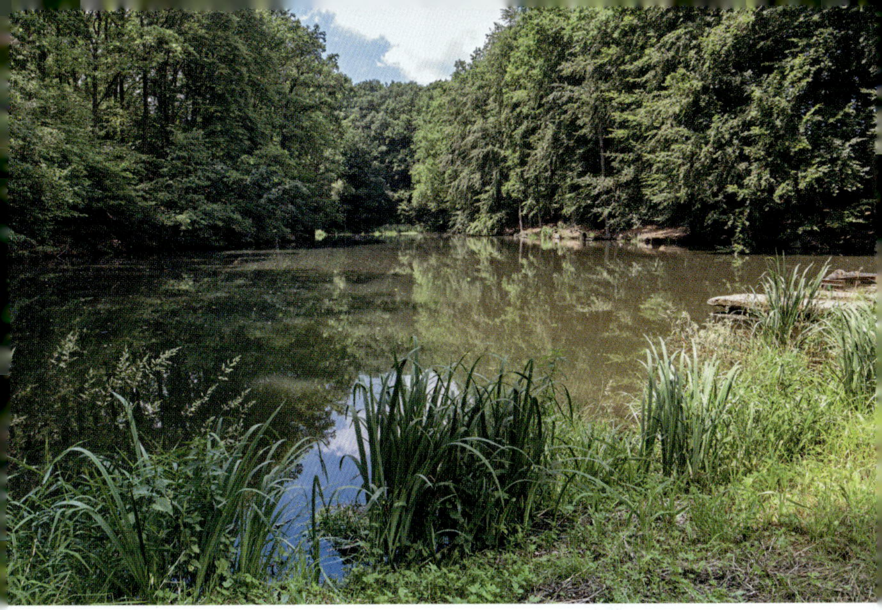

Der stille Silbersee.

Vom Ende der Promenadenstraße wenige Meter oberhalb der **Straßenbahnendhaltestelle Görlitz-Biesnitz** ❶, 260 m, folgen wir halbrechts dem beschilderten und mit blauem Kreis markierten Siedlungsweg hinauf Richtung Landeskrone. Auf der Schönbergstraße gehen wir wenige Meter nach links, bis rechts der mit grünem Diagonalbalken markierte Weg steil in den Wald hinaufführt. Über die schnurgerade Treppe der Lindenallee steigen wir auf bis zur Fahrstraße (alternativ kann der weniger steile Zickzackweg gewählt werden, der die Treppe mehrfach kreuzt). Auf der Fahrstraße spazieren wir wenige Meter nach rechts und biegen sogleich in den markierten Nordaufstieg links ab. Im langen Linksbogen, am Ende mit zwei Kehren, erreichen wir die Fahrstraße kurz unter dem Gipfel wieder und folgen dieser hinauf. In einer Linkskurve zweigt rechts der Weg zur Bismarcksäule ab (unser Weiterweg nach der Gipfelbesteigung) und kurz danach erreichen wir über Treppen beim Körner-Denkmal den höchsten Punkt der **Landeskrone** ❷, 419 m, mit Hotelgaststätte und kostenfreiem Aussichtsturm. Anschließend gehen wir zurück bis zu besagtem Abzweig und folgen dem Pfad an der Einmündung des Zickzackweges vorbei zur nahen **Bismarcksäule** ❸, 392 m. Am Denkmal bietet sich ein schöner Blick zum Berzdorfer See.

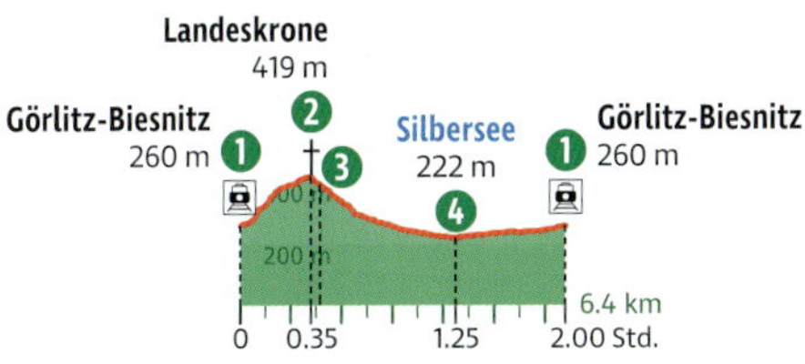

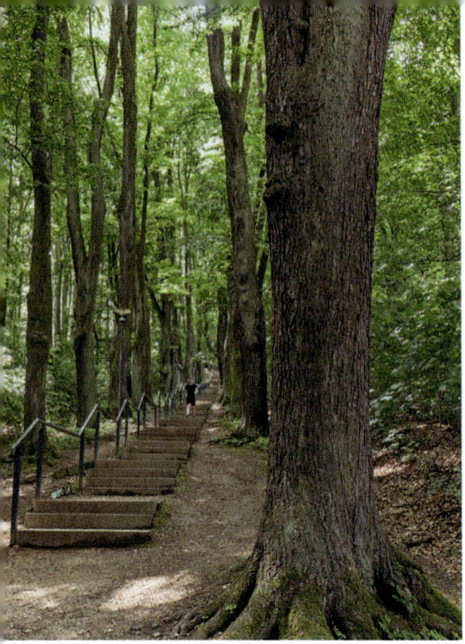

Links: Steiler Treppenaufstieg zur Landeskrone.
Rechts: Der Bismarckturm auf der Landeskrone.

Der Weiterweg führt erst links an der Wiese entlang und am nächsten Abzweig steil links den markierten Weg hinab zur Straße. Hinter einem schönen Rast- und Aussichtspunkt zweigt rechts der markierte Südweg ab. Hier gehen wir steil im Laubwald hinunter. An der nächsten Wegkreuzung verlassen wir die Wegmarkierungen und steigen rechts weiter bergab. 160 Meter danach halten wir uns am Abzweig links. Geradewegs hinunter erreichen wir den unteren Rundweg am Waldrand. Auf diesem wenden wir uns nach links und überqueren bald den Pfaffendorfer Weg. Der Pfad führt am Feldrand weiter und schwenkt vor einer Baumreihe nach rechts und bald links hinunter. Über Felder gelangen wir zu Eigenheimen. Der Pfad führt links am ersten Grundstück hinunter und dann entlang der Siedlungsstraße weiter bis zu einer größeren Fahrstraße. Auf dieser gehen wir 80 Meter nach rechts, dann biegen wir links hinunter ab. Nach letzten Grundstücken passieren wir eine Schranke am Waldrand. An einer Gabelung halten wir uns links auf dem kleineren Weg und bei einem in die Jahre gekommenen Anwesen im Wald geht es rechts des Grundstücks weiter. Der Weg führt an einem ersten kleinen Teich vorbei und erreicht bei einem schmucklosen Zweckgebäude den **Silbersee** ❹, 222 m, den tiefsten Punkt der Wanderung. Links führt uns ein landwirtschaftlicher Weg aus dem Tal heraus und wir können linker Hand einen schönen Blick auf unseren Gipfel werfen. Der nun wieder asphaltierte Weg führt kurz durch ein Wäldchen und an dessen Ende biegen wir links vor einer Obstplantage auf einen Wanderpfad ab. Durch ein kurzes Waldtal erreichen wir die Gartenanlage am Feldmühlgraben. Wir gehen den Fahrweg nach links und beim letzten Garten rechts über die Bachbrücke. Kurz danach erreichen wir den Parkplatz der Gartensparte und folgen dem Zufahrtsweg nach links zur Promenadenstraße. Links hinauf ist nach wenigen Metern der **Ausgangspunkt** ❶ erreicht.

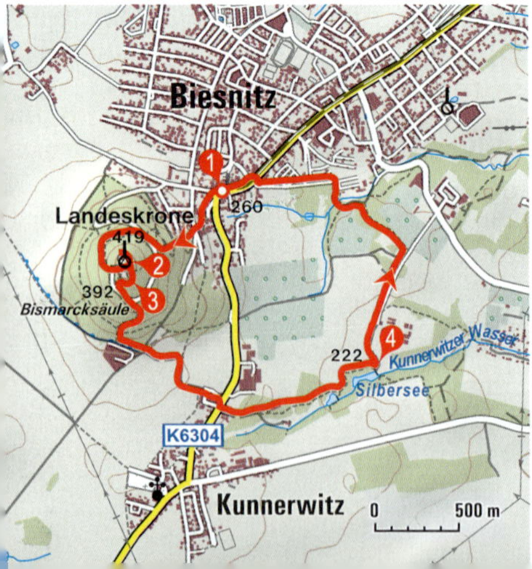

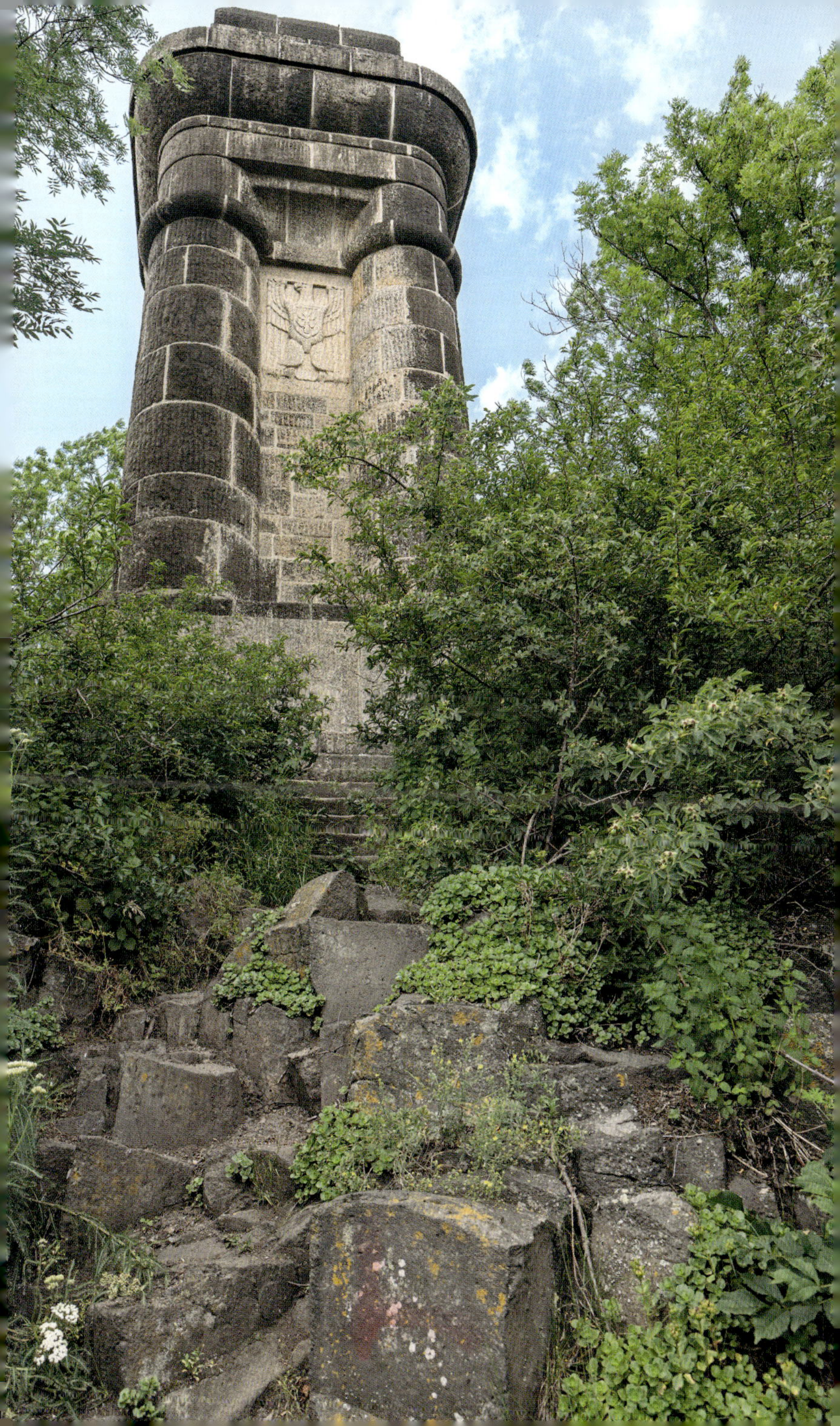

6 Königshainer Berge, 406 m

Eine Felsenwelt aus Granit

TOP | 2.15 Std. | 7,1 km | ↗180 m | ↘180 m

Wie Natur und Mensch eine Landschaft formten

Von den einst über 100 Felstürmen aus Granit haben nur wenige die letzten 250 Jahre »überlebt«: Die Felsqualität ist so einzigartig, dass der Steinbruchbetrieb in dem Bergstock nordwestlich von Görlitz lange Zeit ein lukratives Geschäft war. Das beliebte Baumaterial lässt sich am Berliner Reichstag genauso finden wie an den Hafenmauern von Helgoland. Inzwischen sind die Königshainer Berge ein Landschaftsschutzgebiet, und kurzweilige Wanderpfade führen zu lotrechten Felswänden und glasklaren Steinbruchseen sowie zu den verbliebenen Naturfelsen mit ihren eigenwilligen Formen. Am höchsten Punkt, dem Hochstein, erwartet uns eine gemütliche Einkehr neben einem stählernen Aussichtsturm. Hier kommt auch bei Kindern keine Langeweile auf.

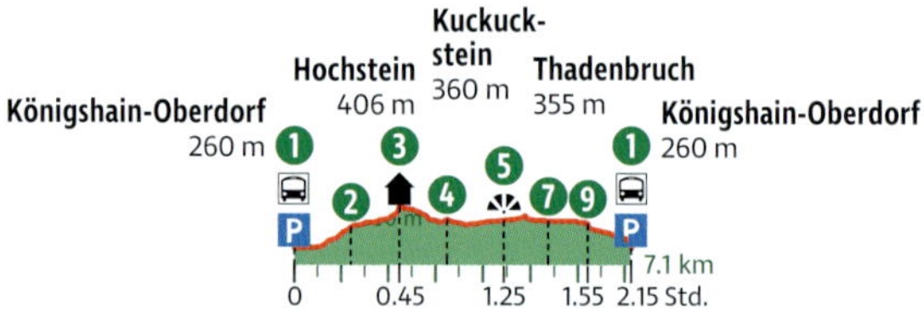

Ausgangspunkt: Bushaltestelle und Wanderparkplatz Königshain-Oberdorf. Busverbindung Linie 145 am Wochenende viermal tgl. nach Görlitz.
Anforderungen: Wanderwege und -pfade ohne echte Schwierigkeiten, einige Stellen erfordern Trittsicherheit. Die Aufstiege zum Hochstein und zum Totenstein führen über Leitern, Treppen und Felsstufen.

Karte: GeoSN Topographische Karte 1:50.000 L4954 Görlitz.
Einkehr: Hochsteinbaude, Mi. – Mo. 11 – 18 Uhr, hochsteinbaude.de.
Tipp: Granitabbaumuseum, Mi. – Fr. 10 – 14:30 Uhr, feiertags, Sa. und So. 13 – 17 Uhr, museum-oberlausitz.de/index.php/museen/industriemuseen, Infos zu Granitlehrpfad und Schloss Königshain unter koenigshain.com.

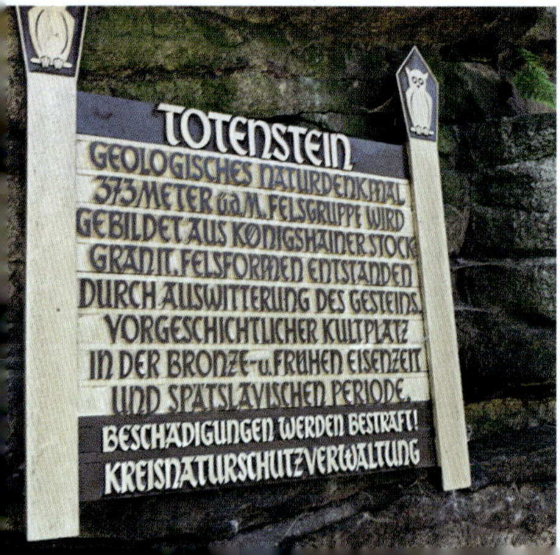

Infotafel am Totenstein.

Wir starten an der Bushaltestelle **Oberdorf-Königshain** ①, 260 m, und folgen der Dorfstraße 350 Meter talaufwärts. Gegenüber einem Friseursalon biegen wir halb rechts in eine kleinere Straße ab. An der nächsten Gabelung halten wir uns nochmals rechts (der Hochstein ist mit 1,3 km ausgewiesen). An der Wegkreuzung hinter den letzten Häusern folgen

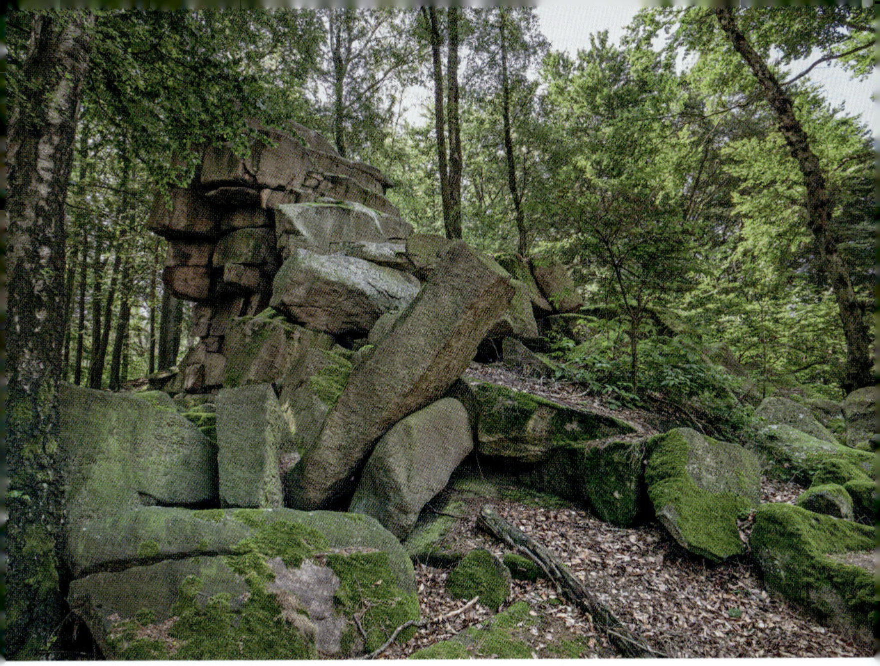

Felsformation der Teufelssteine.

wir dem etwas unscheinbaren Pfad halb links am Feldrain hinauf (Markierung: roter Kreis). Der Weg führt in den Wald hinein und nach einer Rechtskurve zweigt unser Weiterweg rechts unmarkiert ab. Unter Steinbruchhalden entlang erreichen wir einen Fahrweg. Gleich links können wir beim Gelände des Tauchclubs einen Blick in den **Königsbruch Nirvana** ❷, 334 m, werfen. Im weiteren Verlauf folgen wir dem Fahrweg an einer Obstwiese und einem einzelnen Wohnhaus vorbei bald wieder im Wald aufwärts. Wir erreichen einen Asphaltweg und wenden uns auf diesem nach links. Nach 150 m biegt links unser Weiterweg ab. Nach 20 Metern zweigt links ein kurzer Stichpfad ab, der einen Blick in den Königsbruch II ermöglicht (Achtung: Kante ungesichert). Von dort zurück gehen wir anschließend noch ganz kurz weiter und erreichen eine Wegkreuzung auf einer kleinen Lichtung. Wir biegen hier rechts ab. Durch den schönen Buchenwald erreichen wir nach 300 m auf einem alten Steinwall den mit rotem Kreis markierten Weg. Rechts hinauf ist nach wenigen Minuten der **Hochstein** ❸, 406 m, mit Aussichtsfelsen, Turm und Bergbaude erreicht. Hinter der Baude führt der Weiterweg nach links. Im Rechtsbogen wandern wir hinunter zu einer Wegkreuzung auf einem kleinen Sattel. Geradeaus führt uns der beschilderte Weiterweg zu den beiden Felstürmen der Teufelssteine und an diesen rechts hinunter, am Ende links haltend, zu einem quer verlaufenden Fahrweg. Hier biegen wir rechts ab und folgen dem Waldweg 1,2 Kilometer auf der Nordseite des Hochsteins entlang. Kurz vor der einzigen nennenswerten Wegkreuzung steht die kuriose Felsformation des **Kuckucksteins** ❹, 360 m, links im Wald. Am Ende dieses langen Waldabschnittes errei-

Kletterparadies Königshainer Berge.

chen wir einen breiten Fahrweg, gehen über diesen halbrechts hinweg und gleich danach links hinauf. Wir folgen nun dem Bergbaulehrpfad und gehen auf dem nächsten kleinen Querweg nach links. Das Steinbruchgelände zur Rechten darf nicht betreten werden. Der markierte Weg macht kurz danach einen scharfen Rechtsknick und führt sogleich links von einem kleinen Felsmassiv hinauf zu einem schönen Rastplatz. Ein kurzer Abstecher führt versichert an der Steinbruchkante weiter zur **Aussicht Paradies** ❺, 357 m. Von dort zurückgekehrt, folgen wir dem Lehrpfad unterhalb des Aussichtspunktes weiter im Wald entlang und gehen am nächsten Weg nach links. Direkt unter der Felsformation der »Kaffeekanne« wenden wir uns auf dem folgenden Querweg nach links und wandern auf der Westseite des Hamannbruchs entlang. Der Weg führt zwischen zwei Ruinen hindurch, direkt danach wenden wir uns nach rechts. Der Weg führt bald vom Steinbruch weg nach Norden und kurz danach erreichen wir den markanten **Totenstein** ❻, 373 m.

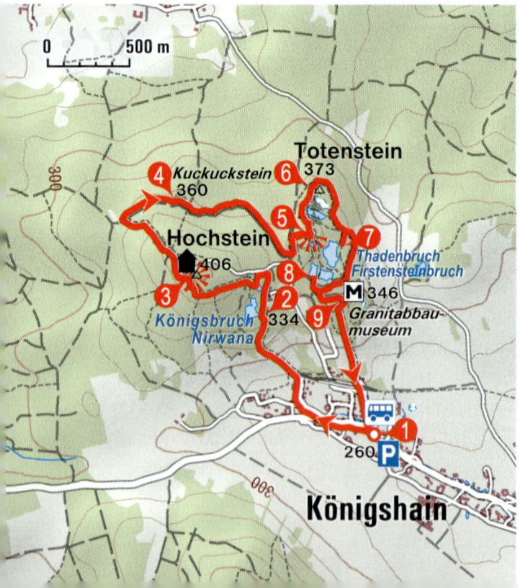

Von links führt eine steile Treppe zum Gipfelplateau (Achtung: Steilkante ohne Geländer), eine Fernsicht bleibt aufgrund der Bäume leider versagt. Wir folgen kurz dem Weg am Totenstein vorbei weiter und biegen auf dem folgenden Weg rechts ab. Dieser führt auf der Ostseite nochmals bis an den Hamannbruch heran. Wir gehen im Wald weiter, passieren immer wieder Hinweistafeln des Lehrpfades und erreichen nach einer Pfadeinmündung wieder Ruinen der Steinbruchgebäude. Dahinter führt ein kurzer, schmaler Einschnitt an das mit Geländer versicherte Ufer des wassergefüllten **Thadenbruchs** ❼, 355 m. Zurück am Weg folgen wir diesem rechts haltend weiter zu einer Wiese mit vielen historischen Steinbruchexponaten. Wir folgen dem Weg halb rechts und können bereits von der versicherten Steilkante rechts in den Firstensteinbruch blicken. Hier sind oft Felskletterer vis-à-vis an der Wand zu beobachten. Der Weg führt an der sogenannten Schachmannsäule mit Hinweistafel vorbei und kurz danach gelangen wir nach rechts zu einem fantastischen Aussichts- und Rastplatz zwischen den beiden **Firstensteinbrüchen** ❽, 355 m. Hier ist für Wanderer Umkehr angesagt, und wir folgen dem Weg rechts der Schachmannsäule hinunter. Auf dem bald folgenden Querweg gelangen wir nach links zum **Granitabbaumuseum** ❾, 346 m. Wir gehen kurz zurück und folgen dann dem ausgewiesenen Weg geradewegs hinunter nach Königshain. Am ehemaligen Bahnhof überqueren wir die Gleise und erreichen anschließend die Dorfstraße. Der **Ausgangspunkt** ❶ befindet sich links von uns.

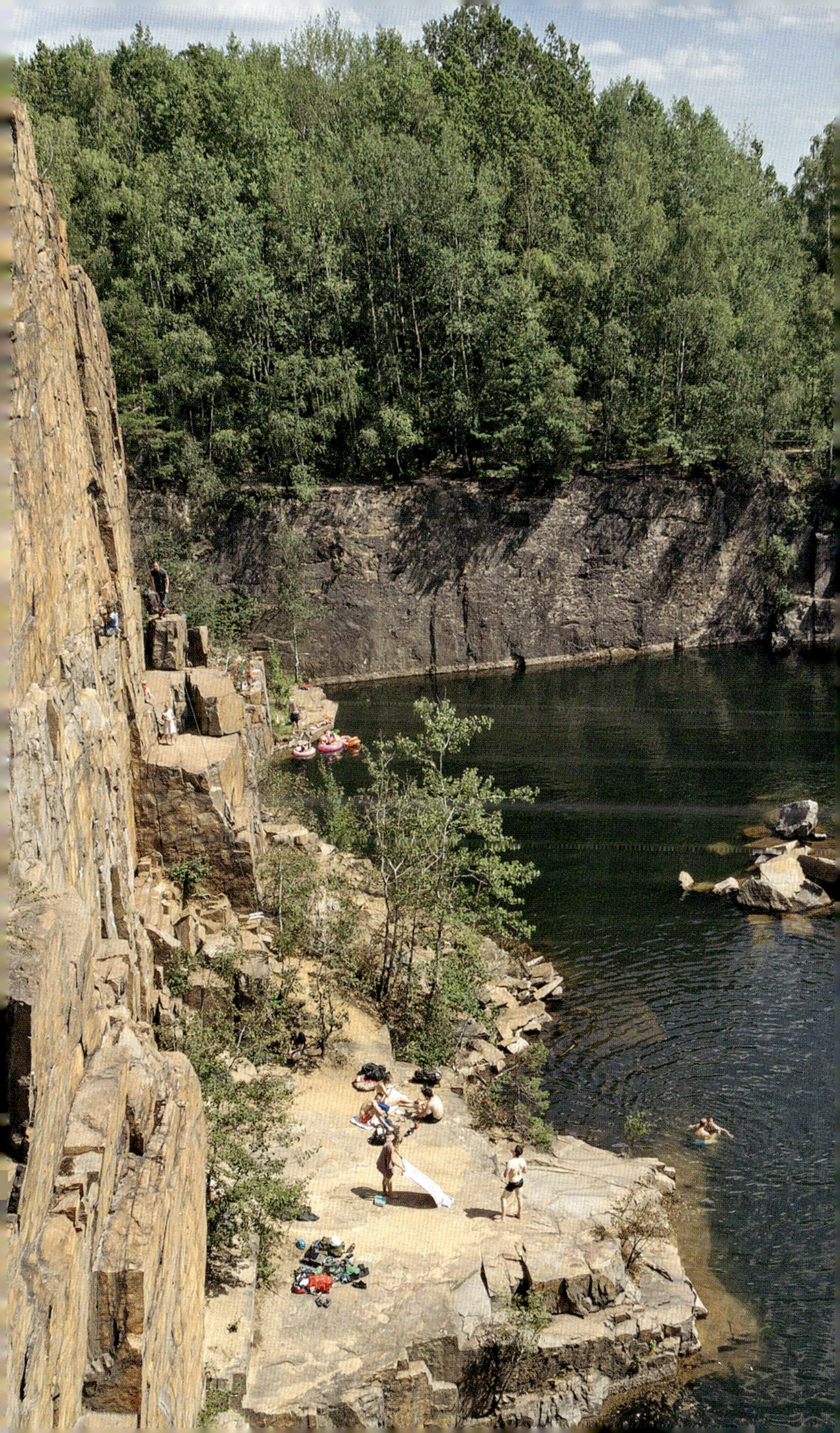

7 Oderwitzer Spitzberg, 510 m

Bergsportmekka in der Oberlausitz

2.00 Std. | 6,8 km | ↗200 m | ↘200 m

Ein beliebtes Ziel für Kletterer, Bergradler und Wanderer
Der Phonolitkegel des Oderwitzer Spitzbergs ist ein ehemaliger Vulkan. Von seinen Gipfelfelsen bietet sich ein großartiger Rundblick ins Zittauer Gebirge, zum Isergebirge und über die Oberlausitz. Ob Klettersteig, Sportkletterroute, Rad- oder Wandertour: Hier können Bergsportler dem Gipfel auf vielfältige Weise zu Leibe rücken. Für uns Wanderer führt ein schöner Wiesenweg geradewegs von Oderwitz zum Gipfel. Kinder werden da sicher auf halber Strecke an der Sommerrodelbahn für einen Zwischenstopp plädieren. Der viele Asphalt auf dieser Runde ist nicht jedermanns Geschmack. Dafür entschädigt die Einkehr in der Gipfelbaude.

Ausgangspunkt: Bahnhof Oberoderwitz, Verbindung Richtung Zittau und Dresden etwa stündlich, Parkmöglichkeiten vorm Bahnhof.
Anforderungen: Einfache Wander- und Fahrwege, am Gipfel ein paar harmlose Treppen.
Karte: GeoSN Topographische Karte 1:50.000 L5154 Zittau.
Einkehr: Gaststätte Spitzbergbaude, Fr. – Di. 10 – 20 Uhr, spitzbergbaude.com, Gasthof Zwahr, Mi. – So. ab 17 Uhr, Sa. und So. 11:30 – 14:00 Uhr, gasthof-zwahr.de.
Tipp: Oberoderwitzer Rodelpark, tgl. 10 – 18 Uhr, Juli/August bis 20 Uhr, rodelpark.info. Klettersteig am Oderwitzer Spitzberg: Erfahrung und geeignete Ausrüstung erforderlich.
Variante: Wer die Asphaltrunde zurück nach Oderwitz vermeiden möchte, biegt beim Abstieg vom Spitzberg beim Querweg am Waldrand rechts ab und folgt dem Aufstiegsweg zurück.

Umgebindehaus in Oberoderwitz.

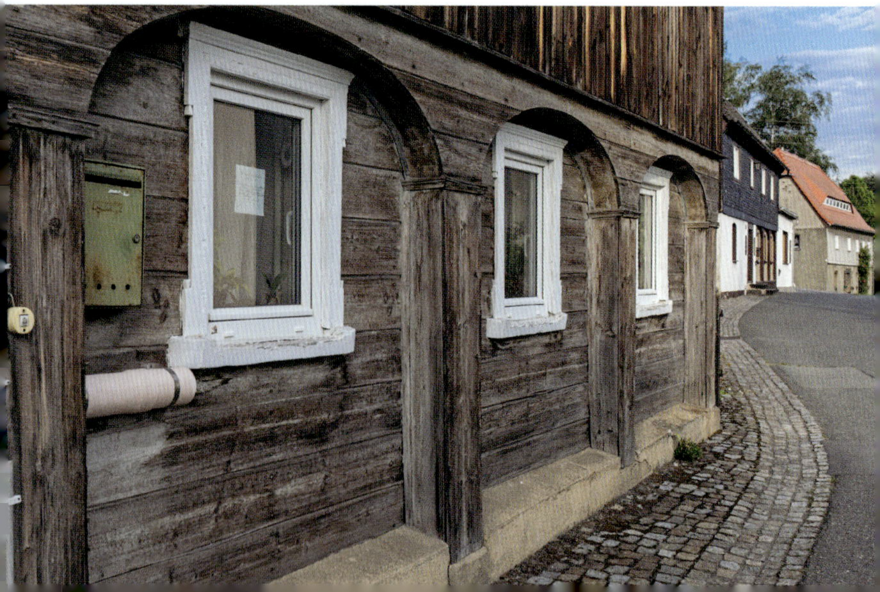

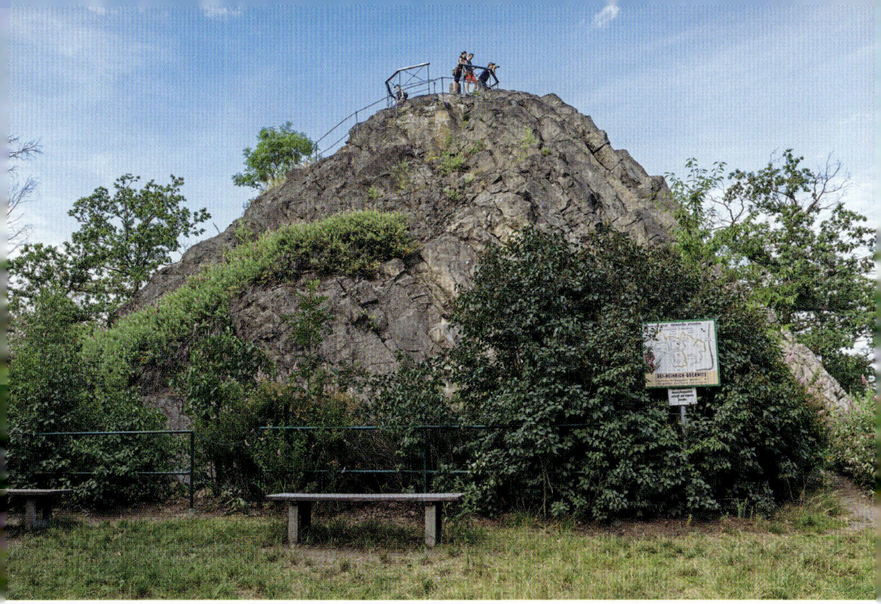

Aussichtsfelsen auf dem Oderwitzer Spitzberg

Vom **Bahnhof Oberoderwitz** ❶, 312 m, gehen wir hinunter zur Hauptstraße. Der Aufstieg zum Spitzberg ist ab hier durchgängig, aber spärlich weiß-grün-weiß markiert. Wir folgen der Hauptstraße nach links und biegen bei nächster Gelegenheit nach links in die Spitzbergstraße ab. Wir durchqueren die Bahnbrucke und biegen rechts und hinter einer Autowaschanlage wieder links ins Gewerbegebiet »Am Spitzberg« ab. Dort, wo die Straße nach rechts schwenkt, gehen wir geradeaus an der Grundstücksgrenze den Wanderweg weiter und steigen bald darauf über freie Felder Richtung Spitzberg auf. Bald kommen wir beim **Parkplatz** an der **Sommerrodelbahn** ❷, 347 m, vorbei. Geradewegs weiter geht´s hinauf zum Waldrand unterm Gipfelaufbau. Dort führt der Weg links zu den Gipfelfelsen im Wald weiter. Ein Stichweg führt nach rechts zum Wandfuß, wo man den Felsakrobaten zuschauen kann. Einige Meter danach kommt der Weg nochmals direkt am Klettergarten vorbei und schwenkt kurz darauf bei einer Bank rechts über Treppen hinauf zum Gipfelplateau. Links vor uns liegt die Spitzbergbaude. Zunächst halten wir uns aber halbrechts, gehen links an einem kleinen Teich vorbei und dann rechts Treppen hinauf zu

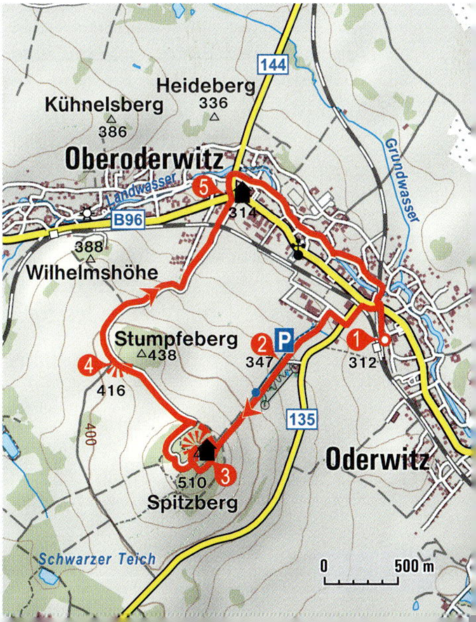

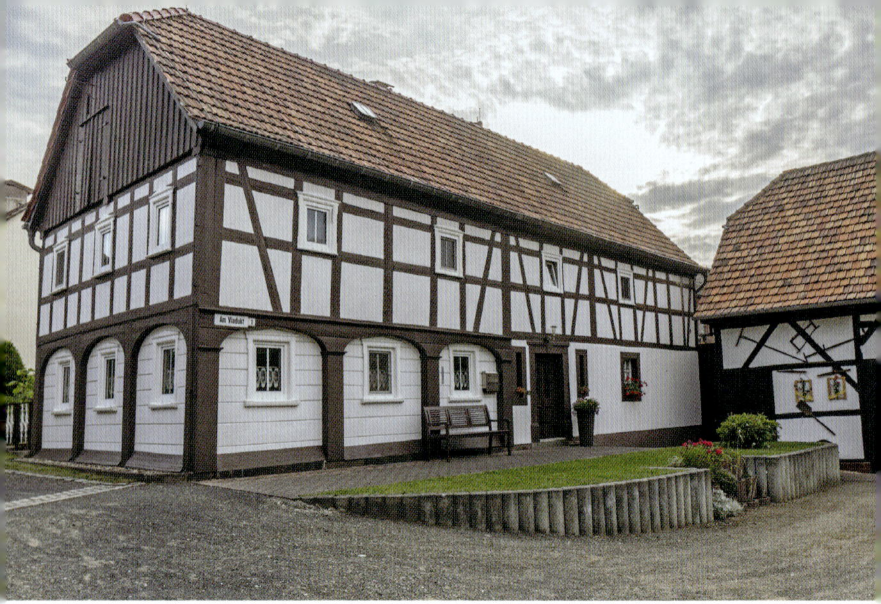

Das Ziel ist nah: Umgebindehaus am Oderwitzer Viadukt.

den beiden versicherten Aussichtspunkten auf den Felsköpfen des **Oderwitzer Spitzbergs ❸**, 510 m. Zurück an der Bergbaude gehen wir die Zufahrtsstraße – anfangs steil – im Rechtsbogen im Wald hinunter. Beim Parkplatz am Waldrand folgen wir der Asphaltstraße nach links. Aussichtsreich über Felder wandern wir zu einer bewaldeten Kuppe. Am Waldrand bietet sich bei einer Rastbank die schöne **Aussicht** am **Stumpfeberg ❹**, 416 m. Wir folgen weiter dem Asphaltweg im großzügigen Rechtsbogen um die Anhöhe herum und gelangen allmählich hinab nach Oberoderwitz. Es geht unter der Bahnbrücke hindurch und wir überqueren vis-á-vis dem **Gasthof Zwahr ❺**, 314 m, die Bundesstraße 96. Bei nächster Gelegenheit biegen wir rechts in die stille Dorfstraße ab. Dieser folgen wir, bald am Landwasser entlang und schöne Umgebindehäuser passierend etwa 900 Meter talabwärts. Die Straße heißt nach Überquerung der Ahornallee Kirchweg. Wo sie hinauf Richtung B96 schwenkt, gehen wir in der Kurve noch kurz geradeaus weiter und dann über die Fußgängerbrücke ans linke Bachufer. Wir folgen der Dorfstraße weiter bis unmittelbar vor das Eisenbahnviadukt. Hier biegen wir wieder rechts ab, überqueren den Bach und gehen ein Gässchen hinauf zur B96. Kurz nach links und gleich wieder in die Bahnhofstraße einbiegend erreichen wir den **Ausgangspunkt ❶**.

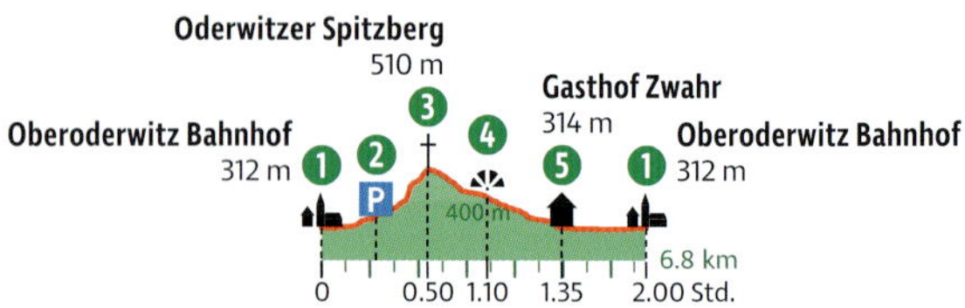

Löbauer Berg, 448 m

Markanter Berg im Herzen der Oberlausitz

2.30 Std. | 7,6 km | ↗ 240 m | ↘ 240 m

Wahrzeichen von Löbau

Steil ragt der bewaldete Doppelgipfel am Stadtrand von Löbau auf. Wie viele Berge der Region ziert seinen Südgipfel ein Aussichtsturm. Der gusseiserne König-Friedrich-August-Turm ist eine Augenweide, ein Kunstwerk und schon allein deshalb den Aufstieg wert. Zwei Gaststätten, ein herrlicher Buchenwald, immer wieder schöne Aussichten und geologische Kleinode sorgen für Abwechslung. Zurück in Löbau erfreuen wir uns an gepflegten Parkanlagen im Friedenshain und im Landesgartenschaugelände von 2012.

Ausgangspunkt: Bahnhof Löbau, direkte Zugverbindung Richtung Görlitz, Bautzen und Dresden. Parkplatz westlich des Bahnhofs.
Anforderungen: Meist einfache Wanderwege und -pfade. Stufen und kurze steilere Abschnitte, im Grenzbereich zur roten Wanderung.
Karte: GeoSN Wanderkarte 1:25.000 Blatt 49 Lausitzer Bergland/Löbau.
Einkehr: Turmgaststätte Löbauer Berg, tgl. ab 10:30 Uhr, loebauer-berg.de/ausflugslokal-oberlausitz, Berg-Gasthof Honigbrunnen, tgl. 11–20 Uhr, honigbrunnen.de, weitere Einkehrmöglichkeiten in Löbau.

Vorm **Bahnhof Löbau** ❶, 263 m, starten wir Richtung Zentrum und biegen sogleich links in die kleine Straße »Am Kirchberg« und danach rechts in die Alexander-von-Humboldt-Straße ab. An deren Ende gehen wir links die Brunnenstraße hinunter. An einem kleinen Park vorbei geht es hinab ans Ufer des Löbauer Wassers. Wir wandern rechts über die Brücke. Nach 60 m biegen wir links in die Vorwerkstraße ab und schwenken nach 100 Metern rechts in die Parkanlage des Friedenshains ein. Der Weg führt auf der rechten Seite des Parks sanft bergan. Am **Siegesdenkmal** ❷, 275 m, vorbei erreichen wir eine Landstraße am Fuß des Löbauer Berges. Gegenüber gehen wir den Weg parallel zum Waldrand weiter hinauf.

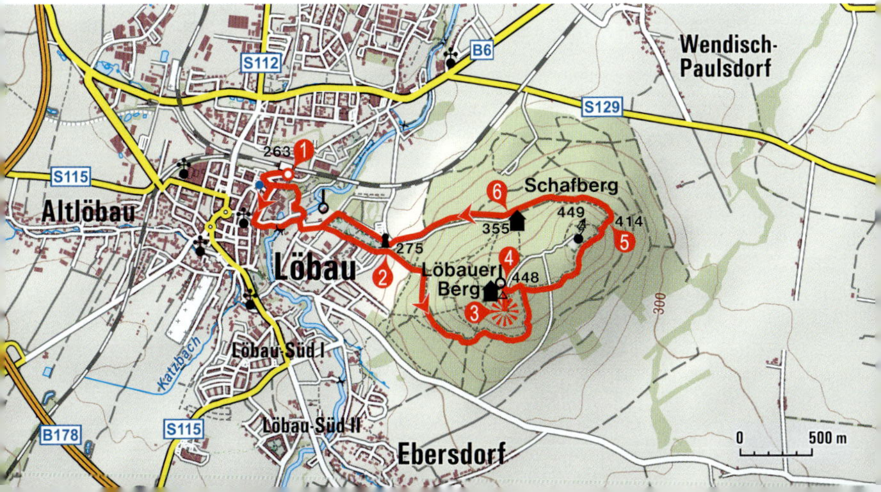

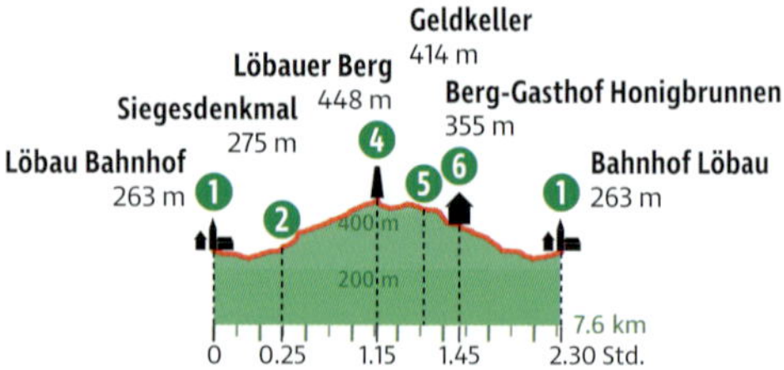

Die gesamte Runde über den Löbauer Berg ist bis auf kurze Abstecher mit grünem Diagonalbalken markiert. Wir folgen erst dem Karl-Michel-Weg, überqueren einen Querweg und halten uns am nächsten Abzweig rechts. Der Weg führt oberhalb der Skiwiese gänzlich in den Wald. Wir passieren ein Kriegsgefallenendenkmal und überqueren den Steilaufstieg (grüner Kreis). Bald zweigt nach links ein Pfad zum großen Steinbruch ab. Auf diesem gelangen wir schon bald zum Steinbruch mit Infotafel und bald wieder zum Hauptweg zurück. Wir folgen dem Brunnenweg im Linksbogen hinauf und an der nächsten Kreuzung den Markierungen weiter nach rechts. Am Hang entlang in langem Linksbogen, allmählich an Höhe gewinnend, durchqueren wir die Granitblockhalde des »Großen Steinernen Meeres«. Anschließend erreichen wir den Prinzensteig. Der spätere Weiterweg folgt hier den Markierungen grüner Diagonalbalken rechts hinunter. Doch zunächst steigen wir links die Prinzenstufen zum Gipfelplateau auf und erreichen den Fahrweg. Hier gehen wir erst links zur **Aussicht Berghaus ❸**, 433 m, und anschließend rechts zum

Unterwegs auf dem Oskar-Rolle-Weg.

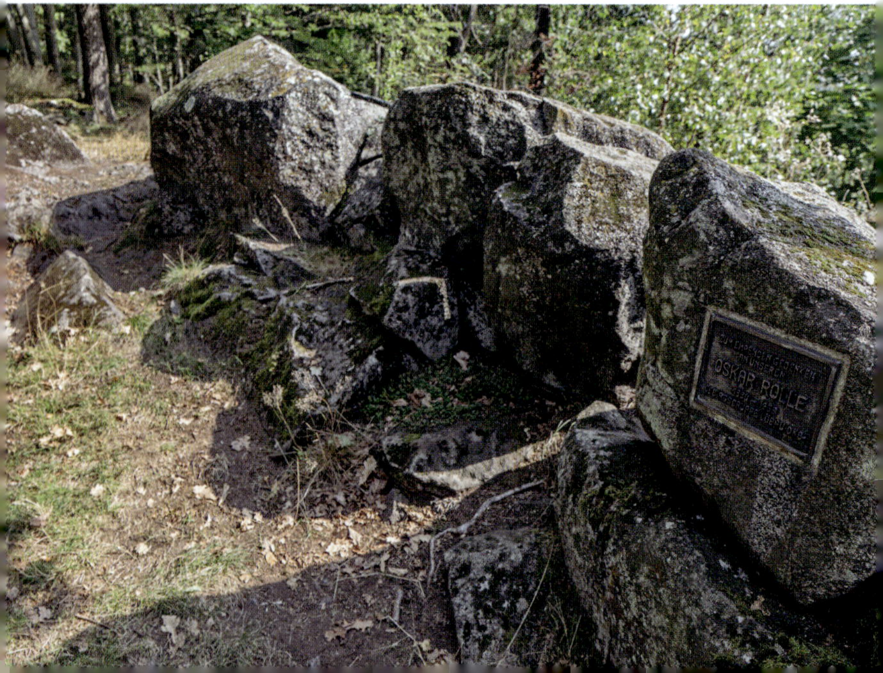

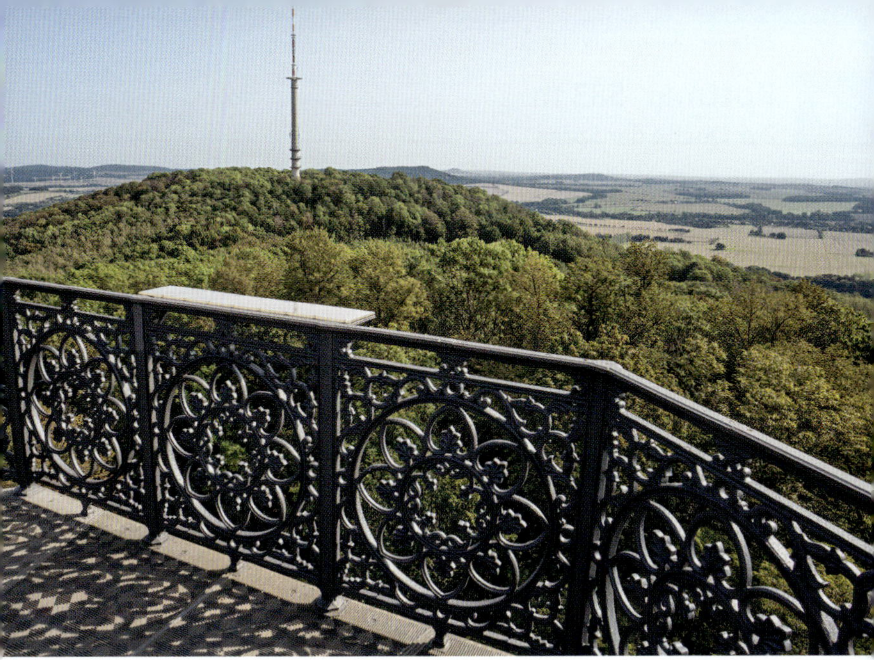

Blick vom Aussichtsturm nach Norden.

Berggasthaus und zum denkmalgeschützten gusseisernen Turm auf dem **Löbauer Berg** ❹, 448 m, von dessen Aussichtsplattform viele ostsächsische und tschechische Berge zu sehen sind.
Wir gehen zurück und die Prinzenstufen hinunter. Nun folgen wir wieder den Markierungen grüner Diagonalbalken. An einer Gabelung halten wir uns links und überqueren eine Versorgungsstraße. Der Oskar-Rolle-Weg führt abwechslungsreich an der Ostseite des Berges entlang. Die Oskar-Rolle-Bank lädt zum Verweilen ein. Bald erreichen wir das eingezäunte Gelände des Funkmastes zu unserer Linken. Im Anschluss führt der Weg im Buchenwald an einem Abzweig vorbei hinunter. Wir passieren die kleine Felsformation des **Geldkellers** ❺, 414 m. Nun schwenkt der Weg am Hang links hinunter. Er mündet in einen größeren Fahrweg, der uns bald zum **Berg-Gasthof Honigbrunnen** ❻, 355 m, bringt. Entlang der Honigbrunnenstraße führt unser markierter Weg weiter abwärts. Beim Siegesdenkmal überqueren wir wieder die Straße und spazieren nun rechts im Friedenshain den weiß-rot-weiß markierten Weg hinab. Am Ende halten wir uns links und folgen dem Hinweg kurz übers Löbauer Wasser. Durch das Eingangstor im Zaun gelangen wir sogleich nach rechts ins Landesgartenschaugelände (falls verschlossen, folgen wir weiter unserem Hinweg). Im Gartenschaugelände geht es ein kurzes Stück im Rechtsbogen den Betonweg über die Löbauer Wiese entlang. Bei erster Gelegenheit biegen wir auf einen kleinen Pfad links ab, der uns über ein paar Treppen nach links aus dem LGS-Gelände hinausführt. Der Weg mündet erneut in den Hinweg, wir schwenken bald rechts in die Bahnhofstraße und sind am **Ziel** ❶.

9 Kottmar, 583 m

Zur Quelle der Spree

2.45 Std. | 8,9 km | ↗ 200 m | ↘ 200 m

Sehenswerte Skischanzen statt Gipfeleinkehr

Der Kottmar ist der zweithöchste Gipfel im Lausitzer Bergland. Auf seiner Westseite entspringt die Spree und auf der Nordseite des Gipfels lassen sich die Sprungschanzen des Ski-Clubs bestaunen. Auch wenn die kritische Weite der großen Schanze »nur« 60 Meter beträgt, kann man vor den jungen Wintersportlern den Hut ziehen, die sich hier im Winter hinunterwagen. Die beste Aussicht bietet sich an den Schanzen und am Hänschberg, der beim Abstieg über einen kurzen Abstecher erreicht wird. An diesem herrlichen Rastplatz liegt uns das Zittauer Gebirge förmlich zu Füßen. Für Kurzweil, gerade bei jüngeren Wanderern, sorgen die liebevoll gestalteten Stationen eines Sagenlehrpfades.

Ausgangspunkt: Besucherparkplatz am Abzweig Walddorf (Eibau) von der B 96 beim ehemaligen Gasthof Kretzscham. Bushaltestelle der Linie 51 Ebersbach-Zittau östlich an der B 96, fährt nur wochentags.

Anforderungen: Meist einfache Wanderwege. Kurze, steilere Abschnitte.

Karte: GeoSN Wanderkarte 1:25.000 Blatt 49 »Lausitzer Bergland/Löbau«.

Tipp: Haus Spinnwebe in Walddorf, Schauwerkstatt, Spinn- und Webkurse, Mo. – Fr. 9 – 12 und 14 – 18 Uhr, Sa. 9 – 12 Uhr, hausspinnwebe.de

Die Skischanzen des Skiclubs Kottmar e. V.

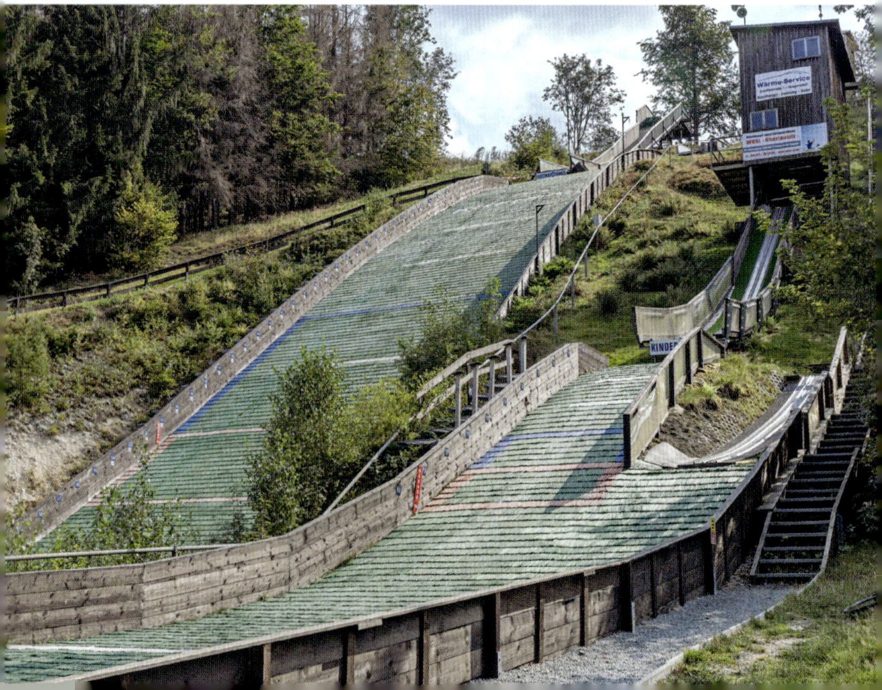

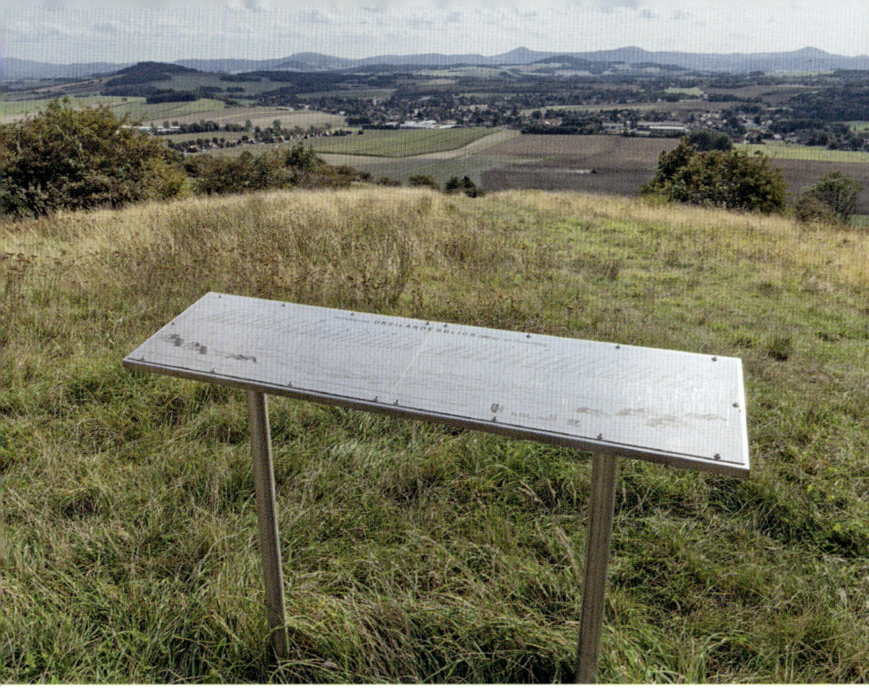

Panorama des Zittauer Gebirges am Hänschberg

Wir starten am **Parkplatz** in **Walddorf** ❶, 387 m, vorm ehemaligen Gasthof Kretzscham nach links und gleich wieder nach rechts, um der Martin-Luther-Straße zu folgen. Auf Höhe der Kirche biegen wir links in die Webergasse ein. Wir überqueren eine Straße und gehen leicht rechts versetzt den Löbauer Weg weiter. Am sogenannten Jägerteich halten wir uns links und folgen dem Waldrand. Kurz danach schwenken wir rechts in einen Fahrweg ein und passieren eine erste Gartenanlage. Bei einem Parkplatz hinter den Gärten zweigt rechts ein größerer Weg mit weiß-gelb-weißen Markierungen in den Wald ab, sowie halb rechts entlang der nächsten Gärten ein weiterer unmarkierter Weg. Auf diesem wandern wir bald zwischen den Gärten und Teichen in den Wald hinein. Der Weg schwenkt nach rechts. Ab dem nächsten beschilderten Abzweig folgen wir den weiß-blau-weißen Markierungen geradeaus weiter, die Spreequelle ist ausgeschildert.

i *Die **Spree** ist ein ca. 400 km langer Nebenfluss der Havel. Sie entspringt in der Oberlausitz und fließt durch die Bundesländer Sachsen, Brandenburg und Berlin. Ihre Quellen liegen in der Oberlausitz, die höchstgelegene findet sich am Westhang des Kottmar, 484 m über dem Meer. Der Flusslauf hat also ein durchschnittliches Gefälle von 1 Promille. Die bekanntesten Sehenswürdigkeiten entlang des Flusses sind die Stadt Bautzen, die Bezirkshauptstadt Cottbus, die kultivierten Sumpflandschaften des Spreewaldes und der Müggelsee am Stadtrand von Berlin. Der Fluss prägt das Stadtbild der deutschen Hauptstadt, die auch den Beinamen »Spree-Athen« trägt, und mündet in Spandau in die Havel.*

Diese weiß-blau-weißen Markierungen werden nun über den Kottmar hinweg im Wesentlichen unser Begleiter sein. An einer Wegkreuzung folgen wir den Markierungen nach rechts zu einem idyllischen, von der jungen Spree gespeisten **Waldteich** ❷, 411 m. Unmittelbar davor biegen wir links ab und folgen dem markierten Waldpfad. Wir überqueren zwei Wege und erreichen einen Fahrweg. Schräg rechts über diesen hinweg wandern wir auf dem breiten Waldweg weiter, biegen aber noch vor Erreichen der Senke mit der jungen Spree wieder den Markierungen folgend links ab, einen kleineren Waldpfad hinauf. Wir erreichen einen Querweg, unsere Markierungen weisen hier links hinauf, doch schräg gegenüber zweigt zunächst der kurze Abstecher hinauf zur **Spreequelle** ❸, 484 m, ab. Die Quelle ist mit ihrer Steinfassung zugleich ein Denkmal für die Gefallenen des Ersten Weltkriegs. Zurück auf dem markierten Weiterweg steigen wir an einer Station des Sagenweges weiter bergan. Es folgt ein Zickzackkurs: An der nächsten großen Wegkreuzung nehmen wir die Markierungen scharf rechts abbiegend Richtung Kottmar. Der Weg schwenkt links hinauf auf einen gerodeten Bergrücken. Vor uns ist bereits der Gipfel zu sehen. Dann folgen wir den Markierungen nach rechts und beim nächsten Abzweig an einem Wegweiser gleich wieder nach links. Wir überqueren einen Asphaltweg und folgen dem Weg nördlich unter dem Gipfel vorbei bis unmittelbar vor die Skisprunganlage. Hier macht der Wanderpfad erneut einen scharfen Knick und führt am Hang hinauf zum **Kottmar** ❹, 583 m. Die Bergbaude und der dahinter befindliche Turm sind derzeit leider geschlossen und in einem erbärmlichen Zustand. Unmittelbar am Ende des finalen Gipfelanstiegs biegt der markierte Weiterweg noch vor der Zufahrtsstraße wieder links ab und bringt uns an der Hangkante entlang zum hölzernen Anlaufturm der großen Schanze. Hier bietet sich ein guter Ausblick nach Norden, u.a. zum Löbauer Berg. Achtung: die Anlagen des Skiclubs nicht betreten oder erklettern! Wir folgen dem Weg nach rechts zur nahen Straße. Diese gehen wir kurz hinunter, dann zweigt der Weg rechts ab und führt

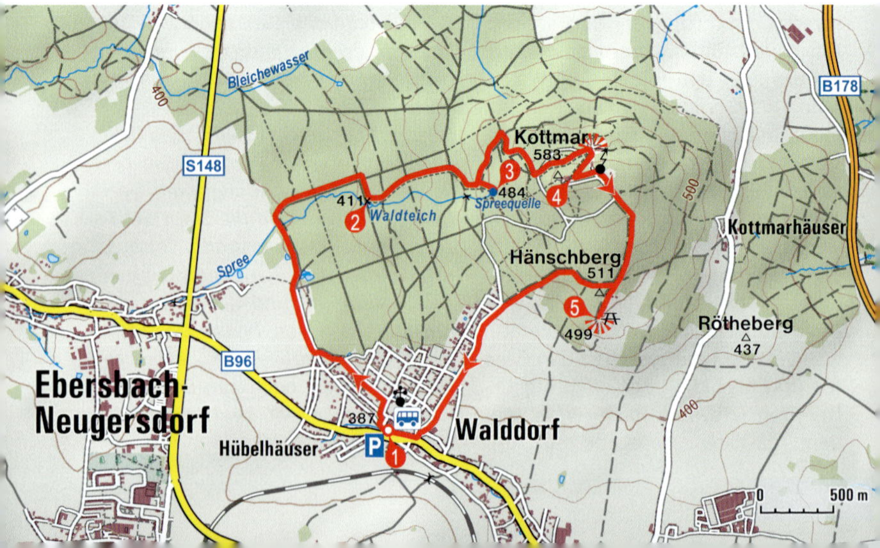

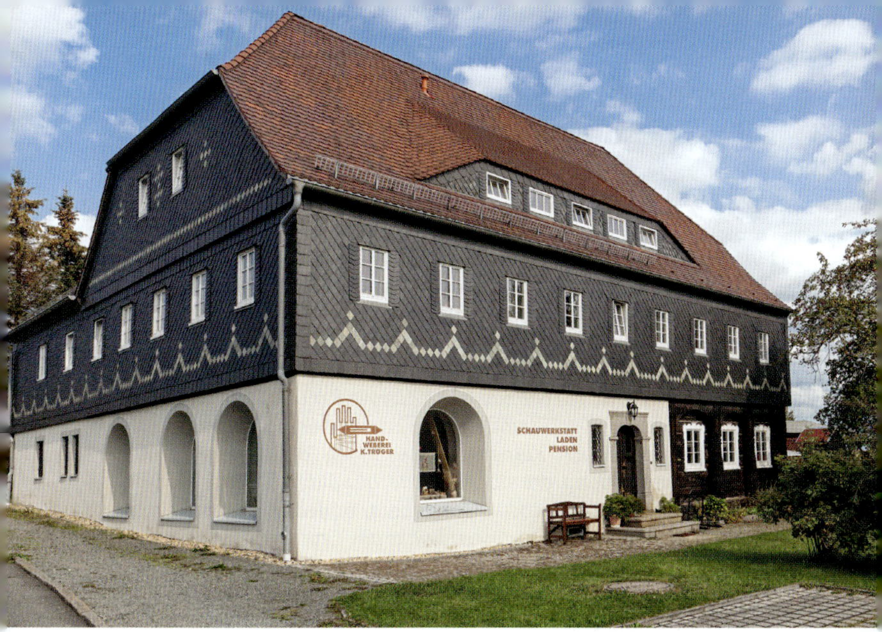

Schauwerkstatt Haus Spinnwebe in Walddorf.

wenige Meter neben der Straße weiter. Wir überqueren bei einer Kurve erneut die Straße und folgen dem Weg im Wald, teils steil, bergab. An der nächsten Wegkreuzung mit einer Sagenstation können wir geradeaus die 250 Meter entfernte **Aussicht** am **Hänschberg** ❺, 499 m, besuchen, wo uns ein herrlicher Rastplatz mit Blick ins Zittauer Gebirge erwartet. Wir gehen zurück zum Abzweig und folgen dem weiß-blau-weiß gekennzeichneten Weg weiter nach Westen. Dieser zweigt bald links hinunter ab. Hier verlassen wir die weiß-blau-weißen Markierungen und folgen stattdessen dem breiten Weg geradeaus weiter. Wir erreichen eine Kreuzung an einer weiteren Sagenstation und folgen dem Fahrweg links hinunter Richtung Walddorf. Am Ortsrand erreichen wir die mit rotem Kreis markierte Lange Gasse und wandern längere Zeit geradewegs die Siedlungsstraße hinunter. Zur Linken passieren wir das schöne Umgebindehaus der »Spinnwebe« mit Laden und Schauwerkstatt. Danach macht die Straße einen kurzen Rechtsbogen. Wir biegen an der Kreuzung links ab und noch vor Überqueren des kleinen Baches gleich wieder rechts in einen schmalen, unmarkierten Fußweg, der uns zwischen den Grundstücken hindurch zum **Ausgangspunkt** ❶ bringt.

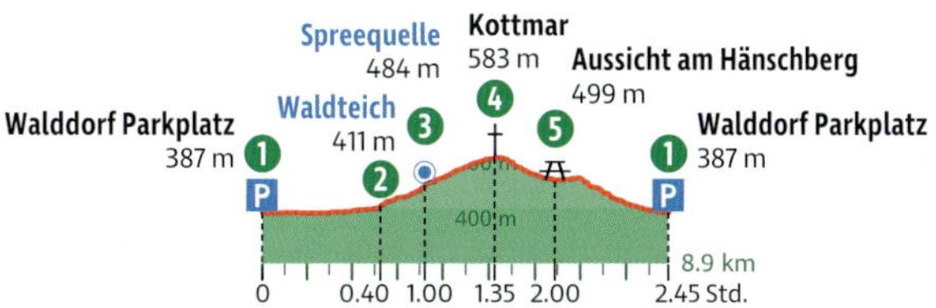

10 Czorneboh, 555 m

Auf den »finstren Gott« der Slawen

4.30 Std. | 16,2 km | ↗ 410 m | ↘ 410 m

Einsame Kammwanderung für Naturliebhaber

Mit 11 Kilometern Länge ist Cunewalde das längste Straßendorf Deutschlands und mit seinen gepflegten Umgebindehäusern einer der schönsten Orte der Lausitz obendrein. Eingerahmt wird der Ort von den Anhöhen des Bielebohs im Süden und vom langgestreckten bewaldeten Kamm des Czorneboh im Norden. Die slawischen Namen bedeuten Weißer und Schwarzer Gott, wurden aber wohl erst im 19. Jahrhundert dem Zeitgeist der Romantik folgend für diese Erhebungen benutzt. Kernstück dieser stillen Tour ist der 6 Kilometer lange Wegabschnitt entlang des überwiegend bewaldeten Bergkammes. Die felsigen Erhebungen von Hochstein, Steinberg, Teufelsfenster und Hromadnik laden zum Rasten ein. Am höchsten Punkt des Czorneboh erwartet uns ein einladender Berggasthof. Der Aussichtsturm nebenan bietet ein freies Panorama über den Baumwipfeln.

Ausgangspunkt: Gästeparkplatz an der Bushaltestelle »Blaue Kugel« in Cunewalde. Busverbindung Richtung Löbau und Großpostwitz/Bautzen, wochentags stdl., am WE alle 2 Std.
Anforderungen: Überwiegend einfache Wanderwege, nur der Aufstieg zum Hochstein ist unmarkiert, steinig und dazu auch recht steil.
Karte: GeoSN Wanderkarte 1:25.000 Blatt 49 Lausitzer Bergland/Löbau.
Einkehr: Restaurant Blaue Kugel Da Giovanni Due, Di.–Fr. 11 – 14 u. 17–23 Uhr, am WE durchgehend, Berggasthof Czorneboh, Mi.– So. 11–17 Uhr, Fr., Sa. bis 19 Uhr, czorneboh-berggasthof.de.

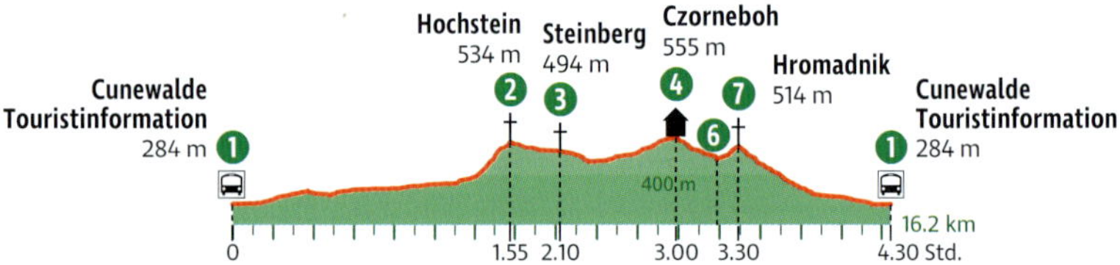

Wir starten an der **Touristinformation Cunewalde 1**, 284 m. Hier befinden sich ein Besucherparkplatz und die Bushaltestelle »Blaue Kugel«. Wir folgen am Kreisverkehr der Czornebohstraße nach Norden. Nach etwa 100 Meter verlassen wir diese und gehen geradeaus die kleinere Siedlungsstraße weiter. Hinterm Sägewerk halten wir uns nach einem kleinen Teich an der Gabelung links. An der folgenden Querstraße wenden wir uns nach links und sogleich wieder rechts. Wir verlassen den Ortsteil Klipphausen. Am nächsten asphaltierten Querweg wenden wir uns nach rechts und erreichen am Waldrand die grüne Kreismarkierung. Nun folgen wir dem Asphaltweg in den Wald hinein. An einem Abzweig nach 70 Metern halten wir uns an den Markierungen nach rechts. Wir folgen dem teils spärlich markierten Weg längere Zeit durch Wald und

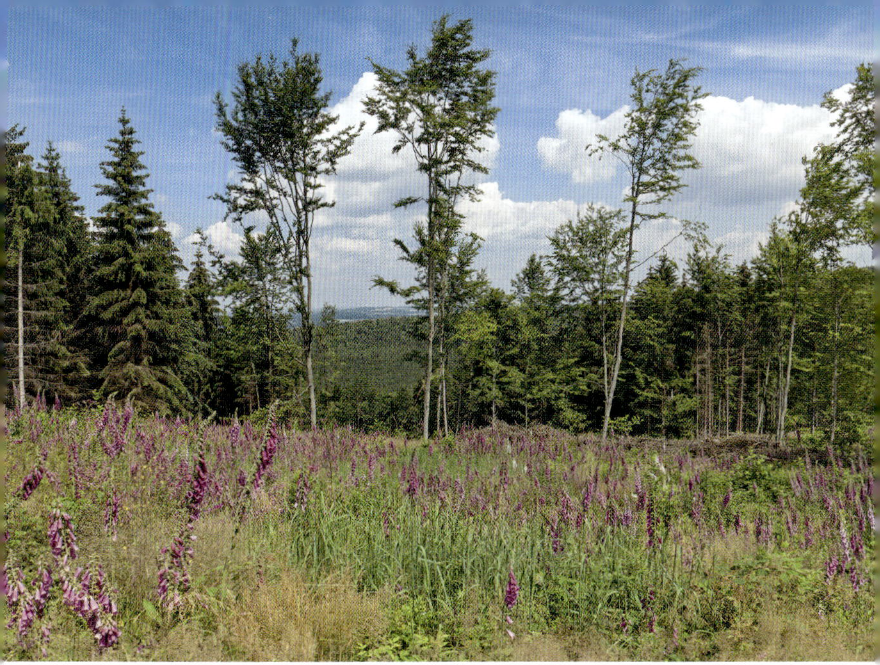

Kammwanderung kurz vorm Steinberg.

später über Felder. Wege, die nach links in den Wald abzweigen, ignorieren wir ebenso wie einen Feldweg, der nach rechts Richtung Cunewalde führt. Bei einer überdimensionalen Wegmarkierung führt unsere Route schließlich wieder in den Wald hinein und an der nächsten Kreuzung nach rechts. Im langen Linksbogen erreichen wir nach 900 Metern eine Wegkreuzung mit Rastgelegenheit nahe dem Waldrand. Wir überqueren den breiten Fahrweg und gehen den Markierungen folgend halblinks auf kleinerem Weg wieder in den Wald. Zunächst in einen weiteren Weg einmündend erreichen wir eine Fahrstraße im Wald. Auf dieser folgen wir dem grünen Kreis nach links, um bei nächster Gelegenheit den Asphalt nach rechts wieder zu verlassen. Am Waldrand links hinauf erreichen wir kurz nach einer Wegeinmündung eine Wegkreuzung nahe den Häusern von Halbau.

Nun beginnt der unmarkierte und schwierigste Teil der Wanderung. Wir wenden uns nach links. Vor einer Bank gabelt sich der Weg, wir wählen den rechten Weg. Wenige Meter danach zweigt der Weiterweg gleich wieder rechts und sofort wieder links ab. Über Lichtungen und durch Wald führt der Weg steiler werdend hinauf. Wir kreuzen einen Weg und erreichen auf schmalem, teils verwachsenem Pfad den beschilderten Abzweig des Kriegswegs. Geradeaus ist unser erstes Ziel, der Hochstein, ausgeschildert. Der steinige und steile Pfad schwenkt bald nach links, wird flacher und nähert sich dem Bergkamm. Rechts oben sind im Wald schon die Gipfelfelsen zu sehen. Von dort zieht ein Felsrücken ca. 20 Meter den Hang hinunter und versperrt uns scheinbar den Weg. Wir gehen entweder talseitig (links) am Felsen vorbei oder kraxeln leicht rechts durch die Felslücke. Auf jeden

Fall wenden wir uns unmittelbar hinter den Felsen nach rechts und erreichen den Bergkamm. Links von uns steht der Gipfelfelsen des **Hochsteins** ❷, 534 m. Das Gipfelbuch kann über zwei Felsstufen erreicht werden. Der Weiterweg führt nach rechts, an den Felsen vorbei und erreicht den mit blauem Kreis markierten Kammweg. Hier biegen wir links ein Richtung Czorneboh. Dem mit blauem Kreis markierten Weg folgen wir nun im Wesentlichen auf dem Kamm für 5,5 Kilometer. Dabei passieren wir nach über einem Kilometer zunächst den **Steinberg** ❸, 494 m. Die Gipfelfelsen liegen wenige Meter links des Weges und erlauben einen schönen Blick auf das Tal von Cunewalde. Im weiteren Verlauf mündet der Weg in eine Waldstraße ein. Auf dieser folgen wir den Markierungen, bis uns nach einem reichlichen Kilometer der blaue Kreis halblinks auf einen Fahrweg führt. Am nächsten Sattel verlassen wir, den Markierungen folgend, diesen Fahrweg wieder nach rechts und bleiben auf dem markierten Waldpfad, bis wir erneut auf die Straße treffen. Nach 50 Meter verlassen wir diese aber gleich wieder nach links und erreichen im Rechtsbogen unser Ziel, den **Czorneboh** ❹, 555 m, mit Einkehr und Aussichtsturm. Links an der Gaststätte vorbei folgen wir den Wegmarkierungen weiter. Beim nächsten Abzweig verlassen wir kurz den markierten Weg und folgen dem Pfad links hinunter zur Felsengruppe des sogenannten **Teufelsfensters** ❺, 511 m. Der Weiterweg schwenkt bald nach rechts zurück zum markierten Hauptweg. An einigen Abzweigen vorbei erreichen wir eine Wegkreuzung in einer flachen Einsattelung. Hier kann wenige Meter links des Weges das sogenannte **Teufelswaschbecken** ❻, 461 m, eine Wanne im Naturfels, bestaunt werden. An dieser Kreuzung führt der Weiterweg weiß-grün-weiß markiert nach Cunewalde links hinunter. Zunächst

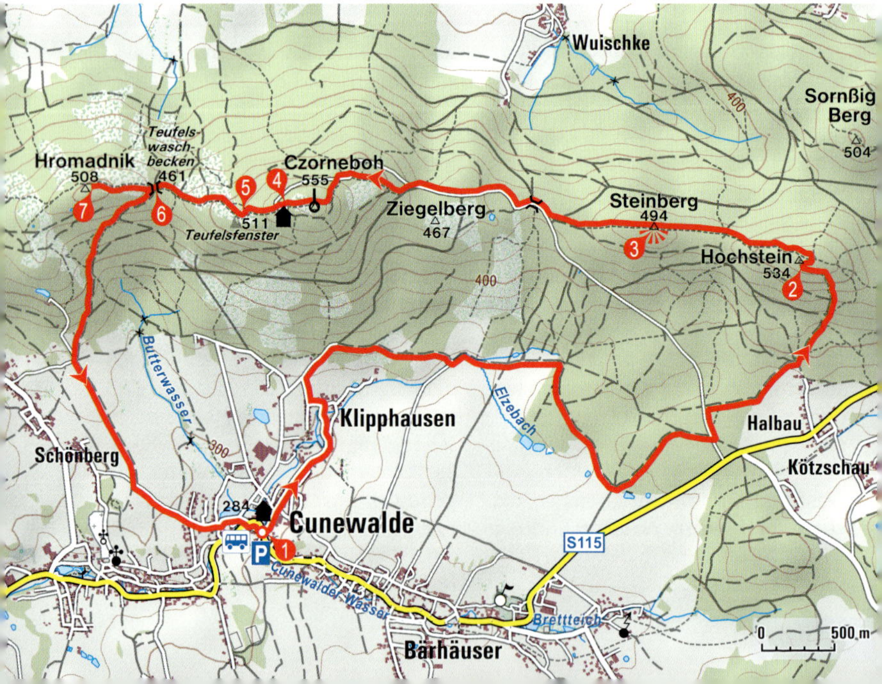

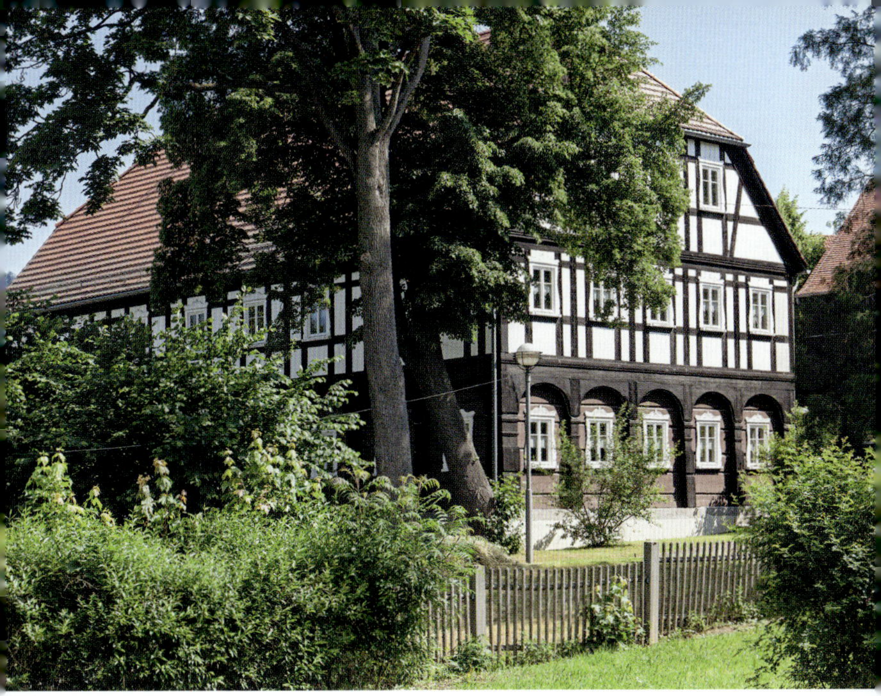

Umgebindehaus in Cunewalde.

wollen wir aber dem Kammweg noch 500 Meter weiter folgen und dem felsigen **Hromadnik** ❼, 514 m, einen Besuch abstatten. Zurück von dort beginnt an besagtem Abzweig der teils steile Abstieg.
Der Weg führt rechts haltend im Wald hinunter. Wir bleiben dabei bei den weiß-grün-weißen Markierungen. 1 Kilometer nach Beginn des Abstiegs erreichen wir einen größeren Fahrweg, dem wir rechts hinunter folgen. Bei ein paar Gartengrundstücken treten wir aus dem Wald. An einer Wegkreuzung gehen wir halblinks (Cunewalde ist ausgeschildert) auf einem Feldweg weiter. Nach einer Kuppe liegt Cunewalde vor uns. Am Asphaltweg wenden wir uns nach links. Wir erreichen eine Wohnsiedlung und gehen am Ende der Straße nochmals nach links. Die Dorfstraße führt an einem Teich entlang. An dessen Ende wenden wir uns an der Gabelung nach rechts, kommen zur Hauptstraße von Cunewalde und erreichen nach wenigen Metern den **Ausgangspunkt** ❶.

i ***Umgebindehäuser:*** *Die traditionellen Gebäude mit den typischen Umgebindebögen fallen sofort ins Auge. Diese Bauweise ist in einigen Teilen Sachsens, Böhmens und Schlesiens anzutreffen, nirgendwo jedoch in solch großer Zahl wie in der Lausitz. Während die sogenannte Blockstube typisch für slawische Häuser war, brachten Siedler aus Franken und Thüringen die Fachwerktechnik mit. Beide Baustile fusionierten und im Laufe der Jahrhunderte entwickelte sich dieser unverkennbare Haustyp. Besonders schöne Umgebindehäuser sehen wir auf unseren Wanderungen in den Kurorten Jonsdorf und Oybin, in Oderwitz, in Walddorf sowie in Schirgiswalde und natürlich auch in Cunewalde.*

11 Kälbersteine, 487 m

Geheimnisvolle Felsgestalten hoch über der Spree

3.15 Std. | 11,1 km | ↗ 310 m | ↘ 310 m

Schweißtreibendes Potpourri rund um Schirgiswalde

Südlich von Schirgiswalde macht die junge Spree einen markanten Bogen. »Schuld« daran ist das Bergmassiv von Bieleboh und den Kälbersteinen, das dem Fluss »im Weg steht«. Von dem sehenswerten Städtchen in der Oberlausitz sind es mehr als 200 recht steile Höhenmeter hinauf zum Bergkamm mit der eigenwilligen Felsgruppe der Kälbersteine. Ob es Zufall ist, dass genau an den Tagundnachtgleichen und an den Sonnenwendtagen die Sonne durch ein Loch im Felsen scheint?

Unterwegs lädt in Kirschau ein Altarm der Spree und später die aussichtsreiche Kuppe des Callenbergs, 363 m, zum Verweilen ein. In Crostau passieren wir die Kirche mit der historischen Silbermannorgel. Auf dem Rückweg erwartet uns die Gaststätte am Stausee Sohland mit Biergarten und Spielplatz.

Ornament am Niedermarkt in Schirgiswalde.

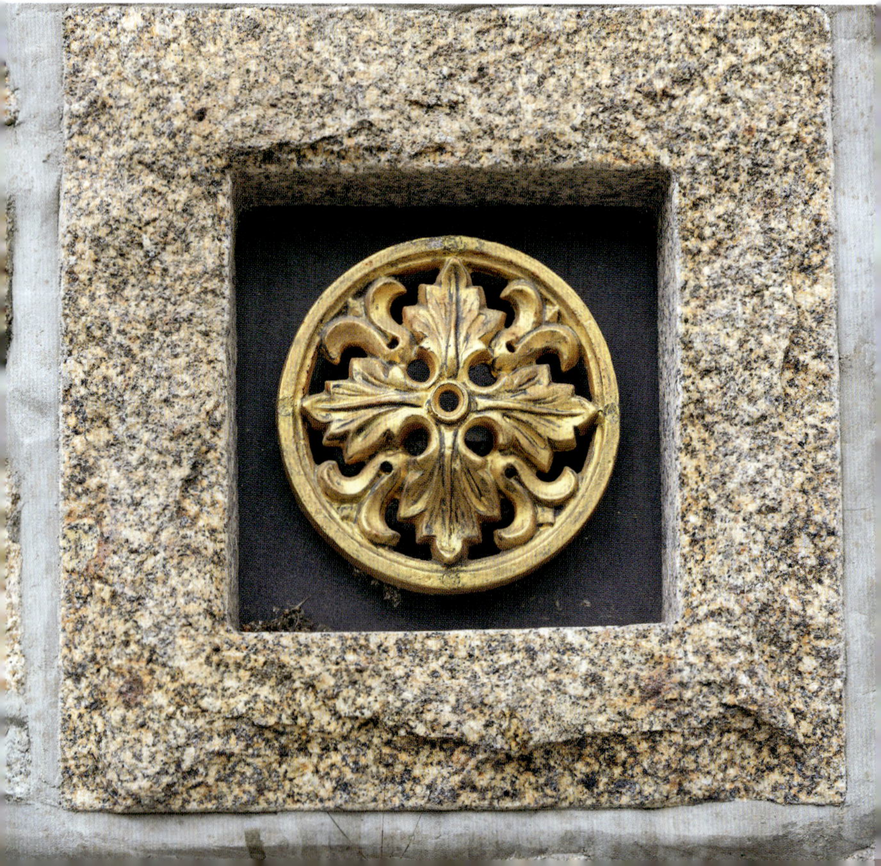

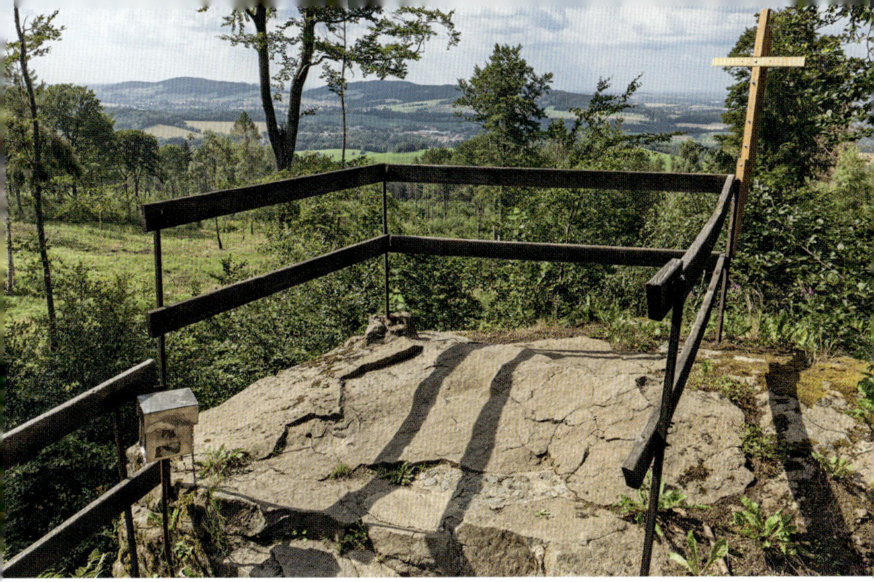

Die versicherte Aussicht auf den Kälbersteinen mit Gipfelbuch und Gipfelkreuz.

Ausgangspunkt: Bahnhof Schirgiswalde, Bahnverbindung nach Dresden und Zittau, stdl. Verbindung, am WE alle 2 Std., Parkmöglichkeiten.
Anforderungen: überwiegend bequeme Wanderwege, Aufstieg zu den Kälbersteinen anhaltend steil.
Karte: GeoSN Wanderkarte 1:25.000 Blatt 48 Lausitzer Bergland/Bautzen, Wilthen und Blatt 49 Lausitzer Bergland/Löbau.
Einkehr: Gaststätte am Stausee, Di.–So. 11–17 Uhr, gaststatte-am-stausee.business.site, Café Kloß-Mühle am Niedermarkt, Mo.–Sa. 6–18 Uhr, So. 12–18 Uhr, +49 3592 502130.
Variante: Von den Kälbersteinen kann man dem waldreichen Kammweg nach Osten über die B96 hinweg zum Bieleboh, 499 m, mit Bergbaude und Aussichtsturm folgen. Der Weg ist bis zum Bieleboh weiß-blau-weiß markiert, von dort folgt man den weiß-gelb-weißen/weiß-grün-weißen Markierungen noch 400 m die Versorgungsstraße hinunter. Beim Parkplatz am Waldrand geht es dann weiß-rot-weiß markiert links hinunter Richtung Cunewalde. Am Freibad vorbei erreicht man dort die Bushaltestelle Erlebnisbad, 273 m, an der Hauptstraße. Wochentags gelangt man mit dem Bus 123 ohne Umstieg in 26 Min. zurück nach Schirgiswalde. Am Wochenende ist die Rückfahrt mit zweimaligem Umstieg umständlich, aber möglich. 3.30 Std., 340 Hm.

Vom **Bahnhof Schirgiswalde** ❶, 289 m, gehen wir die Bahnhofstraße hinunter und wenden uns an der Hauptstraße nach links. Hinter einem einzelnen Haus schwenken wir rechts hinunter Richtung Spree (weiß-grün-weiß markiert). In der Talsohle angekommen gehen wir rechts (Privatweg) über ein stählernes Wehr und folgen dem Poetenpfad zwischen Spree und Mühlgraben weiter. Unsere Route mündet in eine Straße und führt kurz an grauen Industriebauten vorbei und alsbald über die Spree. Rechts lädt ein Altarm der Spree in **Kirschau** ❷, 252 m, zur Rast ein. Der Weiterweg führt dort, wo die Siedlungsstraße nach links schwenkt, geradewegs am Waldrand hinauf. Sogleich wenden wir uns an der Straße nach rechts und wandern hinauf nach Callenberg. Wir biegen

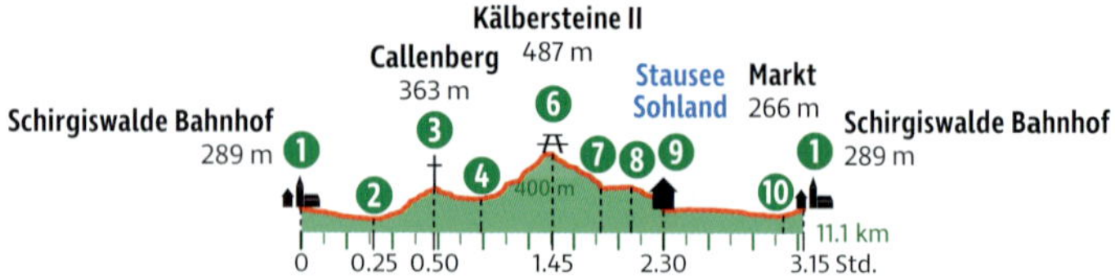

in die zweite Straße rechts ab (Fabrikstraße) und verlassen diese am Ende des Zaunes wieder nach links (gelber Kreis). Ein Wanderpfad führt geradewegs hinauf: zunächst am Waldrand, dann knapp innerhalb des Waldes und am Ende über eine Wiese zum höchsten Punkt des **Callenbergs** ❸, 363 m, an der hinteren Ecke eines umzäunten Anwesens. Wir folgen dem Weg am Zaun links hinunter und am Waldrand nach rechts. Über Wiesen erreichen wir die ersten Häuser von Crostau und schwenken links in eine Siedlungsstraße ein. Auf der folgenden Landstraße gehen wir kurz nach links und biegen hinterm letzten Haus scharf rechts wieder in eine kleine Straße ein, die bald durch ein einzelnes Anwesen führt. Rechter Hand erreichen wir eine Parkanlage, an deren Steinmauer wir direkt hinauf zur Kirche von **Crostau** ❹, 323 m, gelangen. Auf der Kirschauer

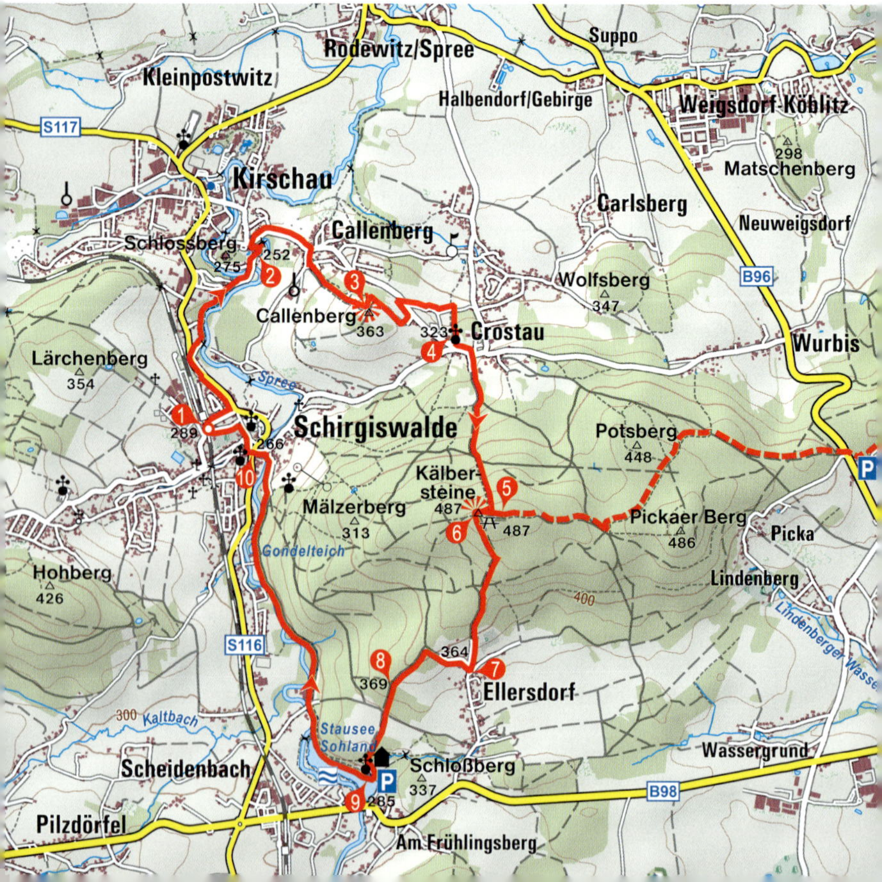

Straße wenden wir uns nach links, bevor diese sogleich in die Schirgiswalder/Wurbiser Straße mündet. 50 Meter danach biegen wir rechts in den Kälbersteinweg ab. Markierungen mit rotem Kreis leiten uns aus dem Ort hinaus und hinauf zu den Kälbersteinen, im Wald an einer Lichtung und an mehreren Abzweigen vorbei. Auf einem breiten Querweg halten wir uns nur kurz links, dann folgt der finale Steilhang. Am Ende erreichen wir bei einer Rastbank einen Querweg auf dem Bergkamm. Wir wenden uns zunächst nach links zur Felsgruppe der **Kälbersteine I** ❺, 487 m, mit einer Hinweistafel. Dort kehren wir um und folgen dem Kammweg nach Westen, wo wir kurz

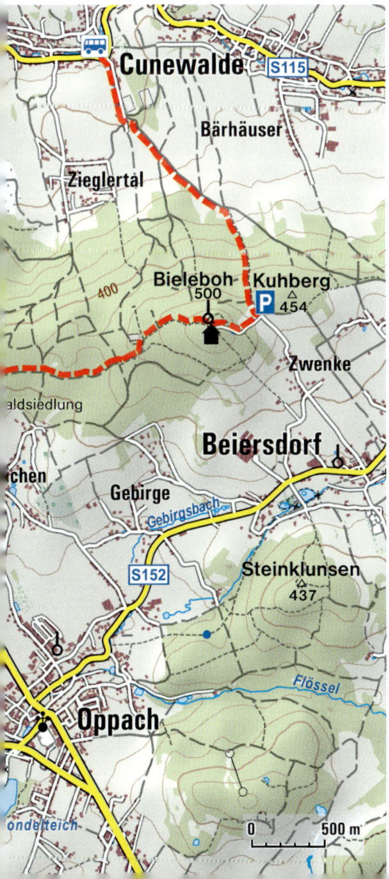

nach der Einmündung unseres Aufstiegsweges auf die **Kälbersteine II** ❻, 487 m, stoßen. Hier befindet sich ein schönes Rastgelände und der Hauptfelsen ist mit Rastbank und Gipfelbuch ausgestattet. Am Rastgelände zweigt der u.a. weiß-blau-weiß markierte Weiterweg südwärts nach Ellersdorf ab. Wir folgen ihm durch den Wald hinab und später über einen größeren Querweg hinweg. Vom Waldrand gehen wir an schönen Grundstücken ein Stück nach **Ellersdorf** ❼, 364 m, hinein und wandern an der einmündenden Straße den Markierungen folgend wieder rechts hinauf. Am letzten Grundstück verlassen wir den Asphalt und wandern geradewegs in den Wald hinein. Bei der nächsten Wegkreuzung folgen wir den Markierungen links hinunter. Wir passieren die **Waldbühne** ❽, 369 m, und erreichen den Waldrand. Über einen Querweg hinweg bringt uns ein unmarkierter Wiesenpfad hinunter ins Tal. An einem Sträßchen spazieren wir kurz nach links und erreichen die Gaststätte am **Stausee Sohland** ❾, 285 m, mit Bootsverleih und Spielplatz. Wir wenden uns am Wasser scharf nach rechts und folgen erst dem Seeufer und später dem Spreetal abwärts nach Schirgiswalde, dabei queren wir die Spreetalstraße und passieren nach geraumer Zeit den Spielplatz am Gondelteich. Der Weg führt an einer Gartenanlage entlang und uns immer links haltend gelangen wir hinunter zur Spreebrücke in Schirgiswalde. Wir überqueren den Fluss und gehen über den **Markt** ❿, 266 m. Nach der Fußgängerampel führt die Route rechts bei den Marktstuben den Kirchberg hinauf. Hinter der Goetheschule biegen wir links ab und gelangen an einer Kita vorbei zum Parkplatz am **Bahnhof** ❶.

12 Valtenberg, 587 m

Die höchste Erhebung des Lausitzer Berglandes

4.00 Std. | 13,6 km | ↗390 m | ↘390 m

Einsame Runde mit viel Wald und wenig Wandervolk
Die Tour zum Valtenberg ist waldreich, still und zweigeteilt. Beim Aufstieg von Osten und Süden auf den höchsten Berg des Lausitzer Berglandes nehmen wir die Steigung kaum wahr. Nur am finalen Gipfelanstieg kommt man ein wenig ins Schwitzen. Auf dem Weg dorthin genießen wir anfangs freie Blicke über Neukirch und später die Stille des Waldes. Höhepunkt eines liebevoll gestalteten Waldlehrpfades ist die »Oase der Sinne«. Am Gipfel erwartet uns das übliche Programm: Berggasthof, Aussichtsturm und Spielplatz. Der zweite Teil der Wanderung weist ein anspruchsvolleres Profil auf. Auf dem langen Steilabstieg nach Neukirch/West wird deutlich, dass der Valtenberg der höchste Gipfel im weiten Umkreis ist. Und auch der Weiterweg am Valtentalsee entlang und über den Davidberg sorgt noch einmal für landschaftliche Kurzweil.

Ausgangspunkt: Bahnhof Neukirch/Ost, stdl. Regionalzugverbindung nach Dresden, Parkmöglichkeiten.
Anforderungen: Überwiegend leichte und bequeme Wanderwege und Pfade. Im Gipfelbereich felsig, steiler und langer Abstieg nach Neukirch/West.
Karte: GeoSN Wanderkarte 1:25.000 Blatt 48 Lausitzer Bergland/Bautzen, Wilthen.
Einkehr: Bergbaude Valtenberg, vorübergehend geschlossen.

Wasserrad an der Oase der Sinne.

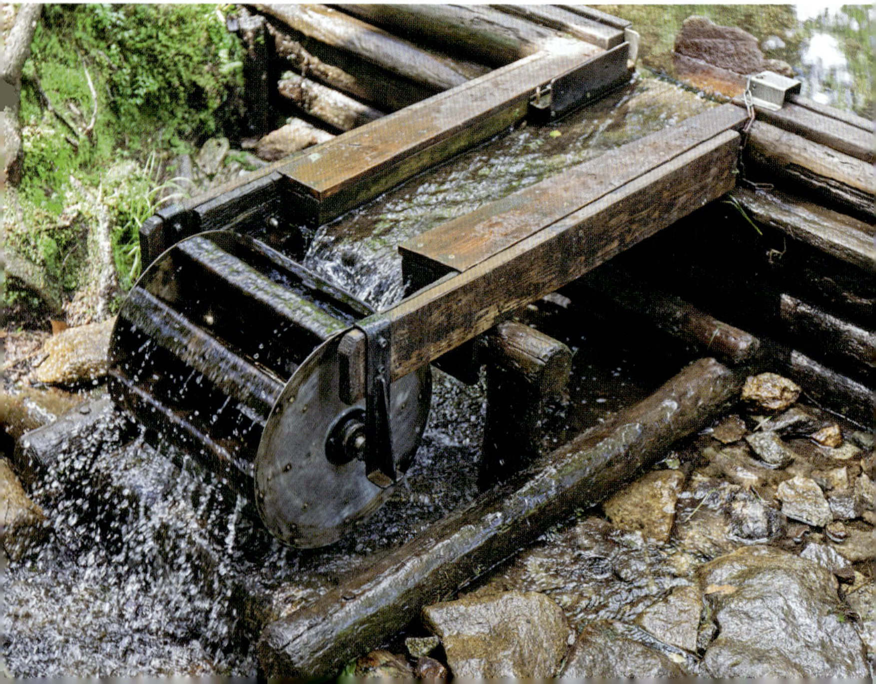

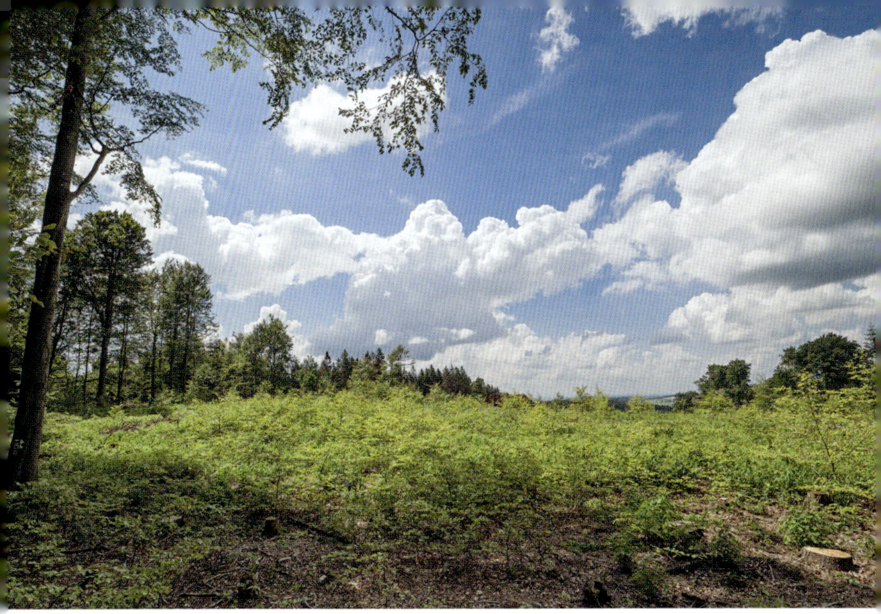

Lichtung vor dem finalen Gipfelanstieg.

Wir starten am **Bahnhof Neukirch/ Ost** ❶, 334 m, und gehen nach Osten zur Hauptstraße. Zunächst können wir den weiß-grün-weißen Markierungen folgen. Wir wenden uns nach rechts, überqueren die Gleise und biegen hinter dem Bahngelände rechts in die Karl-Berger-Straße ein. Wir folgen den Markierungen auf asphaltiertem Weg 1,5 Kilometer, anfangs entlang von Siedlungshäusern, bald nach rechts schwenkend über Felder hinauf zum Waldrand. An der Pension Sonnblick und einem Wanderparkplatz vorbei erreichen wir die **ehemalige Bergschänke Waldschlösschen** ❷, 445 m. An der großen Kreuzung folgen wir nicht den Wegweisern geradewegs zum Valtenberg, sondern halten uns an den ganz linken Weg mit grünem Diagonalbalken als Markierung (Waldlehrpfad). Wir passieren Stationen des Lehrpfades. Nach 900 Metern mündet der weiterhin mit grünem Diagonalbalken markierte Weg in einen größeren Fahrweg ein, der uns links hinunter leitet. Dann folgen wir unseren Markierungen, scharf rechts auf einen kleinen Waldpfad abbiegend. In einer kleinen Senke wird bald die beschilderte und liebevoll gestaltete **Oase der Sinne** ❸, 408 m erreicht, wo Kinder (und Erwachsene) die Natur mit allen Sinnen begreifen können. Der Weg führt idyllisch durch den Wald, bis wir auf einen breiten Querweg stoßen. Auch wenn wieder Wegweiser rechts zum Valtenberg weisen, folgen wir den gelben Kreismarkierungen zunächst nach links. Der Weg macht einen Rechtsbogen und nach 600 Metern zweigt ein großer Fahrweg links hinunter ab. Wir gehen hier geradeaus den überwiegend asphaltierten »Flügel N«, anfangs weiß-rot-weiß, später weiß-gelb-weiß markiert, weiter und folgen ihm fast 2 Kilometer bis zur einer großen 5er-Kreuzung durch den Wald. Unterwegs passieren wir einen größeren Abzweig nach links und jeweils in einem Linksknick zweimal Abzweige nach rechts. Schließlich durchqueren wir die Senke eines

Waldbaches. An besagter Kreuzung biegen wir rechts ab auf den Kreuzweg, u.a. mit grünem Kreis markiert, der Valtenberg ist ausgeschildert. An einem Abzweig folgen wir dem grünen Kreis nach links. Kurz danach biegen wir an einem Wegekreuz, die grüne Kreismarkierung verlassend, rechts hinauf ab. Ein zunehmend steilerer, steiniger und üppig markierter Weg bringt uns geradewegs zum **Valtenberg** ❹, 587 m, mit Berggaststätte und Aussichtsturm. Hinter dem Spielplatz starten zwei Wege in den Wald. Wir wählen den linken, weiß-grün-weiß markierten Bergpfad im Wald hinunter zum Bahnhof Neukirch/West. Anhaltend steil führt der Pfad, mehrere größere Wege am Hang kreuzend, 1,4 Kilometer und über 200 Hm im Wald hinab bis kurz vor die Bahngleise. Wir folgen dem Fahrweg kurz nach links weiter, gehen rechts unter der Bahnlinie hindurch und biegen sofort danach wieder rechts in die Bahnhofstraße ein. Ab hier ist die Route mit grünem Kreis markiert. Wir passieren an der Gabelung rechts haltend den **Bahnhof Neukirch/West** ❺, 341 m. Am Ende der Straße folgen wir dem schmalen Pfad weiter und gelangen bei einem Anwesen links hinunter zur Valtenbergstraße. Auf dieser folgen wir weiter dem grünen Kreis, durch Wald und über Felder. In einer Senke biegen wir vor einem Parkplatz links ab und wenden uns unmittelbar vor dem **Valtentalsee** ❻, 320 m, nach rechts. An der ehemaligen Valtentalseebaude vorbei folgen wir dem Pfad am Ufer des Sees und später am Bach weiter und wenden uns am Abzweig in Sichtweite der Bachbrücke kurz rechts hinauf zur Valtenbergstraße, der

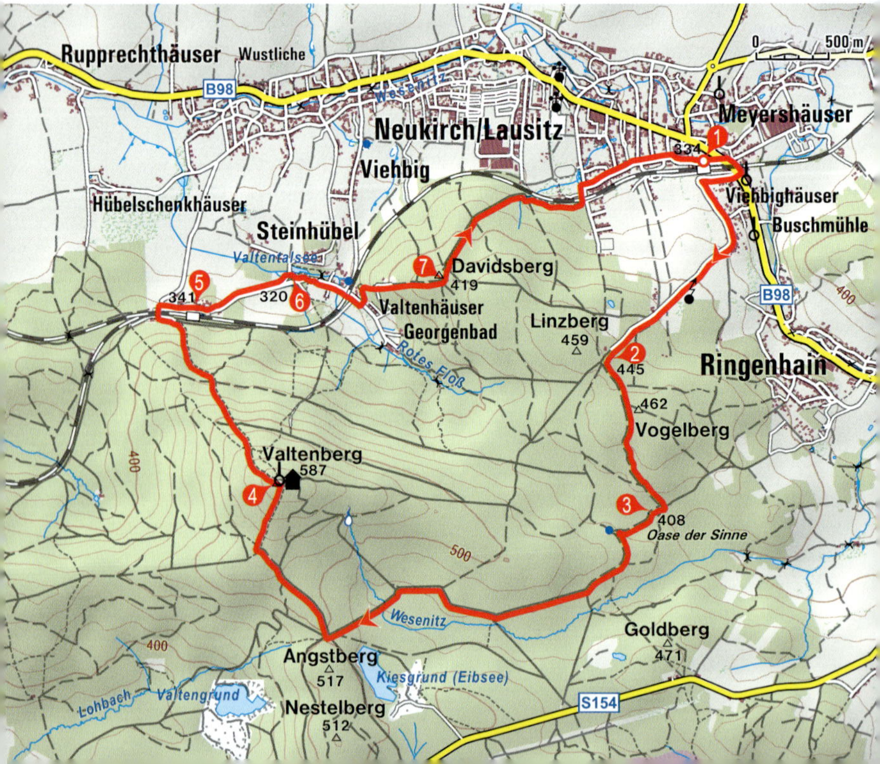

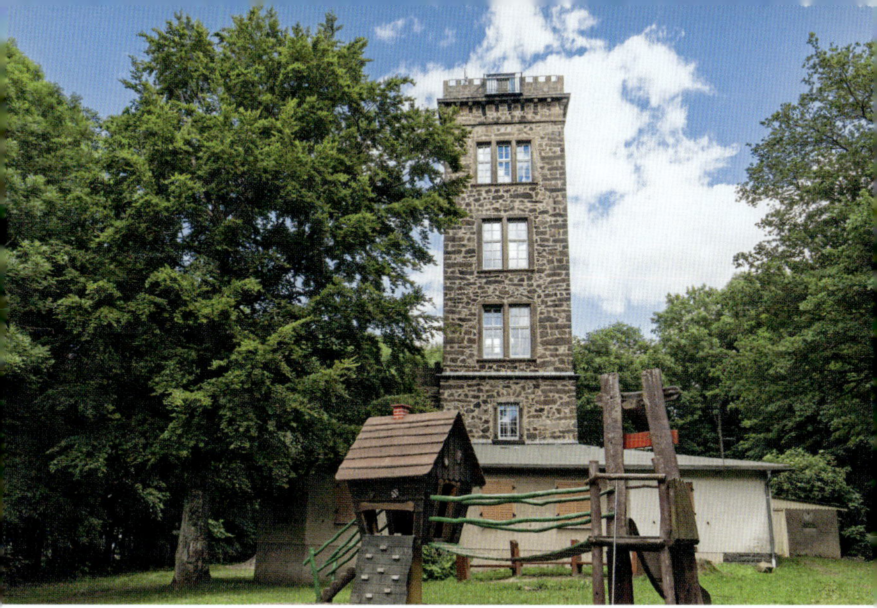

Spielplatz und Turm auf dem Valtenberg.

wir weiter nach links folgen (grüner Kreis). An ein paar Häusern und einer abzweigenden Straße vorbei gehen wir geradeaus unter der Eisenbahnbrücke hindurch. 60 Meter danach zweigt hinter dem Grundstück der markierte Pfad scharf links ab und führt über Treppen hinauf. Bald weist im Wald der grüne Kreis den Weiterweg auf einem noch schmaleren Pfad rechts hinauf. Hier muss gut auf die Markierungen geachtet werden. Bald erreichen wir die Zufahrtsstraße des Bethlehemstifts und folgen dieser geradewegs hinauf in den Wald. Wir erreichen nach 400 Metern eine Wegkreuzung mit Rastmöglichkeit auf der Kuppe des **Davidsbergs 7**, 419 m. Wir folgen dem grünen Kreis links hinunter. Im Rechtsbogen mündet der Weg in einen breiten Fahrweg ein, auf dem wir abwärts wandern. Wir folgen den Markierungen über einen weiteren Fahrweg hinweg. Im Talgrund folgen wir auf dem Querweg den Markierungen kurz nach rechts und nach der Bachquerung den Fahrweg verlassend gleich wieder nach links. Der Pfad führt nun im Wesentlichen parallel zur Bahn bis zu ersten Häusern durch den Wald. Wir wenden uns nach links, gehen unter der Bahnlinie hindurch und biegen sofort wieder rechts in die Bergstraße ein. An deren Ende folgen wir der Poststraße rechts hinauf zum **Bahnhof Neukirch/Ost 1**.

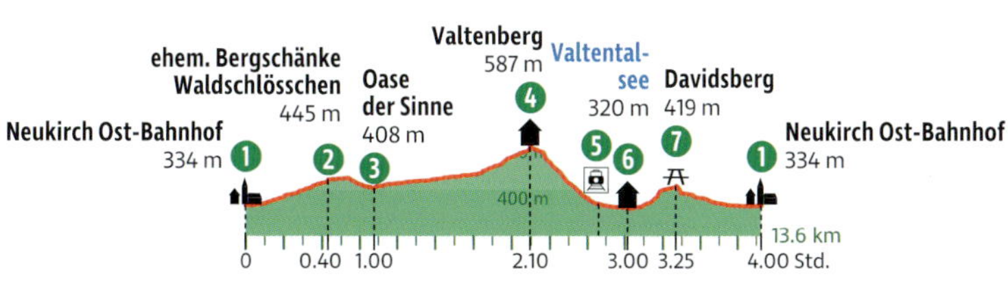

13 Hutberg, 291 m, und Walberg, 356 m

Zwei Gipfel der Gegensätze

4.00 Std. | 13,8 km | ↗300 m | ↘300 m

Kultur und Natur rund um Kamenz

Kamenz, Geburtsort von Gotthold Ephraim Lessing, ist mit seiner schönen Altstadt einen Besuch wert. Im Westen wird die Stadt vom Hutberg überragt. Wege durch einen herrlichen Rhododendronpark führen hinauf zum Lessingturm und zur Hutberggaststätte. Bei Konzerten auf der benachbarten Hutbergbühne können an lauen Sommerabenden bis zu 7000 Besucher Klassik-, Rock- oder Schlagerkonzerte genießen. Wanderer hingegen genießen auf dem Weiterweg vor allem eines: Ruhe und eine liebliche Natur mit einem Wechsel aus Wald und Wiesen und immer neuen Ausblicken. Auf dem stillen Walberg trifft man eher Fuchs und Reh als andere Wanderer. Der Steinbruch am Vogelberg schließlich beeindruckt mit seinem klaren Wasser.

Ausgangspunkt: Parkplatz an der Königsbrücker Straße, 400 m vom Bahnhof Kamenz, stdl. Regionalzugverbindung nach Dresden.
Anforderungen: Überwiegend leichte und bequeme Wanderwege und Pfade. Am Walberg und am Steinbruch Vogelberg schmale, teils steile Bergpfade.
Karte: GeoSN Wanderkarte 1:25.000 Blatt 41 Kamenz, Pulsnitz.
Einkehr: Hutberggaststätte, tgl. 11–17 Uhr, Fr. bis 19 Uhr, Sa. bis 20 Uhr, hutberggaststaette-kamenz.de.
Tipp: Museum der Westlausitz: Elementarium, Di.–So. und feiertags, 10–18 Uhr, museum-westlausitz.de.

Die Hutbergbühne.

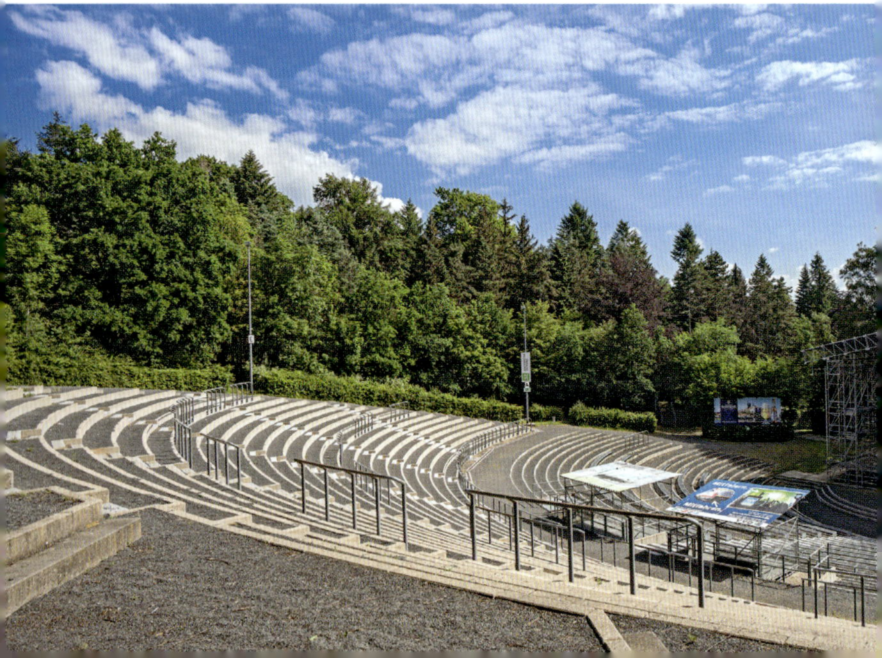

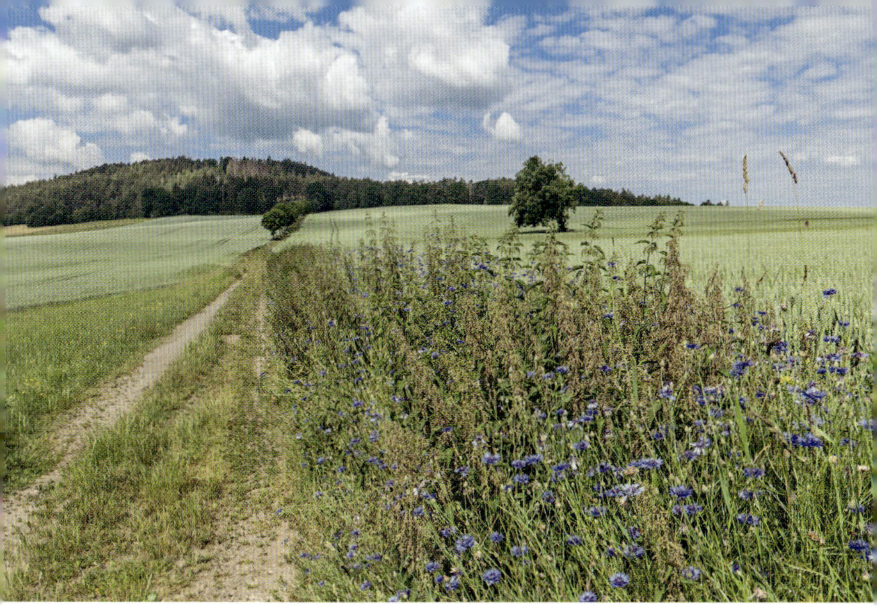

Auf dem Weg von Lückersdorf zum Walberg.

Der **Parkplatz am Hutberg ①**, 216 m, liegt an der Königsbrücker Straße gegenüber einer Scheune mit markanten roten Toren. Rechts dieser Scheune startet ein unmarkierter Wanderweg schräg hinauf zum Hutberg. Schnell erreichen wir auf diesem den Feldrain. Der Weg führt nun durch einen herrlichen Park schnurgerade und zahllose Querwege kreuzend hinauf zum Gipfel des Hutberges. Der Park ist für die Blütenpracht seiner Rhododendren bekannt. Wir erreichen das Gipfelplateau und wenden uns nach links zum bereits sichtbaren **Lessingturm** auf dem **Hutberg ②**, 291 m. Die Aussicht vom Turm über Kamenz und die westliche Lausitz ist lohnend. Wir gehen kurz links hinunter zur Hutberggaststätte und vor dieser nach rechts, hinunter zur Straße »Am Hutberg«. Über diese und einen Parkplatz hinweg erreichen wir die Hutbergbühne. Wir spazieren an den obersten Rängen entlang und verlassen das Veranstaltungsgelände auf der gegenüberliegenden Seite wieder. Im Rechtsbogen erreichen wir am Waldrand einen Fahrweg und wenden uns nach links. Ab hier folgen wir bis zum Fuß des Walberges den Markierungen mit einem roten Kreis. Der Weg führt über aussichtsreiche Höhen und schwenkt nach rechts, so dass wir auf Lückersdorf zuhalten. Wir durchqueren geradewegs das Dorf und wenden uns am

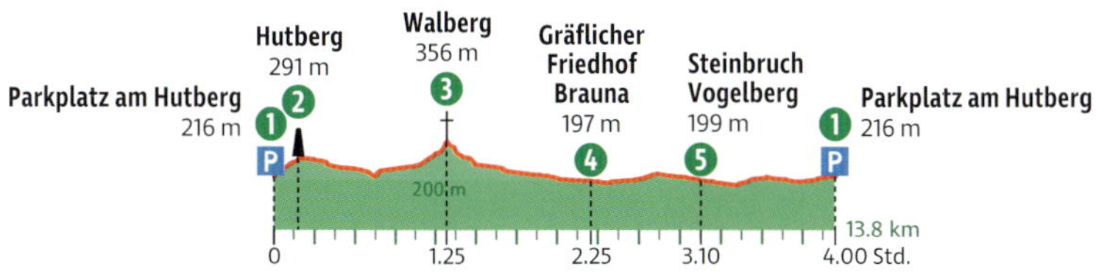

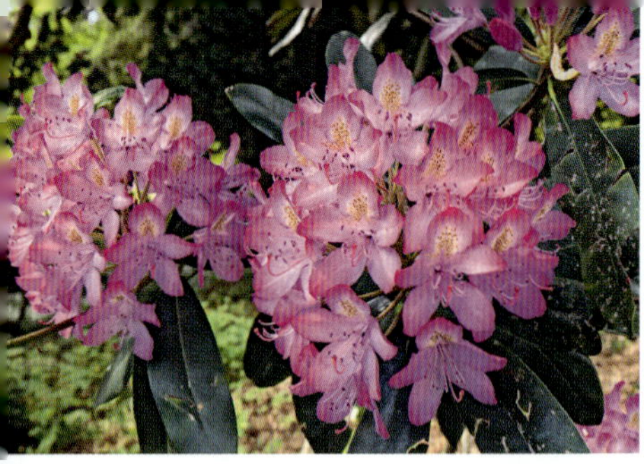

Rhododendronblüten im Park am Hutberg.

Feldrand nach links und bei nächster Gelegenheit wieder nach rechts. Wir laufen an letzten Häusern vorbei auf den Walberg zu. Beim Waldrand erreichen wir einen Querweg. Wir halten uns links und biegen kurz danach auf den zweiten Weg rechts ab, der unmarkiert zum Gipfel steil bergan führt. Auf einem am Ende schmaler und wieder flacher werdenden Weg erreichen wir die Steinpyramide am bewaldeten Gipfel des **Walbergs ❸**, 356 m.

Der Weiterweg führt anfangs auf dem Kamm, später etwas links davon westwärts. Wir erreichen einen Fahrweg, den wir kurz links hinuntergehen und vor der nächsten Kurve gleich wieder nach rechts verlassen. Wir erreichen den Waldrand und wandern geradewegs auf Schwosdorf zu. Entlang einer Pferdekoppel erreichen wir bei einer großen Linde den Ortrand und wenden uns auf dem Feldweg nach rechts an Grundstücken entlang. Vor den letzten Häusern biegen wir nach 400 Metern links hinunter zur Dorfstraße und gehen auf dieser nach rechts aus dem Ort hinaus. Wir passieren den Abzweig eines Fahrweges nach rechts und folgen der Straße noch bis hinter die kleine Brücke übers Schwosdorfer Wasser. Sogleich wenden wir uns nach rechts auf einen zunächst unscheinbaren und unmarkierten Pfad. Dieser folgt auf den nächsten 1,2 Kilometern dem idyllischen Bachlauf. Ab und zu münden Wege von links ein und an zwei kleinen Brücken kann man gut rasten. Dann sind rechts vor uns erste Stallgebäude von Brauna zu sehen. Wir wenden

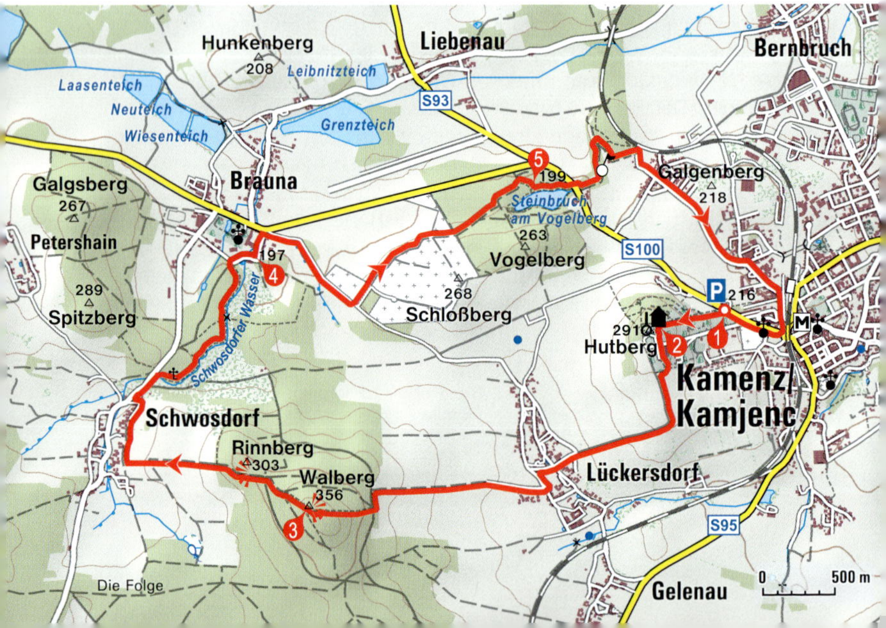

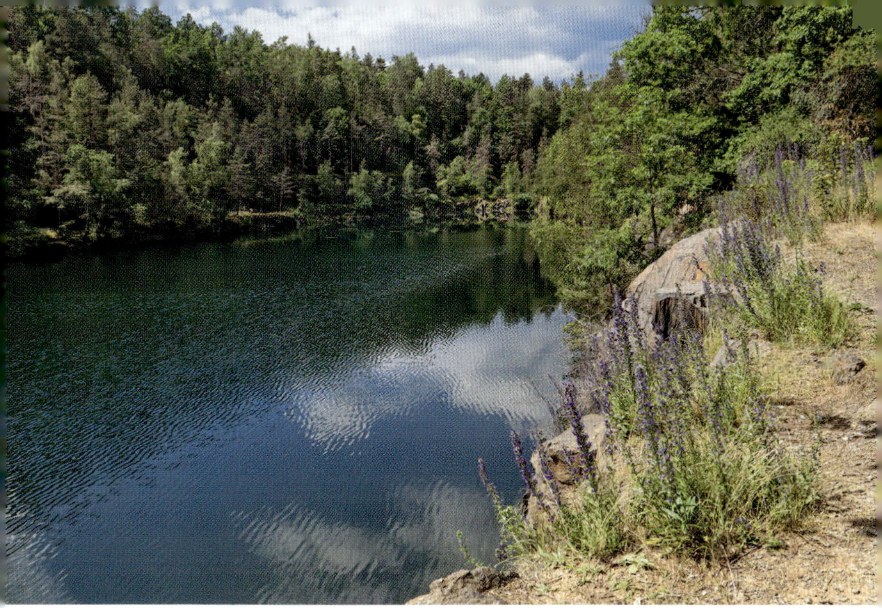

Steinbruchsee am Vogelsberg.

uns auf dem Fahrweg nach rechts und gehen über den Bach. Dann passieren wir eine größere Lagerhalle. Kurz danach erreichen wir eine Wegkreuzung. Bevor wir der Siedlungsstraße links in den Ort hinein folgen, schauen wir uns den direkt vor uns liegenden kleinen **Gräflichen Friedhof Brauna** ❹, 197 m, mit seinen herrschaftlichen Grabsteinen an. Am Ende der Siedlungsstraße erreichen wir die Königsbrücker Straße, gehen nach rechts und verlassen sie sofort wieder an der Gabelung rechts auf eine kleinere Landstraße. Bald führt diese am Waldrand entlang, und links zweigt unser weiß-grün-weiß markierter Weiterweg von der Straße ab. Der markierte Weg zweigt bald nach rechts ab, wir aber gehen geradeaus weiter und kurz am Waldrand entlang. Wir folgen dem Weg in den Wald bis zu einer markanten Gabelung. Hier folgen wir geradeaus dem unscheinbareren der beiden Wege. Am nächsten Querweg gehen wir nach links. Nach einer Links- und einer Rechtskurve biegen wir rechts auf einen Waldpfad ab, der im Rechtsbogen zum Rand des **Steinbruchs am Vogelberg** ❺, 199 m, führt.

Wir folgen dem Uferweg nach links und erreichen am Ende, über eine Böschung hinweg, eine Landstraße. Schräg rechts gegenüber, hinter einer Art Wendeschleife, führt unser Weiterweg links neben Gärten hinunter und macht dann im Wald einen Linksbogen. An der nächsten Wegkreuzung biegen wir scharf rechts ab und folgen dem Waldrand wieder im Linksbogen zu ersten Häusern. Wir wenden uns auf der Siedlungsstraße nach rechts und folgen dieser durch die Joliot-Curie-Siedlung und über den Galgenberg hinweg nach Kamenz. Auf der ersten größeren Querstraße wenden wir uns nach rechts und folgen dieser vor der Bahnlinie weiter nach rechts. Wir erreichen einen großen Kreisverkehr und gehen rechts die Straße Richtung Hutberg. Der **Parkplatz** ❶ ist bald erreicht.

14 Schwedenstein, 420 m, und Hochstein, 449 m
Zum höchsten Punkt der Westlausitz

4.15 Std. | 14,5 km | ↗370 m | ↘370 m

Abwechslungsreiche Runde für Gipfelsammler
Wer längere Waldwegpassagen nicht scheut, wird auf dieser Rundwanderung Ruhe und dennoch viel Abwechslung erleben. Gleich zu Beginn geht es von Steina unerhört steil hinauf zum Schwedenstein mit Berggaststätte und Aussichtsturm. Auf dem Weiterweg zum Hochstein, dem höchsten Gipfel der Westlausitz, lädt das Ufer von »Schneiders Steenloch« ebenso zur Rast ein wie der Biergarten im Forsthaus Luchsenburg. Die Granitfelsen des Hochsteins wirken geheimnisvoll und haben schon früh die Fantasie der Menschen beflügelt. Beim Wettbewerb um den Hochsteinkönig geht es darum, innerhalb eines Jahres so oft wie möglich hier heraufzusteigen. Bei über 1000 soll der Rekord liegen! Quasi auf dem Heimweg statten wir dem Ohorner Steinberg, 432 m, und dem eindrucksvollen Steinbruch »Burgstall« einen Besuch ab.

Ausgangspunkt: Bushaltestelle und Parkplatz Kroneplatz in Steina. Busverbindung nach Pulsnitz und Kamenz nur an Wochentagen (stündlich).
Anforderungen: Überwiegend leichte und bequeme Wanderwege und Pfade. Sehr steiler Aufstieg zum Schwedenstein. Gipfelaufbau am Hochstein erfordert ein wenig Kraxelei. Am Steinbruch »Burgstall« sind kurz Trittsicherheit und Schwindelfreiheit gefragt.
Karte: GeoSN Wanderkarte 1:25.000 Blatt 41 Kamenz, Pulsnitz.
Einkehr: Bergrestaurant Schwedenstein, Mi.–Sa. 11–20 Uhr, So. bis 17 Uhr, bergrestaurant-schwedenstein.de; Forsthaus Luchsenburg, Fr.–Di. ab 11 Uhr, hotel-pulsnitz.de/gasthof.

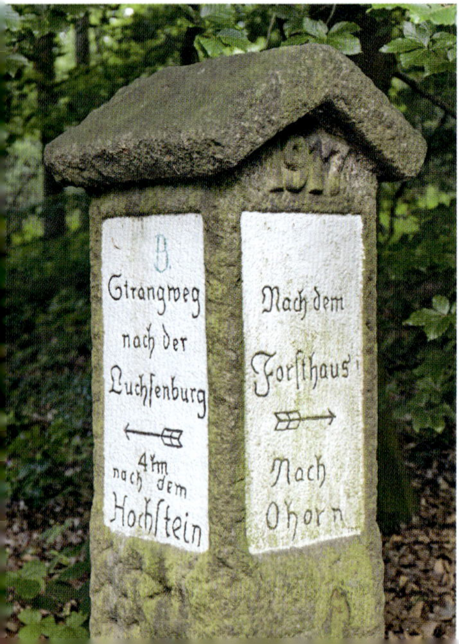

Wir starten an der **Bushaltestelle Kroneplatz Steina** ❶, 316 m, gehen in den kleinen Park hinein und am bepflanzten Rondell sogleich links hinunter. Wir schlendern über die Holzbrücke am Parkteich und am nächsten Querweg rechts hinauf zur Ohorner Straße. Auf dieser wenden wir uns kurz nach links und nach der Senke des Dorfbaches biegen wir am Wegweiser rechts ab. Der Weg führt sehr steil an einer Eigenheimsiedlung links hinauf. Hinterm letzten Grundstück folgen wir dem Waldrand hoch zum Querweg und wenden uns nach links. Wir folgen dem Grenzweg im Rechtsbogen bis zum

Wegweiser von 1917 führen uns zur Luchsenburg.

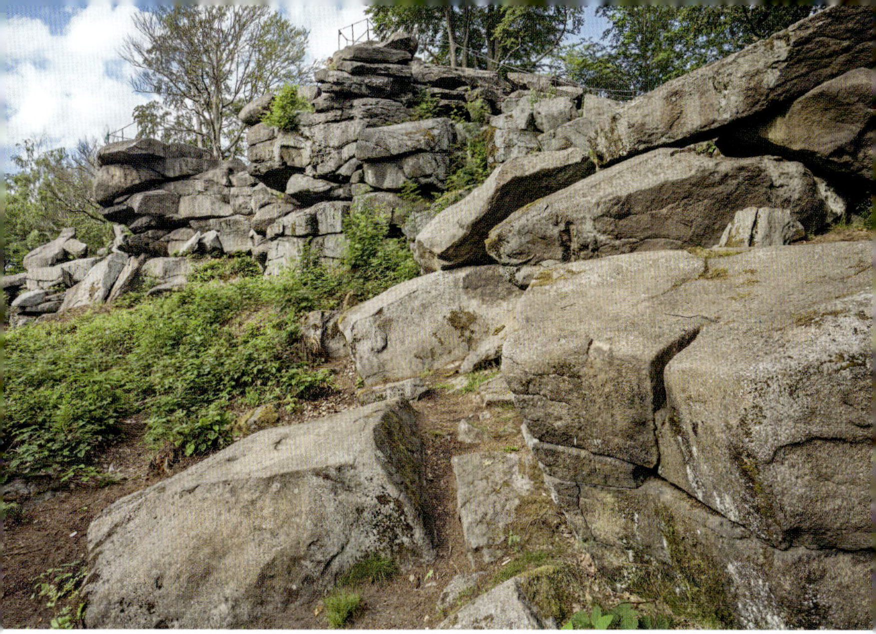

Auf dem Hochstein.

Waldrand und gehen an diesem den Wiesenpfad rechts steil hinauf zur Gaststätte auf dem **Schwedenstein** ❷, 420 m. Über Stufen erreichen wir das Bergplateau und gehen links durchs Gaststättengelände und am Aussichtsturm vorbei hinunter zur Straße »Am Schwedenstein«. Dieser folgen wir vorm Parkplatz links hinunter Richtung Gickelsberg. Ab hier ist der Weg für 5 Kilometer weiß-rot-weiß markiert. Wir halten uns an der Einmündung in die Bergstraße links und überqueren sogleich die Steinaer Straße. Am letzten Anwesen vorbei geht es geradewegs zum Wald. Alte Wegsäulen von 1917 dienen der zusätzlichen Orientierung. Dort, wo der Fahrweg einmal rechts hinunterbiegt, gehen wir geradeaus weiter und erreichen kurz vor **Schneiders Steenloch** ❸, 362 m, einem Steinbruch, einen breiten Fahrweg. Wir folgen dem Tellerweg rechts hinunter, bleiben 1,7 Kilometer auf diesem Weg und folgen dann den Wegweisern nach rechts auf den ebenso breiten Luchsenburgweg, wo wir das Anwesen des **Forsthauses Luchsenburg** ❹, 316 m, erreichen.

Der markierte Weiterweg zweigt noch vor der Gaststätte links ab. Wir passieren kurz danach an einem Rastplatz den Abzweig rechts zum Burkauer Weg und folgen zunächst noch den weiß-rot-weißen Markie-

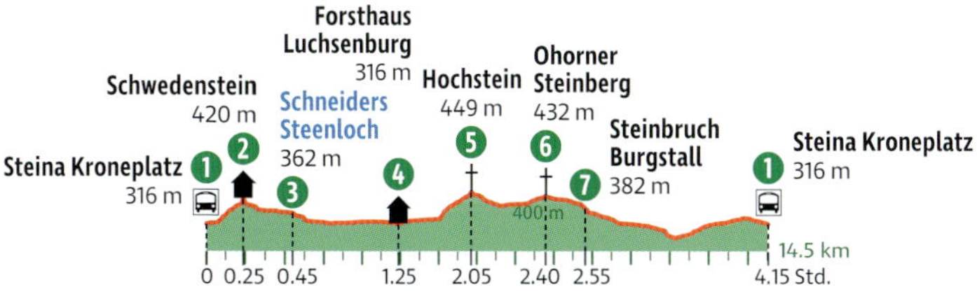

rungen geradeaus weiter. Unser Weg steigt nun stetig an und macht bei einer größeren Lichtung einen leichten Linksbogen. Kurz danach zweigt rechts ohne Markierungen ein Fahrweg anfangs steil bergan ab. Auf diesem erreichen wir in einer langen S-Kurve einen Querweg. Wir halten uns links und steigen in einer markanten Rechtskurve weiter an. Am höchsten Punkt des Weges zweigt vor einer Steinmauer der beschilderte und steinige Pfad zum Hochstein links ab. Vor den Gipfelfelsen erreichen wir einen Querweg. Bevor wir unseren Weg nach links fortsetzen, steigen wir rechts zum **Hochstein** ❺, 449 m, auf.

Der Weiterweg führt im Wald hinunter. Links weist ein kurzer Abstecher zum Elbtalblick. Kurz danach passieren wir eine Wegkreuzung und bald darauf erreichen wir einen großen Fahrweg. Dem folgen wir links hinauf. Nach einer Kuppe biegen wir scharf rechts (Markierung: roter Kreis) auf den nächsten Fahrweg ab. Diesem folgen wir nun bis zu einer markanten S-Kurve. In der Linkskurve gehen wir geradeaus den Waldweg Richtung Ohorner Steinberg weiter und folgen damit dem roten Kreis. Nach einer Weile schwenkt der Weg links hinauf zum Kamm, und wir erreichen den **Ohorner Steinberg** ❻, 432 m. Der Weiterweg folgt dem

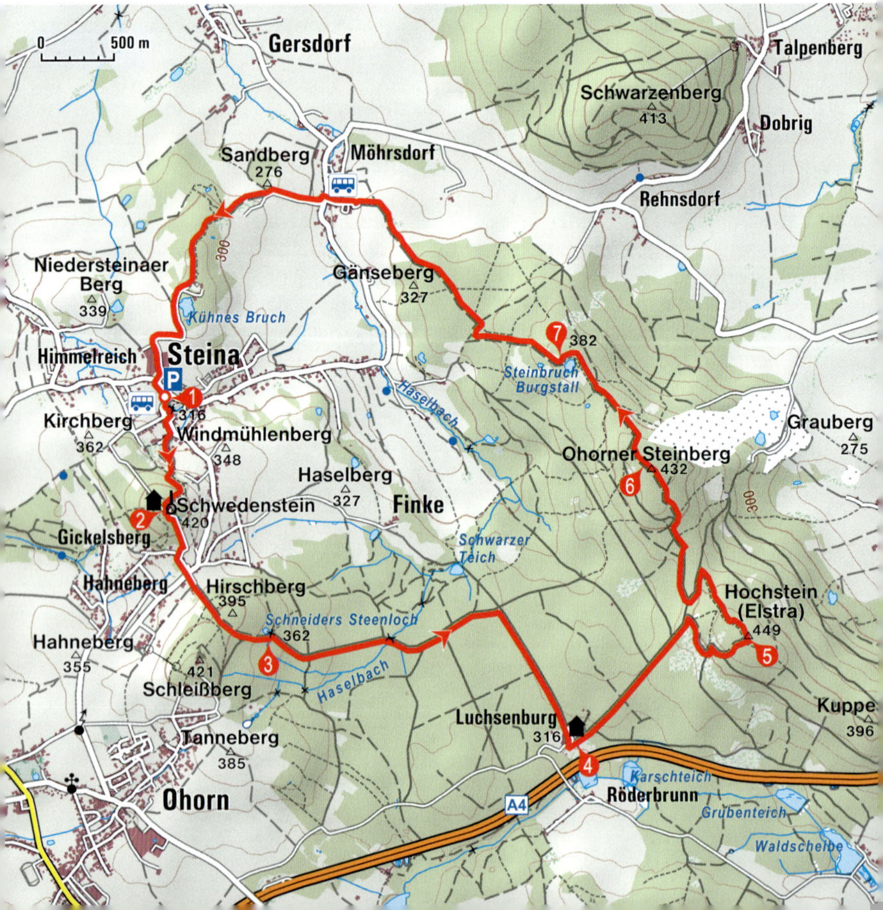

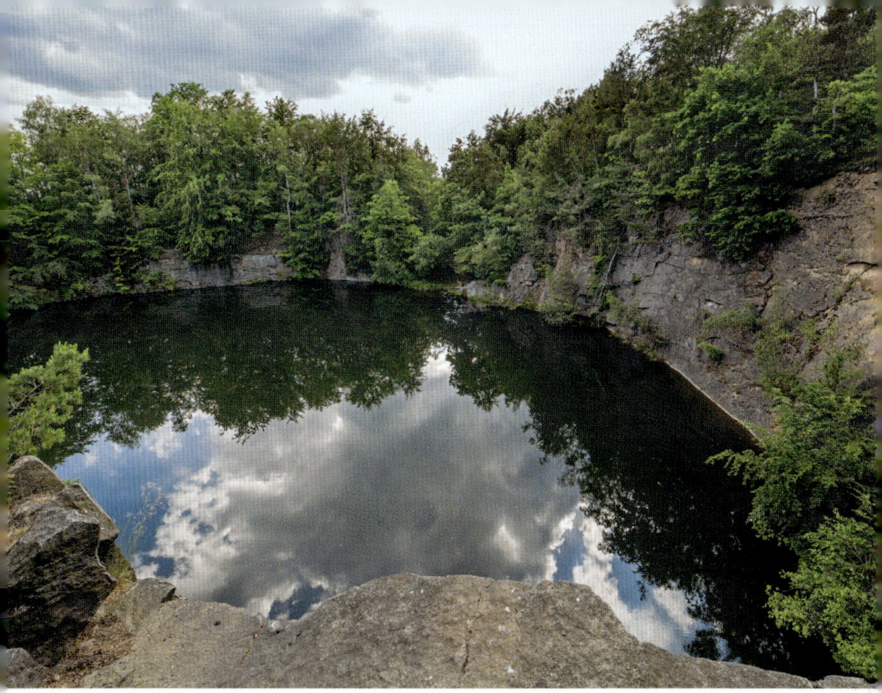

Steinbruch Burgstall.

Rücken und erreicht wieder einen Fahrweg. Diesen wandern wir rechts hinunter. Bei einer herrlichen Aussicht auf die Niederlausitz schwenkt der Fahrweg wieder nach links in den Wald hinein. Nach 450 Metern verlassen wir in einer Rechtskurve den markierten Fahrweg und gehen geradeaus einen Waldpfad weiter. Linker Hand taucht bald der imposante **Steinbruch Burgstall** ⑦, 382 m, auf. Wir folgen dem Pfad am Steinbruchrand gegen den Uhrzeigersinn zum tiefsten Punkt hinunter (Trittsicherheit erforderlich!). Ein Fahrweg führt vom Steinbruch weg und wir gehen bald links haltend im Wald hinunter, bis wir vor einer Lichtung einen breiten Fahrweg erreichen. Diesem folgen wir rechts in den Wald hinein. An einer großen Wegkreuzung biegen wir sogleich wieder links ab. Der Weg führt aus dem Wald hinaus und über Weiden und Koppeln aussichtsreich auf dem Bergkamm entlang. An einer Gabelung halten wir uns links und gelangen durch einen Pferdehof hinunter nach Möhrsdorf. Wir überqueren den Dorfbach und gehen auf der Haselbachstraße kurz nach links und biegen an der Bushaltestelle gleich wieder rechts in den Sportplatzweg ein. Der Weiterweg ist nun durchgängig weiß-grün-weiß markiert. Wir wandern aus dem Ort hinaus und biegen beim Sportplatz links ab. Bald verlassen wir den Fahrweg und folgen dem Wiesenweg rechts der Bäume weiter. In einem langen Linksbogen führt der Weg durch den Wald. Wir passieren das Tauchgelände am Steinbruch Haustein. Auf dem Feld schlägt der Weg an einer Raststelle einen Haken nach rechts und bald wieder nach links. An Stallanlagen vorbei erreichen wir Steina. Wir gehen kurz die Pulsnitzer Straße hinunter und sind am **Ziel** ①.

15 Keulenberg, 413 m

Geschichtsträchtiger Panoramagipfel der Westlausitz

3.00 Std. | 10,7 km | ↗ 250 m | ↘ 250 m

Liebliche Wald- und Wiesenlandschaft mit einer einzigartigen Aussicht

Der Keulenberg ist der Aussichtsberg schlechthin in der westlichen Lausitz. An seine wechselvolle Geschichte erinnern die Ruine eines barocken Schlösschens, Denkmäler für Friedrich August I. von Sachsen und für Otto von Bismarck sowie die unrühmliche Umzäunung des militärischen Sperrgebietes zu DDR-Zeiten. Die historische Triangulationssäule wurde etwas lieblos mit dem Aussichtsturm überbaut. Spiel- und Picknickplätze sorgen für eine entspannte Gipfelrast. Der Aufstieg zum Keulenberg startet am sehenswerten Barockschloss und führt durch eine idyllische Wald- und Wiesenlandschaft. Im zweiten Teil der Wanderung passieren wir einige Liedersteine mit Texten und Informationen zu deutschen Volks- und Kinderliedern.

Ausgangspunkt: Oberlichtenau, Parkplatz neben dem Dorfteich am Bibelland. Busverbindung nach Kamenz und Pulsnitz nur wochentags, dann jedoch stündlich.

Anforderungen: Überwiegend breite und bequeme Waldwege, Abstieg vom Keulenberg steil und anfangs auch steinig.

Karte: GeoSN Wanderkarte 1:25.000 Blatt 36 Dresdner Heide/Laußnitzer Heide.

Einkehr: Imbiss Goldene Wurzel auf dem Keulenberg, So. 10 – 16 Uhr.

Tipp: Kleines Bienenmuseum Oberlichtenau, Führung nur nach Voranmeldung, Infos unter imkerverein-oberlichtenau.de/bienenmuseum.html

Dorfszene in Oberlichtenau.

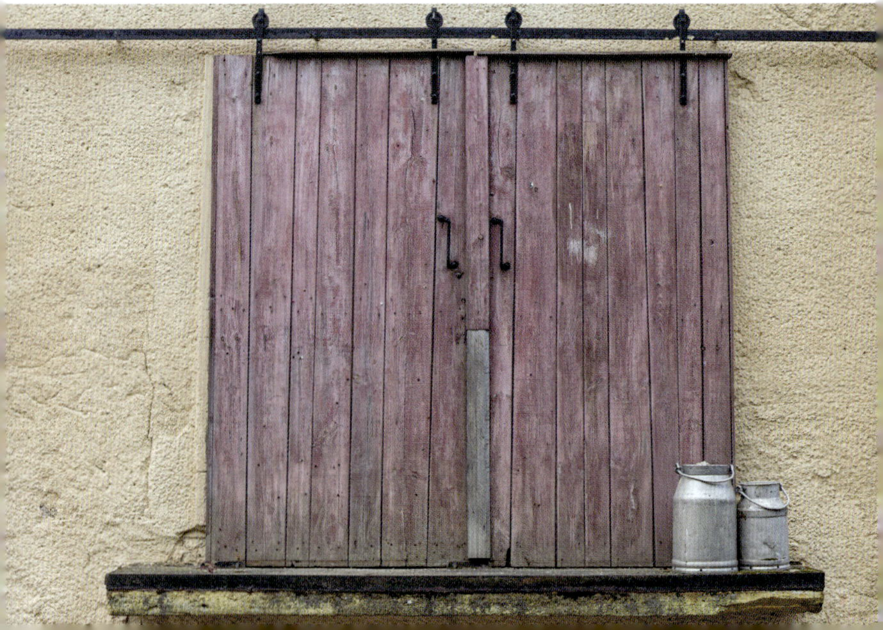

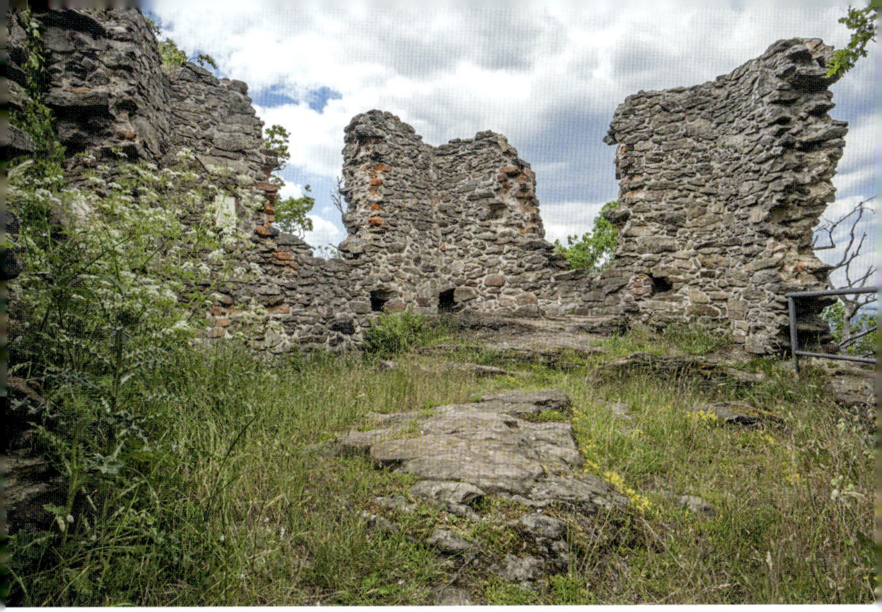

Ruine des Bergschlösschens auf dem Keulenberg.

Start ist beim kleinen Parkplatz am Dorfteich vor dem **Bibelland Oberlichtenau 1**, 242 m. Wir folgen der Straße »Am Schlosspark« nach Südosten hinauf. Nach einer Rechtskurve passieren wir rechts die Schlossmauer mit einem verschlossenen Eingangstor, doch einige Meter danach können wir den Schlosspark durch eine kleine Pforte betreten. Wir gehen am **Barockschloss Lichtenau 2**, 247 m, und am Schlossteich vorbei und bewundern die barocken Skulpturen. Durch das Hauptportal verlassen wir das Schlossgelände, überqueren die Straße und folgen hinter dem Grundstück den Markierungen (u. a. gelber Kreis) auf einem Feldweg nach links. Über Felder und durch Waldstücke wandern wir nach Westen. An einem Abzweig auf der Wiese folgen wir zunächst noch geradeaus dem gelben Kreis. Mit dem übernächsten Abzweig auf der rechten Seite verlassen wir den markierten Weg. Unsere Route führt über eine Lichtung und über einen Querweg in den Wald hinein. Kurz nach einem Grenzstein von 1788 erreichen wir den mit einem grünen Diagonalbalken markierten Weg und wandern diesen links hinauf. Wir erreichen einen Querweg und folgen auf diesem den Wegmarkierungen nach rechts. Auf dem idyllischen Kammweg erreichen wir eine Wegkreuzung mit Rastplatz. Hier kommt von rechts unten die Zufahrtsstraße herauf, der

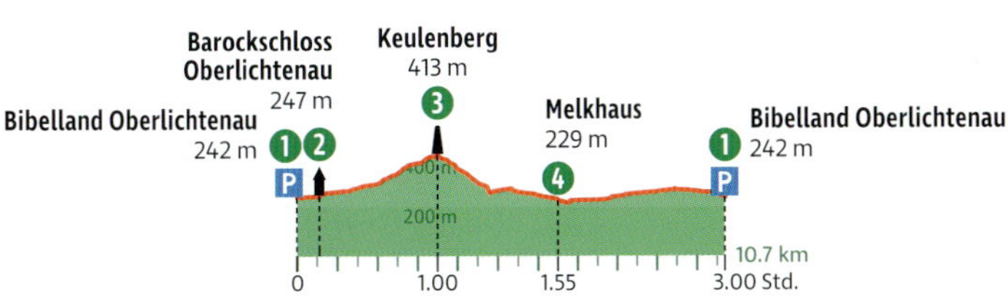

Bismarckdenkmal auf dem Keulenberg.

wir geradewegs die letzten Meter zum **Keulenberg ❸**, 413 m, hinauf folgen. Durch das ehemalige DDR-Absperrtor erreichen wir das Plateau mit den Gipfelfelsen.

Der Weiterweg führt beim Friedrich-August-Denkmal halb links zwischen den Imbissständen hinunter. Am nächsten Querweg folgen wir den Markierungen mit dem grünen Kreis rechts am Berg hinunter. Wir kreuzen einen größeren Querweg und passieren später eine Lichtung. Im Kiefernwald erreichen wir einen Querweg, dem wir nach rechts folgen. Wir durchqueren einen lieblichen Wiesengrund und wenden uns gleich danach im Wald an der Wegkreuzung nach rechts. 80 Meter danach biegen wir links in einen kleineren Weg ab. Wir folgen wieder dem grünen Kreis und erreichen den Waldrand. Schräg rechts vor uns beginnt eine markante Baumreihe, auf deren rechter Seite wir über Felder schnurgerade zum Oberlichtenauer Unterdorf gelangen. Dabei passieren wir erste Liedersteine. Am Dorfrand erreichen wir das **Melkhaus ❹**, 229 m. Geradewegs hinunter gehen wir zur Pulsnitztalstraße. Dieser folgen wir ganz kurz nach rechts, um sofort wieder spitz links zurück in den asphaltierten Uferweg abzubiegen. Wir überqueren die Pulsnitz und biegen bei einem Liederstein rechts in den Häslicher Weg ab (weiterhin grüner Kreis). Über Felder erreichen wir bei zwei großen Linden einen Querweg. Hier biegen wir rechts ab. 1,6 Kilometer führt der Weg meist am Waldrand entlang. Dann erreichen wir einen Querweg, auf dem wir rechts zurück nach Oberlichtenau gelangen. Am Bürgerhaus vorbei gelangen wir hinunter zur Pulsnitztalstraße. Links von uns befindet sich in einem Fachwerkhaus das Bienenmuseum und schräg gegenüber ist unser Ziel am **Bibelland ❶** bereits zu sehen.

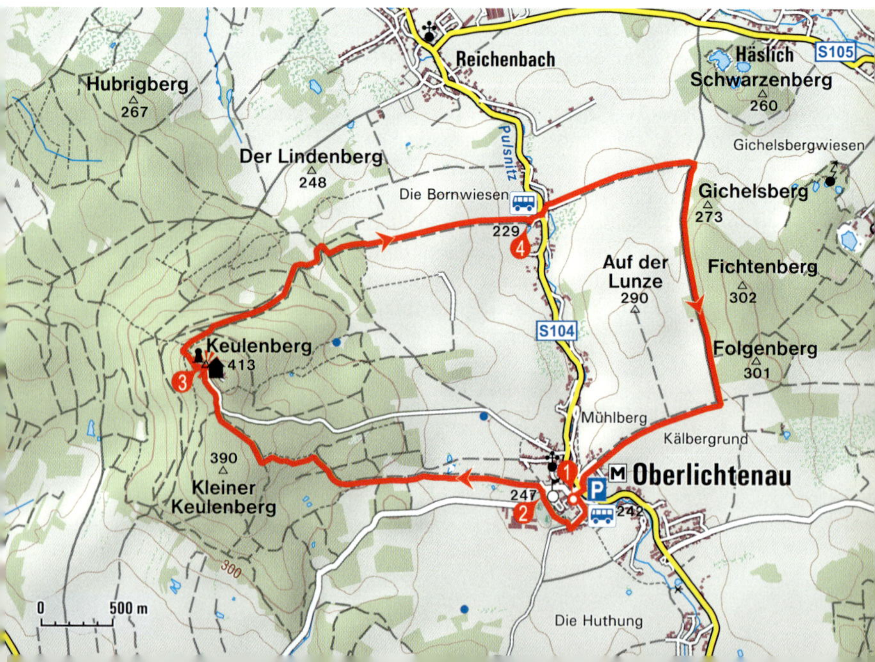

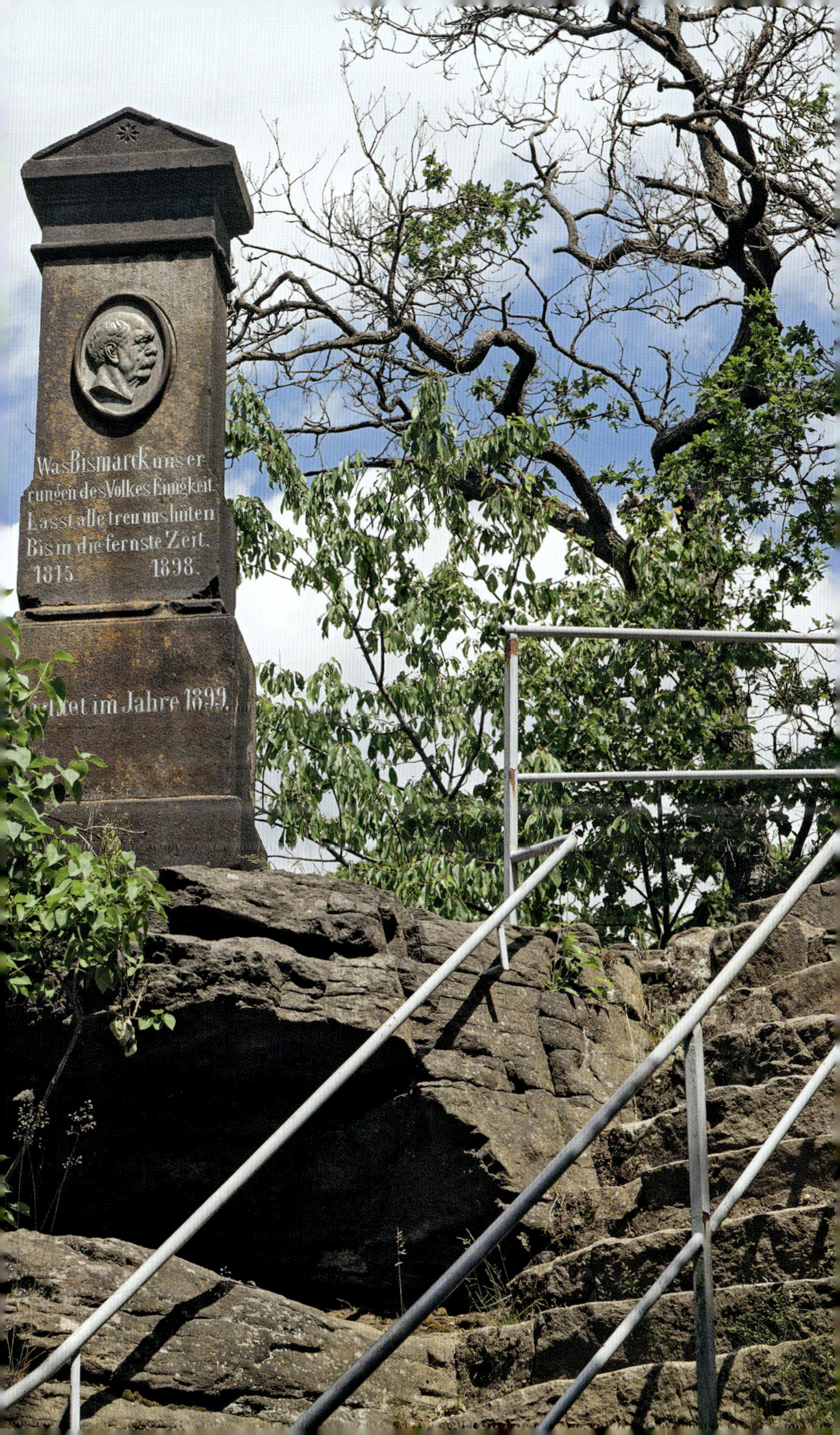
Was Bismarck uns er-
rungen des Volkes Einigkeit.
Lasst alle treu uns hüten
Bis in die fernste Zeit.
1815 1898.
tet im Jahre 1899.

16 Ungerberg, 537 m
Zum Hausberg von Neustadt

3.00 Std. | 10,1 km | ↗ 230 m | ↘ 230 m

Der perfekte Sonntagsausflug
Der Ungerberg liegt im Südwesten des Lausitzer Berglandes. Die Rundtour ist weitestgehend unschwierig und führt durch Wald und Flur. Gleich zu Beginn lädt im Sommer das schön gelegene Neustädter Freibad zur Erfrischung ein. Am Gipfel des Ungerbergs erwartet uns gepflegte Gastlichkeit mit Biergarten und Picknickwiese. Das Panorama von der Spitze des Aussichtsturmes ist eines der besten im weiten Umkreis. Weit reicht der Blick über die Westlausitzer Berge und nach Tschechien hinein. Doch übertroffen wird das Ganze vom Anblick der wilden Felsgestalten der Sächsischen Schweiz: Wie auf einer Modelleisenbahn liegen bei guter Sicht die zerklüfteten Sandsteinriffe der Schrammsteine und der wuchtige Falkenstein zu unseren Füßen.

Ausgangspunkt: Bahnhof Neustadt, Anschluss von Pirna stdl., am WE alle 2 Std., Parkplatz am Bhf.
Anforderungen: bequeme Wanderwege, kurze Passagen ein wenig steiler.
Karte: GeoSN Wanderkarte 1:25.000 Blatt 42 Bischofswerda, Neustadt i. Sa.
Einkehr: Ausflugsgaststätte Ungerberg, Do. – Mo. ab 11 Uhr, ungerberg.de.
Tipp: Freibadsee Neustadt, ganzjährig offen, Eintritt frei.

Wanderweg bei Rugiswalde.

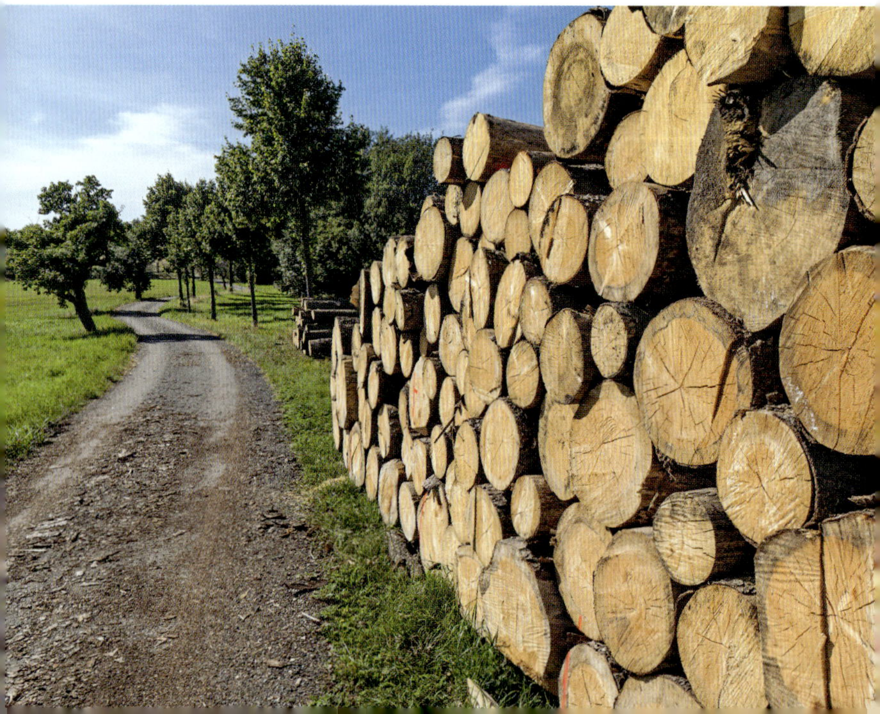

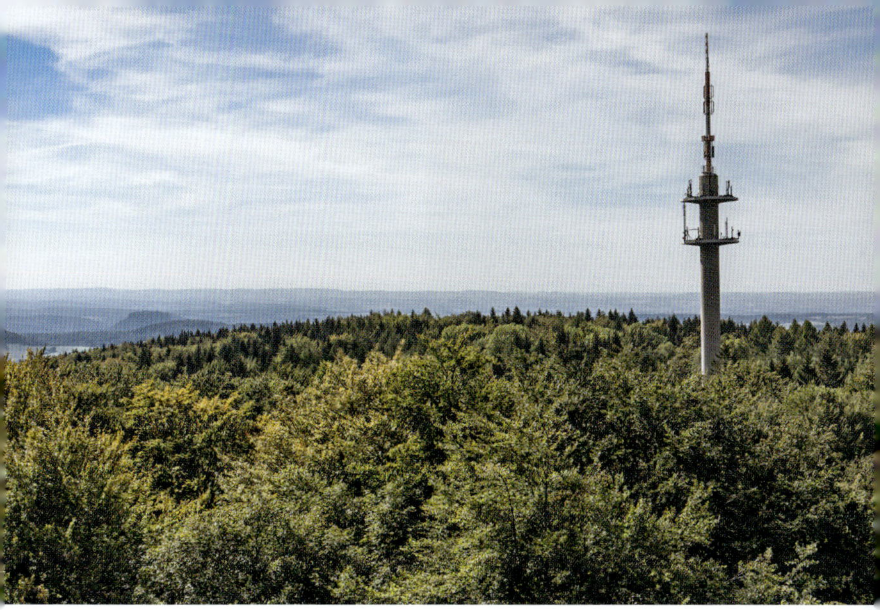

Blick vom Aussichtsturm nach Westen.

Die Rundwanderung ist fast durchgängig weiß-gelb-weiß und später weiß rot-weiß markiert. Wir starten am **Bahnhof Neustadt** ①, 340 m und wenden uns nach rechts (Osten). Wir überqueren eine größere Straße und gehen geradewegs einen Fußweg in eine Neubausiedlung hinein. Auf der Straße vor dem Autohaus wenden wir uns nach rechts. Von nun an können wir uns bis zum Ungerberg an den weiß-gelb-weißen Markierungen orientieren. Nach der Eisenbahnbrücke halten wir uns links und folgen dem Weg im Rechtsbogen an Gärten entlang. Wir passieren das offen zugängliche **Freibad** ②, 342 m. An einem Firmengelände vorbei und über eine Versorgungsstraße hinweg erreichen wir über schöne Feldwege an Kirschbäumen entlang die Sebnitzer Straße. Über diese hinweg führt der Weg bald in den Wald hinein und geradewegs bergauf. Der markierte Weg tangiert im Wald kurz die Kehre eines größeren Fahrweges, verlässt diesen aber sofort geradeaus wieder. Wir folgen den Markierungen über eine Kuppe hinweg aus dem Wald hinaus. Im leichten Rechtsbogen erreichen wir über Felder **Rugiswalde** ③, 439 m. Der Weg mündet in ein Sträßchen. Zur Rechten passieren wir einen kleinen Teich, einen Spielplatz und die Feuerwehr. Hinter der Bushaltestelle biegen wir rechts ab und wandern an einigen schönen alten Häusern vorbei hinauf zur Sebnitzer Straße. Geradeaus über diese hinweg geht

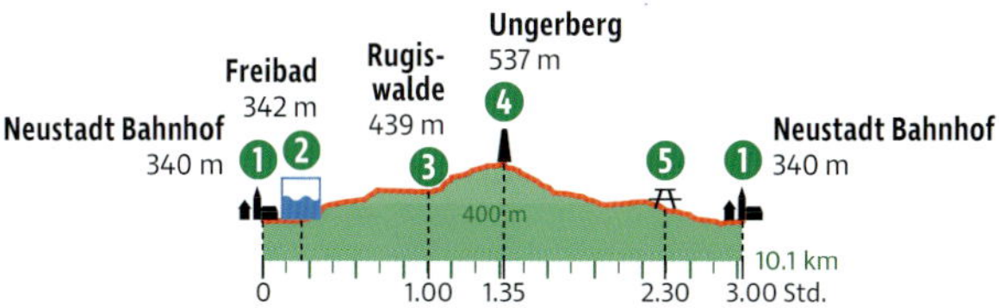

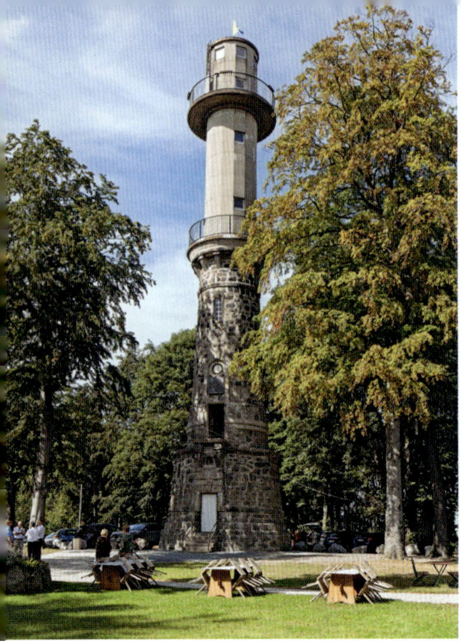

Ein Aussichtsturm erhebt sich auf dem Ungerberg.

es nun steiler bergauf, bis zu einem Wasserhäuschen asphaltiert, dann als Feldweg im langen Rechtsbogen wieder flacher am Waldrand entlang. Der Weg führt in den Wald und wir erreichen kurz danach das Gipfelplateau des **Ungerbergs ❹**, 537 m, mit Gaststätte und Aussichtsturm (in der Gaststätte nach dem Schlüssel fragen).

Der Weiterweg folgt nun weiß-rot-weißen Markierungen. Neben dem Aussichtsturm führt am Beginn des Parkplatzes bei einer Infotafel der Weg in den Wald. An der Gabelung nach wenigen Metern halten wir uns links. Der markierte Weg führt im Wald schräg am Hang hinunter. Wir überqueren diagonal die Ungerbergstraße. Die Route mündet in einen größeren Fahrweg, dem wir links haltend folgen. Ein mit grünem Diagonalbalken markierter Weg zweigt rechts ab und ein Fahrweg mündet von rechts

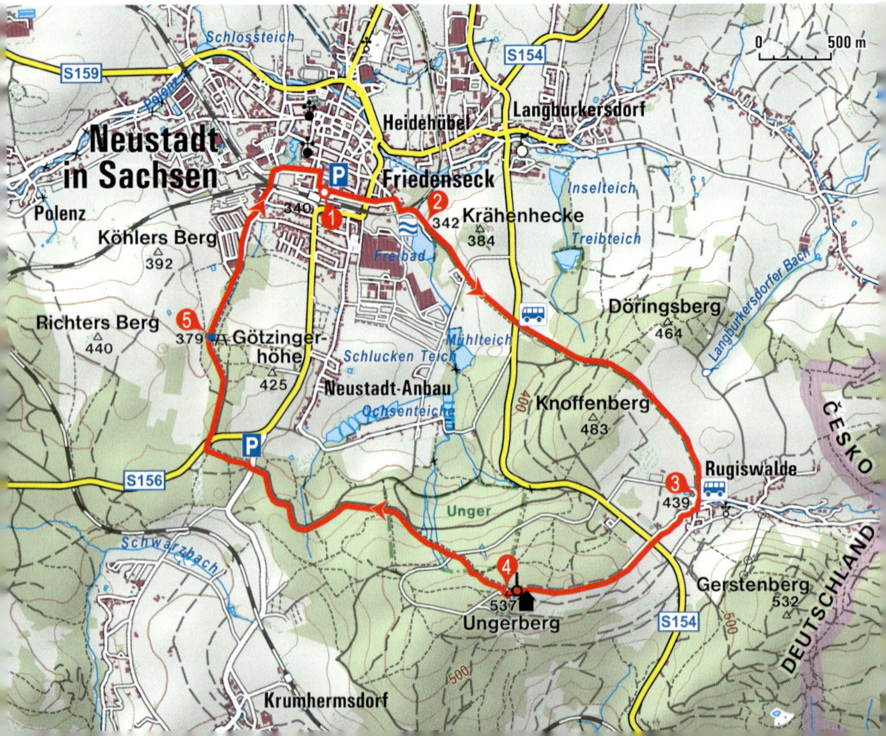

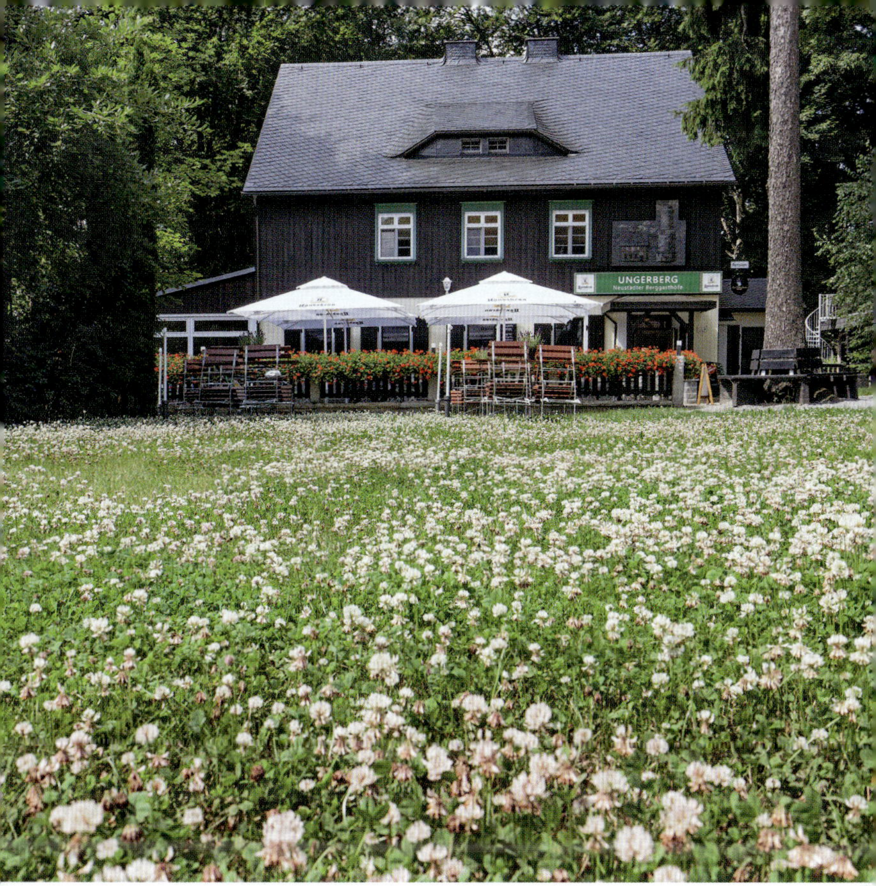

Gaststätte auf dem Ungerberg.

hinten ein. Über ein kleines Tälchen hinweg erreicht unser asphaltierter Weg nun einen Wanderparkplatz an einer Straße. Wir gehen auf dieser kurz nach rechts und verlassen die Straße sofort wieder nach links auf dem weiß-rot-weiß markierten Wanderpfad. Wir passieren eine Wegeinmündung mit mehreren Markierungen von links und wenden uns am nächsten Querweg nach rechts. Gleich danach überqueren wir die Hohnsteiner Straße und wandern den Weg geradewegs hinunter. Nach 400 Metern biegt der kleinere Weg mit unseren Markierungen halblinks ab. Linker Hand passieren wir einen idyllischen **Rastplatz** an einem **Teich** ❺, 379 m. Wir folgen dem Weg weiter am Bach hinunter und an einem Wassertretbecken vorbei, bis er am Waldrand in die Siedlungsstraße des Promenadenwegs einmündet. Diesem folgen wir bald halbrechts in die Stadt hinunter. Wir passieren mehrere Seitenstraßen und einen kleinen Teich. Nachdem wir unter der Eisenbahnbrücke hindurchspaziert sind, halten wir uns an den Markierungen nach rechts: an einem Park entlang auf die Karl-Liebknecht-Straße. Wir erreichen die Bahnhofstraße und gehen diese rechts hinauf zum **Bahnhof** ❶.

17 Wachberg, 496 m, und Weifberg, 478 m

Aussichtslogen über die hintere Sächsische Schweiz

3.15 Std. | 10,7 km | ↗ 280 m | ↘ 280 m

Grenzerfahrungen zwischen Sandstein und Granit

Der Wachberg gehört mit seinem Granitgestein streng genommen nicht mehr zum Elbsandsteingebirge, bietet jedoch einen exzellenten Ausblick darauf. Außerdem kann man hier hölzerne Kunstwerke bestaunen und die Kinder erfreuen sich an einem fantasievoll gestalteten Spielplatz. In munterem Auf und Ab folgen wir dem Dr.-Alfred-Meiche-Weg entlang der tschechischen Grenze zum Weifberg. Das Panorama vom Aussichtsturm in 32 Metern Höhe ist ergreifend. Auf dem Rückweg kommen wir an der idyllischen Luisenquelle vorbei, und die Kräuterbaude wenige Meter oberhalb der Route ruft zur Einkehr.

Ausgangspunkt: Saupsdorf, Wanderparkplatz 100 m westlich des Ortszentrums an der Sebnitzer Straße. Die Bushaltestelle der Linie 268 (mit Anschluss am Bhf. Sebnitz) befindet sich auf der Niederdorfstraße 100 m südlich der Ortsmitte, Verbindungen im Sommer etwa zweistündig.

Anforderungen: Wege und Pfade sind mittelschwer, die Anstiege am Wachberg und zur Sonnenhofaussicht sind recht steil.

Karte: GeoSN Wanderkarte 1:25.000 Blatt 45 Sächsische Schweiz/Bad Schandau, Sebnitz.

Einkehr: Wachbergbaude Saupsdorf, Mi.–Mo. 12–20 Uhr, wachbergbaude.de, Kräuterbaude, kraeuterbaude.de.

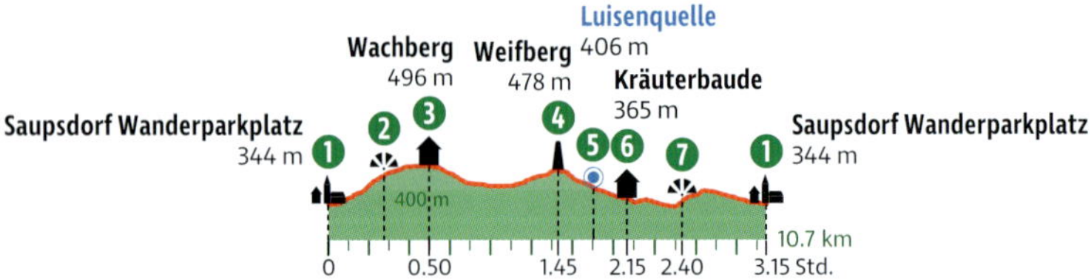

Wir gehen vom **Wanderparkplatz** in **Saupsdorf** ❶, 344 m, kurz nach Westen ins überschaubare Ortszentrum und biegen hier links in die Wachbergstraße ab, der direkte Weg zur Wachbergbaude ist ausgeschildert. An der Kirche und an schönen Fachwerkhäusern vorbei gewinnen wir schnell an Höhe. Bei Hausnummer 29, einem schick restaurierten Umgebindehaus, biegen wir links ab. An letzten Anwesen vorbei führt der Weg teils aussichtsreich am Hang entlang. Der Weg schwenkt nach rechts zum Wald. Bei drei Gabelungen halten wir uns an die weiß-gelb-weißen Markierungen. Im Rechtsbogen geht es im Wald hinauf, bis uns die Wegmarkierungen hinter einem alten Steinwall im Wald nach rechts leiten. Alsbald schwenkt der Weg links hinauf zum **Saupsdorfblick** ❷, 459 m, am Waldrand und gleich danach wieder im Linksbogen in den Wald hinein. Über einen Wanderpfad hinweg geht es hinauf zum nächsten Querweg, wo wir den Wegweisern nach rechts folgen. Großflächige Rodungen verändern derzeit das Landschaftsbild, was die Orientierung

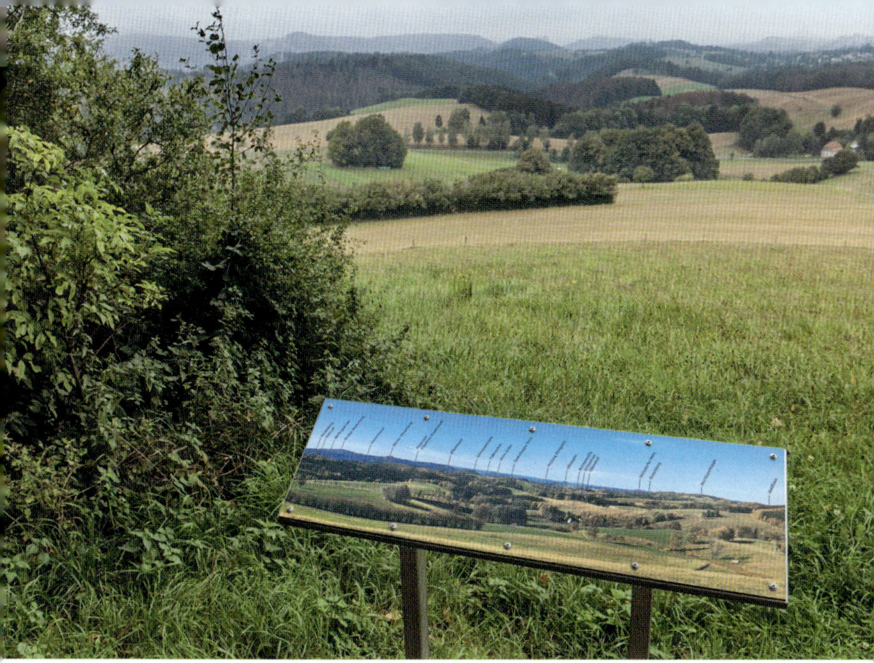

Saupsdorfblick.

nicht immer einfach macht. Nach 700 Metern halten wir uns an einem Querweg rechts. Dieser führt zu einer Wegkreuzung in einer kleinen Senke und gegenüber wenige Meter hinauf zum Gelände der Bergbaude auf dem **Wachberg** ❸, 496 m. Der Weiterweg ist nun etwa 2,5 Kilometer als Dr.-Alfred-Meiche-Weg ausgeschildert und führt in leichtem Auf und Ab entlang der tschechischen Grenze ostwärts. Dazu gehen wir kurz zurück zur besagten Senke und folgen zunächst der Wachbergauffahrt rechts hinunter. 100 Meter nach einer scharfen Kurve zweigt unser Weg weiß-rot-weiß markiert nach links ab. Er quert mit einigen kurzen Bögen zwei kleine Seitentäler, dann führt der Weg tiefer in den Wald hinein. Nach einer leichten Rechtskurve folgen wir am Querweg den Markierungen erst rechts hinunter und bei nächster Gelegenheit links in ein enges Seitental hinein. Bald geht es rechts über Treppen und eine Brücke auf die andere Bachseite und noch kurz das Tal hinauf. Bald schwenkt der Weg rechts hinauf und am Waldrand nach links zur Alten Nixdorfer Straße. Auf dieser mit Linden bestandenen Allee wenden wir uns nach rechts zum Weifberg. Der Fahrweg führt rechts unter der Bergkuppe entlang. Bei einem Wegweiser zweigt rechts (gelber Kreis) unser Weiterweg über die Wiese ab, doch zuvor gehen wir noch ca. 50 Meter weiter und folgen den Wegweisern scharf links hinauf, wo im Bogen der **Aussichtsturm** auf dem **Weifberg** ❹, 478 m, rasch erreicht ist.

Wir gehen zurück zum erwähnten Abzweig. Kurz führt der Weg über einen Wiesenrücken und dann in den Wald hinein. Dort folgen wir sogleich den Markierungen links hinunter. Wir treten aus dem Wald hinaus und am Querweg geht es links hinunter weiter. Nach einer Rechtskurve zweigt

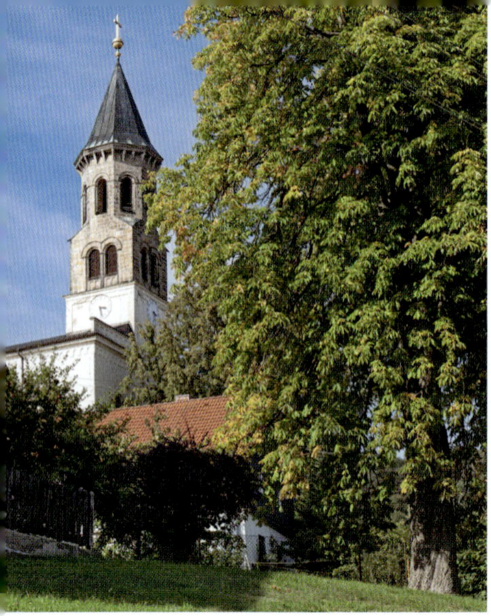

Kirche in Saupsdorf.

erst ein etwas größerer Weg rechts ab und gleich danach unsere markierte Route als schmaler Pfad. Wir passieren gleich danach die eingefasste **Luisenquelle ❺**, 406 m. Der Pfad führt erst rechts, dann links und schließlich wieder rechts des Baches im Tal hinab. Wir erreichen einen Fahrweg und kurz danach die Straße nach Hinterhermsdorf. Wenige Meter links oberhalb lädt die **Kräuterbaude ❻**, 365 m, zur Einkehr ein. Der Weiterweg führt die Straße hinunter und zweigt bei einem einzelnen Haus links in den Asphaltweg im Hinteren Räumicht ab. Wir passieren Teiche, Auenwiesen und zwei kleine Anwesen. Dann gelangen wir zur ehemaligen Einkehr am Sonnenhof, der Weiterweg führt rechts hinter das Hotelgelände und dann wie eine Direttissima als unscheinbarer Wiesenpfad steil hinauf zur **Sonnenhofaussicht ❼**, 353 m, am Waldrand. Der Weg führt nun geradewegs in den Wald hinein und wird flacher. Bald wechseln Wald und Wiesen ab. Dann führt die Route mit mehreren Kurven links auf Saupsdorf zuhaltend über Wiesen. An einem Querweg halten wir uns rechts und gelangen in einer markanten Kehre in eine Wiesensenke unterhalb der nahen Hinterhermsdorfer Straße. Der Weg schwenkt wieder nach links Richtung Saupsdorf. An Stallanlagen vorbei erreichen wir die Straße und sind in wenigen Minuten zurück in der Ortsmitte von **Saupsdorf ❶**.

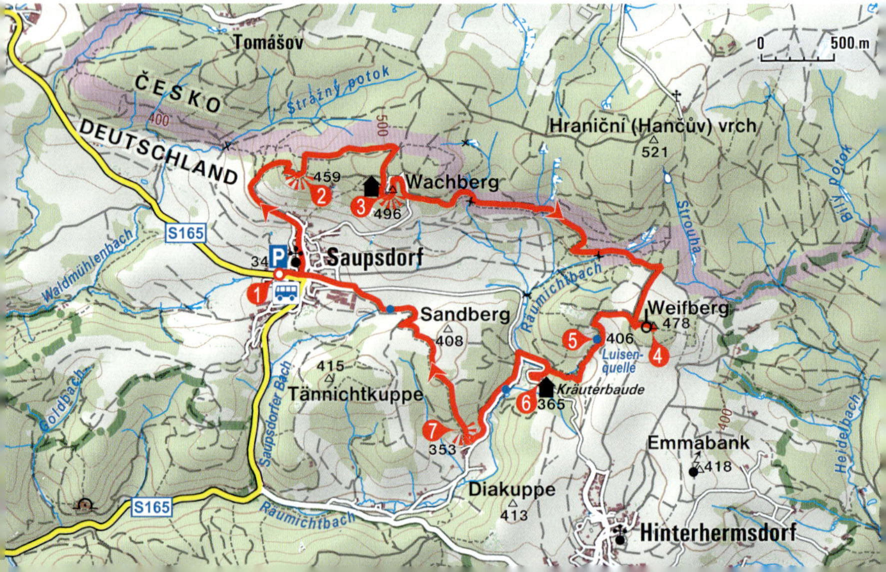

Arnstein, 330 m, und Großer Teichstein, 410 m

Felsbastionen mit wildem Ambiente

4.45 Std. | 13,7 km | ↗ 420 m | ↘ 420 m

»Steigerungslauf« im hinteren Kirnitzschtal

Der Arnstein gleich zu Beginn der Tour lockt mit einem kurzen, aber knackigen Gipfelaufstieg und mit den Überresten einer mittelalterlichen Burganlage. Die Kleinsteinhöhle ist ein weiteres lohnendes Felsenziel am Wegrand. Paradoxerweise ist das Kleine Pohlshorn der höchste Gipfel auf dieser Runde. Das lohnendere Panorama bietet kurz darauf das Große Pohlshorn. Auf dem Weg zum Großen Teichstein wechseln wir auf die Südseite des Kirnitzschtales, wo uns der wildeste Gipfelgang dieser Rundtour erwartet. Die dichten Wälder im Nationalpark sind vermutlich bald Geschichte. Waldbrände, heiße und trockene Sommer sowie die Invasion der Borkenkäfer lassen die Bäume in ungeahntem Ausmaß sterben. Das Landschaftsbild wird sich ändern, aber die Faszination der Sandsteinformationen wird bleiben.

Ausgangspunkt: Buschmühle im Kirnitzschtal, Parkplätze an Neumannmühle und Buschmühle, Bus 241 nach Bad Schandau, am WE halbstündlich.
Anforderungen: Konditionell recht fordernd, Wege überwiegend unschwierig, die Gipfelanstiege am Teichstein und Arnstein jedoch anspruchsvoll.
Karte: GeoSN Wanderkarte 1:25.000 Blatt 45 Sächsische Schweiz/Bad Schandau, Sebnitz.
Einkehr: Gasthaus und Pension Buschmühle, Fr. – Di. ab 11:30 Uhr, die-buschmuehle.de; an der Räumichtmühle gibt es eine Selbstbedienungs-Wanderertränke mit Kasse des Vertrauens.

Wir starten an der **Buschmühle 1**, 201 m, und können uns auf den ersten 8,5 km zumeist von dem schwungvoll gepinselten »M« des Malerwegs leiten lassen. Wenige Meter oberhalb der Buschmühle zweigt die Straße nach Ottendorf links von der Kirnitzschtalstraße ab. Dort verlassen wir die Straße und steigen den markierten Weg hinauf. Nach einer Rechtskehre wird der Weg flacher. Kurz danach zweigt links unser lohnender Abstecher zum **Arnstein 2**, 330 m, weiß-gelb-weiß markiert vom Malerweg ab. Der Weg führt zunächst auf der Westseite am Arnstein vorbei. Kurz nach einer Rechtskurve zweigt in einem Seitental der Steilanstieg zum Gipfel rechts ab. Über steile Stufen geht es zu einem Band auf der Westseite des Gipfelaufbaus und dort scharf links über

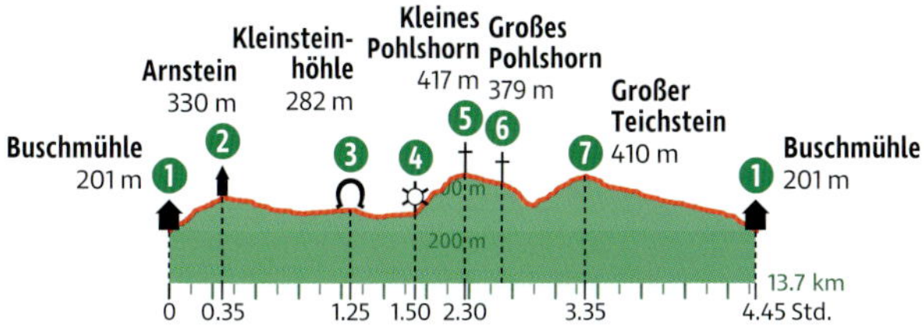

alte Steinstufen kühn hinauf zum höchsten Punkt. Eine aus dem Felsen gehauene Zisterne und Felsritzungen zeugen von der Vergangenheit als mittelalterliche Burganlage.
Wir gehen zurück zum Abzweig vom Malerweg und folgen diesem talaufwärts. Der Weg führt nun weitestgehend eben oberhalb der Kirnitzsch und des Saupsdorfer Baches am Hang entlang. Wir passieren einen kleineren Kletterfelsen und zwei einmündende Seitentäler. Links oberhalb ist nun bald das Felsmassiv der Kleinsteinwand zu sehen und kurz darauf zweigt der Anstieg links (weiß-rot-weiß markiert) dort hinauf ab. Im Linksbogen nähern wir uns dem Massiv. Wo der markierte Weg scharf rechts treppauf weiter bergan führt, gelangen wir links über ein Band in eine Felsschlucht mit der eindrucksvollen **Kleinsteinhöhle** ❸, 282 m. Zwei weitere Aussichtspunkte erreicht man über Treppen und Brücken bergseitig auf dem markierten Weg. Nach Erkundung der Felsen steigen wir wieder hinunter zum Malerweg und folgen diesem bald über eine Wiese hinunter zur Talstraße mit Parkplatz und Bushaltestelle (»Sturmbauers Eck«). Zunächst folgen wir der Straße etwa 400 Meter talaufwärts, dann biegen wir vor der nächsten Straßenbrücke links auf den Uferweg auf der linken Bachseite ab. In Sichtweite der **Räumichtmühle** ❹, 268 m, gelangen wir nach rechts über den Bach wieder zur Straße. Wenige Meter oberhalb gibt es die SB-Tränke für durstige Wanderer. Der beschilderte Weiterweg aber führt wenige Meter die Talstraße hinunter und bei einem kleinen Parkplatz links hinauf in den Wald. Der Weg führt bald, teils als Hohlweg, steil hinauf. Dort, wo er wieder flacher wird, erreichen wir in einer Kurve einen breiten Fahrweg. Direkt hinter der Schutzhütte am Wegrand schwenkt unsere markierte Route rechts wieder in den Wald hinein. Kurz darauf erreichen wir den beschilderten Abzweig, einen Bergpfad rechts zum **Kleinen Pohlshorn** ❺, 417 m, hinauf. Die Aussicht ist eingeschränkt, Gipfelsammler haben dennoch Freude. Von dort zurück

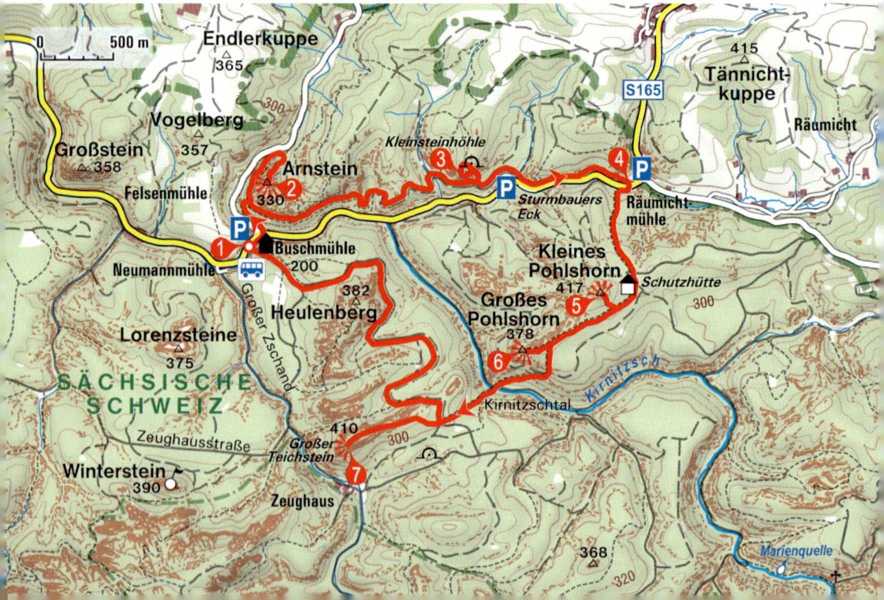

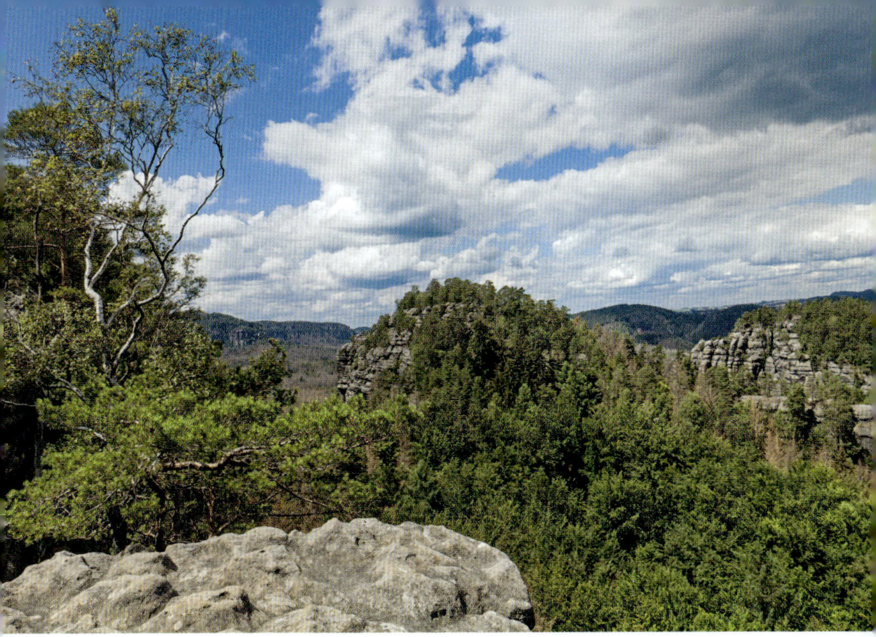

Felsenszenerie am Großen Teichstein.

folgen wir dem Weg weiter. Bald führt dieser nach einer kleinen Senke auf einem schmaler werdenden Bergrücken entlang. Wir erreichen einen Abzweig. Geradeaus erreichen wir in wenigen Minuten die ausgesprochen lohnende Aussicht des **Großen Pohlshorns** ❻, 379 m. Wir blicken rechts zurück auf die Kleinsteinwand und voraus ist schon das nächste Ziel, der Große Teichstein, zu erkennen. Zurück an besagtem Abzweig folgen wir nun dem Malerweg auf der Südseite des Pohlshorns steil hinunter ins Kirnitzschtal. Auf halber Strecke gehen wir ein kurzes Stück auf einem breiteren Weg nach rechts, biegen aber gleich wieder der Beschilderung folgend links hinunter ab.

Wir überqueren den Fahrweg und den Fluss und steigen gegenüber steil bergan, bis wir auf einen breiten Fahrweg stoßen. Geradeaus führt ein schmaler beschilderter Pfad in den Wald hinein. Dieser Abstecher bringt uns zum **Großen Teichstein** ❼, 410 m. Der unmarkierte Stichweg ist länger und mit einigen Kraxelstellen anspruchsvoller als die beiden Pohlshörner: für uns der Höhepunkt der Wanderung.

Zurück am Abzweig verlassen wir nun endgültig den Malerweg und folgen dem großen Fahrweg nach Norden. Der Weg ist ab hier nicht mehr markiert, die Buschmühle ist ausgeschildert. Er führt in drei großzügigen Bögen allmählich an Höhe verlierend an den teils felsigen, teil bewaldeten Massiven von Teichstein, Kanstein und Heulenberg entlang. Auf der Nordseite des Heulenbergs steigt er wieder etwas an. Mehr als zweieinhalb Kilometer, nachdem wir den Malerweg verlassen haben, zweigt rechts in einer Senke der beschilderte Wanderweg Richtung **Buschmühle** ❶ durch Hohlfelds Graben hinunter ab. Über finale Steinstufen erreichen wir die Einkehr und beschließen unsere Runde.

19 Hinteres Raubschloss, 385 m, Kuhstall, 337 m

Kühne Gipfelziele über dem Kirnitzschtal

5.00 Std. | 14,8 km | ↗ 380 m | ↘ 380 m

Zwei Klassiker, vereint in einer großzügigen Tour

Großer Winterstein und Neuer Wildenstein sind Namen, die nicht jedermann geläufig sind. Doch sie beherbergen zwei populäre Ausflugsziele in der hinteren Sächsischen Schweiz. Auf Erstgenanntem finden sich die Überreste des Hinteren Raubschlosses, der Neue Wildenstein hingegen ist bekannt für die monumentale Durchgangshöhle des Kuhstalls. Die ausgedehnte Runde verbindet die beiden Felsmassive. Zunächst folgen wir dem Flößersteig entlang der Kirnitzsch. Bereits hier erwarten uns wilde Wegabschnitte. Der Reiz der Wanderung liegt auf dem Wechsel von schattig stillen Talgründen und aussichtsreichen Felsbastionen, deren Besteigung mit etwas Nervenkitzel verbunden ist und die uns großartige Aussichten auf solch bizarre Felsbastionen wie die Lorenz- oder Affensteine bieten.

Ausgangspunkt: Lichtenhainer Wasserfall, Endhaltestelle der Straßenbahn im Kirnitzschtal, Parkplätz und Bushaltestelle der Linie 241. Etwa stdl. Verbindungen nach Bad Schandau mit Bus/Straßenbahn, am WE halbstündlich.
Anforderungen: Lange Wanderung auf meist einfachen Wegen. Teile des Flößersteigs sind anspruchsvoll und die Besteigung der beiden Felsgipfel erfordert Trittsicherheit auf steilen Leitern und Treppen.
Karte: GeoSN Wanderkarte 1:25.000 Blatt 45 Sächsische Schweiz/Bad Schandau, Sebnitz.
Varianten: 1. Wer ausschließlich die Rundtour zum Kuhstall als Ziel hat, biegt an der Felsenmühle rechts in den Kleinen Zschand ab. Nach etwa 300 m wird mit dem Abzweig in den Ferkelgrund die beschriebene Runde wieder erreicht und man gelangt alsbald an den Fuß des Neuen Wildensteins. Insgesamt 7,2 km, 2.15 Std.
2. Wer nur die Rundtour auf das Hintere Raubschloss unternehmen möchte, steigt an der Felsen- oder Neumannmühle ein und geht am Ende den Kleinen Zschand geradewegs hinunter zur Felsenmühle (und biegt nicht links Richtung Kuhstall ab), 8,2 km, 2.30 Std.
Einkehr: Lichtenhainer Wasserfall, tgl. 11–22 Uhr, lichtenhainer-wasserfall.de; Neumannmühle, Mi.–So. 12–21 Uhr, Fr. ab 17 Uhr, saechsische-schweiz.com, BERGGAST Bergwirtschaft am Kuhstall, April bis Oktober tgl. 11–17 Uhr, berggast.de.
Tipp: Technisches Denkmal Neumannmühle, Mai–Oktober Di.–So. 11–17 Uhr, neumann-muehle.de/technisches-museum/index.html

Am **Lichtenhainer Wasserfall** ❶, 168 m, endet die Straßenbahn durchs Kirnitzschtal. Hier beginnt unsere Wanderung, zunächst mehr als 5,5 km auf dem idyllischen Flößersteig entlang der Kirnitzsch talaufwärts. Hinter dem Parkplatz gehen wir rechts über die steinerne Brücke und folgen ein kurzes Stück dem Weg Richtung Kuhstall. Der zweite Abzweig links ein paar Stufen hinunter ist als Flößersteig beschildert. Ab hier folgen wir dem mit einem grünen Diagonalbalken markierten Weg. Der Weg ist oft breit und bequem, aber stellenweise am Flussufer auch schmal und steinig mit gestuftem Gelände. Wir

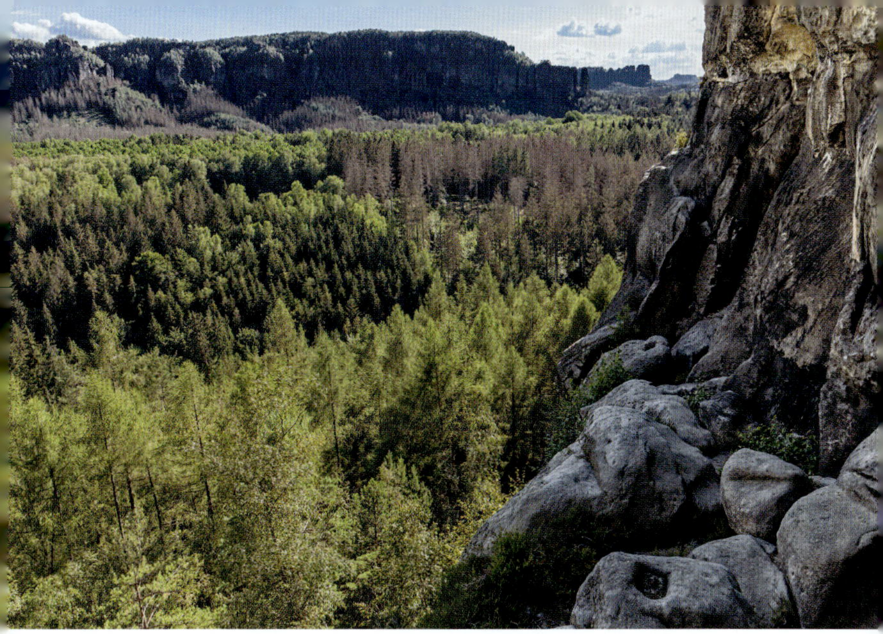

Vom Neuen Wildenstein blicken wir hinüber in die Affensteine.

passieren recht bald einen markierten Abzweig rechts hinauf zum Kuhstall und kreuzen später auf einer flachen Lichtung etwas oberhalb der Kirnitzsch dessen Versorgungsweg. Einige Flusswindungen danach erreichen wir die **Felsenmühle** ❷, 199 m. Hier biegen wir rechts ab, gehen ein paar Meter den Fahrweg in den Kleinen Zschand hinein und folgen links, anfangs über Stufen hinauf, dem markierten Flößersteig weiter, der bald nach der Felsenmühle wieder hinunter zur Kirnitzsch schwenkt. Kurz darauf sind das Technische Museum und die Einkehr an der **Neumannmühle** ❸, 202 m, erreicht. Hier verlassen wir das Kirnitzschtal und biegen rechts auf die alte Zeughausstraße in den Großen Zschand ab (weiß-gelb-weiß markiert). 1,2 Kilometer danach gabelt sich der Weg. Wir folgen nun dem Fahrweg mit den weiß-rot-weißen Markierungen nach rechts. Das Hintere Raubschloss ist ausgeschildert. Nach einer Rechtskurve zweigt links unser markierter Wanderweg vom breiten Fahrweg ab. Den seichten Talgrund steigen wir, am Ende in Sichtweite des Großen Wintersteins zur Rechten und der Bärfangwände zur Linken, zu einem Sattel auf. Hier zweigt rechts der kühne Treppenaufstieg zum **Hinteren Raubschloss** auf dem **Winterstein** ❹, 385 m, ab.

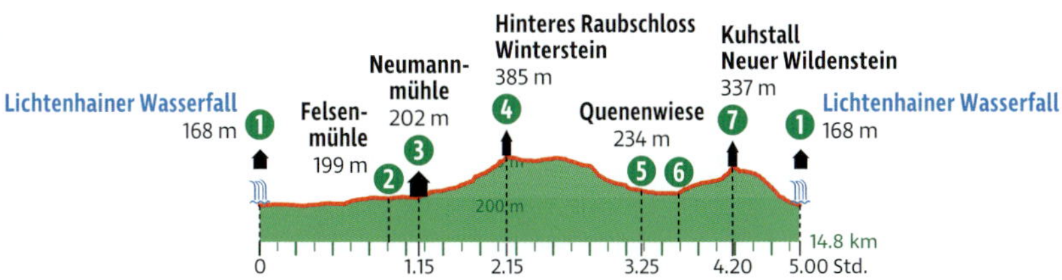

Nach ersten Treppen unter einem Felsblock hindurch erreichen wir einen Absatz. Hier sind im Gestein schon die Überbleibsel der Burg zu erkennen. Bald führt der Weiterweg über eine kühne Stahltreppe in der engen Schlucht hinauf zum Gipfelplateau. An dessen östlichem Ende steht eine Hinweistafel. Es sind Reste der Burg zu erkennen. Daneben lohnt das 360-Grad-Panorama über den Großen und Kleinen Zschand mit seinen Felsbastionen bis hin zum Großen Winterberg. Auch der Alte Wildenstein mit dem Kuhstall ist gut zu sehen.
Zurück am Abzweig folgen wir dem weiß-rot-weiß markierten Weg am Fuß der Felsmassive weiter. Es geht kurz in eine Senke hinunter, an einem Abzweig vorbei und hinauf zu einem Sattel wenige Meter neben dem Kletterfelsen der Wartburg. Der Wanderweg führt etwas hinunter, dann zweigt unser markierter Wegscharf nach links ab. Wir folgen nun dem nicht immer üppig markierten Weg in vielen Kurven, etwa die Höhe haltend, bis wir auf einen weiß-grün-weiß markierten Querweg stoßen. Wir biegen rechts ab und halten uns gleich danach an der Gabelung rechts. Der Weg führt über Stufen in den Talgrund hinunter. Den weiß-grün-weißen Markierungen auf allmählich größerem Weg folgend wandern wir den Grund des Kleinen Zschands hinunter und passieren die idyllische **Quenenwiese** **5**, 234 m. An deren Ende schwenkt der Weg rechts in einen größeren Fahrweg ein und führt weiter talabwärts, an der nächsten Einmündung bei einer Rasthütte links haltend. Nach 900 Metern erreichen wir den Abzweig in die **Ferkelschlüchte** **6**,

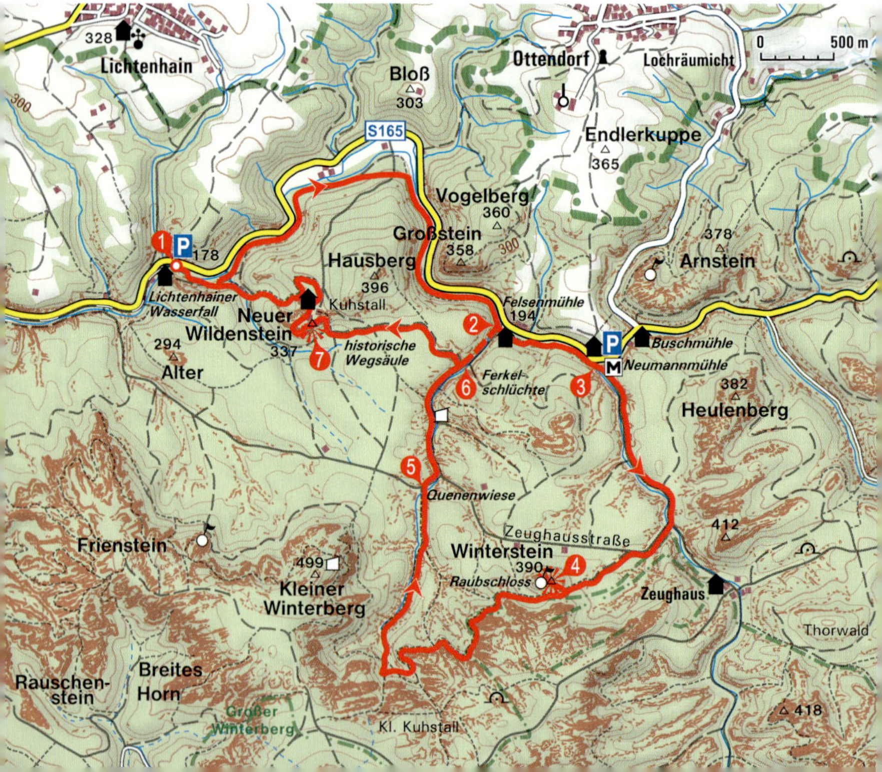

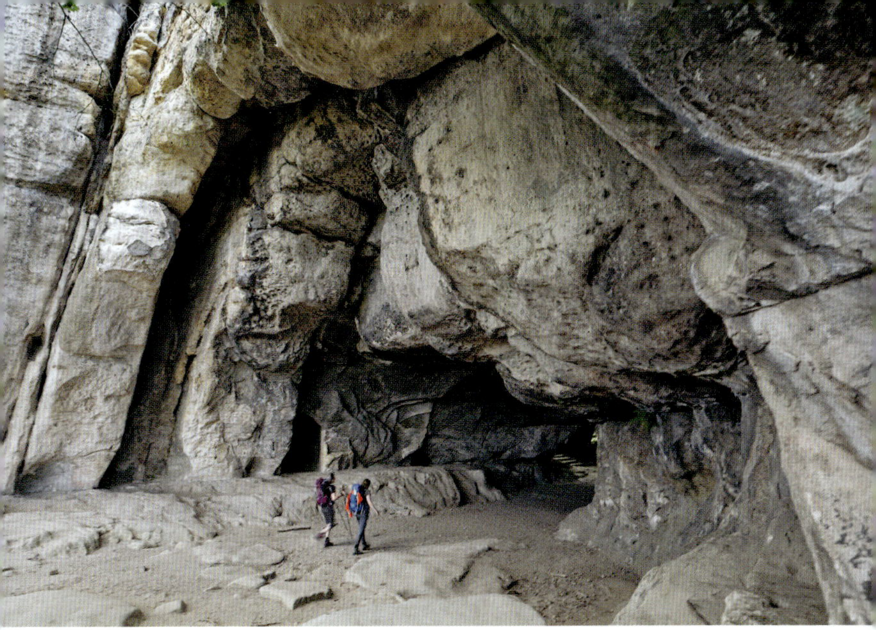

Die mächtige Durchgangshöhle des Kuhstalls.

222 m. Hier biegen wir links ab und folgen nun bis zum Lichtenhainer Wasserfall zumeist dem Malerweg. Der Weg windet sich kurz hinauf auf ein Plateau und wendet sich dort nach links. Nach einer Weile verliert der Fahrweg ein wenig an Höhe. Bei einem Wegweiser ist der Südaufstieg rechts hinauf zum Kuhstall ausgewiesen. Nach wenigen Metern und ein paar alten Holzstufen geht es bald über steile Treppen in einer engen Felsschlucht hinauf. An deren Ende stehen wir direkt vor dem **Neuen Wildenstein** mit dem **Kuhstall** ❼, 337 m. Wir wenden uns nach links und schreiten durch die domartige Felsenhöhle. Beim Geländer führt der Weg links durch einen kurzen Felstunnel zur sogenannten Himmelsleiter. Diese ist als Einbahnstraße nur aufwärts zu begehen und führt scharf links in einer engen Felsspalte steil hinauf zum höchsten Punkt. Wir genießen eine weitere Aussicht und wenden uns nach rechts. Am Ende des Geländers führt der Abstieg über Treppen hinunter zum Fuß des Massivs. Bevor wir hier rechts zur Gaststätte gelangen, wenden wir uns zunächst nach links, wo nach wenigen Metern das sogenannte Schneiderloch erkundet werden kann. Der Weg führt zum Massiv rechts der Felslücke und auf dessen Talseite kurz ein Band entlang. Hier geht es rechts wenige Meter in die enge Höhle und darin ein paar Eisentritte hinauf zum kleinen, aber aussichtsreichen Hohlraum.

Wir gehen zurück zur Gaststätte und halten uns vor dem Eingang des Kuhstalls links. Wir folgen nun den Markierungen (Malerweg und roter Kreis) auf der Kuhstallstraße. Nach einer Linkskurve zweigt links hinunter der breite, beschilderte Abstiegsweg ab. In langen Kehren, einen Querweg kreuzend, über ein Seitental hinweg und am Abzweig des Flößersteiges vorbei erreichen wir das Areal des **Lichtenhainer Wasserfalls** ❶.

20 Großer Winterberg, 556 m
Höchster Berg auf der rechten Elbseite

4.30 Std. | 11,4 km | ↗ 540 m | ↘ 540 m

Einzigartige Kontraste aus Wald- und Felswildnis
Der Große Winterberg stellt in Bezug auf die Höhe alle anderen Gipfel des Elbsandsteingebirges rechts der Elbe in den Schatten. Die spektakulärsten Aussichten und Steige bieten jedoch andere Abschnitte der Tour: der Panoramaweg an den Affensteinen, die Bilderbuchaussicht vom Carolafelsen auf Dom und Falkenstein, die steile Treppe der Heiligen Stiege und der kurze, ausgesetzte Steig zur Idagrotte am Frienstein. Wem das nicht reicht, der wählt zu Beginn die Alternative über die erhabene Kipphornaussicht. Auf dem bewaldeten Gipfel des Großen Winterbergs befindet sich ein Aussichtsturm, eine einfache Einkehrmöglichkeit und ein Infozentrum des Nationalparks. Bemerkenswert sind die vulkanischen Basaltformationen, die entstanden sind, als vulkanisches Material in den Sandsteinsockel eingedrungen ist. In Schmilka an der Elbe erwartet uns die wohlverdiente Einkehr in einer gemütlichen Gastwirtschaft. Zwischen Kleinem Winterberg und Frienstein sind die Folgen der schweren Waldbrände vom Sommer 2022 hautnah zu sehen.

Ausgangspunkt: Schmilka. Parkplatz am Elbufer, Personenfähre und regelmäßiger S-Bahnanschluss S1 nach Dresden sowie Busverbindung mit Linie 252 nach Bad Schandau.
Anforderungen: Fordernde Wanderung mit felsigen und teils schmalen Wegen auf Felsbändern. Trittsicherheit und speziell auf wenigen Metern an der Idagrotte unbedingte Schwindelfreiheit sind erforderlich (man kann auch kurz vor der Höhle umkehren, dann ist es entspannter). Steiler, aber unschwieriger Schluchtabstieg über die Treppe der Heiligen Stiege.
Karte: GeoSN Wanderkarte 1:25.000 Blatt 45 Sächsische Schweiz/Bad Schandau, Sebnitz.
Variante: Einen moderateren Aufstieg zum Winterberg bietet der Erlgrund. Er zweigt 300 Meter hinter Schmilka nach rechts vom Bergsteig ab und ist mit rotem Kreis markiert. Oben führt er über die Serpentinen der asphaltierten Winterbergstraße. Belohnt wird man dabei mit dem kurzen Abstecher links zur Kipphornaussicht, 456 m. Vor dem Winterberg mündet diese Variante wieder in die Originalroute ein, +30 Min.
Einkehr: Wanderrast Großer Winterberg, Mi. – Fr. 12 – 16 Uhr, Sa. und So. ab 11:30 Uhr, wanderrast-grosser-winterberg.business.site. In Schmilka: Biergarten Zur Alten Schule, Gasthof zur Mühle, tgl. 8 – 20 Uhr, schmilka.de/gasthof-zur-muehle, Café Richter, Do – Mo. 12 – 19 Uhr, cafe-richter-schmilka.de.
Tipp: Nationalparkausstellung »Eishaus« auf dem Großen Winterberg, Infopunkt in Schmilka, beide tgl. ab 10 Uhr, Mai – September bis 18 Uhr, sonst bis 16 Uhr.

Wir starten in **Schmilka** ❶, 125 m, an der Bundesstraße 173 und folgen von der Fußgängerampel dem Sträßchen den Ort hinauf. Dabei passieren wir gleich zu Beginn die Braumanufaktur und Mühlenbäckerei, mit direktem Blick auf den Backofen, und weitere Einkehrmöglichkeiten. Am Waldrand biegen wir gegenüber dem Nationalpark-Infopunkt vom Talweg nach rechts ab und halten uns nach wenigen Metern links auf

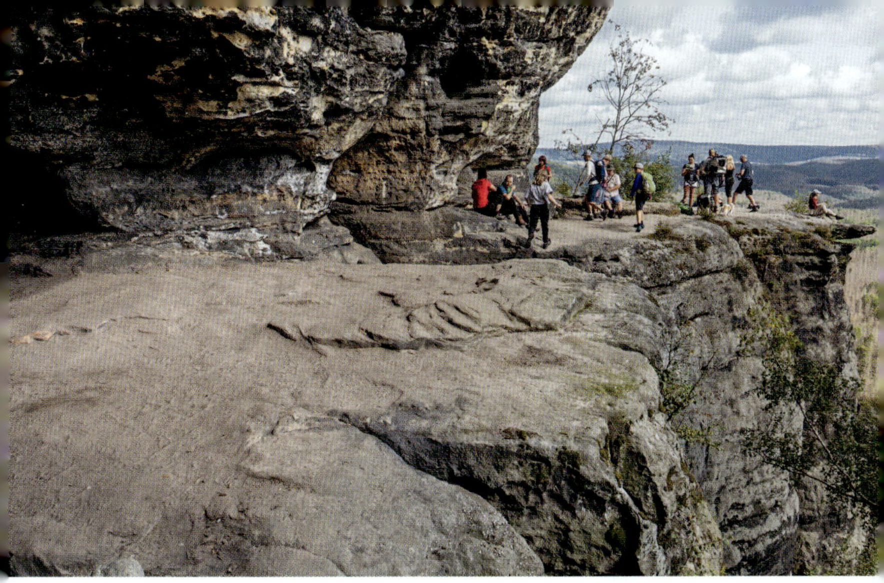

An der Idagrotte.

dem markierten Pfad. Nun folgen wir 2 Kilometer dem weiß-grün-weiß markierten Bergsteig zum Großen Winterberg. Wir überqueren am Grenzweg die Nationalparkgrenze und steigen im Buchenwald bergan. Bald zweigt der mit rotem Kreis markierte Weg in den Erlgrund ab (siehe Variante). Unterwegs queren wir die Winterbergstraße und steigen zwischen einigen Felsen weiter auf. Das Gelände wird flacher. Wir überqueren die sogenannte Weiberfähre, dann mündet der Weg in den letzten Abschnitt der Winterbergstraße ein. Nach einer kurzen Serpentine erreichen wir links das Gipfelplateau des **Großen Winterbergs** ❷, 556 m. Im Eishaus befindet sich eine Nationalparkausstellung. Vom Aussichtsturm bietet sich ein Panorama über den Baumgipfeln. Neben dem Gebäudekomplex gibt es eine Felsformation aus Basalt zu bestaunen. Am Turm vorbei folgen wir nun u. a. dem roten Kreis für 1,4 Kilometer. Der Reitsteig führt im Wald bergab und leicht links haltend über eine große Wegkreuzung. Wir passieren links den Abzweig des Wurzelweges. Beim nächsten markierten Abzweig nach rechts verlassen wir den Kammweg und folgen dem roten Kreis auf dem Unteren Fremdenweg. Bald nähert sich der Weg, der um den Kleinen Winterberg herumführt, der Felskante. Einige Aussichtspunkte bieten Fern- und Tiefblicke u. a. auf das Hin-

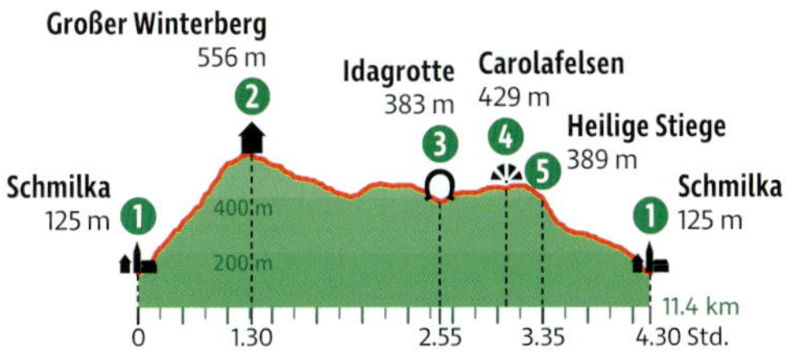

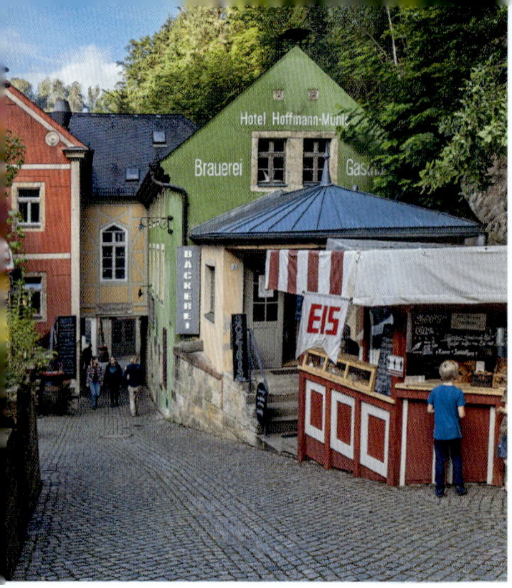

Links: An der Mühlenbäckerei in Schmilka.
Rechts: Aussicht am Carolafelsen über den Dom u. a. zu den Schrammsteinen, dem Falkenstein und dem Lilienstein.

tere Raubschloss und die Lorenzsteine. An einem Abzweig verlassen wir den Fremdenweg und biegen links ab auf den Affensteinweg (weiß-grün-weiß). Die Tiefblicke bleiben uns erhalten. Der Weg wird schmaler und ist mit Wurzeln, Felsplatten und ein paar Stufen garniert. Rechts vor uns ist mit dem Frienstein bald das nächste Ziel zu sehen. Nach einem kleinen Sattel auf der Südseite des Friensteins gabelt sich der Weg. Der beschilderte Abstecher nach rechts führt halb um das Felsmassiv herum zur **Idagrotte ③**, 383 m, am **Frienstein**. Dabei sind auf der Nordseite ein paar Felsen zu überkraxeln und schließlich führt ein Felsband sehr ausgesetzt zur großen Felshöhle: nur für Schwindelfreie, auf Gegenverkehr achten und Vorsicht bei Nässe!

Wir gehen zurück zum Abzweig und kurz weiter rechts hinunter zu einer Senke mit einer eingefassten Quelle. Dahinter führt der Weg links über Stufen zwischen Felsen hinauf zum Reitsteig (weiß-blau-weiß). Dort wenden wir uns nach rechts. Linker Hand passieren wir bald einen felsigen Aussichtspunkt. Im weiteren Verlauf erreichen wir links den Abzweig des Zurückesteigs und zur Heiligen Stiege: unseren späteren Weiterweg. Zunächst folgen wir dem Weg noch ein Stück weiter. Er schwenkt rechts in die Wilde Hölle hinab, wo nach wenigen Metern unser Abstecher zur einzigartigen Aussicht am **Carolafelsen ④**, 429 m, abzweigt.

Wir gehen zurück bis zum Zurückesteig. Der Weg ist erst noch weiß-blau-weiß markiert. An einem Abzweig in einer kleinen Scharte biegen wir links hinunter ab, der Weg ist nun bis Schmilka weiß-gelb-weiß markiert. Über luftige Felsbänder erreichen wir die **Heilige Stiege ⑤**, 389 m. Links führt die Metalltreppe steil zwischen Felsen hinunter. Der Weiterweg nach Schmilka ist nun einfach. Wir folgen den Markierungen stetig bergab und erreichen durch den Heringsgrund das **Ziel ①**.

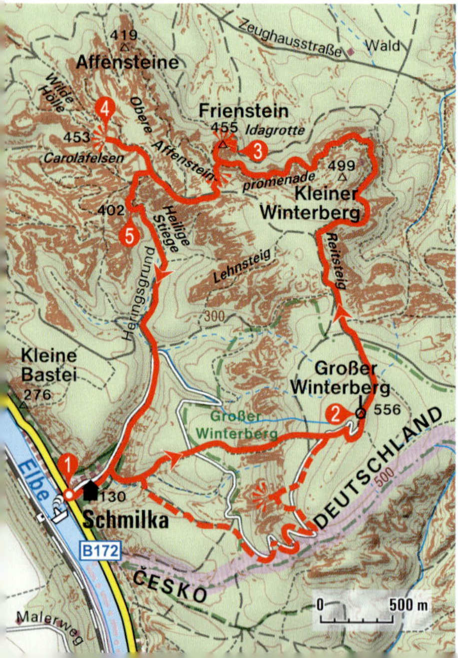

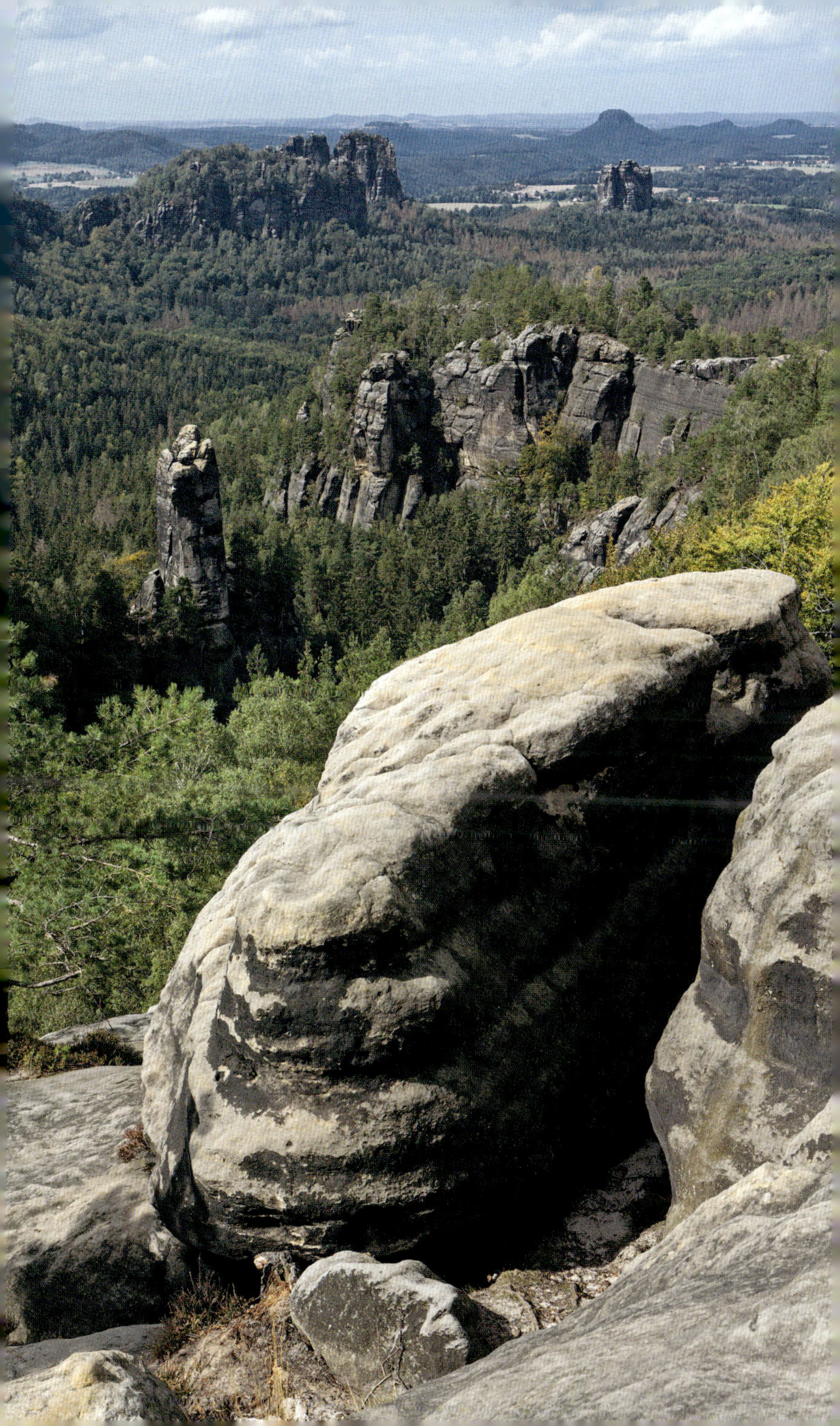

21 Über die Schrammsteine zur Hohen Liebe, 401 m

Großartige Szenerie und ein stiller Gipfel

TOP | 2.45 Std. | 7,9 km | ↗400 m | ↘400 m

Die Topaussicht des Elbsandsteingebirges für erfahrene Berggeher
Einmal im Jahr gedenken die sächsischen Bergsteiger ihrer verunglückten Kameraden auf dem Gipfel der Hohen Liebe. Dann pilgern hunderte Bergfreunde dort hinauf. Die restlichen 364 Tage geht es deutlich einsamer zu. Der Gipfel ist ein Ort zum Innehalten und zum Schauen. Im Vergleich zur restlichen Tour ist die Besteigung der Hohen Liebe fast schon beschaulich. Dafür werden beim Zu- und Abstieg durch die romantischen Schluchten von Schieß- und Lattengrund, am Schrammtor mit seinen himmelhohen und glatten Felswänden und vor allem beim Aufstieg über den Wildschützensteig zur atemberaubenden Schrammsteinaussicht alle Register gezogen. Da haben wir uns die Einkehr in der Schrammsteinbaude redlich verdient.

Ausgangspunkt: Schrammsteinbaude im Zahnsgrund. Wenige Parkplätze rund um die Schrammsteinbaude. Busverbindung mit Linie 252 ab Bad Schandau, am Wochenende schwerpunktmäßig nachmittags.
Anforderungen: Luftige Pfade, Felssteige, steile Stiegen: hier wird alles geboten. Trittsicherheit und Schwindelfreiheit sind Voraussetzung.
Karte: GeoSN Wanderkarte 1:25.000 Blatt 45 Sächsische Schweiz/Bad Schandau, Sebnitz.
Einkehr: Schrammsteinbaude, schrammsteinbaude.de, tgl. 13–20:30 Uhr warme Küche: WE und Feiertage ab 12 Uhr.

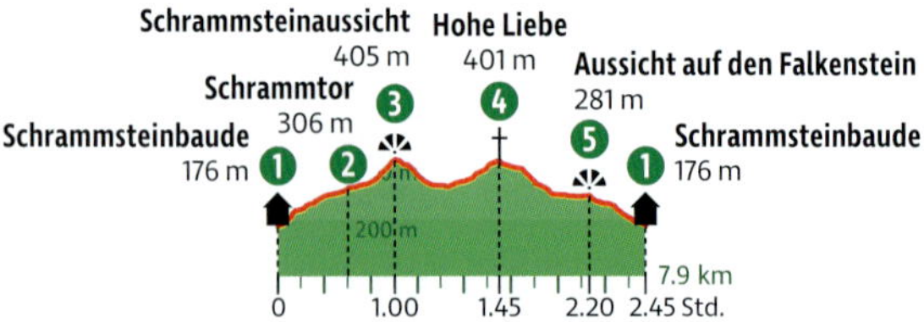

150 m unterhalb der **Schrammsteinbaude ❶**, 176 m, zweigt von der Straße im Zahnsgrund der beschilderte Weg durch den Lattengrund nach Osten ab. Anfangs ist unser Weg weiß-blau-weiß markiert. Durch die romantische Schlucht steigen wir hinauf und erreichen nach einer Steilkehre ein Plateau. An der Einmündung in den Obrigensteig folgen wir den Markierungen nach links zu den Schrammsteinen. In Sichtweite der mächtigen Felswände überqueren wir den Elbleitenweg hinauf zum **Schrammtor ❷**, 306 m. Hinter der eindrucksvollen Felslücke folgen wir dem Schrammsteinweg ohne nennenswerte Höhenunterschiede weiter. Nach 600 Metern führt der Weg unmittelbar an einem Kletterfelsen vorbei. Kurz danach zweigt links hinauf der Wildschützensteig zur Schrammsteinaussicht ab. Über steile Treppen geht es hinauf zum Gratweg und wir folgen diesem nach links. Bis zur Aussicht müssen wir noch einige Felsabsätze meistern. Dann schwenkt der Weg ein letztes

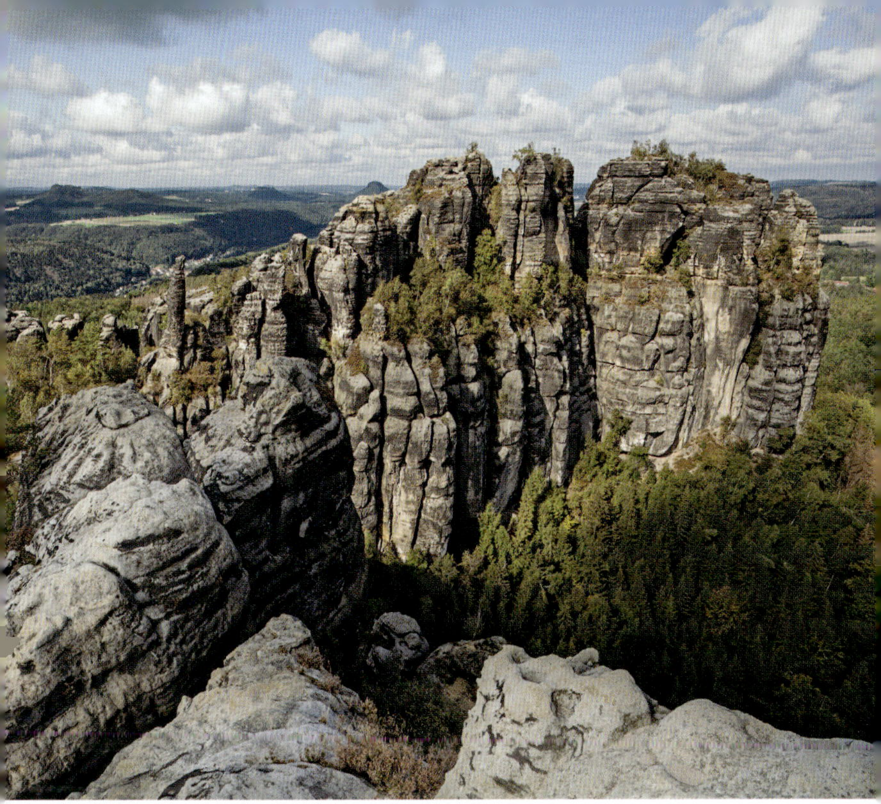

Die prächtige Schrammsteinaussicht mit Torsteinen.

Mal nach links und wir erreichen die meist gut besuchte **Schrammsteinaussicht** ❸, 405 m, mit dem prächtigen Panorama.
Wir kehren um und folgen dem Gratweg am Wildschützensteig vorbei, bis der Weg 120 m danach rechts zu einem Felsplateau schwenkt. Hier zweigt unsere grüne Kreismarkierung links über Leitern hinunter ab. Am Fuß der Felsen folgen wir dem flacher werdenden Weg über eine markante Linkskurve im Wald hinab. Wir passieren einen größeren Querweg. Hier gehen wir leicht links den unmarkierten Weg weiter. Bald wenden wir uns wieder auf dem weiß-grün-weiß markierten Zeughausweg nach links. Wir passieren die Wildwiese, hinter der bereits die bewaldete Hohe Liebe auftaucht. An der Kreuzung überqueren wir den großen Fahrweg rechts haltend und folgen dem weiß-rot-weiß markierten Weg bald leicht im Wald bergan. Dann biegen wir, die Markierung beibehaltend, auf den Oberen Liebenweg ab. Anfangs schnurgerade gewinnt dieser rasch an Höhe. Der Weg schlägt einen kurzen Haken und führt dann im Uhrzeigersinn um den Gipfelaufbau unseres Zieles herum. Nach der Kurve zweigt rechts der kurze Abstecher zur **Hohen Liebe** ❹, 401 m ab. Auf den Gipfelfelsen wurde vor 100 Jahren ein Denkmal für im Krieg gefallene Bergsteiger errichtet. Von dort zurück folgen wir dem markierten Oberen Liebenweg im Wald hinab. Nach 600 Metern

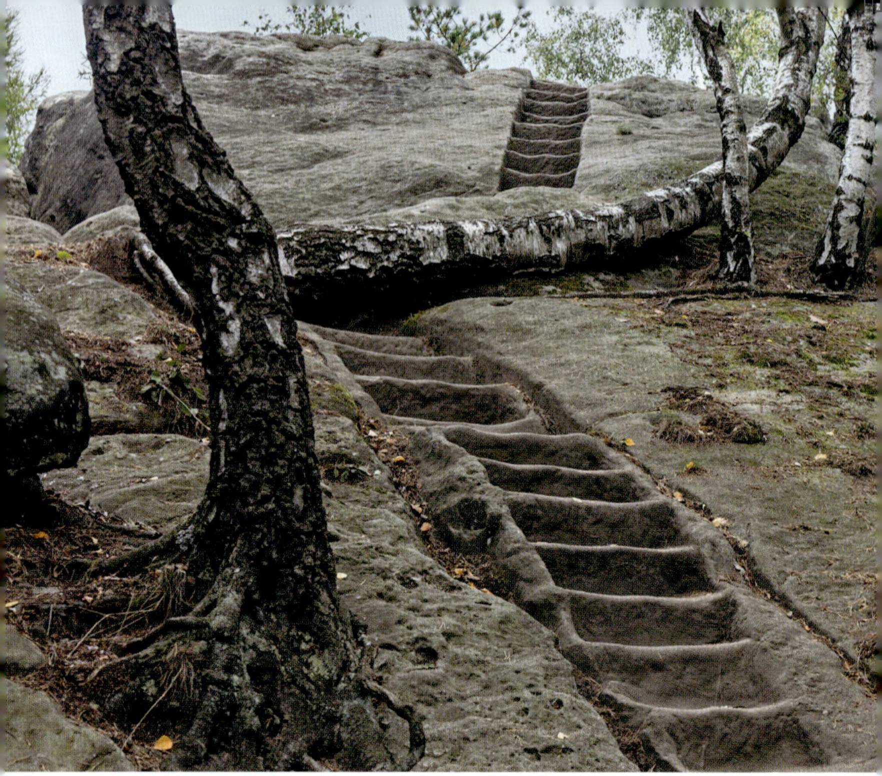

Felsstufen am Gipfel der Hohen Liebe.

zweigt scharf links zurück ein kleinerer, unmarkierter Weg ab, dem wir über einen kleinen Sattel im Wald folgen. Dahinter zweigt ein Pfad rechts zum sogenannten Liebentor hinunter ab. Auf diesem gelangen wir durch die felsige Engstelle zum weiß-grün-weiß markierten Malerweg und wenden uns nach links. Wir überqueren an der nächsten Kreuzung den Wenzelweg und gehen halbrechts den Malerweg weiter. Am Ende des Geradeausstücks steigt der Weg kurz rechts an. Am Abzweig wenden wir uns nach rechts. Nach wenigen Metern auf dem mit grünem Kreis markierten Weg bietet sich die **Aussicht auf den Falkenstein ❺**, 281 m, einen isoliert aufragenden, mächtigen Felsklotz. Der Weiterweg führt links über Stufen hinab in den kühlen Schießgrund hinunter. Beim oberen Parkplatz erreichen wir den Zahngrund und folgen dem Weg links an der Straße hinunter zur **Schrammsteinbaude ❶**.

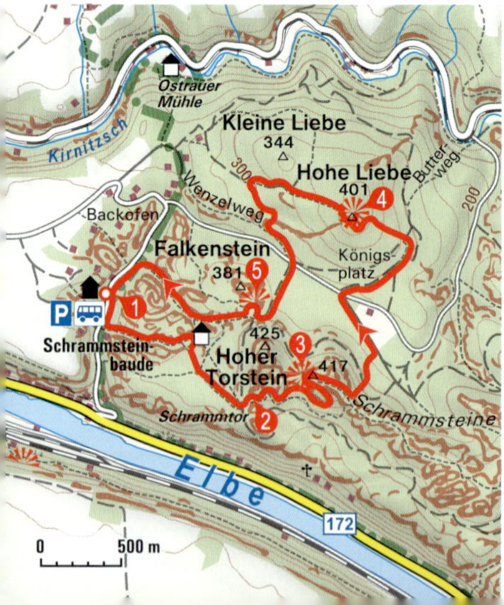

Zirkelstein, 384 m, und Kaiserkrone, 351 m

Zwei Tafelberge im Süden des Elbsandsteingebirges

22

1.45 Std. | 4,4 km | ↗ 160 m | ↘ 160 m

TOP

Steiler Fels und ein ungewohnter Blick auf die Sandsteinwelten

»Klein, aber oho« möchte man zu diesen beiden Felsgipfeln meinen. Sie erheben sich über den Feldern rund um Schöna und bieten kurze und vor allem am Zirkelstein rassige Aufstiege. Mit dem Großen Winterberg im Nordosten und den Zschirnsteinen im Südwesten bestimmen die beiden höchsten Elbsandsteingipfel diesseits der Grenze das Panorama. Die kurze Runde bietet gerade in der Abend- oder Morgensonne herrliche Lichtstimmungen.

Ausgangspunkt: Wanderparkplatz in Schöna, die Bushaltestelle der Linie 252 befindet sich 250 m nördlich am Dorfplatz, Verbindung Richtung Bad Schandau etwa zweistündlich.

Anforderungen: Überwiegend leicht, die Gipfelanstiege aber mittelschwer, sie erfolgen über zum Teil steile Treppen und Leitern.

Karte: GeoSN Wanderkarte 1:25.000 Blatt 45 Sächsische Schweiz/Bad Schandau, Sebnitz.

Einkehr: Gasthaus und Pension Zirkelstein, tgl. ab 12 Uhr, gasthaus-zirkelstein.de.

Tipp: Oldtimermuseum (unregelmäßige Öffnungszeiten, vor Ort erkundigen, ob geöffnet).

Wir starten am **Wanderparkplatz Schöna** ❶, 280 m, am südlichen Ortsrand, folgen der Hauptstraße zurück in den Ort und biegen bei nächster Gelegenheit rechts ab (Am Zirkelstein). Wir halten uns hinter den letzten Häusern leicht rechts. Der Feldweg bringt uns zur Waldecke am Zirkelstein. Hier führt der beschilderte Weg zum Felsmassiv schräg in den Wald hinein. An der Gabelung halten wir uns rechts. Über Stufen geht es

Blick vom Zirkelstein Richtung Tschechien.

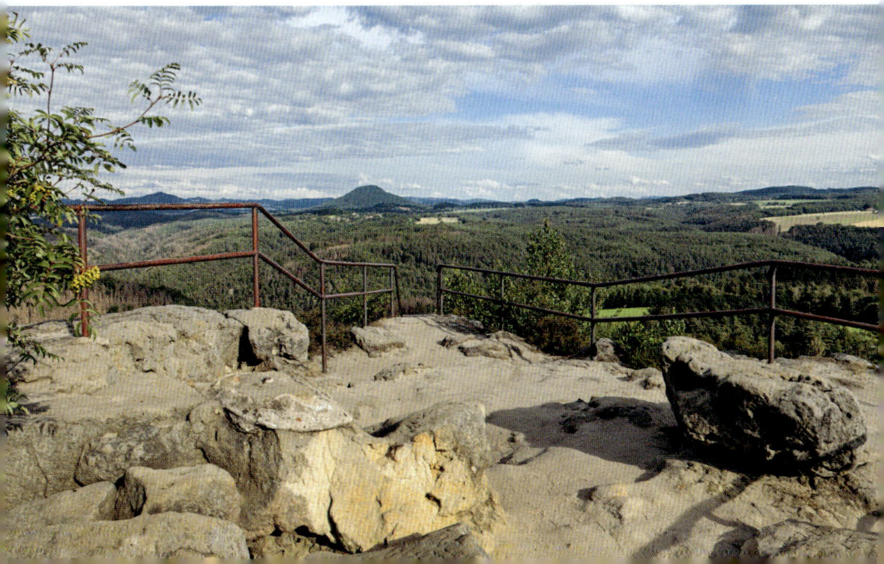

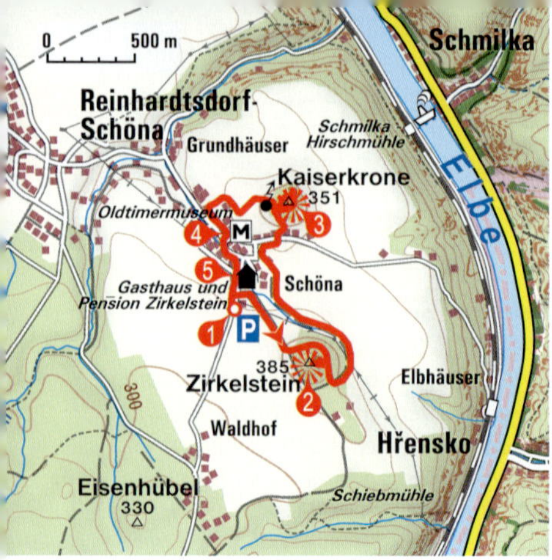

hinauf zum Fuß der Felswände. Nach 50 Metern führt der Aufstieg über steile Treppen, Leitern und Felsbänder zum **Zirkelstein** ❷, 384 m, hinauf. Wir steigen zurück zum Wandfuß und folgen dem Wanderpfad bei einer Bank rechts hinunter weiter. Bald mündet von links hinten der untere Weg ein und 20 Meter danach biegen wir an der Wegkreuzung links ab. Wir wenden uns am Waldrand nach links und wandern an ihm entlang im Bogen nordwärts. Dann folgt der Weg einem baumbestandenen Wassergraben Richtung Schöna. Bei ersten Grundstücken gehen wir am Abzweig rechts. Bei einem Grundstück mit einer alten Linde halten wir uns leicht links und folgen dem Fahrweg neben landwirtschaftlichen Gebäuden weiter in den Ort. Vor einem Fachwerkhaus erreichen wir eine Siedlungsstraße und folgen dieser kurz nach rechts. Hinter der Hausnummer 24 biegt links der beschilderte Weiterweg ab. Wir steigen hinauf in den Wald und erreichen vor einem Kriegsgefallenendenkmal einen Abzweig. Hier steigen wir links weiter bergan. Nach knapp 100 Metern zweigt der Aufstiegsweg zur Kaiserkrone über Stufen rechts ab. Wir steigen zum Fuß der Gipfelfelsen auf. Das Massiv ist stark zerklüftet und besteht aus drei Aussichtspunkten, die wir von Süd nach Nord besuchen. Dazu steigen wir rechts zu einem kleinen Sattel hinauf. Hier gelangen wir rechts zum kleinsten Aussichtsfelsen. Dort steht ein Sendemast und kurz unter der Aussicht

Steile Treppen im Aufstieg zum Zirkelstein.

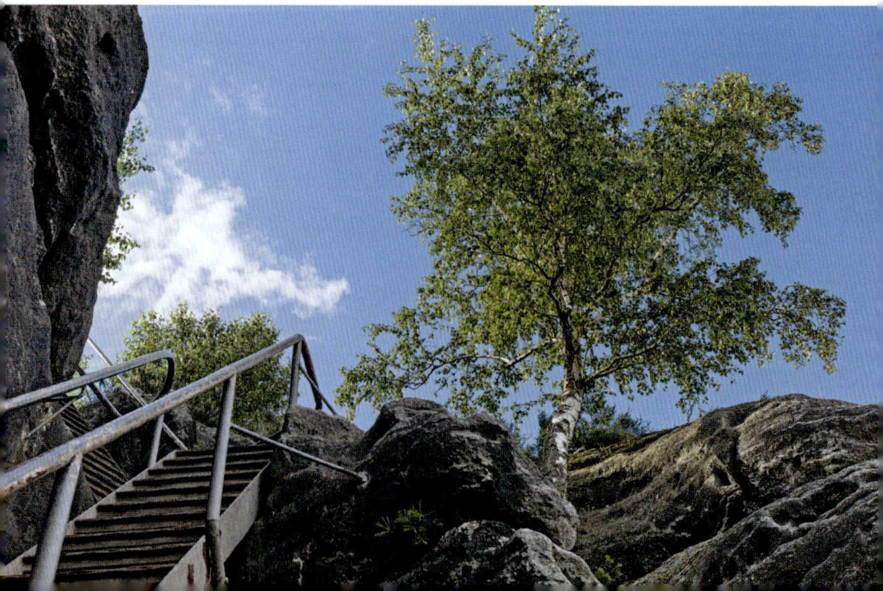

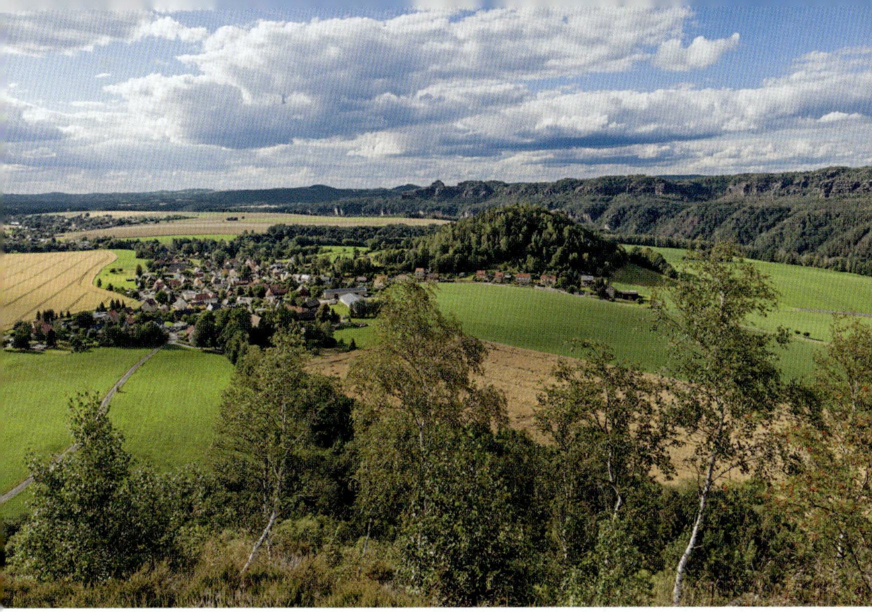

Aussicht nach Norden vom Zirkelstein über Schöna zur Kaiserkrone.

ein aus Stein gemeißelter Löwe. Wir gehen zurück zur Scharte und den Felspfad gegenüber zum mittleren und zugleich größten Aussichtsfels weiter. Auf dem Gipfelplateau der **Kaiserkrone** ❸, 351 m, steht eine Wetterfahne. Der dritte Aussichtspunkt ist wenige Meter weiter schon zu sehen. Dazu gehen wir zunächst zur Einsattelung zurück, steigen kurz auf der Ostseite hinunter und laufen an den Felsen entlang nach Norden zu besagtem dritten Panoramapunkt, der ebenfalls über ein paar Stufen erreicht wird. Anschließend umrunden wir den zentralen Felsen zur Gänze und erreichen den Abzweig am Anfang der Gipfelfelsen wieder. Wir gehen unseren Aufstiegsweg etwa 70 Meter hinunter bis zum Beginn des Treppenaufstiegs und wenden uns hier auf dem unmarkierten Wanderpfad nach rechts. Bald führt der Pfad schräg links hinunter und aus dem Wald hinaus. Wir erreichen am Feldrain wieder einen größeren Weg. Dem folgen wir hinab und dann am Zaun nach rechts. Beim letzten Grundstück schwenken wir links hinunter und gleich wieder links in den »Schulweg« ein. An einer Straßengabelung biegen wir vor dem **Oldtimermuseum** ❹, 266 m, rechts ab und erreichen kurz danach die Hauptstraße. Hier halten wir uns links und am Dorfplatz vor der Heimatstube rechts. Am **Gasthaus und Pension Zirkelstein** ❺, 269 m, vorbei erreichen wir wieder den **Ausgangspunkt** ❶.

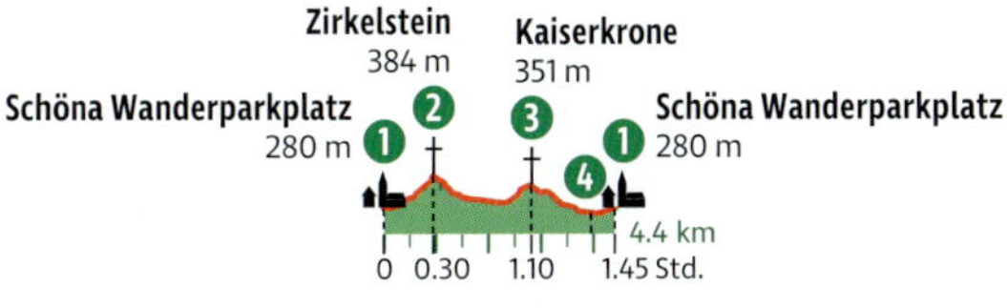

23 Kleiner, 479 m, und Großer Zschirnstein, 561 m

Höchster Berg der Sächsischen Schweiz

3.00 Std. | 9,8 km | ↗350 m | ↘350 m

Ausgedehnte Felsplateaus in Grenznähe

Nur der Hohe Schneeberg im böhmischen Teil des Elbsandsteingebirges ist noch höher. Auf sächsischer Seite ist der Tafelberg des Großen Zschirnsteins die Nummer Eins. Zusammen mit seinem kleineren Bruder bildet er einen interessanten Doppelgipfel: Als ob ein Riese mitten in eine gewaltige Eisscholle getreten wäre, neigen sich die Berge einander leicht zu, während die äußeren Ränder als steile Felsriffe über dem Umland aufragen. Die Ausblicke von diesen Steilwänden bilden die Höhepunkte einer stillen und waldreichen Wanderung. Die einzige Einkehr wartet am Ziel der Runde.

Ausgangspunkt: Wanderparkplatz in Kleingießhübel. Im Sommerhalbjahr an Wochenenden Busverbindung mit der Linie 244a nach Bad Schandau alle 1–2 Std.

Anforderungen: Zumeist leichte und bequeme Wanderwege und -pfade. Im Anstieg zum Großen Zschirnstein eine kurze Passage über ein Felsband.

Karte: GeoSN Wanderkarte 1:25.000 Blatt 45 Sächsische Schweiz/Bad Schandau, Sebnitz.

Variante: Auf dem Rückweg vom Großen Zschirnstein zweigt knapp 200 m nach dem Gipfel links ein unmarkierter Pfad zu einer Bergungsbox für Kletterer ab. Er führt weiter eine steile Schlucht hinab. Vom Wandfuß steigen wir leicht links haltend noch 30 m hinunter und erreichen einen Querweg. Dem mit einem gelben Pinselstrich markierten Forststeig folgen wir eben nach rechts unter der Felsstufe entlang, bis wir nach mehr als 1 km am Wildpretkeller wieder auf die Originalroute stoßen.

Einkehr: Zschirnsteinbaude Kleingießhübel, tgl. außer dienstags, 12:30–20:00 Uhr, zschirnsteinbaude-pension-gasthaus.business.site.

Spätsommer in Kleingießhübel.

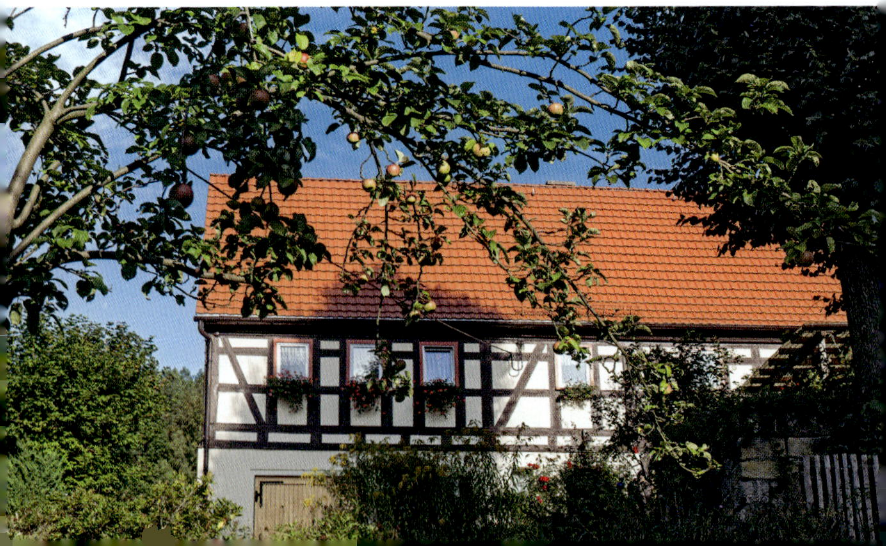

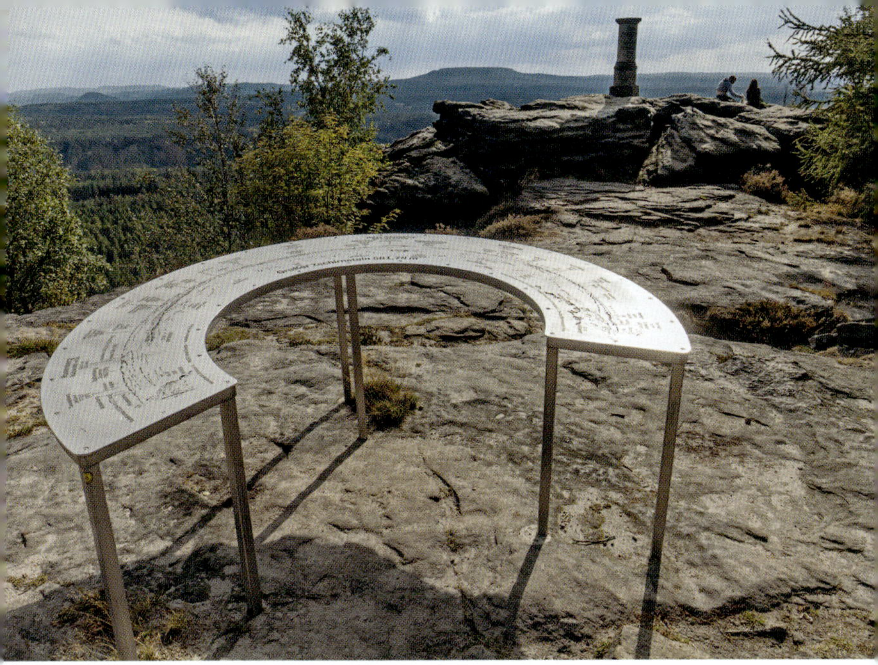

Panoramalegende und Triangulationssäule auf dem Großen Zschirnstein.

Wir starten in **Kleingießhubel** ❶, 262 m, am **Wanderparkplatz** und gehen den Asphaltweg an der Feuerwehr links hinauf. Der mit gelbem Kreis markierte Weg führt an letzten Anwesen vorbei im Rechtsbogen in den Wald hinein und dann nach einer Linkskurve im langen Rechtsbogen stetig im Wald hinauf. Nach 1,8 Kilometer erreichen wir eine große Wegkreuzung und folgen dem gelben Kreis nach rechts. An einer Lichtung vorbei geht es zur nächsten Kreuzung. Wir folgen den Markierungen nach rechts zum Kleinen Zschirnstein. Wir überqueren einen Weg und erreichen einen Rastplatz. Hier gabelt sich der Rundweg zunächst. Wir folgen den Markierungen nach rechts. Bald schwenkt der Weg nach links und erreicht neben einem Sendemast den höchsten Punkt des **Kleinen Zschirnsteins** ❷, 479 m. Von der Steilkante bietet sich ein schöner Blick auf Kleingießhübel und die Tafelberge. Unter uns stehen mehrere Kletterfelsen. Wir wenden uns nach links und folgen der Gipfelrunde gegen den Uhrzeigersinn weiter, noch immer mit gelbem Kreis markiert. Der Weg führt nahe der Felskante im Wald entlang. Mehrere kurze Abstecher zu schönen Aussichtspunkten bieten sich an. Etwa 500 Meter nach

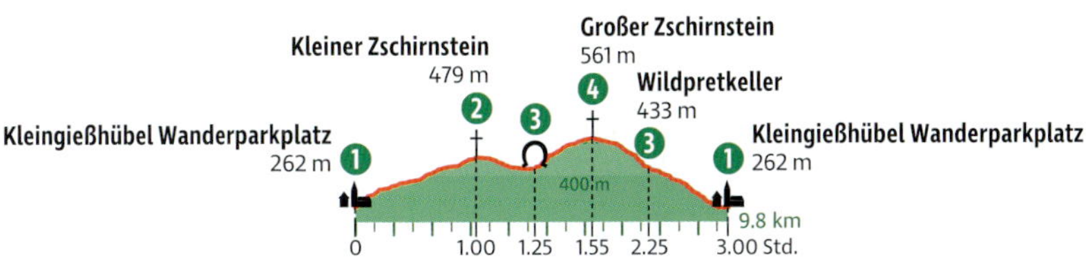

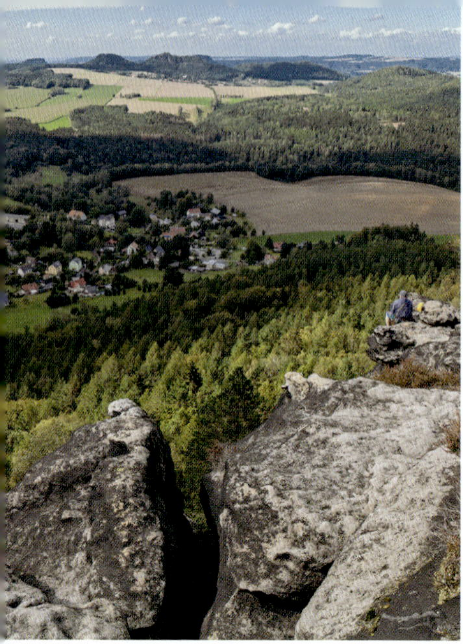

Links: Blick vom Kleinen Zschirnstein auf Berggießhübel.
Rechts: Kletterfelsen am Plateaurand des Kleinen Zschirnsteins

dem Sendemast schwenkt der hier nicht immer gut markierte Weg wieder gänzlich nach links in den Wald hinein. An einer Einmündung halten wir uns leicht links und erreichen bald wieder den Rastplatz, wo sich die kleine Runde schließt. Auf bekanntem Weg gehen wir zurück zum Abzweig, biegen dort rechts ab und folgen dem gelben Kreis weiter. Bald zweigt links mit rotem Kreis markiert der Anstieg zum Großen Zschirnstein ab. Hier befindet sich links eine kleine Felsgrotte, der **Wildpretkeller ❸**, 433 m, wo bei kurfürstlichen Jagden die Beute gelagert wurde. Kurz danach zweigt der markierte Weg links hinauf ab. Wir erreichen erste Felsen und der Weg schlängelt sich in zwei spitzen Kehren über Felsbänder hinauf auf das Plateau und führt anschließend weiter unaufgeregt durch den Wald. Der Weg mündet in einen breiten Fahrweg ein, dem wir nach rechts weiter hinauffolgen. Rechter Hand passieren wir einen alten Basaltsteinbruch. Im Birkenwald führt der schmaler werdende Pfad zum höchsten Punkt des **Großen Zschirnsteins ❹**, 561 m, an dessen Südspitze. Hoch über dem Wald reicht der Blick weit nach Tschechien hinein. Es gibt eine Rasthütte und eine historische Vermessungssäule aus dem 19. Jhd.

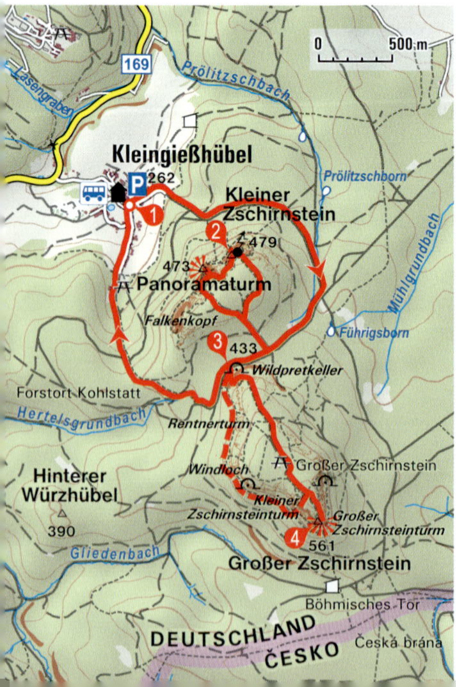

Wir folgen unserem Weg zurück bis zum Abzweig am Wildpretkeller und ab hier dem gelben Kreis nach links. Der sogenannte Schifferweg schwenkt an einer Abzweigung vorbei rechts hinunter. In der nächsten Linkskurve zweigt unser markierter Weiterweg rechts auf einen kleineren Pfad ab. Ein kleines Tal querend bringt uns der Hirschgrundweg schließlich im langen Rechtsbogen zurück nach Kleingießhübel. An der Bushaltestelle im Ortszentrum halten wir uns rechts und erreichen sogleich den **Parkplatz ❶**.

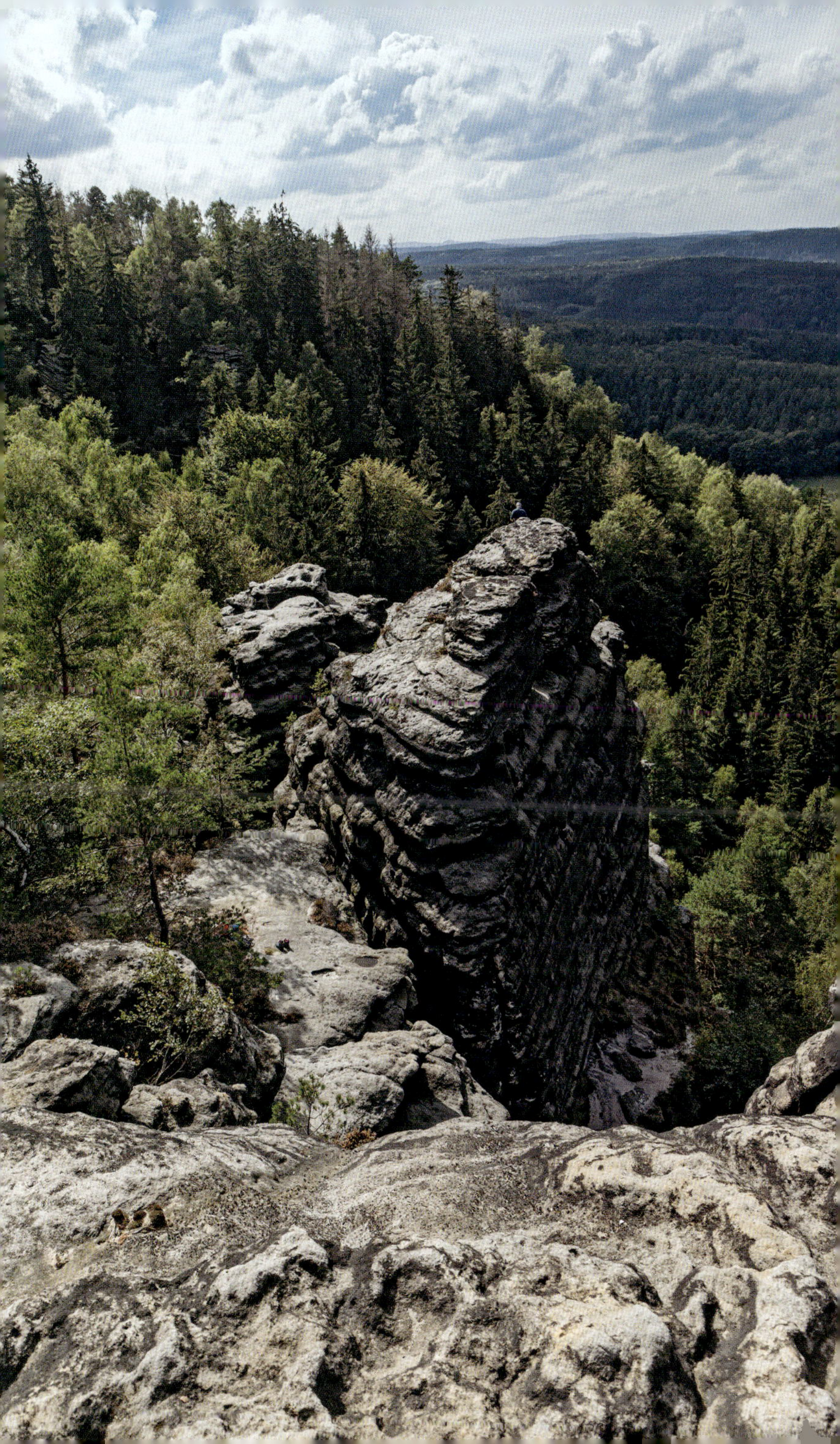

24 Katzfels, 474 m, und Spitzstein, 410 m

Stille Felsgipfel mit Charakter

2.15 Std. | 7,4 km | ↗ 290 m | ↘ 290 m

Verwunschene Wege im Südwesten der Sächsischen Schweiz
Wenn es im Elbsandsteingebirge einen Ort gibt, wo sich Fuchs und Hase »Gute Nacht« sagen, dann könnte das hier sein, in den waldreichen Berg- und Felslandschaften bei Cunnersdorf, nahe der tschechischen Grenze. Mystische Felsriffe, kleine, aber feine Aussichtspunkte und Waldpfade, an denen bauchhoch die Farne stehen – all das verspricht die abwechslungsreiche und nicht überlaufene Rundtour. Ein gemütlicher Ausklang in der Katzsteinbaude oder – an heißen Sommertagen – ein abschließender Sprung ins kühle Nass des Waldbades sorgen für Erfrischung und gute Laune.

Ausgangspunkt: Parkplatz am Waldbad Cunnersdorf.
Anforderungen: Meist Forst- und Waldwege, im Aufstieg zum Signal und zum Katzfels leichte Felssteige. Besteigung der beiden Gipfel über steile Treppen und Leitern.
Karte: GeoSN Wanderkarte 1:25.000 Blatt 44 Königstein, Bad Gottleuba-Berggießhübel.
Variante: Bei der Anreise mit dem Bus 244a von Bad Schandau kann man in Cunnersdorf am Erbgericht aussteigen und die Tour über die weiß-rot-weiß markierte Winterleitenstraße erreichen. Wochentags etwa stündliche Verbindungen, im Sommerhalbjahr auch an Wochenenden.
Einkehr: Katzsteinbaude, Mi. – So. ab 11 Uhr, katzsteinbaude-cunnersdorf.de.
Tipp: Waldbad Cunnersdorf, in der Saison tgl. 10 – 19 Uhr.

Infotafel am Signal über den letzten Wilderer der Region.

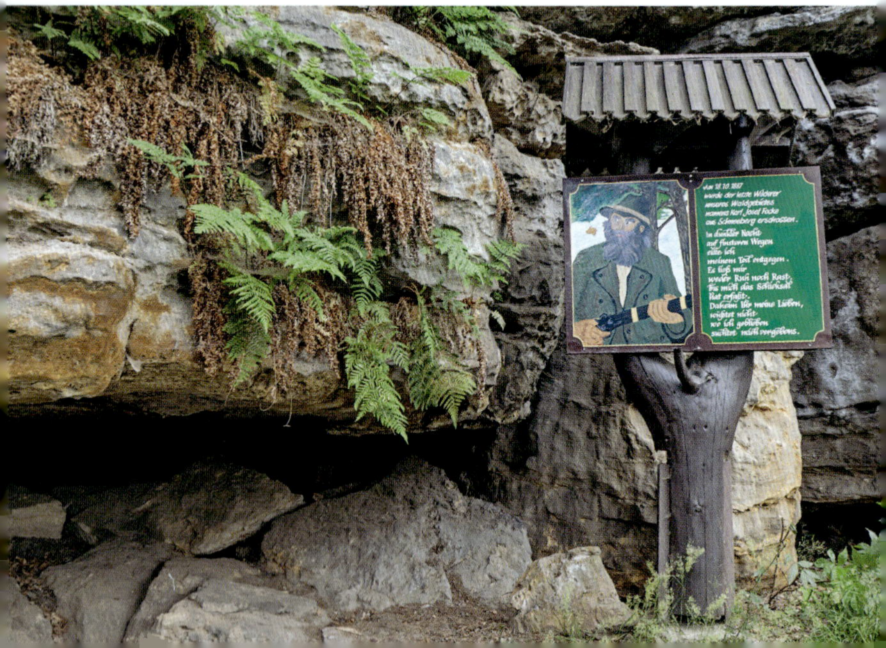

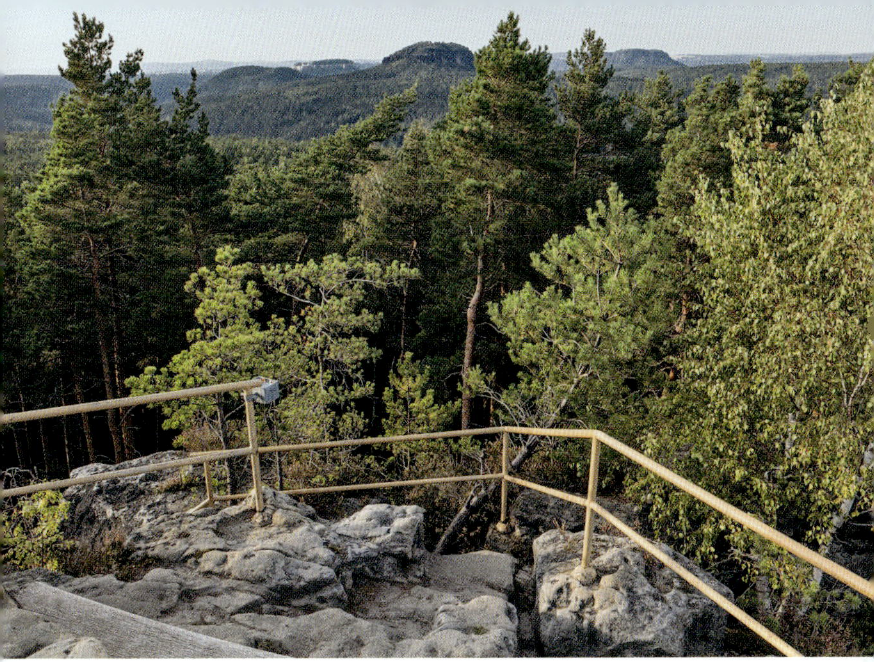

Abendlicher Blick vom Spitzstein zu den Tafelbergen.

Direkt hinter dem **Waldbad Cunnersdorf** ❶, 267 m, biegt unsere mit grünem Kreis markierte Route rechts hinauf Richtung Katzsteinbaude ab. An dieser vorbei wandern wir zunächst am Waldrand entlang und schwenken bald nach links hinauf in den Wald. An einer Gabelung folgen wir dem grünen Kreis rechts hinauf. Der Weg wird flacher und links zweigt unser Weiterweg mit grünem Kreis markiert ab. Die beiden Gipfel sind ausgeschildert. An einer überdachten Rastbank kreuzen wir diagonal die Winterleitenstraße. (Wer mit dem Bus angereist ist, stößt hier von rechts kommend zur Route, siehe Variante). Bei einer Rastbank mit Wegweiser zweigt links (grüner Kreis) unser Weiterweg zur Aussicht am Signal und zum Katzstein ab. Der Weg führt bald links unter einem Felsmassiv entlang. Eine Hinweistafel berichtet vom letzten Wilderer in dieser Region. Der Weg schlägt einen Haken rechts hinauf. Über Stahltreppen gewinnen wir an Höhe. Dort, wo der Weiterweg einen weiteren Haken nach links durch die Felsen macht, gehen wir zunächst noch kurz geradeaus und erreichen die Aussicht am **Signal** ❷, 423 m. Der Weiterweg führt auf dem Kamm bald parallel zur Felskante nach Süden, vereinzelt bieten sich linker Hand noch kurze

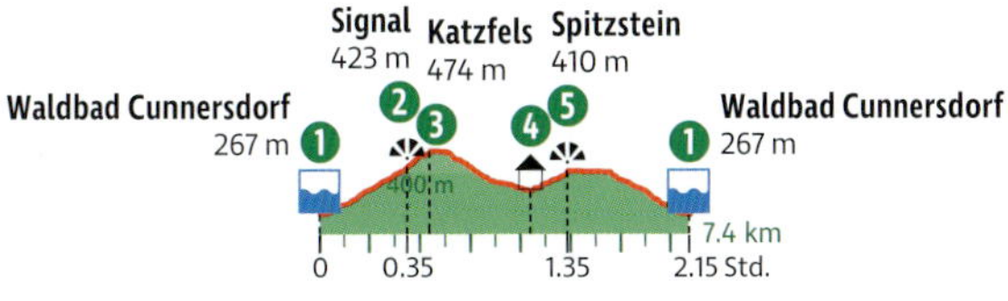

Der mit Leitern erschlossene Katzfels.

Abstecher zu Aussichtspunkten. Bald haben wir den **Katzfels** ❸, 474 m, erreicht, der über eine kurze, steile Treppe von Süden erstiegen wird. Schräg rechts hinter dem Felsen gehen wir an einem überdachten Rastplatz vorbei kurz durch den Wald und erreichen den Mäusebornweg, in den wir links einschwenken. Nach ca. 250 Metern zweigt rechts weiß-gelb-weiß ein Wanderpfad ab, unser Weiterweg, »Anschluss Bielatal« ist ausgeschildert. Gleich danach erreichen wir einen kleinen Sattel und schwenken mit dem Weg rechts in ein stilles Waldtal (Pechlochweg) ein. Auf diesem bleiben wir, bis wir eine große Wegkreuzung mit einem überdachten Rastplatz erreichen. Wir folgen dem anfänglich asphaltierten, weiß-gelb-weiß markierten Weg nach rechts, der Spitzstein ist ausgeschildert. Bald danach zweigt rechts schräg hinauf ein kleinerer, unmarkierter Wanderpfad ab, in den wir einbiegen. Wir erreichen eine große Wegkreuzung, voraus ist das **Spitzsteinbiwak** ❹, 343 m, der Forststeig-Trekkingroute zu sehen. Hier biegen wir rechts ab, wieder weiß-gelb-weiß markiert und mit Wegweiser zum Spitzstein. Im Rechtsbogen wandern wir an einer Einmündung vorbei und erreichen den Wegweiser, der uns links und gleich danach wieder links zum Fuß des **Spitzsteins** ❺, 410 m, bringt. Rasch ist der felsige Aussichtspunkt über steile Treppen erreicht. Anschließend gehen wir vom Gipfel geradeaus durch den Wald zur Rastmöglichkeit der Spitzsteinhütte, wo wir wieder den weiß-gelb-weißen Weg erreichen. Im langen Linksbogen folgen wir dem Weg durch den Wald. An einer Wegkreuzung erreichen wir wieder die Markierung mit dem grünen Kreis und gehen geradeaus weiter. Kurz danach erreichen wir den Abzweig, wo wir anfangs zum Signal abgebogen sind. Auf bekanntem Weg geht´s zurück zum **Ausgangspunkt** ❶.

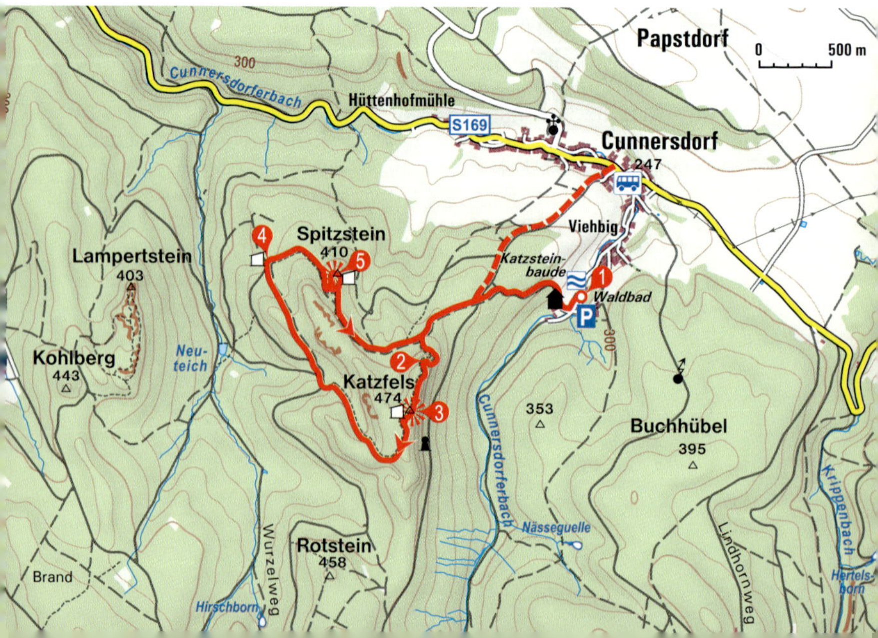

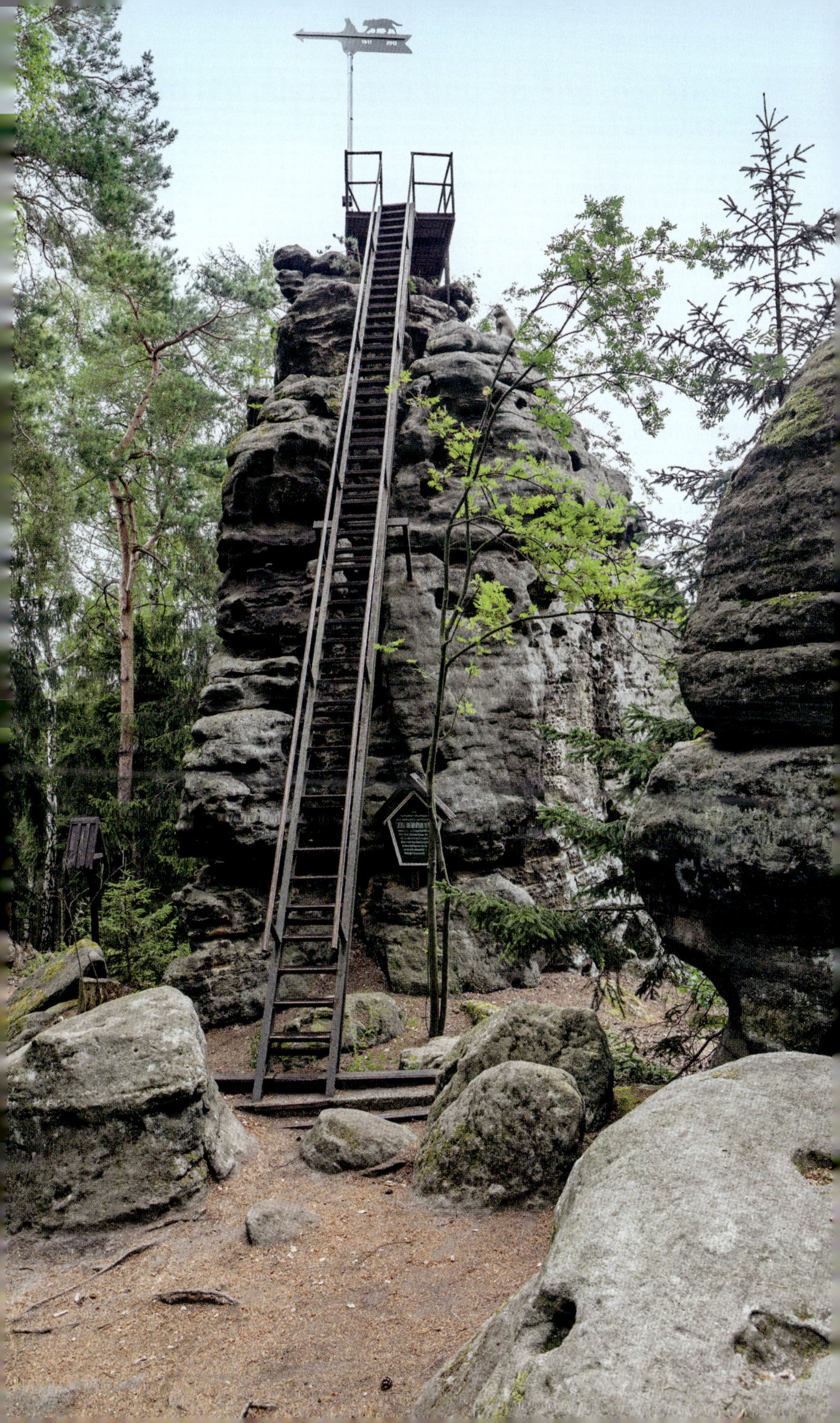
1911
2012

25 Gohrisch, 448 m, und Papststein, 451 m

Tafelberge im Dreierpack

3.00 Std. | 6,8 km | ↗ 240 m | ↘ 240 m

Mehr Abwechslung geht fast nicht!

Zusammen mit den geheimnisvollen Höhlen am stark erodierten Kleinhennersdorfer Stein bieten Gohrisch und Papststein Wandervielfalt auf engstem Raum. Am Gohrisch erwartet uns ein finsterer Aufstiegskamin. Oben am felsigen Gipfelplateau genießt man einen herrlichen Blick auf die benachbarten Tafelberge. Auf dem Papststein lädt eine schicke Berggaststätte zum Rasten ein, von der Terrasse kann man mutige Kletterer an der eleganten Hunskirche bewundern. Über den Kleinhennersdorfer Stein folgen wir den Markierungen des Forststeigs, der ersten echten Trekkingroute des Elbsandsteingebirges.

Ausgangspunkt: Wanderparkplatz im Zentrum des Kurorts Gohrisch, Bushaltestelle der Linie 244 ab Bad Schandau und Königstein. Wochentags etwa stündliche Verbindungen, im Sommerhalbjahr auch an Wochenenden.

Anforderungen: Von bequemen Wegen über schmale Pfade bis hin zu Stiegen, Leitern, engen Schluchtaufstiegen und ganz kurzen Kraxelstellen wird hier alles geboten. Orientierung, speziell am Kleinhennersdorfer Stein, nicht immer einfach.

Karte: GeoSN Wanderkarte 1:25.000 Blatt 44 Königstein, Bad Gottleuba-Berggießhübel.

Variante: Wem die Falkenschlucht zu eng ist, der kann auch aus dem Felsenkessel dem leichten und markierten Weg nach rechts hinauf folgen.

Einkehr: Berggaststätte auf dem Papststein, tgl. 11 – 18 Uhr, Do. – So. und feiertags bis 21 Uhr, berggast.de/papststein, in Gohrisch weitere Möglichkeiten.

Felsformation am Wegrand beim Aufstieg zum Papststein.

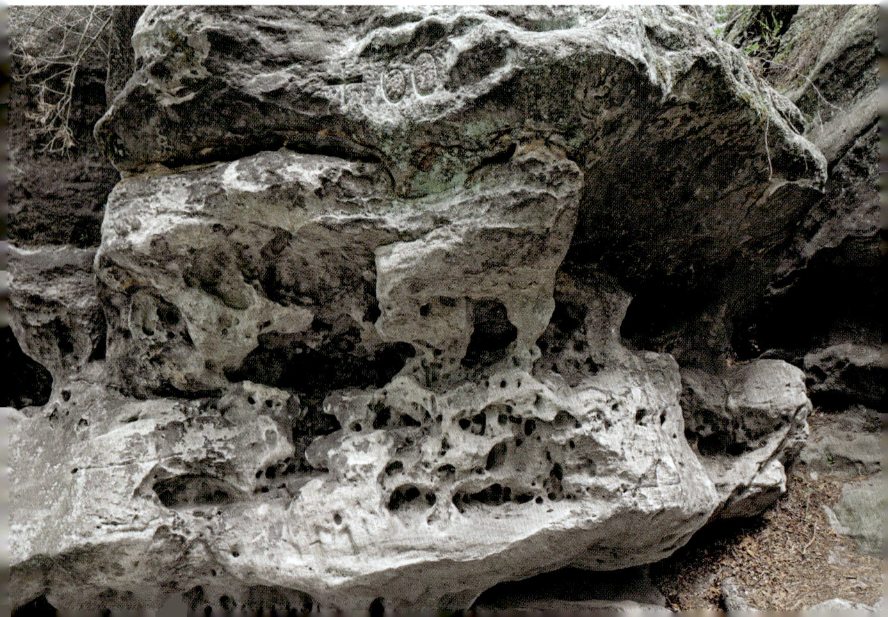

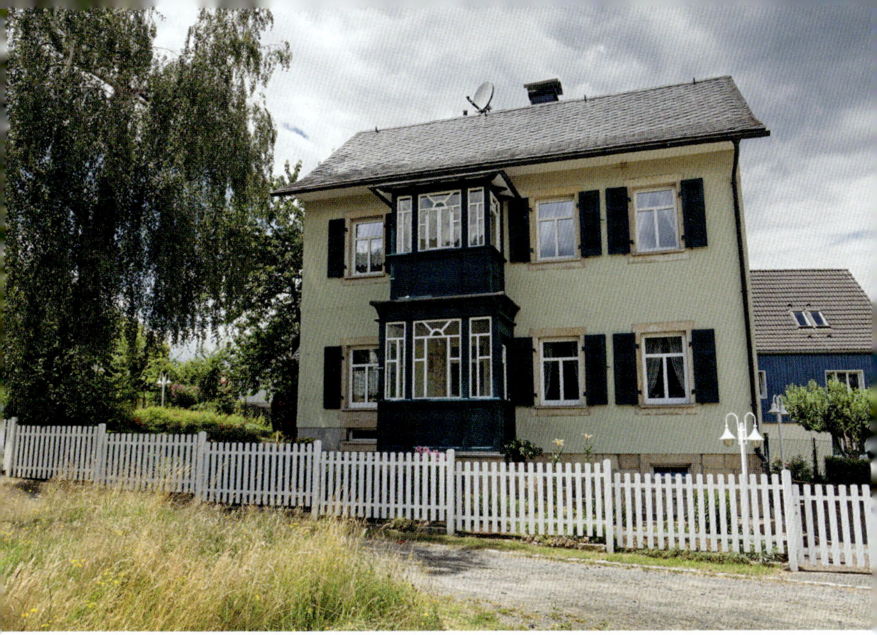

Schickes Anwesen im Kurort Gohrisch.

Wir wenden uns am **Wanderparkplatz** im **Kurort Gohrisch** ❶, 266 m, nach links. An der Kreuzung biegen wir ganz rechts vor dem roten Bushäuschen in den Fahrweg ein, der mit gelbem Kreis markiert ist. Der Gohrischstein ist ausgeschildert. Anfangs durch eine Gärtnerei führt der Weg im Tal am Waldrand sanft hinauf. An der Waldecke zweigt der Malerweg rechts ab, wir aber gehen geradeaus im Stillen Grund in den Wald hinein. Der Weg wird sandiger und verlässt die Talsohle links ansteigend. Wir erreichen einen Querweg und folgen diesem kurz nach rechts, gleich wieder links hoch und dann am nächsten Abzweig halb rechts weiter. Der Anschluss zur Markierung mit dem Roten Kreis ist hier ausgeschildert. Bald zweigt links unser markierter Aufstieg zum Gohrisch ab. Über alte Holzstufen geht es hinauf. An einer Einmündung halten wir uns rechts. In einem Felsenkessel unter dem Gipfelaufbau erreichen wir einen Wegweiser. Rechts führt der leichte Weg hinauf zum Gipfel (siehe Variante), wir wenden uns aber nach links (Falkenschlucht). Am Kletterfelsen der Narrenkappe müssen wir kurz über oder unter einem Felsblock entlang kraxeln, dann biegt rechts der Aufstieg durch die unerhört enge Falkenschlucht ab. Ein paar Meter geht es durch die höhlenartige Kluft und über zwei kurze Leitern und schon haben wir das Gipfelplateau erreicht. Am Wegweiser halten wir uns zunächst links und erreichen den felsigen Aussichtspunkt mit der Wetterfahne auf der Westseite des Tafelberges. Wir gehen zurück, an der Einmündung der Falkenschlucht und am leichten Aufstieg vorbei und passieren den höchsten Punkt am **Gohrisch** ❷, 448 m. Kurz danach kann bei einem Schild links haltend ein paar Meter absteigend (über eine größere Felsstufe) der Abstecher zur Schwedenhöhle gemacht werden.

Zurück auf dem Hauptweg gehen wir

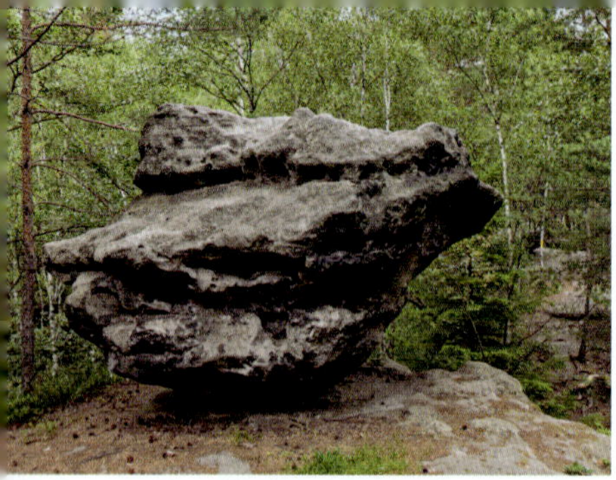

Unscheinbar: der höchste Punkt des Kleinhennersdorfer Steins.

kurz geradeaus weiter zum Pavillon auf der Ostseite des Gohrisch. Rechts neben dem Pavillon steigen wir über natürliche und künstliche Stufen in einer verwinkelten Schlucht zum Fuß der Felsen ab. Vor einem Kletterfelsen schwenkt der Weg nach links, am nächsten Querweg – bereits in Sichtweite der Straße – halten wir uns links und erreichen an einem alten Basaltsteinbruch vorbei den Parkplatz am Fuß des Papststeins. Gegenüber startet der bequeme und beschilderte Aufstieg über ein paar flache Stufen hinauf zum Gipfel des **Papststeins** ❸, 451 m. Bald erreichen wir die Berggasstätte. Vom Biergarten hat man einen tollen Blick zu den beiden Hunskirchen. Rechts führt eine Treppe zum höchsten Punkt neben dem eher unansehnlichen Turm. Es bieten sich schöne Blicke bis zum Schneeberg und ins Osterzgebirge. Zurück an der Gaststätte folgen wir dem roten Kreis weiter nach Osten, teils an der Steilkante entlang. Einmal führt der Weg dabei nach rechts über alte Steintreppen weiter abwärts. Nach Verlassen der Felsen geht es leicht links im Wald hinunter zu einem Querweg in einer Senke. Hier wenden wir uns nach links und erreichen einen Abzweig. Auf einer Tafel finden wir Infos zur Trekkingroute des Forststeiges, dessen Markierungen (senkrechter, gelber Strich an Bäumen, Steinen etc.) wir die nächsten 1,6 Kilometer folgen. Wir gehen hier nicht den Suppengrund hinunter, sondern folgen dem kleineren Weg am Hang weiter. Bei einer Bank kreuzt ein kleinerer Weg, hier folgen wir den Ausschilderungen zum Kleinhennersdorfer Stein geradeaus weiter. Beim LSG-Schild halten wir uns links zur Lichterhöhle. Der Weg führt links an einer ersten Felsgruppe vorbei, an deren Wandfuß die Hampelhöhle mit Taschenlampe erkundet werden kann. Gleich danach erreichen wir einen größeren ebenen Platz. Der Weiterweg mit den gelben Farbmarkierungen biegt hier rechts ein, wir aber machen den kurzen Abstecher zur **Lichterhöhle** ❹, 355 m, am Wandfuß.

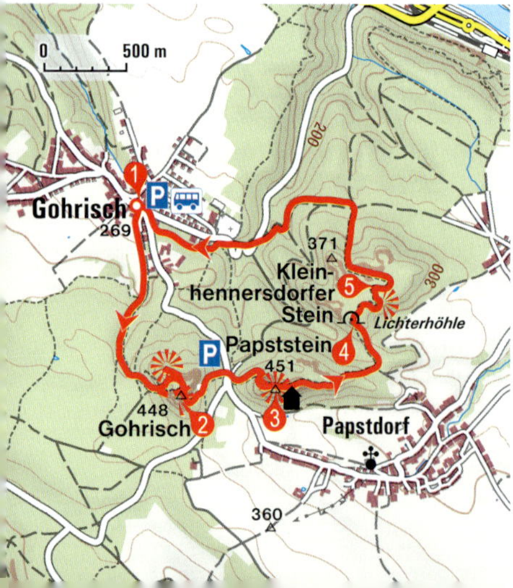

Vor uns liegt nun das bewaldete und stark zerklüftete Plateau des Kleinhennersdorfer Steins, der von einigen kleinen und unmarkierten Pfaden überzogen ist, die zu einsamen Aussichtspunkten führen, was die Orientierung anspruchsvoll macht. Wir halten uns an die gelben Farbstriche des Forststeigs und folgen dem Weg erst unter der Hangkante entlang schlängelnd und dann rechts haltend auf das Plateau hinauf, wo rechter Hand ein schöner Aussichtspunkt mit einer Bank liegt.

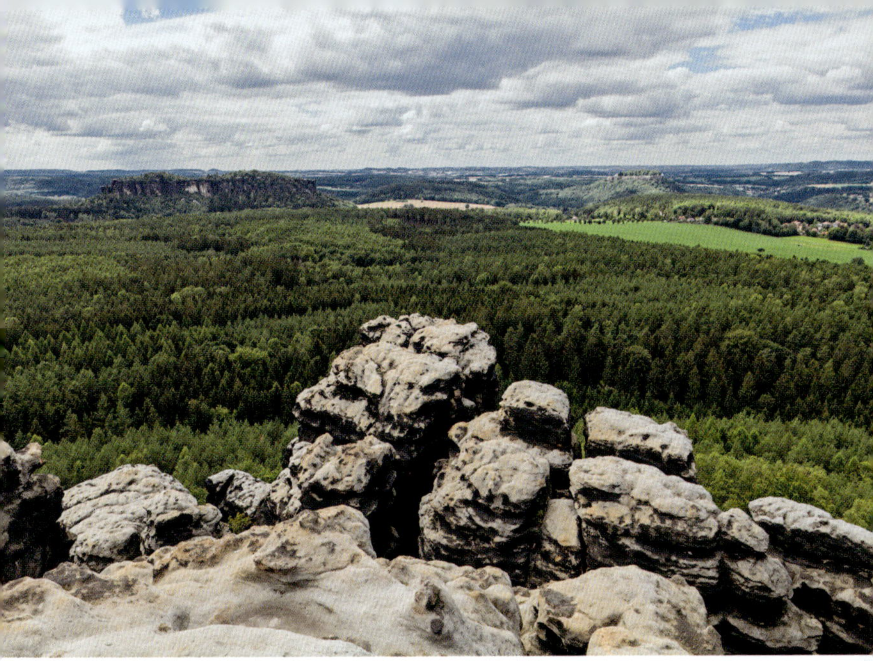

Blick vom Gohrisch Richtung Pfaffenstein und Festung Königstein.

Unser Weg mit den gelben Markierungen schlägt einen Haken zurück in den Wald und dann über Felsen wieder mehr rechts hinauf haltend zum höchsten Punkt des **Kleinhennersdorfer Steins ❺**, 392 m. Am höchsten Punkt liegt ein Felsblock im Wald. Bald danach biegt der Weg an einem Abzweig nach links in den stillen Grund der sogenannten Hölle ein. Am Ende der Schlucht führt der Weg rechts steil hinunter. Wir erreichen einen größeren Querweg, den Königsteiner Steig. Hier verlassen wir den Forststeig und wenden uns nach links. An der Gabelung folgen wir rechts dem kleineren Weg Richtung Kurort Gohrisch. Er schwenkt links in einen Talgrund hinab, den wir durchqueren. Anschließend erreichen wir im Wald eine Straße, überqueren diese und folgen gegenüber dem Wanderpfad hinauf. Am Ende gehen wir kurz an der Straße entlang und erreichen den Ortseingang von Gohrisch. Noch vor dem ersten Grundstück biegen wir links ab und hinter den Grundstücken gleich wieder rechts. Wir passieren den Rastplatz der Buschbank und halten uns an der nächsten Gabelung links. Bei einem orangefarbenen Haus erreichen wir die Straße nach Cunnersdorf, folgen dieser kurz hinunter und erreichen an der Kreuzung links haltend das **Ziel ❶**.

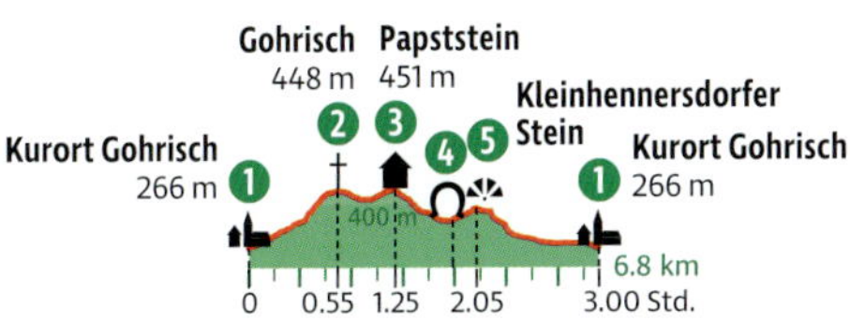

26 Quirl, 350 m, und Pfaffenstein, 435 m

Zum Wahrzeichen der Sächsischen Schweiz

2.30 Std. | 7,5 km | ↗300 m | ↘300 m

Im Reich der Barbarine

Für Wanderer ist der Pfaffenstein ein nahezu perfekter Tafelberg: Drei unterschiedlich anspruchsvolle, aber allesamt schöne Anstiege führen hinauf. Oben erwarten uns eine Berggaststätte, ein Aussichtsturm und beeindruckende Aus- und Fernblicke nach allen Seiten. Wer sich durch einen engen Felsdurchgang zwängt, wird mit einem atemberaubenden Blick auf eine der bekanntesten Felsgestalten der Sächsischen Schweiz belohnt: die elegante Nadel der Barbarine.

Auf dem Weg zum Pfaffenstein statten wir dem kleineren und weitaus weniger beachteten Nachbarberg, dem Quirl, einen Besuch ab. Das stark bewaldete Naturjuwel ist dennoch ein lohnendes Ziel: Grotten und bizarre Felsstrukturen am Wandfuß lassen uns ebenso staunen wie der schöne Blick auf den Ort Königstein oder den nahen Pfaffenstein.

Ausgangspunkt: Wanderparkplatz am Pfaffensteinweg in Pfaffendorf. Die Bushaltestelle »Vereinshaus« befindet sich an der Pfaffendorfer Straße, Linie 244a nach Königstein, nur wochentags vereinzelte Verbindungen.

Anforderungen: Zu meistern sind steile Stiegen, schmale Steige sowie enge Felsdurchgänge, extrem ausgesetzt ist die Tour jedoch nicht.

Karte: GeoSN Wanderkarte 1:25.000 Blatt 44 Königstein, Bad Gottleuba-Berggießhübel.

Varianten: 1. Statt dem Forststeig über den Quirl zu folgen, kann man diesen auch entspannt auf der Quirlpromenade umrunden und trifft am Kanonenweg wieder auf die Originalroute.
2. Anstelle des Klammweges kann man auch rechts den markierten bequemen Weg auf den Pfaffenstein wählen.

Einkehr: Gasthaus Zum Pfaffenstein, gasthaus-zum-pfaffenstein.de, Fr.–Di. 12–21 Uhr, Berggaststätte Pfaffenstein, April bis Oktober Do.–So. 11–17 Uhr. Bei widriger Witterung geschlossen.

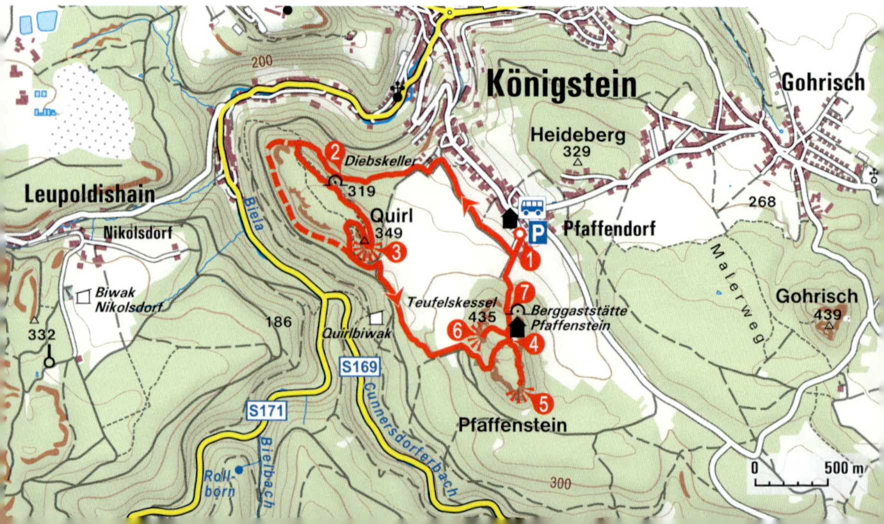

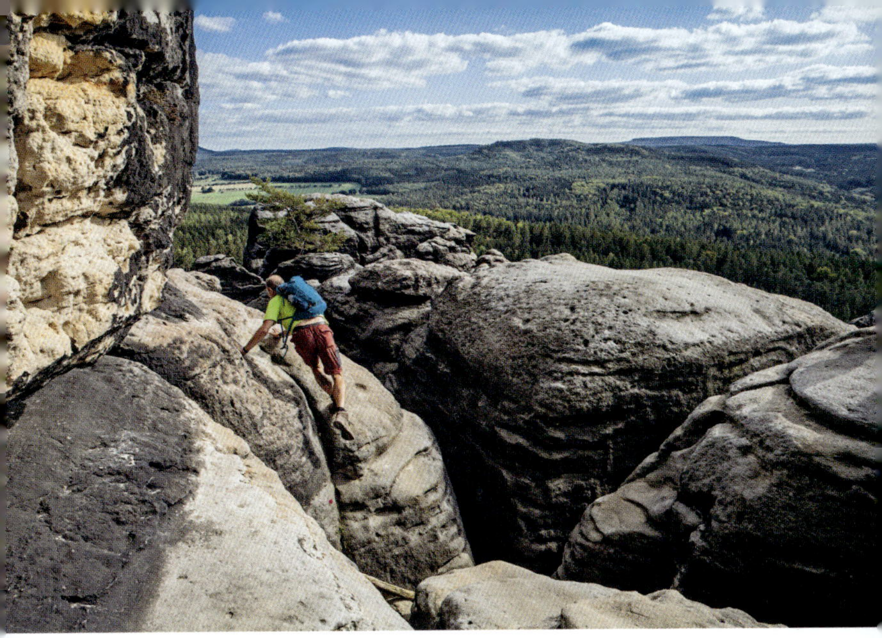

An der Südspitze des Gipfelplateaus auf dem Pfaffenstein.

Vom Parkplatz in **Pfaffendorf** ❶, 251 m, wandern wir am Gasthaus »Zum Pfaffenstein« vorbei zunächst geradewegs auf den Pfaffenstein zu. Hinterm letzten Anwesen wenden wir uns jedoch auf dem Feldweg nach rechts zum Quirl. An der Wegkreuzung beim Sportplatz gehen wir nach links und nach einer Kurve kurz an Gärten hinauf. Dahinter schwenkt die als Malerweg ausgewiesene Route halbrechts in den Wald hinein. Schräg über den Dreirutenweg hinweg und bald auf der Quirlpromenade folgen wir dem nun mit rotem Kreis markierten Weg. An einer Gabelung weisen uns die Markierungen links hinauf zu den Felsen. Wir gehen am Wandfuß ein paar Meter nach links und erreichen die große Felshöhle des **Diebskellers** ❷, 314 m. An interessanten Felsstrukturen vorbei folgen wir nun dem Weg am Quirl entlang nach rechts. 400 Meter nach der Höhle kreuzt der mit einem senkrechten gelben Farbstrich markierte Forststeig die Quirlpromenade. Hier biegen wir links ab und folgen dem Steig kurz über ein paar Stufen hinauf aufs Plateau (die Variante folgt hier weiter der Quirlpromenade am Felsfuß entlang). Dort angelangt biegen wir den gelben Markierungen des Forststeigs folgend sofort links ab. Mehr oder minder dicht am nördlichen Felsabbruch führt der Forststeig mit einigen Kurven auf dem Plateau durch den Wald. Vereinzelt bieten sich Fernblicke, z. B. auf den Lilienstein, an. Wir erreichen ein aussichtsreiches Felsplateau an der Spitze des **Quirls** ❸, 350 m, mit schönem Blick zum nahen Pfaffenstein. Der Forststeig macht hier einen Haken nach rechts und folgt dem südlichen Plateaurand nach Westen. Nach 200 Metern erreichen wir den historischen Kanonenweg und schwenken mit den Forststeigmarkierungen links hinunter. Steil geht es auf dem historischen Pflasterweg bergab zur Quirlpromenade.

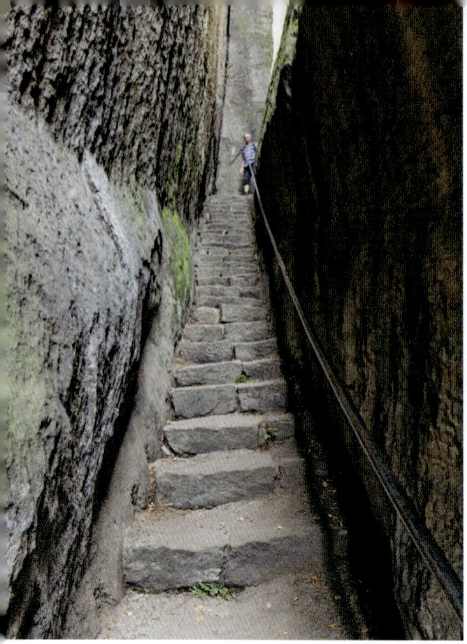

Schluchtaufstieg am Jäckelfels.

Wir wenden uns nach links und folgen wieder dem Malerweg (anfangs roter Kreis, später grüner Kreis) zum Pfaffenstein. Am Waldrand führt der Weg rechts hinunter. Nach einer Linkskurve zweigt unsere Markierung auf schmalerem Pfad links vom breiten Fahrweg ab. An einem Querweg folgen wir den Markierungen nach links und überqueren bald eine Wiese. Kurz danach geht es über die Pfaffensteinpromenade und wir halten uns an die grünen Markierungen und den Malerweg schräg hinauf. Nach einer Linkskurve erreichen wir die Felsen. Direkt unter der atemberaubend steilen Südwand des mit einer Plakette versehenen Jäckelfelsens teilt sich der Weg. Der bequeme und markierte Weg führt nach rechts unschwierig eine Felsschlucht hinauf aufs Plateau. Wir gehen aber ein paar Meter links hinüber, wo in einem Felswinkel der enge, aber nicht allzu schwierige Klammweg zwischen glatten Wänden hinaufführt.
Wir erreichen das Gipfelplateau direkt vor der **Berggaststätte Pfaffenstein ④**, 435 m, mit steinernem Aussichtsturm. Zunächst wenden wir uns nach rechts und folgen dem

Beeindruckende Felsstrukturen am Quirl.

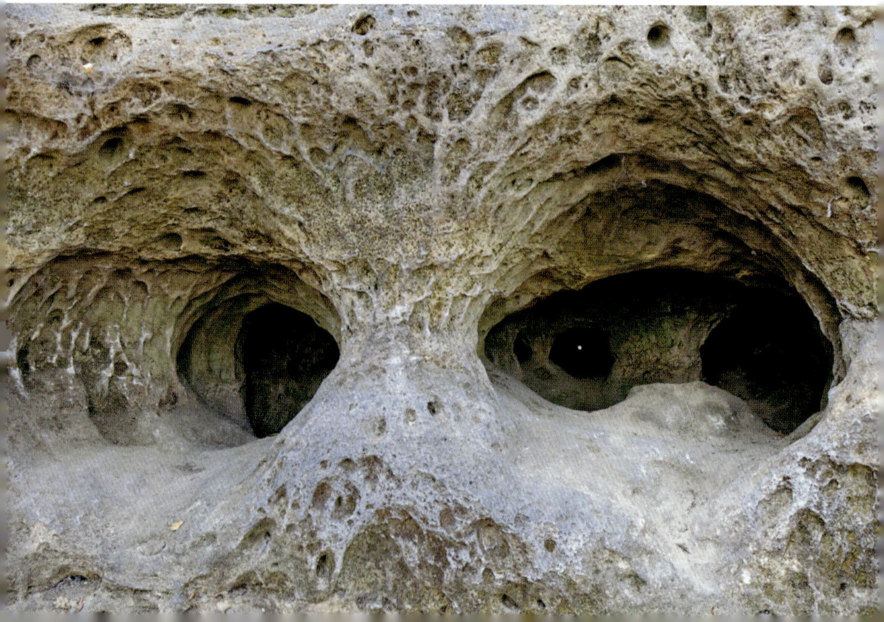

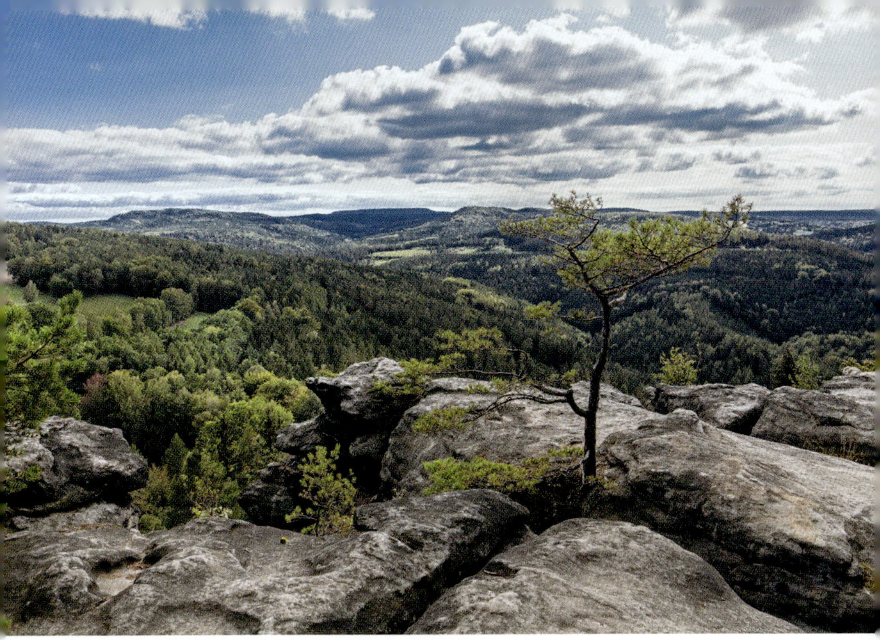

Blick vom Quirl zum Hohen Schneeberg (CZ).

Bergweg auf dem Pfaffenstein bis zu dessen Südspitze. Nach wenigen Metern passieren wir den Abzweig des bequemen Weges. Dann führt der Weg teils über ein paar Stufen über das Felsenplateau. Zum Schluss geht es etwa 20 Meter durch eine sehr enge Felsspalte. Wir erreichen ein aussichtsreiches Felsplateau. Links zweigt in einer weiteren Felsspalte der kurze Abstecher zum **Blick auf die Barbarine** ❺, 398 m, ab. Auf dem Rückweg folgen wir dem Weg auf dem Bergplateau am Berggasthaus weiter nach Norden. Kurz danach zweigt links ein weiterer beschilderter Stichpfad ab, der an interessanten Felsgebilden vorbei mit einer Linkskurve, am Ende über ein kurzes Brückchen, zur Aussicht am **Teufelskessel** ❻, 412 m, führt. Dabei handelt es sich um ein kleines Felsbassin. Weitere Abstecher vom Hauptweg führen rechts zu Aussichtspunkten an der Nordostseite des Berges. Am nördlichen Ende des Plateaus führt der Weg leicht nach links zum Einstieg ins **Nadelöhr** ❼, 420 m. Auf steilen Leitern und unter eingeklemmten Felsblöcken steigen wir ab. Bald ist der Wandfuß erreicht. Wir folgen dem Weg zum Waldrand und weiter hinunter nach **Pfaffendorf** ❶.

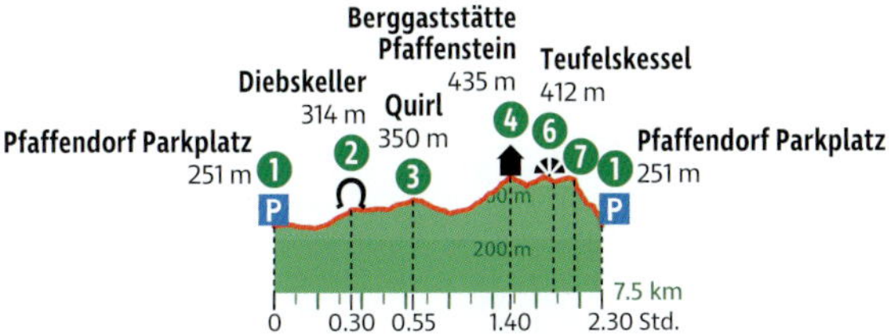

27 Lilienstein, 419 m

Dominanter Tafelberg auf der rechten Elbseite

2.00 Std. | 6,0 km | ↗ 280 m | ↘ 280 m

Markante Felsbastion hoch über Königstein

Der Lilienstein ist nicht zu übersehen: 280 steile Meter erhebt er sich über dem Elbtal. Wie ein Bollwerk steht er dem Fluss im Weg, so dass sich die Elbe im Dreiviertelkreis um den Gipfel schlingen musste. Die Tour von Königstein startet mit einer kurzen Fährpassage. Dann geht es sofort zur Sache, nach dem ersten Steilanstieg ist auf dem Plateau der Ebenheit nur kurzes Durchatmen angesagt. Über steile Pfade und Treppen führt der Steig von Norden auf den Lilienstein. Zur Belohnung gibt es am ebenen Gipfelplateau einen Aussichtspunkt nach dem anderen und die Felsbaude lädt zum Rasten ein. Den schönsten Tiefblick und kühne Felskletterer gibt es an der Westecke zu bestaunen.

Ausgangspunkt: Bahnhof Königstein an der S-Bahnlinie S1 von Dresden nach Bad Schandau. Parkplätze im Zentrum entlang der Eisenbahnbrücke sowie an der Bielatalstaße. Fährzeiten ganzjährig Mo. – Fr. 4:30 – 22:45 Uhr, Sa. und So. 5:30 – 22:45 Uhr.
Anforderungen: Kurze Tour mit steilen, aber nicht wirklich prekären Auf- und Abstiegen über Treppen und Pfade.
Karte: GeoSN Wanderkarte 1:25.000 Blatt 43 Sächsische Schweiz/Pirna, Königstein.
Einkehr: Felsbaude Lilienstein, Fr. – Mo. 11 – 17 Uhr, Sa. bis 21 Uhr; Panorama-Hotel Lilienstein, hotel-lilienstein.de; weitere Einkehrmöglichkeiten in Königstein.

Die Aussichtsplattform an der Westecke des Liliensteins.

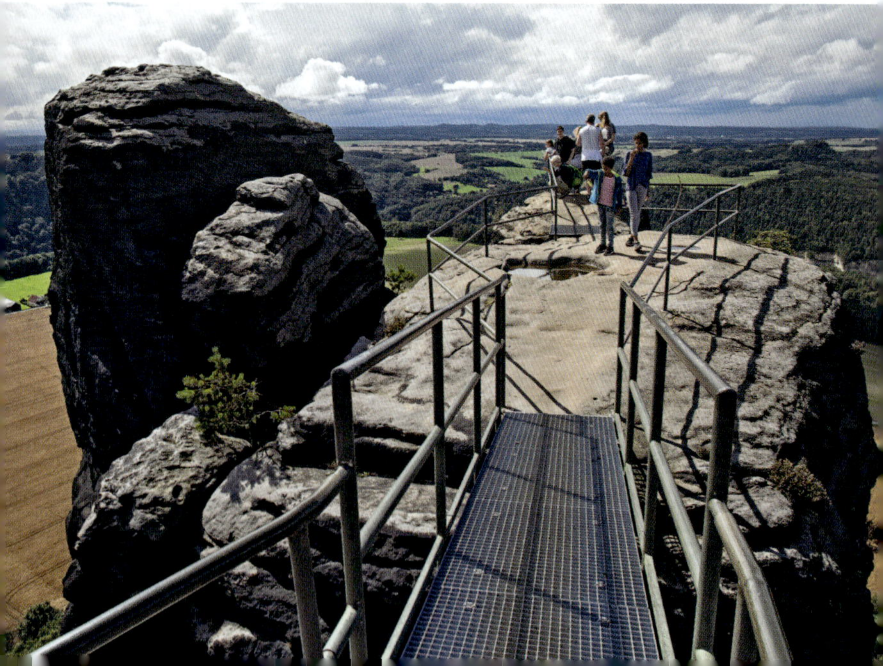

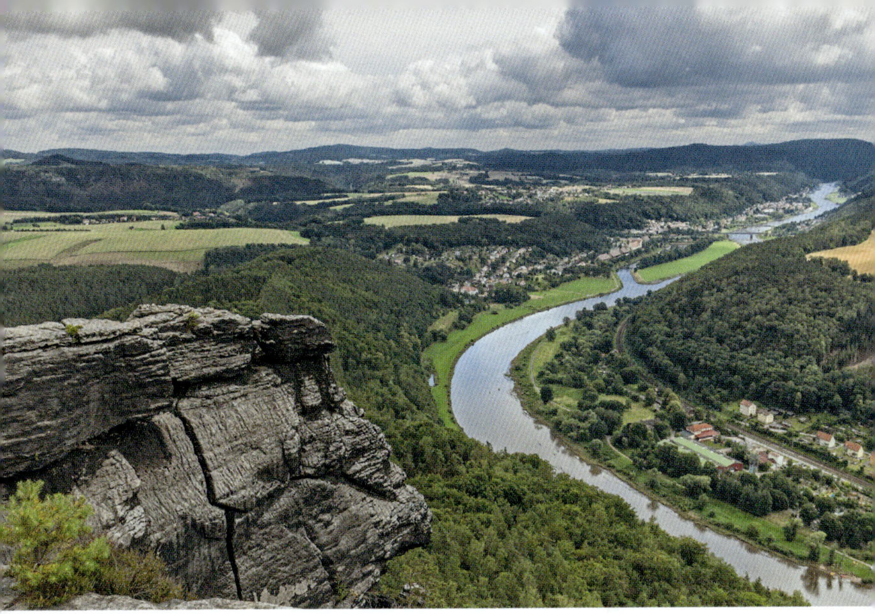

Bad Schandau und die Elbe liegen dem Lilienstein zu Füßen.

Wir starten am **Bahnhof Königstein** ❶, 142 m und folgen der Elbe kurz stromabwärts bis zum Fähranleger, wo wir nach **Halbestadt** ❷, 138 m, übersetzen. Wir gehen am Ufer kurz nach links und biegen gleich wieder rechts ab, der Weg ist weiß-blau-weiß markiert, der Lilienstein ist ausgeschildert. An der Hochwassermarke von 2002 vorbei führt der Betonweg hinauf. Nach kurzen, steilen Kehren folgen wir am Abzweig zum Südaufstieg vorbei den Beschilderungen zum Nordaufstieg rechts ansteigend weiter. Wir erreichen ein Plateau und folgen dem Weg geradeaus mit Blick auf den Lilienstein am Waldrand weiter. An einer Wegkreuzung unter dem Materiallift folgen wir dem breiten und beschilderten Weg halbrechts weiter. Bald links haltend erreichen wir den Beginn des **Nordaufstiegs** ❸, 268 m. Der Wegweiser und Markierungen leiten uns scharf links hinauf. Bald schlägt der Weg einen Haken und bringt uns unter den Gipfelaufbau auf der Nordseite. Der finale Gipfelanstieg kündigt sich mit Geländern und Stahltreppen an. Wir erreichen das Gipfelplateau und wenden uns, den Nordabbrüchen folgend, sogleich nach links. Bald erreichen wir linker Hand den ersten Aussichtspunkt an der Nordostecke des Liliensteins. Wir folgen dem Weg an der Steilkante kurz nach Süden und kommen zum **Obelisken auf dem Lilienstein** ❹,

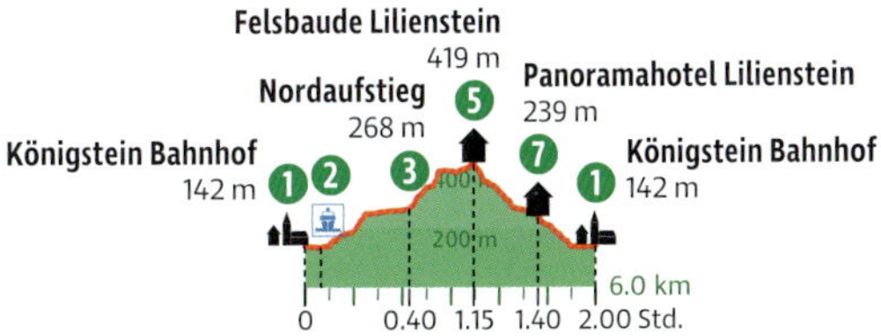

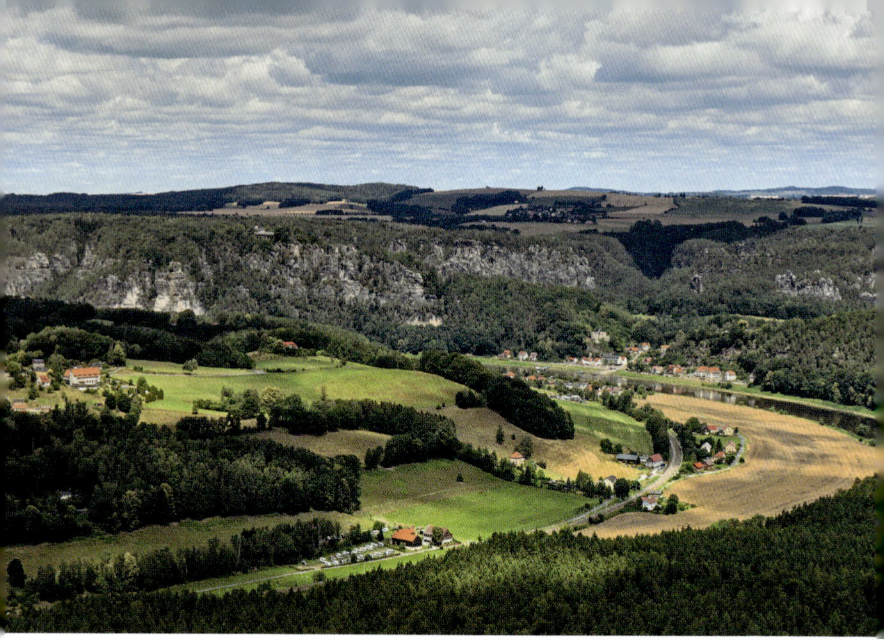

Blick vom Lilienstein Richtung Bastei.

390 m, mit beeindruckendem Tiefblick auf die Elbe.

Der Weiterweg folgt nun dem Weg an der Südkante nach Westen mit einigen, teils ungesicherten Aussichtspunkten zum nächsten Denkmal, das 1889 zum 800-jährigen Bestehen des Königshauses Wettin in Sachsen errichtet wurde. 50 Meter dahinter erreichen wir die **Felsbaude Lilienstein** ❺, 410 m. Wir folgen dem Weg auf dem Plateau weiter nach Westen. In einer kleinen Senke zweigt der Südabstieg ab, wir aber gehen zunächst den versicherten Felssteig noch kurz geradeaus weiter bis zur fantastischen Aussicht an der **Lilienstein-Westecke** ❻, 359 m. Wir schauen zur Bastei und überblicken das Elbtal über Pirna hinweg bis Dresden. Anschließend steigen wir über besagten Südabstieg steile Stiegen hinunter. In Kehren erreichen wir über einen Querweg hinweg den Waldrand. Mit der Festung Königstein als Kulisse gelangen wir geradewegs über Felder zum **Panoramahotel Lilienstein** ❼, 239 m. Hier gehen wir kurz auf dem Fahrweg nach links und gleich wieder rechts den weiß-blau-weiß markierten Weg Richtung Fähre hinunter. Im Wald links und bald auf bekannten Weg rechts hinunter gelangen wir zur Fähre und schließlich zum **Ausgangspunkt** ❶.

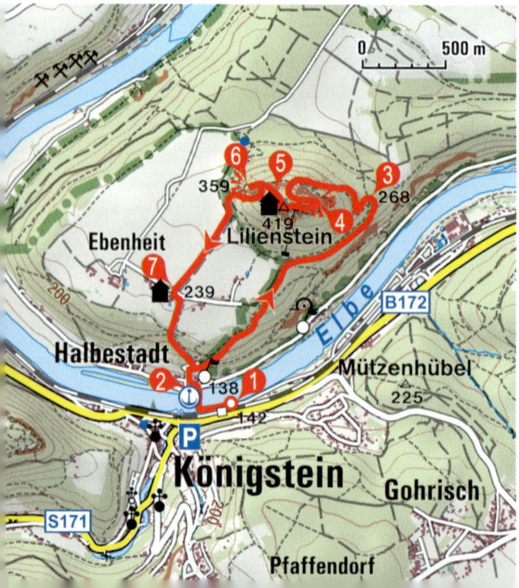

Gamrig, 253 m

Kleine Aussichtsloge mit großem Panorama

1.30 Std. | 4,6 km | ↗100 m | ↘100 m

Perfekte Minirunde zum Sonnenuntergang

Ob Bastei, Amselsee oder Schwedenlöcher: Rathen ist nicht ohne Grund der meistbesuchte Urlaubsort in der Sächsischen Schweiz. Eine schöner Aussichtspunkt etwas abseits des Trubels ist der Gamrig und ein freistehender Gipfel dazu. Besonders abends, wenn die Tagesausflügler längst auf dem Heimweg sind, kann man hier schöne Sonnenuntergänge über dem Elbtal bewundern. Unsere kleine Runde startet am Ziegenrücken und nähert sich dem Felsmassiv »von hinten«, die richtige Tour für all jene, die dem Trubel in Rathen entgehen wollen.

Ausgangspunkt: Ziegenrückenstraße, Parkplatz am Füllhölzelweg. Haltestelle »Wanderweg nach Kurort Rathen« mit Bus 253, am Wochenende zweimal täglich Verbindung nach Bad Schandau.
Anforderungen: Überwiegend leichte Wege, allerdings erfordern einige steile Treppen und ein unversichertes Gipfelplateau Trittsicherheit.
Karte: GeoSN Wanderkarte 1:25.000 Blatt 43 Sächsische Schweiz/Pirna, Königstein.
Einkehr: Auf der Tour keine, aber mit kurzem Abstecher ins Zentrum von Rathen großes gastronomisches Angebot.

Abendsonne über der Elbe bei Rathen.

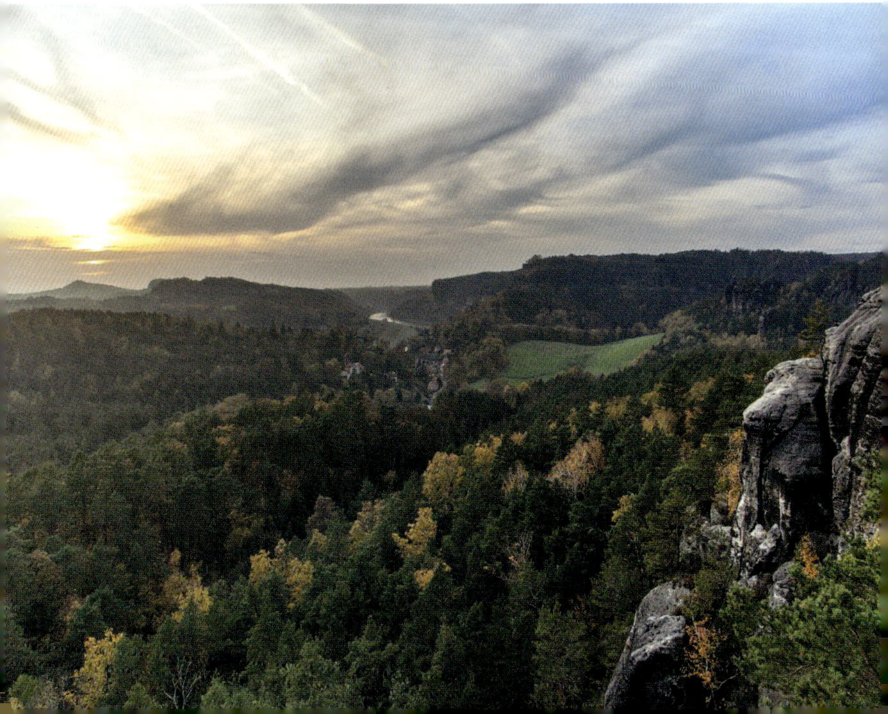

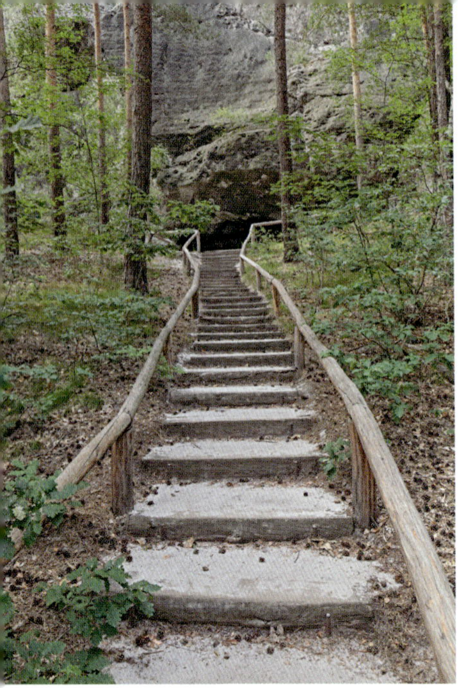

Kurz vor der Gamrighöhle.

Vom **Parkplatz Füllhölzelweg ❶**, 215 m, starten wir auf dem gleichnamigen Weg, weiß-rot-weiß markiert, gen Westen im Wald hinunter. Der Markierung folgen wir 1,8 km nach Rathen hinunter. Eine Kehre des breiten Fahrweges kürzt der Wanderpfad geradeaus ab. Wir passieren einige Tal- und Wegeinmündungen. Dann erreichen wir die ersten Garagen von Rathen und einen Parkplatz. Anschließend biegen wir an der Tourist-Info – »Haus des Gastes« – und der **Feuerwehr ❷** links auf die Talstraße ab. Die Ortsmitte von Rathen liegt hier wenige Minuten talabwärts.

Bereits nach 40 Metern biegen wir vor dem gelben Haus Bergfried links in einen Wanderweg ab, Waltersdorf ist ausgeschildert. Sehr bald lassen wir die Häuser von Rathen hinter uns zurück. Am Waldrand entlang genießen wir einen schönen Blick auf die Felsgruppen der Honigsteine und des Gansmassivs. Der Weg schwenkt rechts in den Wald und wir erreichen allmählich ansteigend die Rathener Straße. Bevor wir hier scharf links abbiegen, machen wir links zunächst

Blick vom Gamrig übers Polenztal zur Brandaussicht.

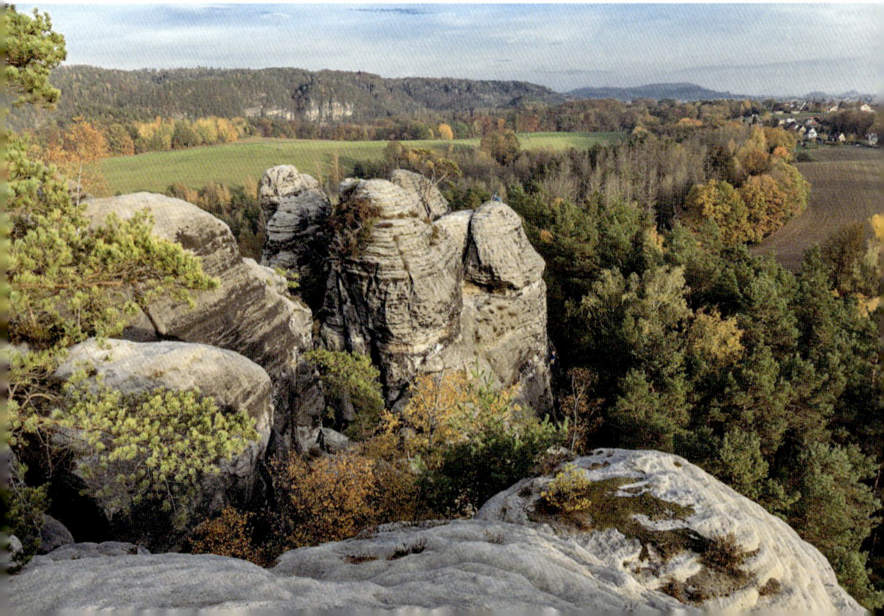

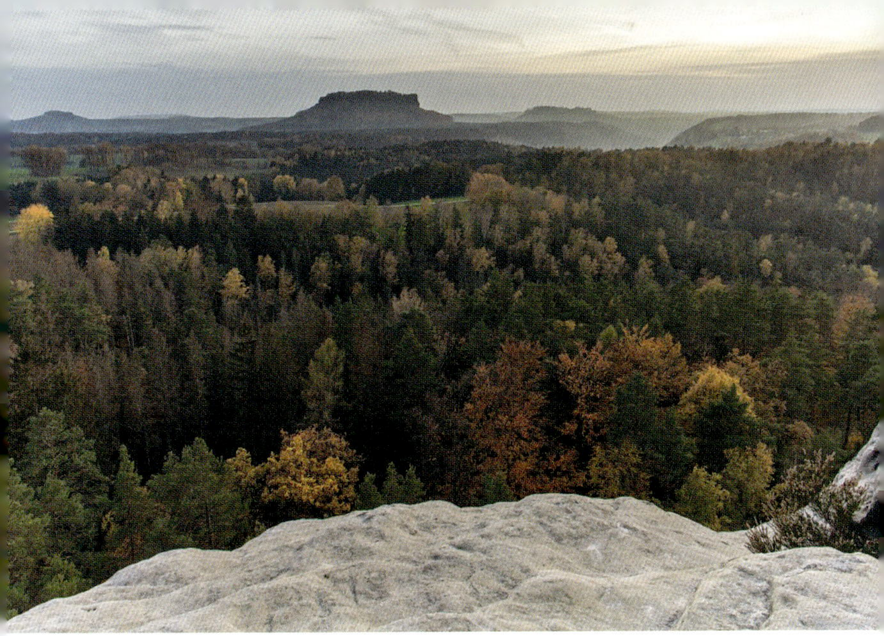

Abendlicher Blick vom Gamrig zum Lilienstein.

den kurzen Abstecher zur **Gamrighöhle 3**, 219 m am Fuß des bereits sichtbaren Felsmassivs. Von dort zurück folgen wir nun dem Gamrigweg im Uhrzeigersinn ums Massiv herum, an einer Gabelung rechts haltend, bis nach 120 Metern der beschilderte Aufstieg zum Gamrig abbiegt. An mehreren Kletterfelsen vorbei führt der Treppenanstieg mit einer kurzen S-Kurve hinauf zum Gipfelplateau. Vorsicht: Es gibt kein Geländer. Der höchste Punkt des **Gamrigs 4**, 253 m, liegt linker Hand und erfordert etwas Kraxelei. Das Panorama umfasst den Rathener Felskessel, Lilien- und Königstein, die Brandaussicht u. v. m.

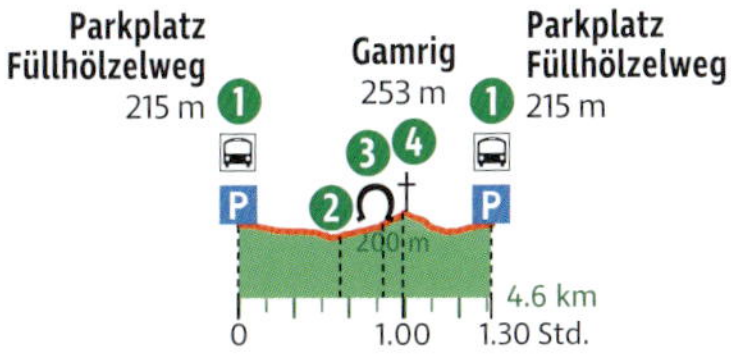

Wir steigen hinunter zum Abzweig und folgen dem Gamrigweg, anfangs weiter im Uhrzeigersinn um die Ausläufer des Gamrigs herum. Anschließend macht der Weg einen Bogen nach links (Norden). Am nächsten Abzweig biegen wir rechts ab und steigen hinab zu einem Querweg in einem Talgrund. Wir wenden uns nach links und erreichen bald den Füllhölzelweg, dem wir rechts hinauf zum **Parkplatz 1** folgen.

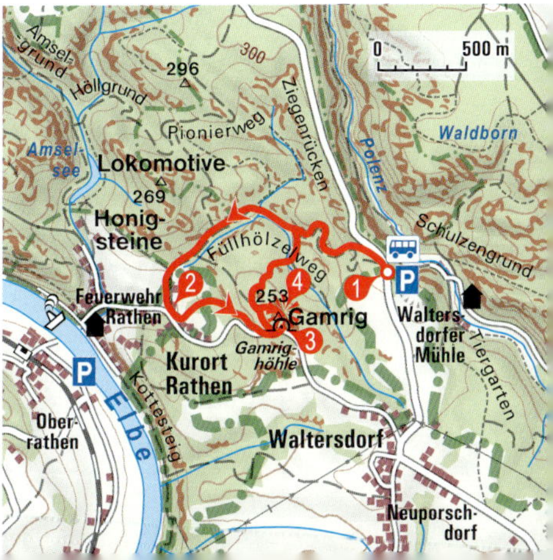

29 Rauenstein, 305 m

Kleiner Gipfel mit großem Erlebniswert

1.45 Std. | 4,9 km | ↗180 m | ↘180 m

Kurzweilige Steige im Angesicht der berühmten Bastei

Von Dresden kommend ist der Rauenstein eines der ersten Wanderziele, das sich als Eingangstor in die Zauberwelt der Sandsteinfelsen präsentiert. Und was für eines: Die scheinbar bescheidene Höhe von knapp über 300 Metern darf nicht darüber hinwegtäuschen, dass wir hier fast 200 Meter über dem Pegel der Elbe stehen und die berühmte Bastei vis-á-vis ebenso bewundern dürfen wie eine Reihe von imposanten Tafelbergen – allen voran den Lilienstein und die Festungsanlage des Königsteins. Enge Felsschluchten bietet die Tour ebenso wie eine felsige Kammüberschreitung. Und nicht zu vergessen: die Einkehr in der gemütlichen Gipfelbaude.

Ausgangspunkt: Bahnhof Kurort Rathen, S-Bahn Linie 1 nach Pirna, Dresden bzw. Richtung Bad Schandau. Großer kostenpflichtiger Parkplatz ca. 150 m östlich davon am Elbufer.
Anforderungen: Wege und Steige von mäßiger Schwierigkeit. Einige Treppen und felsige Abschnitte.
Karte: GeoSN Wanderkarte 1:25.000 Blatt 43 Sächsische Schweiz/Pirna, Königstein.
Einkehr: Berggaststätte Fels Rauenstein, April – Oktober tgl. 10 – 18 Uhr, fels-rauenstein.de, Pension und Restaurant Laasenhof, Mi. – So. 12 – 21 Uhr, laasenhof.de, Bergpension Laasenperle, tgl. 15 – 20 Uhr, laasenperle.de.

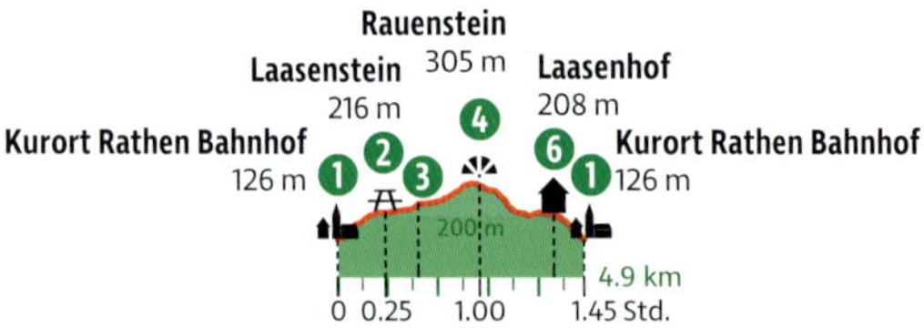

Wir starten am **Bahnhof Kurort Rathen ❶**, 126 m, und folgen bis zum sogenannten Laasenhaus zunächst den weiß-rot-weißen Markierungen: Am Bahnübergang gehen wir kurz den Elbweg hinauf, dann auf dem Pötzschaer Weg nach rechts und sogleich vorm Gästehaus Felsengrund links hinauf. Nach einer Kehre gewinnt der Weg rasch an Höhe, bald durch den Wald. Den Waldrand zur Linken führt der markierte Weg im Bogen hinauf zum bereits sichtbaren Haus Laasenstein an der gleichnamigen kleinen Felsformationen. Am Ende des Grundstücks führt der Weg rechts in den Wald hinein und anfangs am eingezäunten Grundstück entlang. Rechts wird über ein paar Stufen oberhalb des Weges ein schöner Rastplatz am **Laasenstein ❷**, 216 m, erreicht.

Zurück auf dem Wanderweg folgen wir den Markierungen noch ein paar Meter, dann zweigt der markierte Wanderweg links ab. Wir gehen aber stattdessen den Waldweg, bald links an einer großen Lichtung entlang,

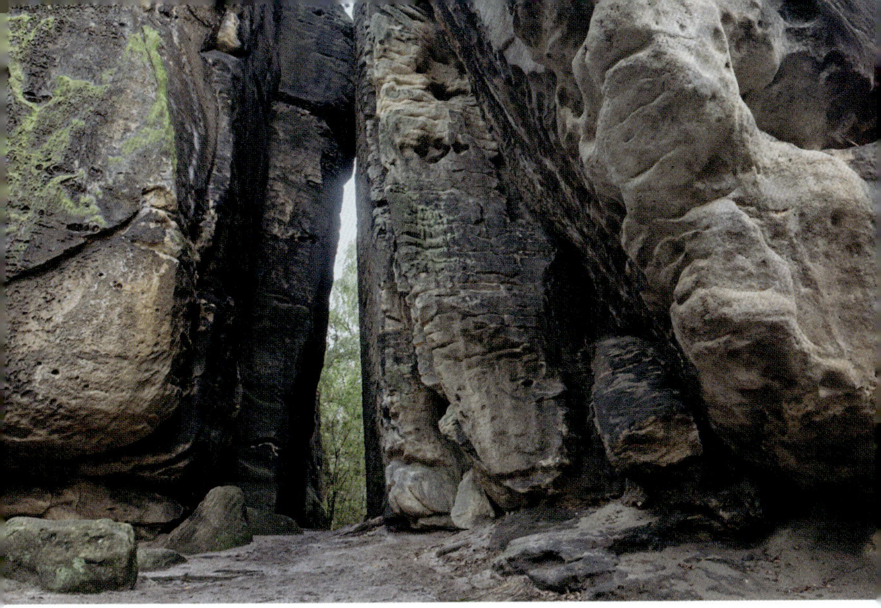

Felsentor am Rauensteinturm.

geradeaus weiter. Danach führt der Weg in den Wald hinein und wenige Meter danach zweigt unser Weiterweg links hinauf zu den bereits sichtbaren Felsen ab. Wir erreichen ein schmales **Felsentor ③**, 243 m, und gehen direkt hindurch. Am Rauensteinturm lassen sich oft Felskletterer aus der Nähe beobachten. Hinter dem Felsen wenden wir uns nach rechts und folgen dem Pfad, bald unter den mächtigen Felswänden zur Linken durch den Wald. Er führt hinauf zu einem Sattel zwischen den Felsen. Wir steigen unter einem Felsblock hindurch und wenden uns nach links zwischen den Felsmassiven leicht bergab. Auf dieser Seite des Felsriffs erreichen wir einen Pfad, den wir überqueren. Es geht geradewegs 30 Meter hinab in den Bärengrund und anschließend den Pfad rechts den Talgrund hinunter. Nach etwa 100 Meter führt der Weg zwischen zwei Felsklötzen hindurch, Dahinter zweigt links hinauf ein weiterer unmarkierter Pfad ab. Diesem folgen wir, sanft ansteigend, erst nach rechts zwischen ein paar Felsen im Wald hindurch, später mehr links haltend in flacheres Gelände. Der Weg windet sich durch recht dichte Vegetation und wir erreichen den breiten, weiß-gelb-weiß markierten Rauensteinweg. Diesem folgen wir nun links hinauf zum felsigen Kamm des Rauensteins. Mit Beginn der Felsen bieten sich nun immer wieder zu beiden Seiten interessante Aus- und Tiefblicke, auf die Bastei, die Bärensteine sowie auf Lilien- und Königstein. Kurze, teils unversicherte Abstecher führen zu schönen Aussichtspunkten. Der Weg führt immer wieder über ein paar Treppen und ist teils mit Geländer versichert. Nach einer Weile geht es, gut mit Markierungen versehen, ein paar Meter nach links über eine Felskuppe und anschließend über Treppen auf der linken (nördlichen) Seite des Felsgrates weiter. Wir passieren den höchsten Punkt des **Rauensteins ④**, 305 m, und steigen eine Treppe hi-

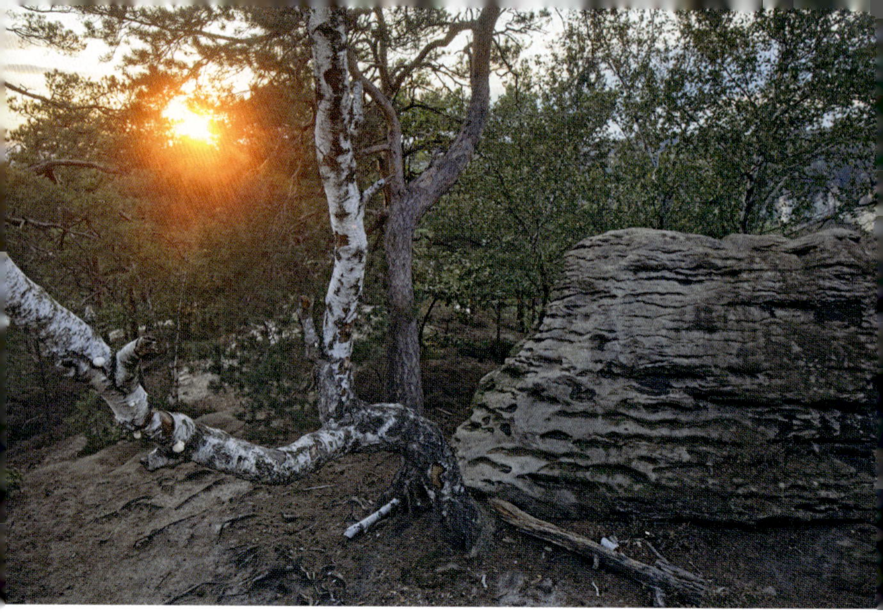

Sonnenuntergang auf dem Kammweg am Rauenstein.

nunter zu einem breiten Sattel. Links weist eine Hinweistafel auf die Erschließung des Rauensteinwegs hin. Gleich danach geht es über Treppen ein letztes Mal hinauf, wo nach wenigen Metern rechts der Abstecher zur **Berggaststätte Fels Rauenstein ❺**, 289 m, abzweigt, die mit einem letzten schönen Aussichtspunkt vom Ostende des Felsriffs aufwartet. Zurück am Abzweig folgen wir dem markierten Weg auf der Nordseite des Massivs über Stufen in zwei langen Bögen hinunter an den Fuß der Felsen. Ab der Talstation des Lastenaufzuges folgen wir wieder den weiß-rot-weißen Markierungen kurz geradeaus und dann an der Gabelung links haltend den flachen Talgrund im Wald hinunter. Nach einer Weile kreuzen wir ein kleines Trockental, hier führt der markierte Weg rechts ansteigend wieder etwas hinauf. Wir erreichen unterm Laasenstein den Hinweg und folgen diesem kurz nach rechts. Am Waldrand verlassen wir die bekannte Route wieder und gehen dem Weg am Feldrain entlang nach rechts. Nach der Rechtskurve halten wir uns links und folgen dem Asphaltweg über die Wiese zum bereits sichtbaren **Laasenhof ❻**, 208 m. Das Sträßchen führt erst links und dann rechts an weiteren Gästeunterkünften vorbei hinunter. Links geht es weiter zur Einkehr der Laasenperle und direkt davor führt zwischen Hecken der gut ausgebaute Stufenweg hinunter nach Rathen. Durch eine Siedlung geht es geradewegs hinunter, am Ende kurz nach links, bis nach 50 Metern rechts der Bahnhof Kurort **Rathen ❶** erscheint.

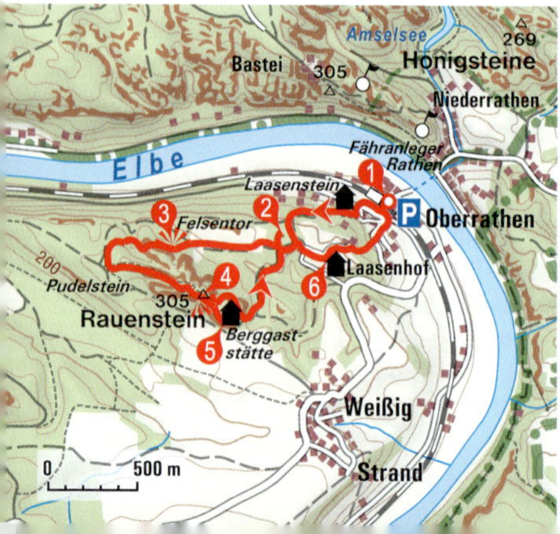

Cottaer Spitzberg, 391 m

Unterschätzter Gipfel mit starker Aussicht

30

3.15 Std. | 11,5 km | ↗200 m | ↘200 m

Unterwegs zwischen Vulkanberg und Sandsteinriffen

Der Spitzberg ist ein alter Vulkan, von dessen kleinem Gipfelplateau das Elbsandsteingebirge zum Greifen nah erscheint. Der Berg ist von Großcotta nicht zu übersehen und auf direktem Weg schnell erstiegen. Die hier vorgestellte Runde nähert sich dem Gipfel jedoch auf Umwegen. Zunächst kehren wir ihm den Rücken und statten den Sandsteinkliffen oberhalb von Berggießhübel einen Besuch ab. Die Runde bietet ruhige Waldabschnitte, ein paar sehenswerte Felsformationen und den aussichtsreichen und unerwartet steilen Basaltgipfel als Finale.

Ausgangspunkt: Großcotta, Parkplatz am Wendeplatz. Busverbindung Linie 219 nach Pirna. Die Bushaltestelle Wendeplatz wird nur sehr selten angefahren, die 500 m westlich gelegene Haltestelle Heidekrug etwa stündlich.
Anforderungen: Überwiegend leichte und bequeme Wanderwege und Pfade. Am Gipfelaufbau des Cottaer Spitzberges sind steile Stufen und eine Leiter zu absolvieren.
Karte: GeoSN Wanderkarte 1:25.000 Blatt 44 Königstein, Bad Gottleuba-Berggießhübel.
Einkehr: Heidekrug 500 m westlich von ❶, heidekrug-cotta.de, tgl. ab 11 Uhr.

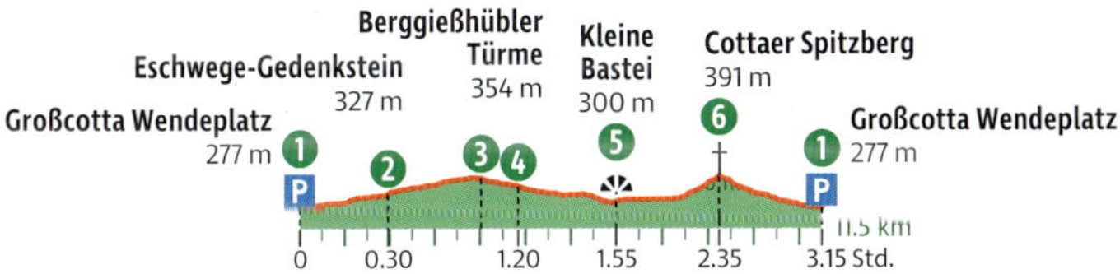

Wir starten am **Wendeplatz Cotta** ❶, 277 m, und folgen der Dorfstraße wenige Meter hinunter. Am Ende eines Grundstücks biegen wir rechts ab in einen Fahrweg. Diesem folgen wir etwa 1 km an einer Gartenanlage entlang und über Wiesen hinweg leicht bergan. Unser Ziel, den Spitzberg, lassen wir zunächst links liegen. Wir erreichen eine Landstraße bei einer etwas unübersichtlichen Kuppe und gehen an der Straße ein kurzes Stück nach rechts. Bei nächster Gelegenheit biegen wir links auf einen Feldweg ab und sofort an der Waldecke wieder nach rechts. Wir folgen dem Weg parallel zum Waldrand, bis wir nach einer großen Wiese einen breiten Fahrweg erreichen. Anfangs an der Wiese entlang, wenden wir uns auf dem Fahrweg nach links. Vorm Ende der Wiese zweigt rechts ein kurzer unmarkierter Abstecher

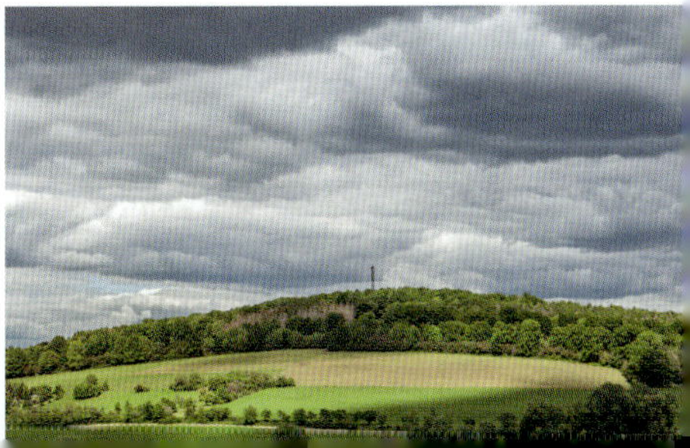

Gleich zu Beginn bestimmt der Cottaer Spitzberg das Panorama.

in den Wald zum bereits sichtbaren **Eschwege-Gedenkstein** ❷, 327 m, ab. Diese Nachbildung eines Steinzeitgrabes ist einem im Ersten Weltkrieg gefallenen Offizier gewidmet.
Nach 700 Metern mündet der Fahrweg bei einem großen Wegweiser in einen Querweg ein, hier wandern wir nach rechts. Wir erreichen eine Fünfer-Wegkreuzung und biegen auf den zweiten Weg nach links ab, der mit einem grünen Kreis markiert ist. Diesen Markierungen folgen wir nun für die nächsten 3,5 Kilometer. Auch die Felsenbrücke ist ausgeschildert. Wir gehen 500 Meter geradeaus durch den Wald, bis der ausgeschilderte und markierte Weiterweg links abbiegt. 150 Meter danach folgen wir vor einer Lichtung den Markierungen am Abzweig nach rechts. Bald erreichen wir einen Plateaurand. Hier wendet sich der Weg nach links. An zerklüfteten Sandsteinfelsen entlang erreichen wir die **Felsenbrücke** ❸, 383 m, mit künstlichen Stufen. Unter uns steht ein steiler Klettergipfel.
Nach einigen Felsformationen schwenkt der Weg auf dem Plateau erst nach links und dann wieder etwas nach rechts. Wir erreichen eine beschilderte Wegkreuzung. Ein Weg führt rechts nach Berggießhübel hinunter, wir aber gehen dem leichten Rechtsbogen folgend den markierten Weg auf dem Plateau weiter. Bald führt der Weg wieder auf der felsigen und zerklüfteten Steilkante entlang. Bei den Kletterfelsen der **Berggießhübler Türme** ❹, 354 m, laden Bänke zum Rasten ein. Der Felskante weiter folgend, erreichen wir oberhalb einer Kurve die Straße am Oberen Ladenberg. Wir überqueren die Straße und folgen dem Weg am Siedlungsrand geradeaus weiter. Wieder im Wald, bleiben wir an einer Gabelung auf dem linken Weg. Bald erreichen wir eine weitere Fünfwegekreuzung. Hier verlassen wir die Markierungen mit dem grünen Kreis.
Statt den Wegweisern zu folgen, wählen wir den zweiten Weg von rechts. Er führt leicht bergab. Beiderseits ist er bald von Zäunen gesäumt.

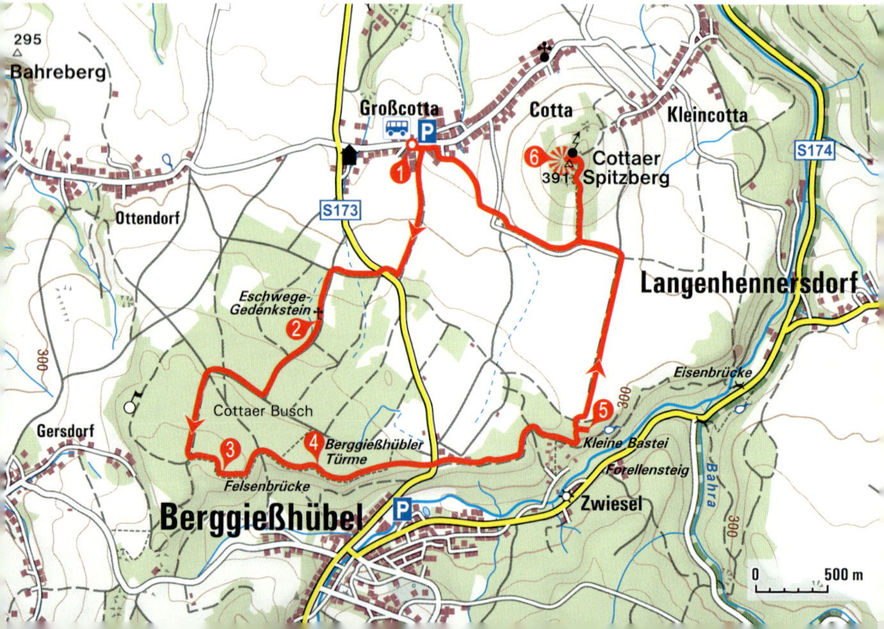

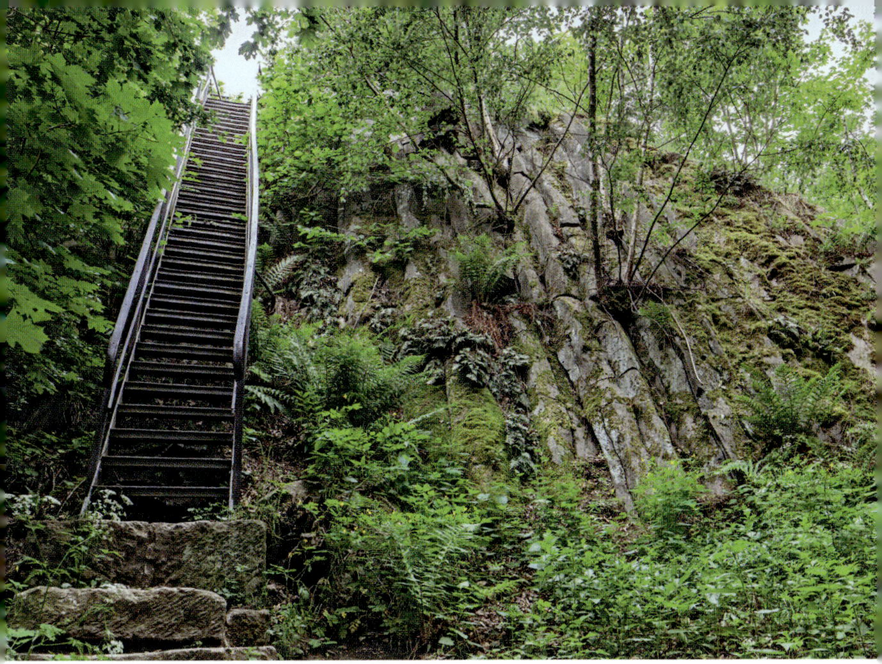

Finale Gipfeltreppe am Cottaer Spitzberg.

An der nächsten Gabelung halten wir uns links. Etwa 100 Meter danach mündet von rechts hinten ein Weg ein. Gleich darauf zweigt links unser unscheinbarer Pfad zu Felsen hinauf ab. An malerischen Blöcken vorbei erreichen wir über alte Stufen einen Querweg. Bevor wir uns scharf nach links wenden, können wir zunächst noch ein paar Schritte weiter gehen, zur zugewachsenen, aber dennoch idyllischen Aussicht der **Kleinen Bastei** **5**, 300 m.

Der Weiterweg biegt bald nach rechts zum nahen Waldrand. Hier wenden wir uns nach rechts und schwenken sogleich links in einen schnurgeraden Feldweg ein, der zum Spitzberg führt. Nach 1,1 Kilometern wenden wir uns an der Wegkreuzung unterm Spitzberg nach links. Bei der Bank an einer Waldecke beginnt der beschilderte Aufstieg rechts zum Gipfel: Wir gehen erst einen Wiesenpfad am Waldrand entlang und erreichen dann im Wald einen Querweg. Diesem folgen wir kurz nach rechts und verlassen ihn sogleich wieder links einen Pfad hinauf. Direkt nach dem Funksendemast biegen wir links ab. Über ein paar Steinstufen und eine Metalleiter erreichen wir den **Cottaer Spitzberg** **6**, 391 m, mit der Triangulationssäule. Er bietet ein schönes Panorama, nur der Blick auf die Festung Königstein wird durch den Sendemast gestört. Wir gehen zurück bis zum Abzweig an der Waldecke und folgen nun dem Fahrweg weiter nach Westen Richtung Großcotta. Über Felder erreichen wir einen Fahrweg. Auf diesem gehen wir kurz nach rechts. Dann biegen wir gleich wieder links ab und folgen dem Weg in den Ort hinein. An ersten Anwesen vorbei erreichen wir das Tor eines landwirtschaftlichen Betriebs. Hier halten wir uns rechts auf dem Betonweg und folgen schließlich der Dorfstraße links hinauf zum **Ziel** **1**.

31 Wilisch, 476 m, und Finckenfang, 394 m

Zwischen Osterzgebirge und Sächsischer Schweiz

TOP | 3.30 Std. | 12,6 km | ↗350 m | ↘350 m

Zweifaches Gipfelglück mit viel Abwechslung

Wo heute Kühe weiden, tobten vor 260 Jahren schwere Gefechte. Die Schlacht bei Maxen war ein Höhepunkt des Siebenjährigen Krieges. Das baumlose Gipfelplateau des Finckenfang trägt den Namen jenes preußischen Generals, der nach verlorener Schlacht hier oben von den Gegnern gestellt wurde. Anders als er können wir heutzutage unbeschwert das umfassende Panorama übers Elbtal, das Osterzgebirge und die Tafelberge der Sächsischen Schweiz genießen. Auf dem Weg hierher haben wir bereits jenseits des Lockwitztales den noch um einige Meter höheren Wilisch, einen alten Vulkan, erstiegen und die idyllischen Gründe des Wilischbaches und der Kroatenschlucht erkundet. Der urige Dorfgasthof im sehenswerten Örtchen Maxen lädt zur Einkehr ein.

Ausgangspunkt: Lungkwitz, Bushaltestelle Wittgensdorfer Straße, Parkmöglichkeiten. Busverbindung mit Bus 386 Richtung Kreischa, Dresden und Glashütte, am Wochenende dreimal täglich bis Glashütte oder Kreischa.
Anforderungen: Überwiegend bequeme Wanderwege und Pfade. U.a. am Gipfelaufbau des Wilisch einige sehr steile Pfadabschnitte.
Karte: GeoSN Wanderkarte 1:25.000 Blatt 37 Dippoldiswalde, Kreischa, Dohna.
Einkehr: Gasthof Maxen, Do.–Di. 11–21 Uhr, gasthof-maxen.de.
Tipp: Der kleine Ort Maxen überrascht mit ungewöhnlichen Highlights. Im frühen 19. Jh. gingen bedeutende Künstler bei der Familie Serre im Schloss ein und aus, was bis heute Spuren hinterlassen hat. Hans Christian Andersen pflanzte am Steilhang über der Müglitz eine Lärche, einen Steinwurf entfernt steht ein orientalisch anmutender Pavillon, den der javanesische Maler Raden Saleh entwarf, und im Ortsteil Schmorsdorf steht neben einer uralten Linde das kleinste Museum Deutschlands, welches Clara Schumann gewidmet ist. Eine Naturbühne und ein restaurierter Kalkofen runden das Kulturangebot des Ortes ab.

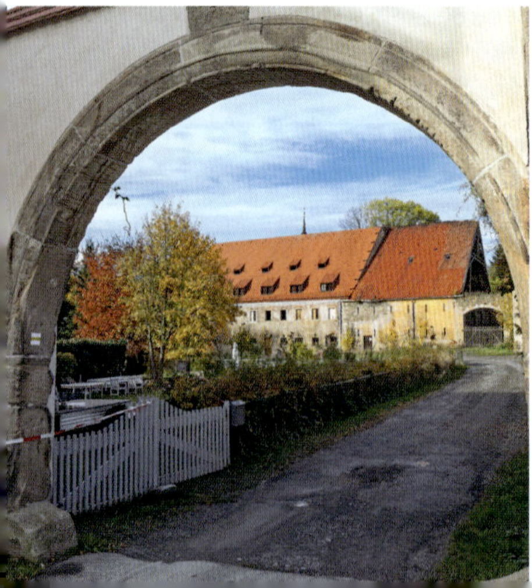

Wir starten in **Lungkwitz** an der **Bushaltestelle ❶**, 218 m, und biegen in den Wilischweg ab. Die Route zum Wilisch ist ausgeschildert und anfangs mit einem grünen Kreis, später weiß-grün-weiß markiert. Der Fahrweg schlängelt sich an schönen Häusern und einer Lamafarm vorbei aus dem Ort hinaus. An einer Gabelung hinterm Waldrand folgen wir den Markierungen nach rechts. Bei einer alten **Rotbuche ❷**, 296 m, lädt am Waldrand ein steinerner Tisch zur

Das Schloss in Maxen.

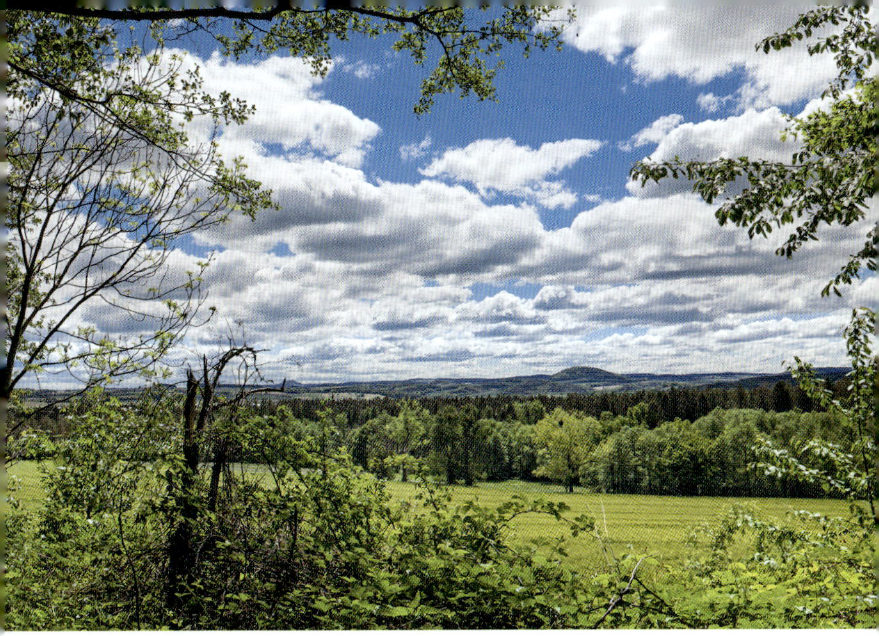

Blick vom Waldrand unterm Wilisch ins Osterzgebirge.

Rast ein. Der Weg führt im Wesentlichen geradeaus im Wald sanft bergan. Wir passieren markierte Abzweige rechts Richtung Kreischa und bei einem Abzweig links eine Rasthütte. Danach führt der Weg leicht rechts zum Waldrand hin und wir erreichen einen Rastplatz an der Waldecke mit großartigem Blick übers Osterzgebirge. Wir folgen dem markierten Weg links am Waldrand weiter und passieren bald die ehemalige Wilischbaude. Hinter der Baude passieren wir zunächst rechts einen Abzweig mit Schranke. Kurz danach halten wir uns bei einem Abzweig auf dem größeren Weg rechts und erreichen bald eine Rastwiese im ehemaligen Basaltsteinbruch. Der Wilischgipfel befindet sich direkt vor uns. Wir gehen unter diesem vorbei und am Ende der Wiese auf einem Pfad rechts haltend in den Wald hinein, biegen aber sofort wieder links auf einen kleinen Bergpfad ab. Wir erreichen den Rücken, über den wir links auf schmalem Steig hinauf – oben mit Geländer – von Westen die ehemalige Triangulationssäule auf dem Gipfel des **Wilisch** ❸, 476 m, erreichen. Bei der Säule zweigt unser Weiterweg rechts hinunter ab. Zunächst sollten wir jedoch noch einige Meter an der Steilkante weitergehen und die versicherte Aussicht vom Gipfel nach Nordwesten genießen.

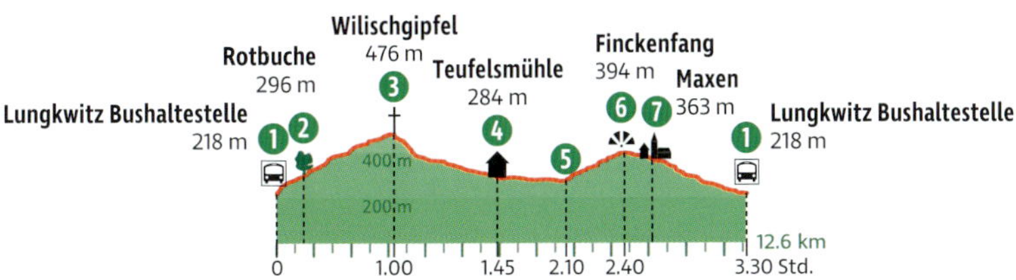

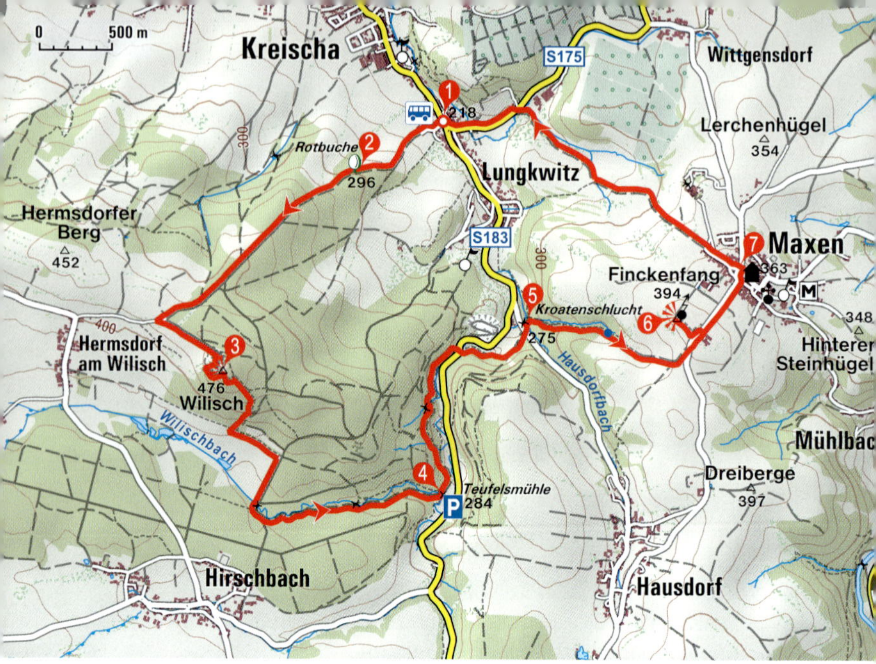

An Abzweigen rechts haltend steigen wir von der Säule hinunter in den Wald und folgen dem Weg im Linksbogen zu einem Querweg. Diesen gehen wir rechts weiter hinunter. Beim nächsten Abzweig folgen wir rechts dem kleineren, unmarkierten Weg abwärts, bis wir am Feldrand einen breiteren Querweg erreichen. Diesem folgen wir nach links und an der nächsten Wegkreuzung rechts dem weiß-gelb-weiß markierten Fahrweg weiter am Waldrand hinunter. Wir passieren einen Abzweig nach links, überqueren einen Bach und biegen kurz danach bei einem Rastplatz links den weiß-gelb-weißen Markierungen folgend ins idyllische Tal des Wilischbaches ein. Die Teufelsmühle ist ausgeschildert.

Wir erreichen einen Wanderparkplatz am Waldrand. Die ehemalige Einkehr der **Teufelsmühle** ❹, 284 m, befindet sich rechts vor uns am gegenüberliegenden Lockwitzufer. Unser Weiterweg aber folgt beim Wanderparkplatz gleich links dem Lockwitzbach das Tal hinunter. Achtung: Da ein Wegabschnitt am Steilhang abgerutscht ist, führt nach ca. 300 m der Alternativweg gut ausgebaut links über Stufen hinauf und quert die Gefahrenstelle weit oberhalb! Bald führt der Weg wieder hinab zum Bachufer und wir erreichen die Talstraße. Wir gehen nach rechts über die Brücke und sofort danach auf der anderen Seite den Waldpfad weiter talabwärts. Bald gehen wir rechts an einer große Tallichtung entlang und erreichen eine Straße. Diese gehen wir kurz links hinunter. Noch vor der Brücke über die Lockwitz biegen wir rechts über einen kleinen Bach ab. Die Kroatenschlucht ist ausgeschildert. Der Weg macht bei zwei Pfadeinmündungen einen Bogen nach links. Wir überqueren den Taleinschnitt der **Kroatenschlucht** ❺, 275 m, biegen sofort danach am Wegweiser rechts ab und wandern im stillen Grund hinauf.

Der Weg führt aus dem Wald hinaus und über Wiesen und Weiden, bis wir einen mit Obstbäumen bestandenen Querweg erreichen. Diesem folgen wir nach links. Er mündet in eine Straße, der wir weiter hinauf bis kurz vor einen Sattel folgen. Links befindet sich ein Sendemast und eine eingezäunte wasserwirtschaftliche Anlage. Unser Weg führt im Uhrzeigersinn am Zaun entlang um diese Anlagen herum. Auf der linken Seite führt ein Stichweg etwa 100 m hinüber zum höchsten Punkt des **Finckenfangs** ❻, 394 m. Die unbewaldete Anhöhe bietet ein fast komplettes 360-Grad-Panorama auf das Erzgebirge, das Elbsandsteingebirge und das Dresdner Elbtal.

Zurück an der Straße folgen wir dieser hinunter ins nahe Örtchen Maxen. Am Dorfteich vorbei erreichen wir das Ortszentrum von **Maxen** ❼, 363 m, mit Heimatmuseum und Kriegsgefallenendenkmal. Der Gasthof Maxen, schöne Bauernhäuser, ein teilweise saniertes Schloss und eine sehenswerte Kirche laden zu einem Ortsbummel ein.

Am Heimatmuseum führt der Weiterweg nach Nordwesten auf der Maxener Straße aus dem Ort hinaus. Bei den letzten Häusern zweigt rechts ein Fahrweg zur Naturbühne und zum historischen Kalkofen ab, hier gehen wir geradeaus weiter. Nach einem kleinen Wäldchen gabelt sich der Weg, hier gehen wir rechts hinunter. Der Weg führt im Bogen über einen Rücken. Danach bleiben wir bei einer Rechtskurve auf dem Hauptweg, der bald im Tal durch Obstbaumhaine hinunterführt. Wir erreichen die Wittgensdorfer Straße und folgen dieser links hinunter nach Lungkwitz. Wir überqueren die Lockwitz und erreichen rechter Hand den **Ausgangspunkt** ❶.

Schöne Osterzgebirgslandschaft kurz vor dem Wilischgipfel.

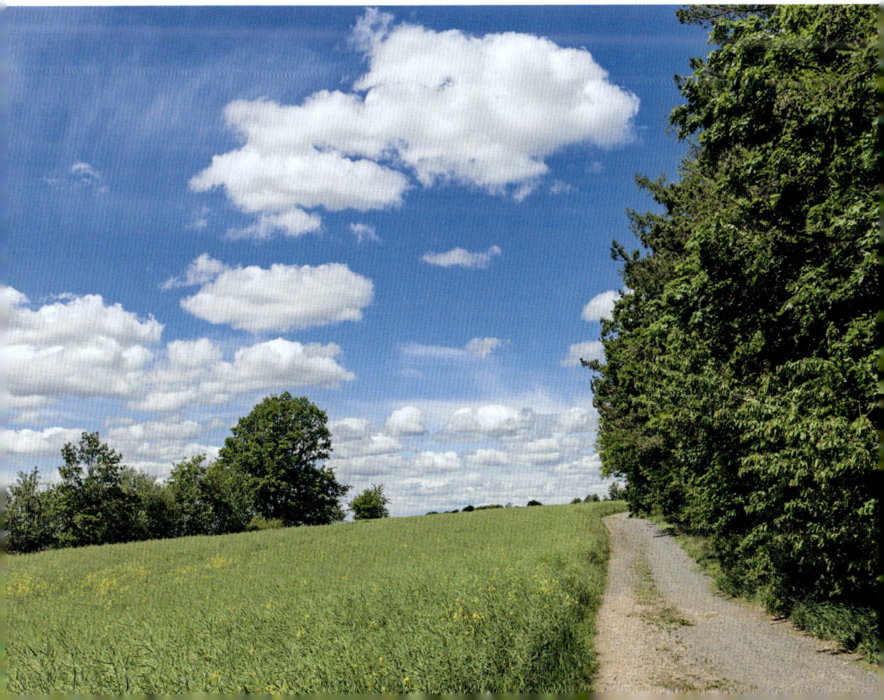

32 Oelsener Höhe, 644 m, und Sattelberg, 723 m

Stille Wanderjuwele im Osterzgebirge

3.30 Std. | 11,9 km | ↗ 280 m | ↘ 280 m

Grenzüberschreitende Runde für Naturliebhaber und Individualisten
Oelsen ist ein kleiner Ort abseits allen Trubels. Es liegt auf einer Anhöhe über dem Tal der Gottleuba. Sein »Hausberg« ist eine baumlose, weitläufige Kuppe: die Oelsener Höhe. Am höchsten Punkt erwartet uns statt eines Aussichtsturmes eine künstliche Erdpyramide. Unerwartet eindrucksvoll ist das Panorama an klaren Tagen. Neben der »Skyline« des Osterzgebirges ist es vor allem der entgegengesetzte Blick auf das Elbsandsteingebirge und das weite Elbtal, der staunen lässt. Und im Süden, jenseits der tschechischen Grenze, ragt der nahe Špičák u Krásného Lesa (Sattelberg) auf. Der östlichste 700er des Erzgebirges beeindruckt mit einem Gipfelkreuz, Basaltformationen, Blockhalden und gerade im Frühjahr und Sommer mit wunderschönen Bergwiesen. Die beschriebene Rundtour vereint die Naturschönheiten beidseits der Grenze auf einsamen Wegen.

Ausgangspunkt: Oelsen, kleiner Parkplatz in der Ortsmitte an der Bushaltestelle, für Wanderer keine praktikable Busverbindung.
Anforderungen: Leichte Wanderung über breite Wege und unschwierige Wanderpfade. Gipfelpfad am Sattelberg etwas anspruchsvoller.
Karte: GeoSN Wanderkarte 1:25.000 Blatt 44 Königstein, Bad Gottleuba-Berggießhübel.
Einkehr: Börners Einkehr in Oelsen, boerners-einkehr.9gg.de, Sa. und So. 12–19 Uhr.
Tipp: Die Wanderung führt über tschechisches Staatsgebiet, Ausweis nötig.

Erzgebirgspanorama vom Sattelberg mit seinen Basaltformationen

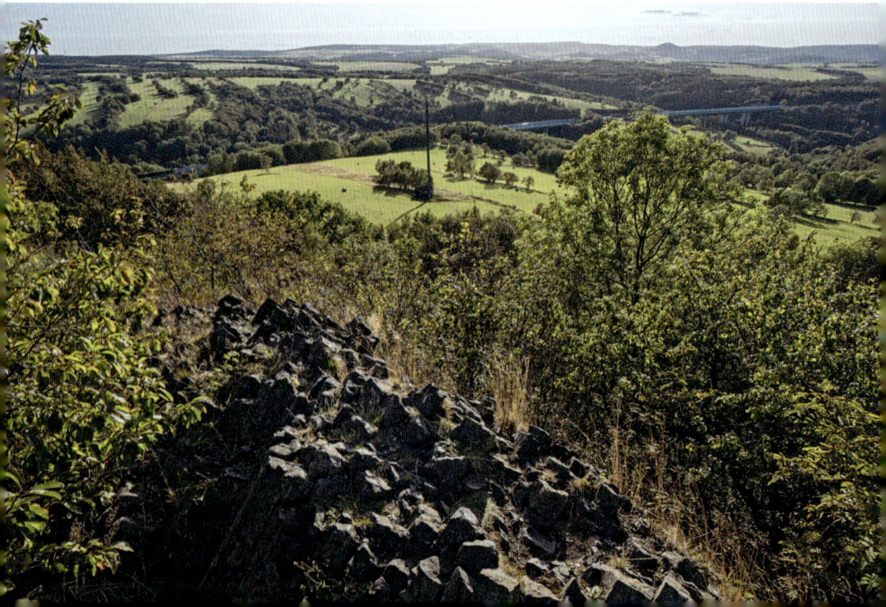

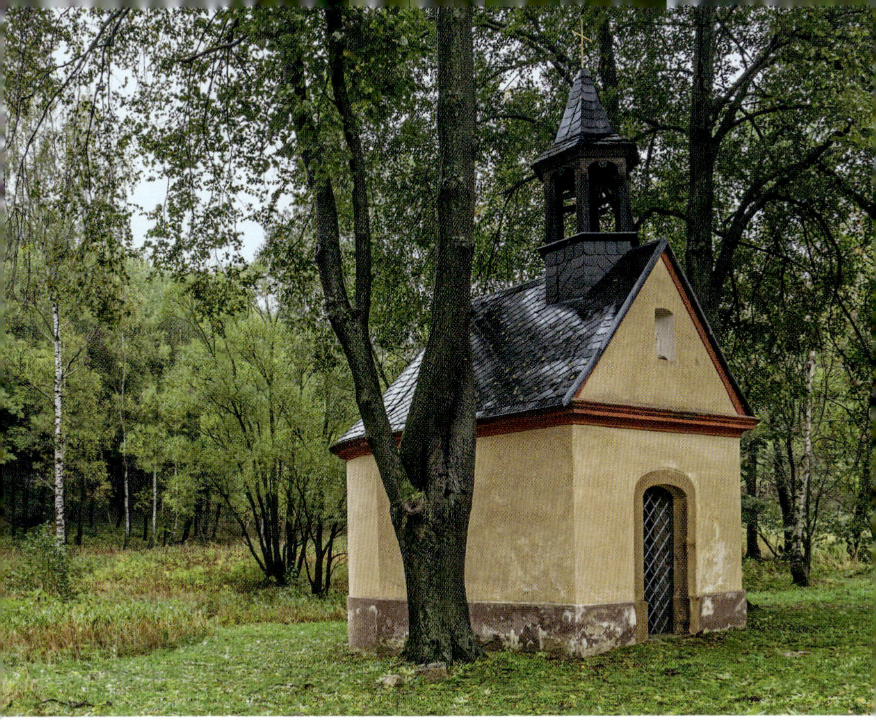

Die kleine Peter-und-Paul-Kapelle.

Wir starten in der Ortsmitte von **Oelsen 1**, 556 m, und wenden uns rechts hinterm Parkplatz die Straße hinauf, dann bei Börners Einkehr nach links. Hinterm Sportplatz biegen wir erst links und gleich wieder auf den Lattenbuschweg rechts ab. Diesem folgen wir über Felder oberhalb der Gottleuba entlang. Es geht in den Wald hinein, nach einer Weile unter ein paar Felsen vorbei. Dann wendet sich der Weg in einer Senke vor einem Bach rechts hinunter. Der Weg schwenkt links über den Bach und später in Kurven an Lichtungen vorbei in den Talgrund. Wir folgen nun dem Weg im Tal bis zur Staatsgrenze 2,2 km flussaufwärts, zunächst weiß-gelb-weiß markiert. Zuerst überqueren wir neben einer Brücke eine kleine Freifläche. 100 Meter später führt der Weg über die Gottleuba auf das in Gehrichtung rechte Ufer. An einem Anwesen vorbei erreichen wir im Talgrund die Mündung des **Nasenbaches 2**, 530 m. Der Weg ist nun weiß-grün-weiß markiert. Das Tal weitet sich. An der nächsten Wegkreuzung überqueren wir nach links eine etwas betagte Brücke und damit die Grenze zu Tschechien. Wir folgen nun einem

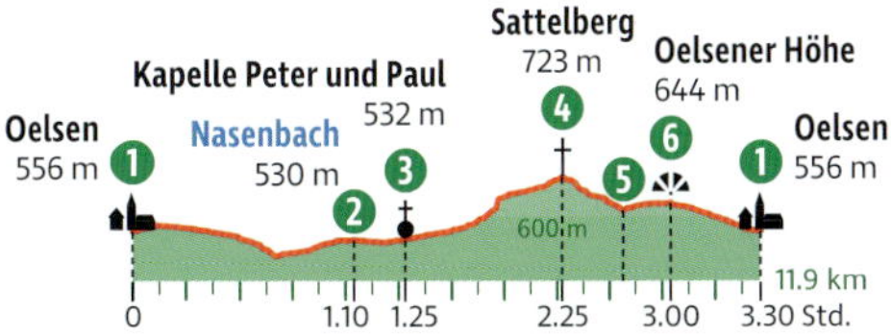

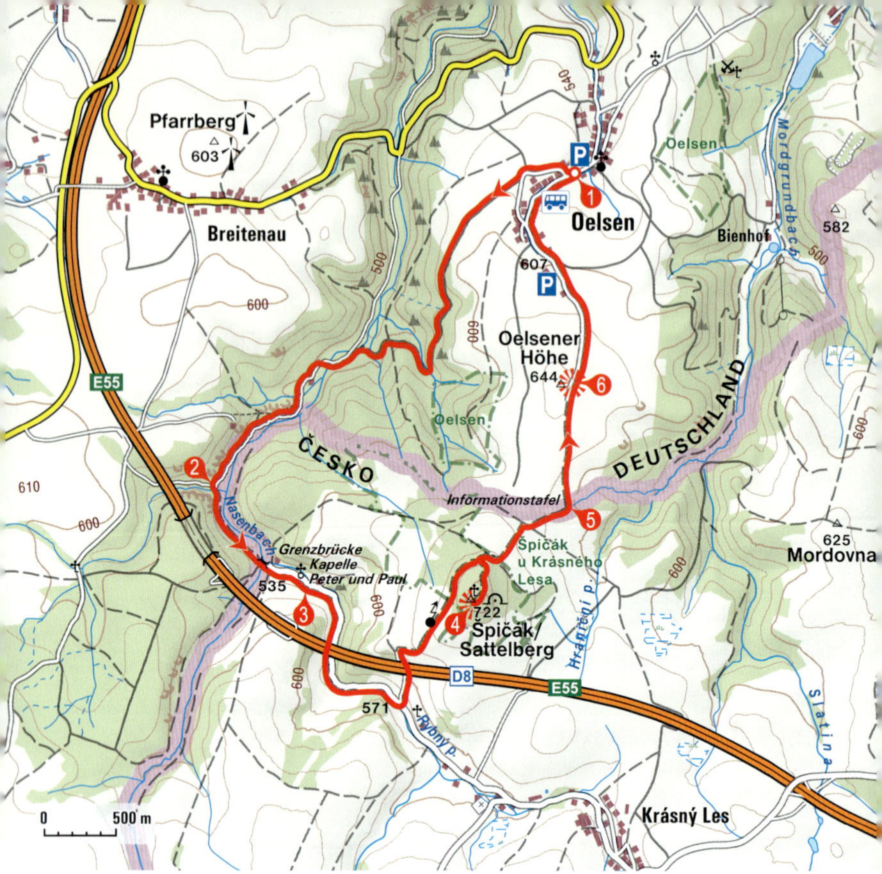

Asphaltweg am östlichen Zufluss der Gottleuba, dem Fischbach, weiter talaufwärts und passieren die kleine **Kapelle Peter und Paul** ❸, 532 m. Die Autobahn A17 bestimmt zu unserer Rechten das Blickfeld und bald führt unser Weg darunter hindurch. Bei nächster Gelegenheit

Blick von den Oelsener Höhe ins Elbsandsteingebirge mit dem Hohen Schneeberg.

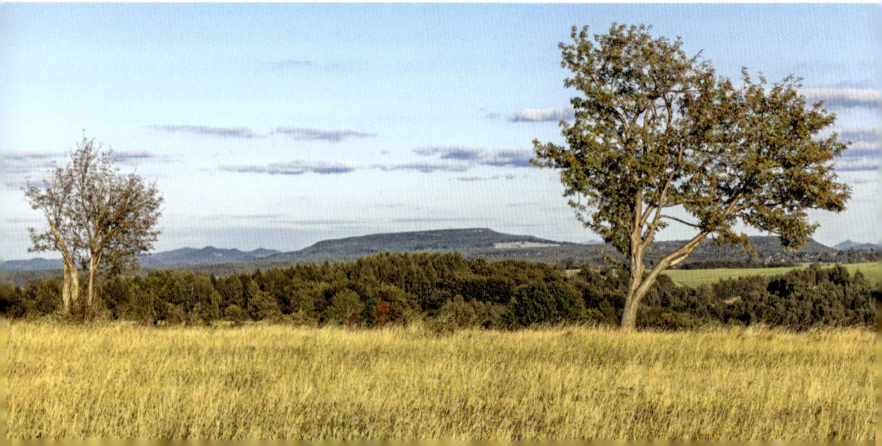

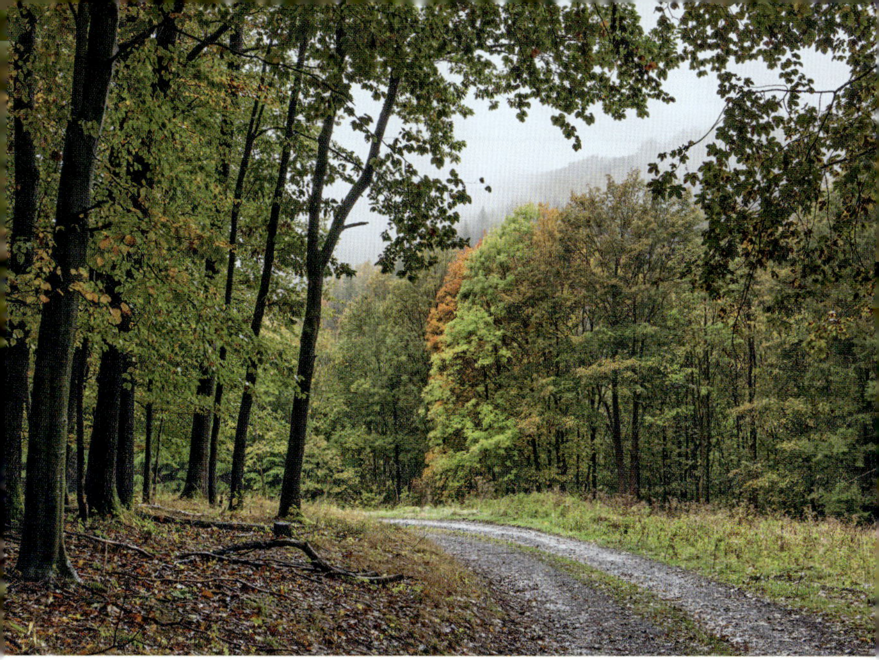

Herbst im Tal der Gottleuba.

folgen wir den Markierungen links steil hinauf und unter der Autobahn zurück. Knapp 100 Meter danach folgen wir den Markierungen am Rand der Wiese nach rechts und 100 Meter weiter über freie Felder nach links. Der Weg führt links des vor uns aufragenden Sattelberges in den Wald hinein. Er leitet uns zunächst unter dem bewaldeten Gipfel vorbei, dann zweigt der beschilderte Gipfelsteig im Rechtsbogen ab, anfangs geht es steil hinauf. Am Ende bei alten Steinmauern rechts haltend erreichen wir den **Sattelberg ❹**, 723 m. Am Gipfelkreuz auf der Basaltkuppe genießen wir die Aussicht. Nur der Blick nach Osten ist durch Bäume verstellt. Zurück vom Gipfel folgen wir dem Weg weiter zum Waldrand und wenden uns an diesem nach rechts. Nach knapp 100 Metern schwenkt der Pfad links auf die Wiese und gabelt sich nach wenigen Metern, hier bleiben wir links. Achtung: Bei Nebel schwierige Orientierung! Der Weg führt hinab zu einem Querweg bei ein paar Bäumen und über diesen leicht rechts weiter hinunter zu einem Birkenwäldchen an der Grenze. Wir durchqueren den schmalen Waldgürtel und folgen den Grenzsteinen am Waldrand rechts hinunter. An einer **Infotafel am Grenzübergang ❺**, 620 m, schwenkt der Weg nach links hinaus auf die Wiese. An einer Pfadeinmündung, einzelnen Bäumen und weiteren Infotafeln vorbei führt der Weg geradeaus über den breiten Wiesenrücken und erreicht die kleine Aussichtspyramide auf der **Oelsener Höhe ❻**, 644 m. Der breite Asphaltweg bringt uns geradewegs hinein nach Oelsen. Wir passieren ein altes Steinkreuz vor einer mächtigen Kastanie. Bald erreichen wir die ersten Anwesen des Ortes. Am Wendeplatz halten wir uns leicht rechts und folgen der Dorfstraße zum **Ziel ❶**.

33 Kohlhaukuppe, 786 m

Exzellenter Aussichtsbalkon über dem Müglitztal

2,45 Std. | 8,8 km | ↗ 280 m | ↘ 280 m

Einer der Hausberge von Geising mit uriger Einkehr

Auch wenn es in ihrem Umkreis Erhebungen von größerer Höhe geben mag: Die Kohlhaukuppe ist zweifellos neben dem Geisingberg (Tour 34) der aussichtsreichste Wandergipfel der beschaulichen Bergstadt Geising. Vom stählernen Aussichtsturm blickt man auf das obere Müglitztal hinab und im Süden grüßt das markante Mückentürmchen jenseits der tschechischen Grenze. Die urige Bergbaude am Gipfel ist berühmt für die knoblauchlastige Küche und auf jeden Fall eine Empfehlung. Den erforderlichen Appetit holt man sich beim Aufstieg über Bergbaupfade und – besonders schön im Frühsommer – beim Wandern über die grenznahen Bergwiesen.

Ausgangspunkt: Pfarrkirche Geising, 350 m vom Bhf. Geising, Zugverbindung über Heidenau nach Dresden, wochentags stdl., am Wochenende alle 2 Std. Parkmöglichkeiten am Bhf. und eingeschränkt an der Kirche.
Anforderungen: Wege und Pfade überwiegend unschwierig, sehr steiler Abstieg auf schmalem Bergpfad von der Kohlhaukuppe.
Karte: GeoSN Wanderkarte 1:25.000 Blatt 38 Osterzgebirge/Altenberg.
Einkehr: Bergbaude Kohlhaukuppe, Mi.–So. 11–17 Uhr, bergbaude-kohlhaukuppe.de.
Tipp: Besucherbergwerk Vereinigt Zwitterfeld zu Zinnwald, besucherbergwerk-zinnwald.de.

Wir starten an der **Pfarrkirche Geising ❶**, 592 m, gehen schräg gegenüber vor der Fleischerei Büttner in eine kurze Gasse und biegen gleich wieder rechts in die Mühlgasse ab. Wenige Meter vor deren Einmündung in die Hauptstraße marschieren wir links über die Fußgänger-

Blick vom Goldhahnweg zum Geisingberg.

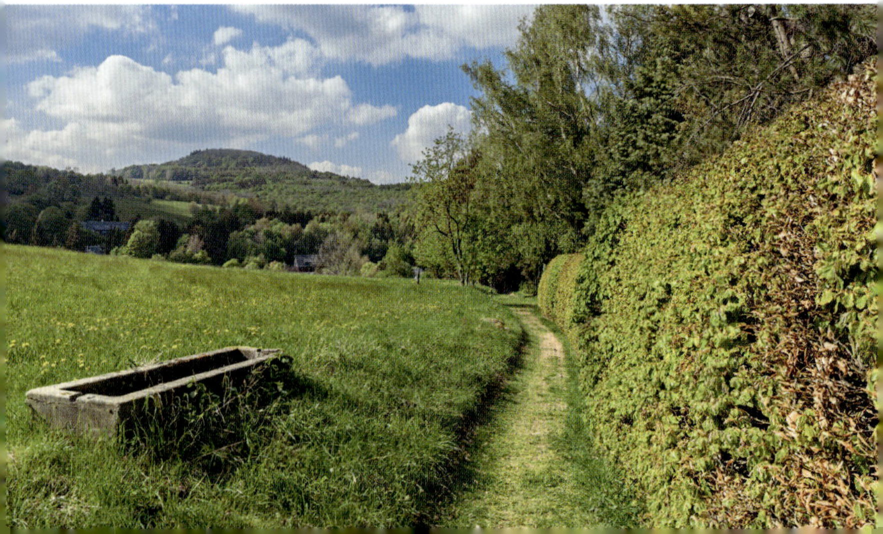

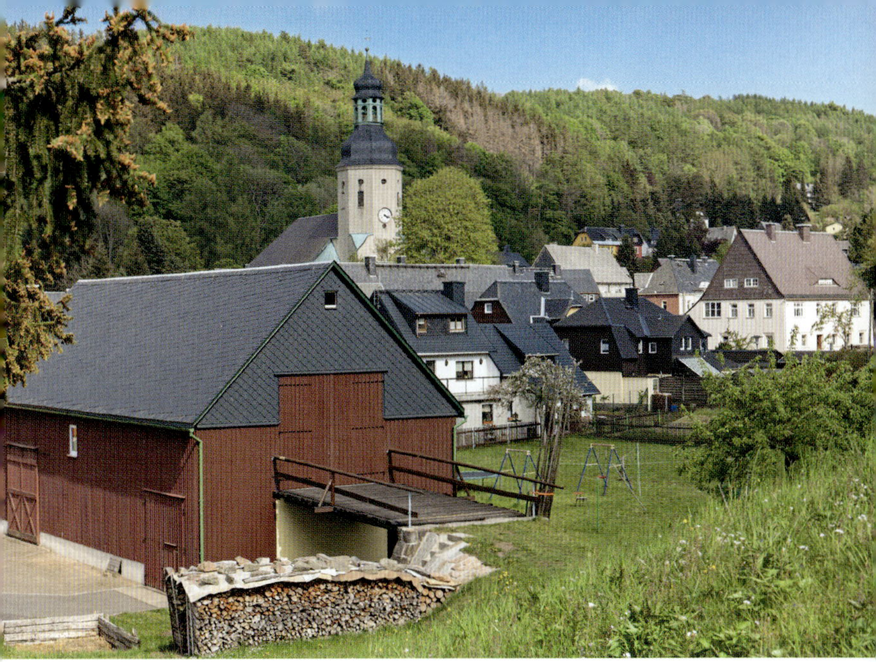

Die Bergstadt Geising.

brücke und biegen nach 50 Metern rechts auf die Lange Straße ab. Bei nächster Gelegenheit wenden wir uns nach links. An zwei Garagen vorbei führt der Weg steil aus dem Ort hinaus und bald zwischen zwei Grundstücken hindurch. Direkt dahinter kommt eine Wegkreuzung mit Rastgelegenheit. Hier biegen wir links auf den Goldhahnweg ab. Wir überqueren einen asphaltierten Querweg und steigen über Wiesen an Baumreihen in Sichtweite des Skilifts stetig bergan. Unterhalb eines einzelnen Hauses schwenkt der Weg entlang der Bäume etwas nach rechts. Bald überqueren wir die Vorwerkstraße und erreichen nach einzelnen Häusern am Waldrand den Aschergraben. Ein **Gedenkstein 2**, 725 m, erinnert hier an einen Flugzeugabsturz am letzten Tag des Zweiten Weltkrieges. Wir wenden uns auf dem ebenen Weg am Graben entlang nach links. Der Weg macht einen markanten Rechtsbogen. Der zweite Pfad, der anschließend aus dem Tal herauf einmündet, ist mit »Großvatersteig« beschildert und führt wenige Meter später rechts über eine kleine Brücke weiter. Auf diesem verlassen wir den Aschergrabenweg, steigen aufwärts und erreichen bald einen Waldweg. Auf

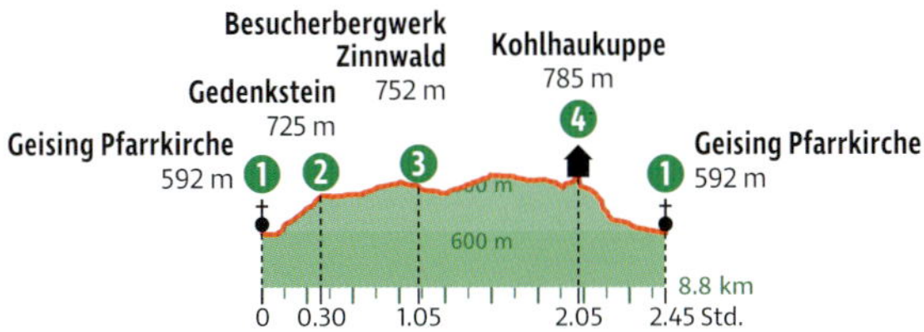

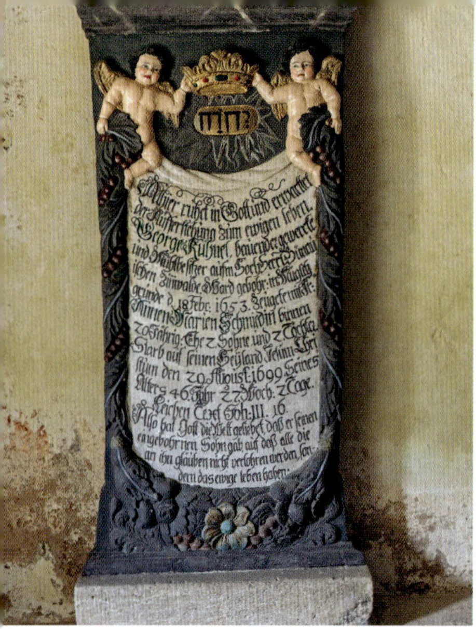

Historische Schrifttafel an der Kirche der Bergstadt Geising.

diesem wenden wir uns nach links. An der nächsten Kreuzung biegen wir schräg links hinunter ab und erreichen im Talgrund das **Besucherbergwerk Zinnwald ❸**, 752 m. Hier biegen wir scharf links ab und gehen die Talstraße hinunter. Am Abzweig des Aschergrabens vorbei erreichen wir die Kreuzung an der Geisingstraße. Auf dieser gehen wir kurz links hinunter und biegen bei nächster Gelegenheit rechts ab. Es geht im Wald steil hinauf, und an der nächsten Kreuzung biegen wir halbrechts in den beschilderten Pätzoldweg ab, die Kohlhaukuppe ist ausgeschildert. Am Waldrand erreichen wir einen asphaltierten Querweg und folgen diesem links hinauf. An der Waldecke erreichen wir eine schöne Rastbank, hier wandern wir auf dem beschilderten Weg geradeaus weiter. Am nächsten Querweg wenden wir uns kurz vor der tschechischen Grenze nach links. Vor der nächsten Waldecke folgen wir dem bequemen Fahrweg über freie Bergwiesen nach rechts. Im langen Linksbogen führt dieser wieder in den Wald hinein und später asphaltiert in eine Senke hinunter. Wir passieren bei einer Rasthütte eine Einmündung von rechts und treffen direkt danach die Zufahrtsstraße zu unserem Gipfel, der wir aufwärts folgen. Nach einer letzten Kurve ist die **Kohlhaukuppe ❹**, 785, mit Aussichtsturm und Bergbaude erreicht. Der Weiterweg führt neben der Stromleitung in Gipfelfalllinie die Schneise nach Norden anhaltend steil hinunter. Wir kreuzen zwei Querwege und erreichen im Tal eine Asphaltstraße. Dieser folgen wir in den Ort hinein bis zur Einmündung in die Teplitzer Straße, auf der wir weiter rechts hinunterlaufen. An der Sparkasse erreichen wir die Hauptstraße und gehen nach links zur bereits sichtbaren **Kirche ❶**.

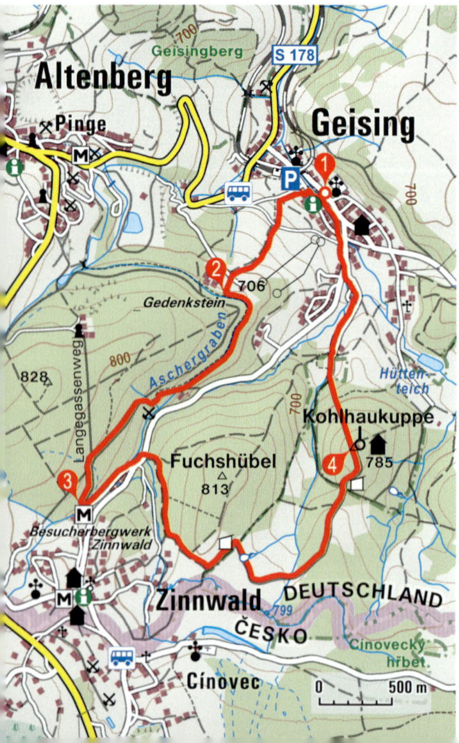

Geisingberg, 824 m

Markanteste Berggestalt im Osterzgebirge

1.45 Std. | 5,9 km | ↗150 m | ↘150 m

Blickfang zwischen den Bergstädten Geising und Altenberg

Die Silhouette des Geisingbergs ist schon von Weitem zu erkennen. Eine kurze und abwechslungsreiche Rundtour führt von Altenberg auf seinen Gipfel. Die Stadt ist das touristische Zentrum des Osterzgebirges und bekannt für ihre Wintersportangebote, eine lebendige Bergbautradition und vielfältige Wandermöglichkeiten. Auf dieser Tour umrunden wir die markante Altenberger Binge, ein eingestürztes Bergwerk aus dem frühen 17. Jahrhundert. Am Gipfel erwartet uns eine gemütliche Einkehr und ein Aussichtsturm mit tollem Panorama.

Ausgangspunkt: Bahnhof Altenberg, Zugverbindung über Heidenau nach Dresden, wochentags stdl., am Wochenende alle 2 Stunden, dazu stdl. Busverbindung nach Dresden. Gebührenpflichtiger Parkplatz 100 m südlich des Bahnhofs an der B 170.

Anforderungen: Wege und Pfade überwiegend unschwierig, nur am Gipfelanstieg ein kurzes, steiniges Steilstück. Gut markiert und beschildert.

Karte: GeoSN Wanderkarte 1:25.000 Blatt 38 Osterzgebirge/Altenberg.

Einkehr: Bergbaude Geisingberg, Fr.–Di. 10–18 Uhr, im Winter bis 16 Uhr, geisingberg.de; darüber hinaus diverse Einkehrmöglichkeiten in Altenberg.

Tipp: Bergbaumuseum Altenberg, tgl. außer freitags 10–16 Uhr, bergbaumuseum-altenberg.de.

Bergbaude auf dem Geisingberg.

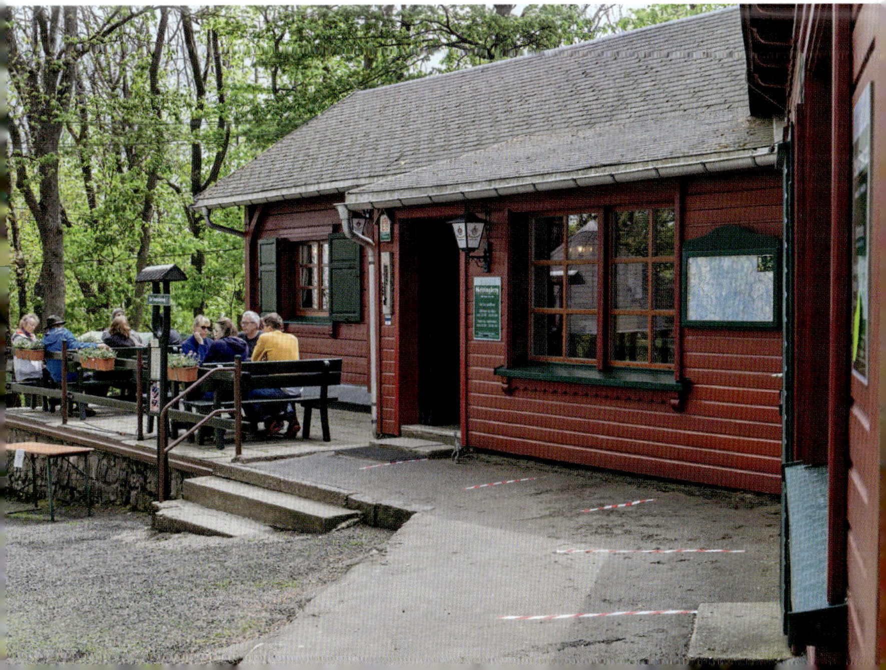

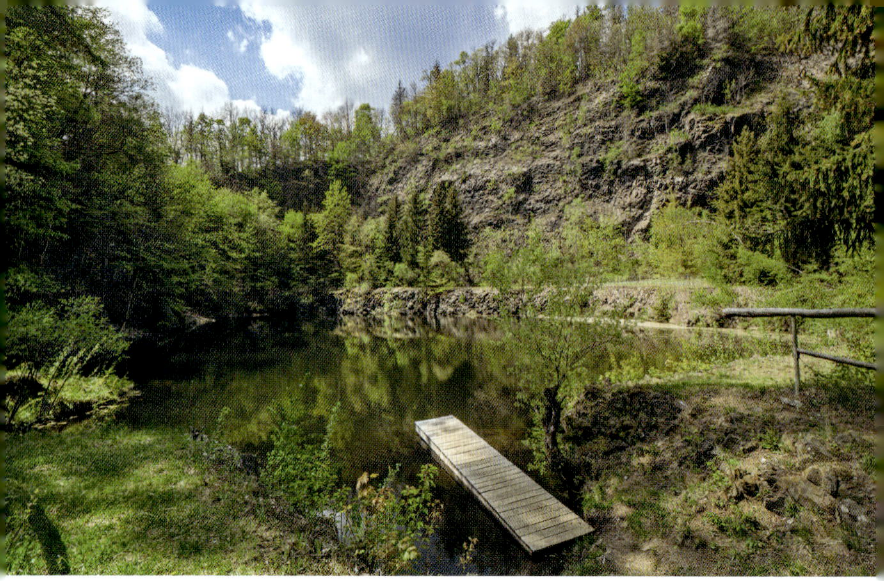

Am Steinbruchsee.

Wir starten am **Bahnhof Altenberg** ❶, 753 m, und folgen der Dresdner Straße (B170) am Parkplatz vorbei nach Südosten. Nach 600 m biegen wir vor der markanten, gelb gestrichenen Einkehr »Zum Erzgebirge« erst links und sofort wieder rechts ab in die Römerstraße, weiß-blau-weiß markiert. Nach 100 Metern, bevor die Straße rechts hinauf schwenkt, folgen wir den Wegmarkierungen links in das wenig ansehnliche Gelände einer Kfz-Werkstatt. Bald gabelt sich der Asphaltweg: Geradeaus gelangt man zum Bergbaumuseum, wir aber biegen links ab und folgen dem ansteigenden Weg zu Siedlungshäusern. Auf der Siedlungsstraße bleiben wir kurz und gehen an der zweiten Gabelung vor weiteren Häusern links eine Asphaltstraße steil hinauf, weiter weiß-blau-weiß markiert. In einer langen S-Kurve erreichen wir bei letzten Häusern eine aussichtsreiche Anhöhe. Bald zweigt rechts ein kleinerer Fahrweg ab, dem wir im Angesicht des Geisingberges folgen. Der Markscheidestein ist ausgeschildert. Der Weg führt einige Meter durch ein Laubwäldchen. Links erreichen wir den **Markscheidestein** ❷, 741 m, mit schöner Rastgelegenheit. Am Abzweig halten wir uns links. Der Weiterweg führt mit schönen Fernblicken nahezu eben weiter und dann auf der Südseite des Geisingberges in den Wald hinein. Wir kreuzen einen markierten steilen Bergpfad und gehen gegen den Uhrzeigersinn auf dem bequemen Weg am Hang weiter. An der Südostecke des Berges erfreuen wir uns kurz am Waldrand an einem schönen Blick

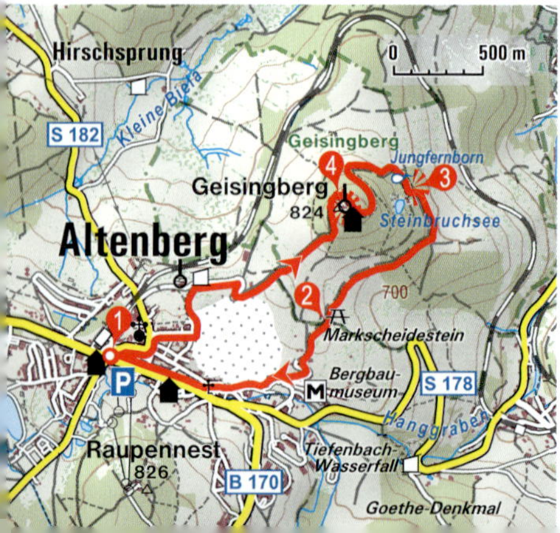

gen Osten. 200 Meter danach zweigt links im Wald ein ausgeschilderter Pfad zum **Steinbruchsee** ❸, 719 m, ab. Nach wenigen Metern erreichen wir dort die Teichbaude. Über dem Steinbruchsee erhebt sich eine eindrucksvolle Felswand. Der Weiterweg führt rechts an einem Holzgeländer weiter. Bei einer Einmündung gehen wir geradeaus weiter und passieren den Jungfernborn. Kurz danach erreichen wir den Waldrand. Beim Wegweiser gehen wir links den Pfad zunächst am Wald über einige steinige Stufen steil hinauf. Unter einem Aussichtspunkt mit Geländer schwenkt der Weg parallel zum Waldrand nach rechts. Bei nächster Gelegenheit biegen wir scharf links ab. Nun folgen wir dem Weg im Uhrzeigersein, bei einem Abzweig rechts haltend hinauf zum **Geisingberg** ❹, 824 m. Hier erwartet uns die Bergbaude und ein gebührenpflichtiger Aussichtsturm. Gegenüber dem Baudeneingang führt der Weiterweg im Linksbogen steil hinunter. Am nächsten Abzweig

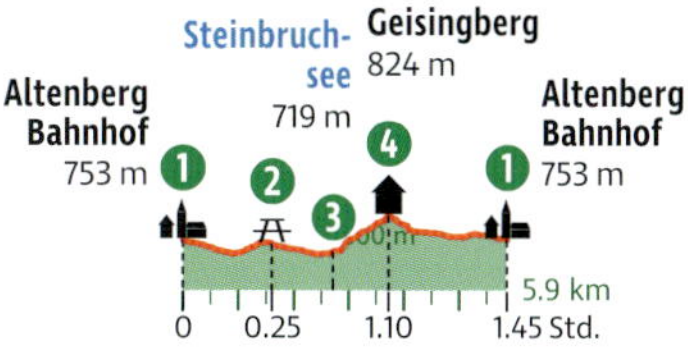

halten wir uns rechts und kommen zum Waldrand am westlichen Bergfuß. Geradewegs führt der Fahrweg nun Richtung Altenberg. Wir kreuzen einen Weg, biegen nach ersten Häusern scharf rechts auf die Bärensteiner Straße ab und folgen ihr im engen Linksbogen bald wieder westwärts Richtung Altenberg. Nach einem Wanderparkplatz biegen wir links ab und sofort wieder rechts auf einen Wiesenpfad. Wir erreichen Wohnhäuser und gehen noch geradeaus weiter, bis bei einem Wegweiser rechts die Neustadtstraße abzweigt. Dieser folgen wir bis zu ihrem Ende und biegen erneut links ab. Wir folgen der Dippoldiswalder Straße mit einer Rechtskurve an der Volksbank vorbei zum **Bahnhof** ❶.

Zum Trocknen gestapeltes Holz auf dem Weg zum Geisingberg.

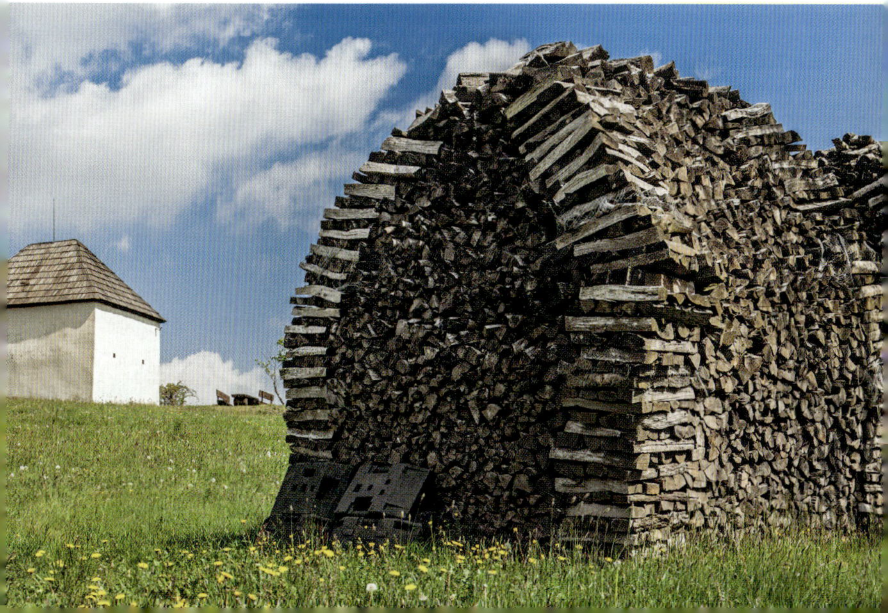

35 Kahleberg, 905 m

Höchster Berg im sächsischen Osterzgebirge

2.45 Std. | 10,0 km | ↗ 200 m | ↘ 200 m

Stimmungsvolle Rundtour zwischen Felsen und Hochmooren

Eine typische Erzgebirgswanderung ist das: Längere Waldwege wechseln sich mit stillen Teichen und felsigen Aussichtspunkten ab. Von den Lugsteinen reicht der Blick weit nach Süden bis zum böhmischen Becken mit seinen markanten Vulkankegeln. Ein besonders schöner und informativer Lehrpfad führt durch die faszinierende Grenzlandschaft im Georgenfelder Hochmoor. An der Steilkante des Kahlebergs mit seinen Blockhalden genießen wir den Blick nach Nordosten. Bei guter Sicht grüßen die Tafelberge des Elbsandsteingebirges aus der Ferne.

Ausgangspunkt: Parkplatz an der Bushaltestelle »Zinnwald, zum Lugstein« an der Teplitzer Straße in Zinnwald-Georgenfeld, Busverbindung über Altenberg nach Dresden mit Linie 398, alle 2 Std.

Anforderungen: Überwiegend bequeme Wald- und Forstwege. An den Lugsteinen und auf dem Weg zum Kahleberg teils steinige Pfade.

Karte: GeoSN Wanderkarte 1:25.000 Blatt 38 Osterzgebirge/Altenberg.

Einkehr: Lugsteinbaude, Sa. und So. 11–17 Uhr, lugsteinbaude.de. Kahlebergbaude, Sa.–Mi. 10–17 Uhr, Tel. +49 35056 34273.

Tipp: Georgenfelder Hochmoor, naturbewahrung-osterzgebirge.de/georgenfelder-hochmoor, zwischen Ostern und Oktober tgl. 9–17 Uhr.

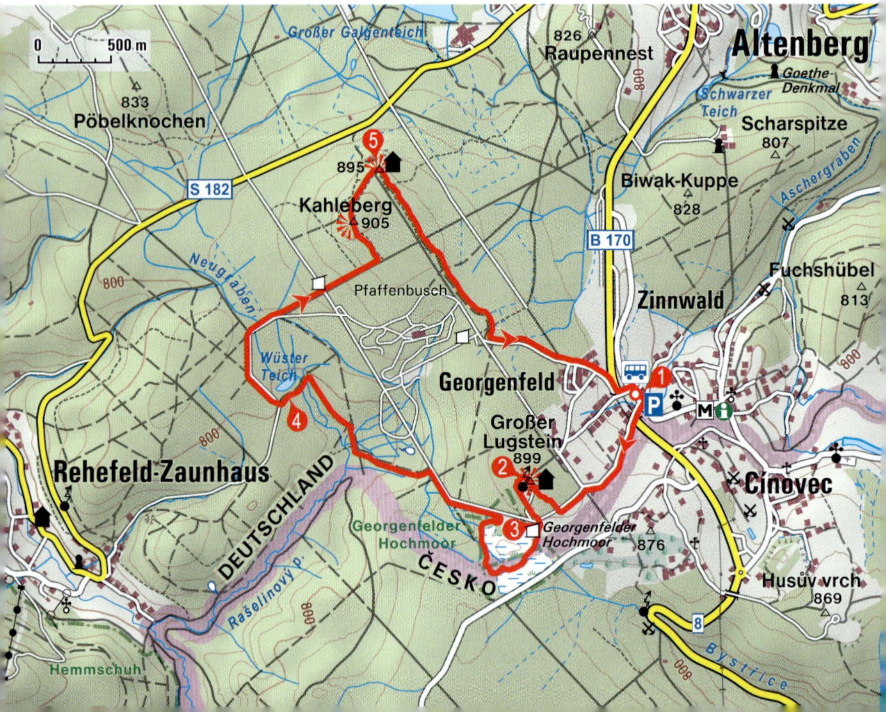

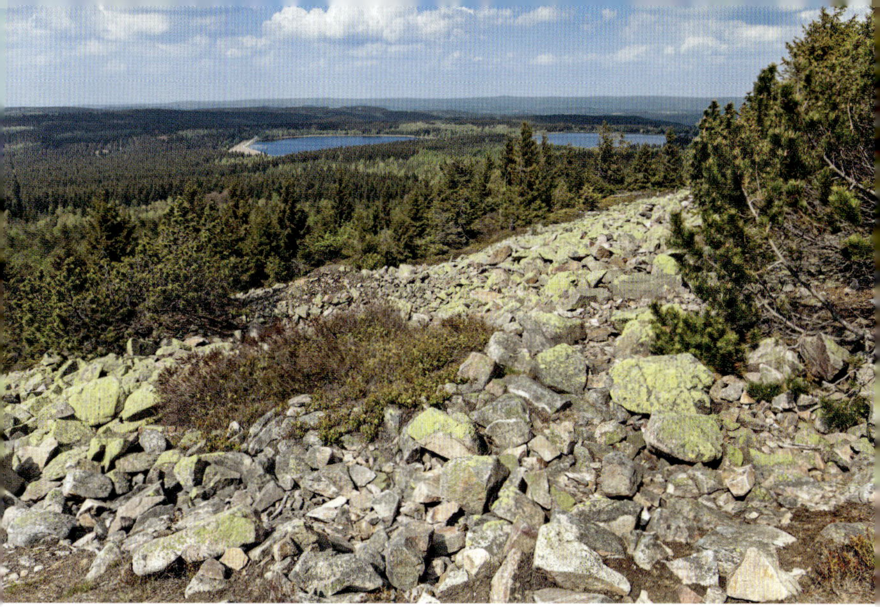

Felsblockhalden am Kahleberg.

Der Wanderparkplatz an der Teplitzer Straße befindet sich schräg gegenüber der **Bushaltestelle Zinnwald Zum Lugstein** ❶, 821 m. Wir biegen hinterm Buswartehäuschen rechts auf den Hochmoorweg ab. Ansteigend überqueren wir die Europastraße und passieren die Klügelhütte sowie das ehemalige Café am Hochmoor. Am Abzweig an der Waldecke folgen wir halb links dem Hochmoorweg 200 Meter weiter und biegen dann bei einem Wegweiser rechts in einen schmalen Pfad Richtung Kleinen Lugstein ab. Wir passieren die Felsengruppe mit schöner Aussicht nach Böhmen und erreichen bald das eingezäunte Gelände von Sendemast und Lugsteinbaude. Wir folgen dem eingezäunten Gelände und biegen an dessen Ende links ab. Der schmale Pfad schlängelt sich bald rechts hinüber zur Felsformation des **Großen Lugsteins** ❷, 899 m. Der Weiterweg führt vor der Felsgruppe nach links und nach einem weiteren Linksknick schnurgeradeaus auf das Hochmoor zu. Er mündet in die asphaltierte Zufahrt der Lugsteinbaude. Wenige Meter nach einer Linkskurve befindet sich rechter Hand der Eingang zum **Georgenfelder Hochmoor** ❸, 877 m, mit Kasse und Rastgelegenheit. Der Lehrpfad führt 1 Kilometer über schmale Holzstege im Uhrzeigersinn, teils unmittelbar an der tschechischen Grenze entlang, durch das sehenswerte Hochmoor mit zahlreichen Infotafeln. Am Ende gehen wir einige Meter über eine Wiese zum Lugsteinweg, den wir etwa 200 Meter westlich des Startpunktes an einer Rasthütte erreichen. Auf dem Fahrweg wenden wir uns nach links. Nach einem Rechtsknick führt dieser geradewegs durch eine lange Senke. Noch vorm tiefsten Punkt biegen wir weiß-rot-weiß markiert links in einen Waldweg ab. An der nächsten Kreuzung folgen wir den Markierungen nach rechts. Am folgenden Abzweig biegen wir erst links (markiert) und sofort wieder rechts (unmarkiert) ab.

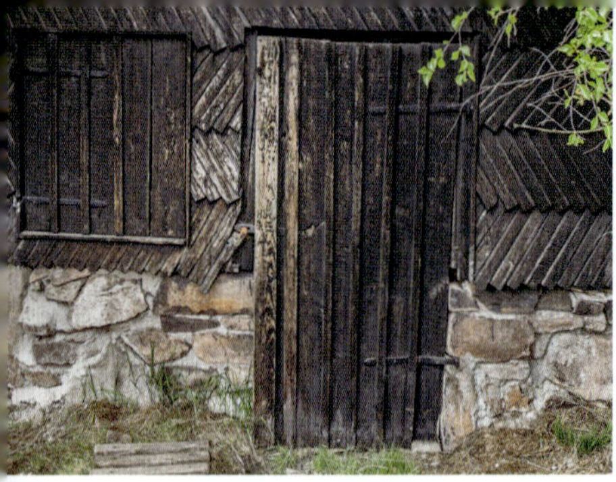

Links: Fassade an einem früheren Torfstecherhaus am Georgenfelder Hochmoor.
Rechts: Lehrpfad durchs Georgenfelder Hochmoor.

Am nächsten Querweg wenden wir uns nach links und erreichen kurz darauf die Dammkrone des **Wüsten Teichs ④**, 798 m. Bis zum Gipfel das Kahlebergs können wir nun weiß-blau-weißen Markierungen folgen. Bald nach dem Teich biegen wir rechts ab und halten uns an den beiden folgenden Wegkreuzungen ebenfalls rechts (Gabelweg und I-Flügel). An der nächsten Dreifachgabelung wählen wir ganz links den asphaltierten Weg. Wir überqueren die Schneise 28. Dort, wo der Weg ein Gipfelplateau erreicht, zweigt links unser markierter Weiterweg als schmaler Pfad ab. Bald macht der Weg zwischen Krüppelkiefern einen großzügigen Rechtsbogen. An mehreren Stellen kann man links kurze Abstecher zu Aussichtspunkten oberhalb der subalpin anmutenden Blockhalden machen. Der Pfad mündet in einen Asphaltweg und 50 m danach erreichen wir das **Aussichtsplateau** auf dem **Kahleberg ⑤**, 897 m, vor der gleichnamigen Baude.

Statt nun dem öden Fahrweg zu folgen, können wir direkt rechts der Baude einen parallel verlaufenden Wanderpfad nutzen. Dabei kreuzen wir zwei größere Fahrwege. Den dritten Querweg (K-Flügel) überqueren wir halb rechts (ganz rechts geht´s zur Biathlon-Arena) und erreichen gleich danach den asphaltierten Georgenfelder Weg. Dieser führt, anfangs im Wald, links hinunter nach Zinnwald-Georgenfeld. Nach einer Siedlung biegen wir links ab, überqueren die B170 und erreichen rechts unseren **Ausgangspunkt ①**.

***i* Wintersport rund um Altenberg:** *Die Region Altenberg-Zinnwald ist ein beliebtes Langlaufrevier, vor allem für sportbegeisterte Dresdner. Besonders engmaschig ist das Loipennetz auf dem Hochplateau des Kahlebergs. Hier ermöglicht eine moderne Schießanlage auch nationale und internationale Biathlonwettbewerbe. Die Schlepplifte in Altenberg und Geising sind beliebt bei großen und kleinen Wintersportlern. Am eindrucksvollsten jedoch ist der 1986 eingeweihte Eiskanal. 17 Kurven verteilen sich auf 1400 Meter Länge und 122 Höhenmeter. Hier finden regelmäßig Weltmeisterschaften im Bob-, Rodel- und Skeletonsport statt.*

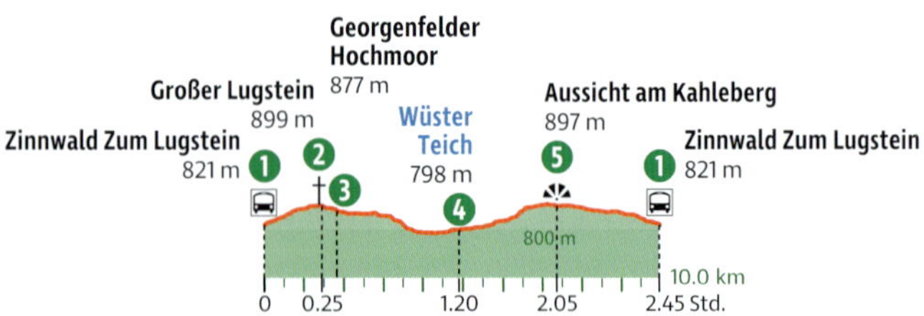

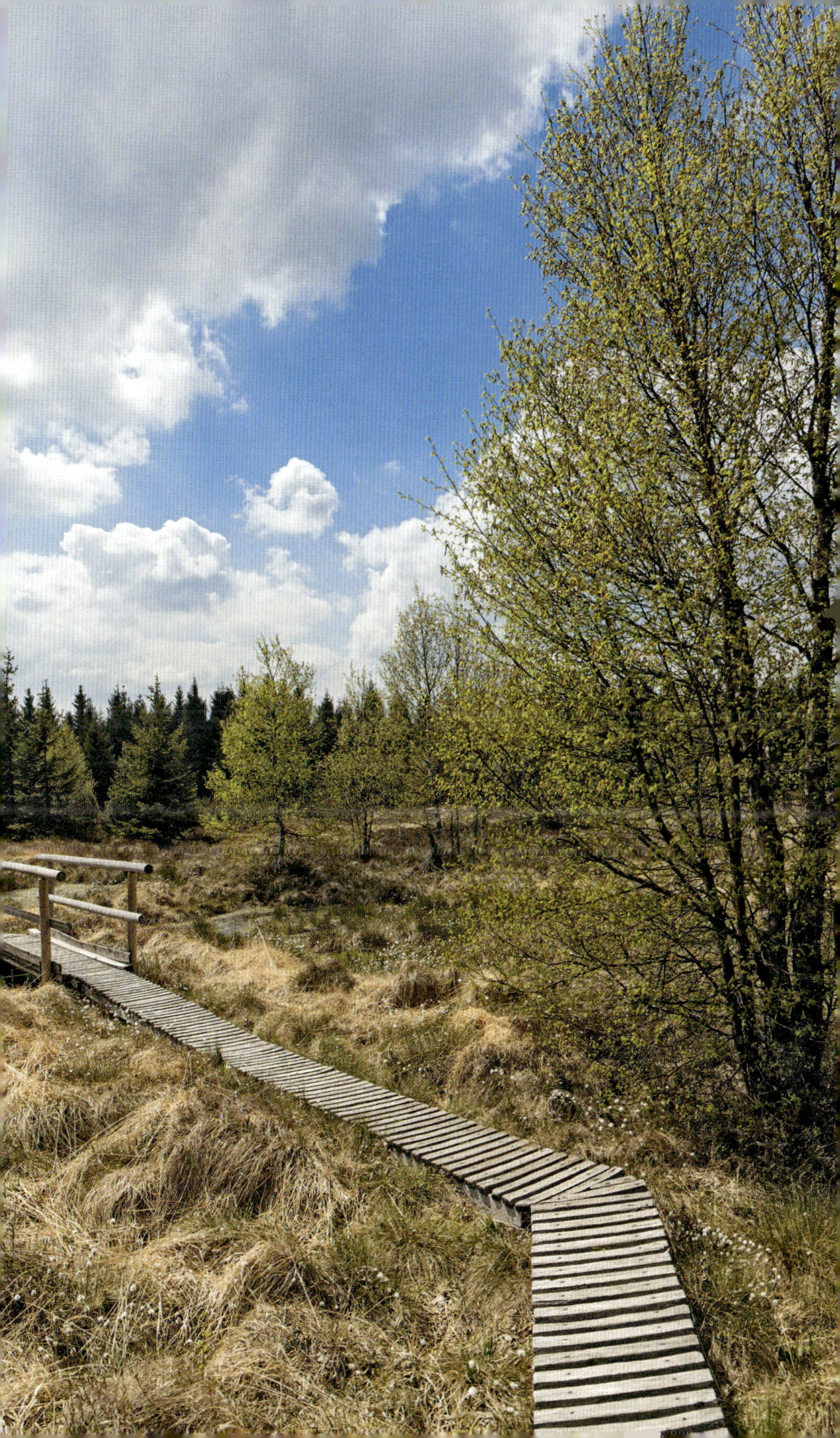

36 Burgberg, 622 m

Viel Wald und ein schicker Gipfelfels

2.45 Std. | 9,9 km | ↗ 170 m | ↘ 170 m

Talsperrenrunde mit Gipfelfinale

Die Talsperre Lichtenberg, im Gimmlitztal südlich von Freiberg gelegen, lässt sich auf einer waldreichen Runde entspannt erkunden. Ein kleiner Felssporn, spaßigerweise als »Zipfelgipfel« bezeichnet, lädt zum Rasten ein und kann sogar ein Gipfelkreuz aufweisen. Ein richtiger Berg erwartet uns kurz vor Ende der Wanderung: Der Burgberg mit seinen Gipfelfelsen, mit Gipfelbuch und Picknickgelände ist der würdige Höhepunkt der Tour. Nach dem Überqueren der Staumauer lädt der »Singende Erzgebirgswirt« noch zur Einkehr ein.

Ausgangspunkt: Wanderparkplatz am Ortsende von Lichtenberg südlich der Staumauer. Die Bushaltestelle »Feierabendheim« befindet sich unterhalb der Talsperre, wochentags regelmäßige Busverbindung nach Freiberg, am Wochenende zweimal tgl. als Rufbus (mind. 60 Min. vorher unter +49 3731 355500).

Anforderungen: Überwiegend bequeme Wald- und Forstwege. Nur der Abstieg vom Burgberg sowie der kurze Abstecher zum Zipfelgipfel führen über steilere Waldpfade.

Karte: GeoSN Wanderkarte 1:25.000 Blatt 32 Osterzgebirge/Frauenstein.

Einkehr: Talsperrenschänke Zum singenden Erzgebirgswirt, singenderwirt-erzgebirge.de, Sa. und So. 13:30–17:30 Uhr.

Ein ausgestelltes Ringkolbenventil an der Talsperre Lichtenberg.

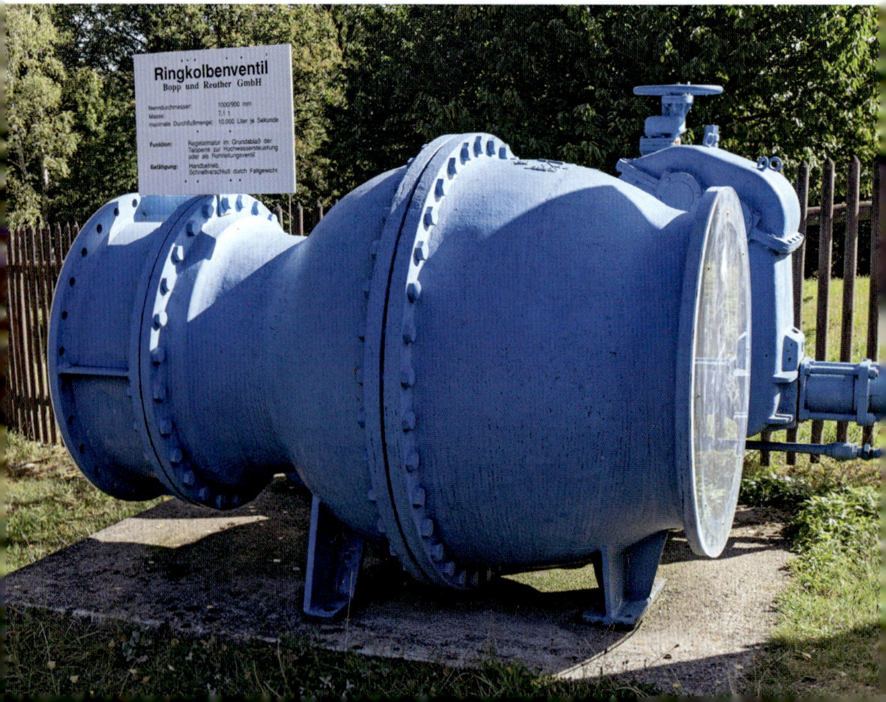

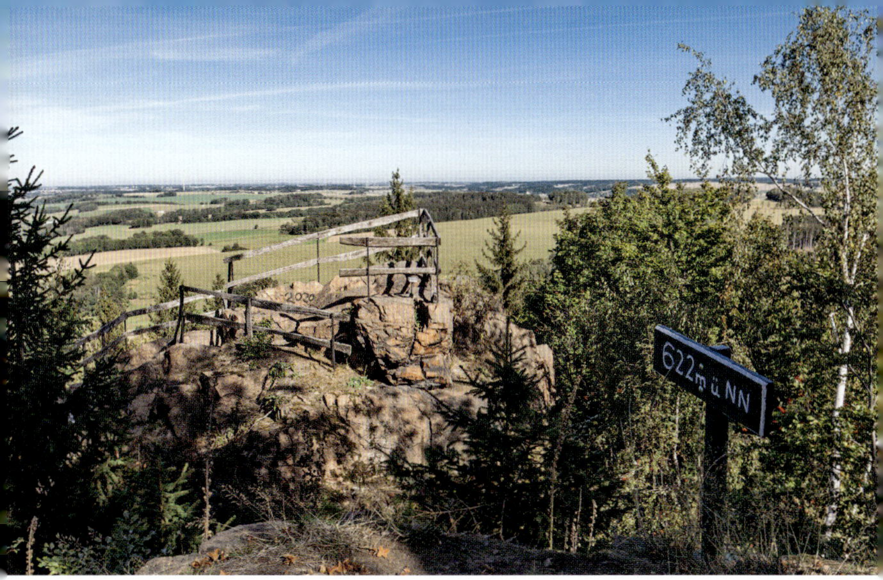

Blick vom Burgberg nach Norden.

Wir starten am **Wanderparkplatz ❶**, 515 m, zum Talsperrenrundweg auf einem Plattenweg zunächst am Waldrand entlang nach Süden, weiß-grün-weiß markiert. An der ersten Kreuzung im Wald folgen wir den Markierungen rechts hinauf und an der nächsten Kreuzung an einem Rastplatz nach links. Am nächsten Abzweig halten wir uns links und folgen nun weiß-rot-weißen Markierungen. Immer wieder ist die Talsperre zwischen den Bäumen zu sehen. Nach einer Rechtskurve führt rechts ein kurzer Bergpfad auf den witzigen **Zipfelgipfel ❷**, 522 m, mit kleinem Gipfelkreuz. Der Weiterweg bis zur Dittersdorfer Straße ist nicht zu verfehlen. Wir wenden uns auf der Straße nach links, gehen über die Brücke und wandern rechts an der Straße 700 Meter bis zu einer weiteren Brücke über die Vorsperre. 60 Meter danach biegen wir links auf den **Gimmlitztalweg ❸**, 505 m, ab. Bei Gabelungen halten wir uns links und folgen dem Weg parallel zum Ufer. Dann schwenkt er in ein Seitental hinein. Hier wenden wir uns nach links und überqueren einen Bach. Am nächsten Querweg verlassen wir den Talsperrenrundweg und gehen weiß-grün-weiß markiert rechts hinauf Richtung Burgberg. Nach 500 Metern biegt unser Weg weiß-gelb-weiß markiert zum Gipfel links ab und bald an einem Querweg erneut links. Gleich danach wenden wir uns am beschilderten Abzweig nach rechts. Der Weg schlängelt sich im

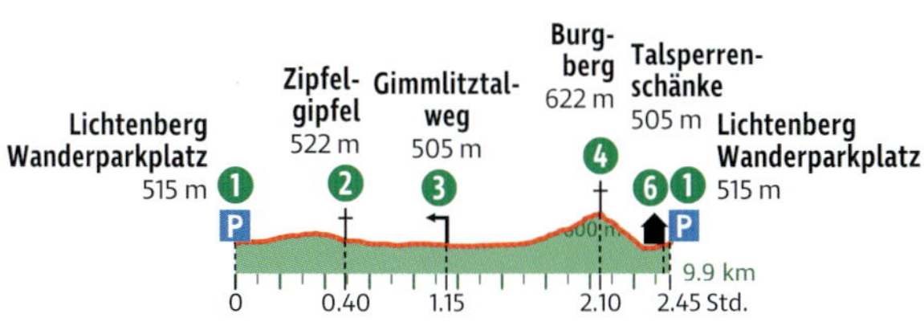

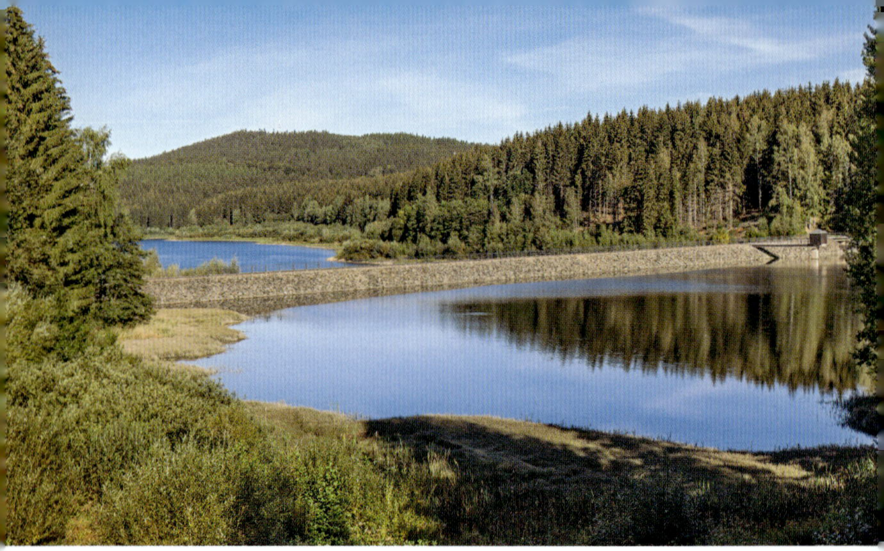

Blick vom Zulauf der Talsperre Lichtenberg zum bewaldeten Burgberg.

Wald hinauf und wird bald flacher. Wir erreichen einen Querweg auf dem Gipfelplateau. Links führt der weiß-gelb-weiß markierte Weiterweg hinter einem eingezäunten Sendemast weiter. Vorher aber gehen wir 50 Meter nach rechts zum **Burgberg** ❹, 622 m, mit Rastbank, einer schönen Felsenkanzel und mit Blick nach Norden über Mittelsachsen. Der Weiterweg führt hinterm Sendemast bei letzten Felsen recht steil links im Wald hinunter. Er schwenkt wieder nach rechts überquert einen ersten Querweg und wendet sich dann auf einem weiteren Querweg nach rechts. Links über ein paar kurze, steile Kehren hinunter erreichen wir den Zaun vor der **Staumauer** ❺, 495 m. Wir folgen dem Zaun kurz nach links und dem Weg weiter über die Staumauer. Wir verlassen das Talsperrengelände und gehen links, an der **Talsperrenschänke** ❻, 505 m, vorbei hinauf zum **Parkplatz** ❶ oder rechts hinunter zur Bushaltestelle.

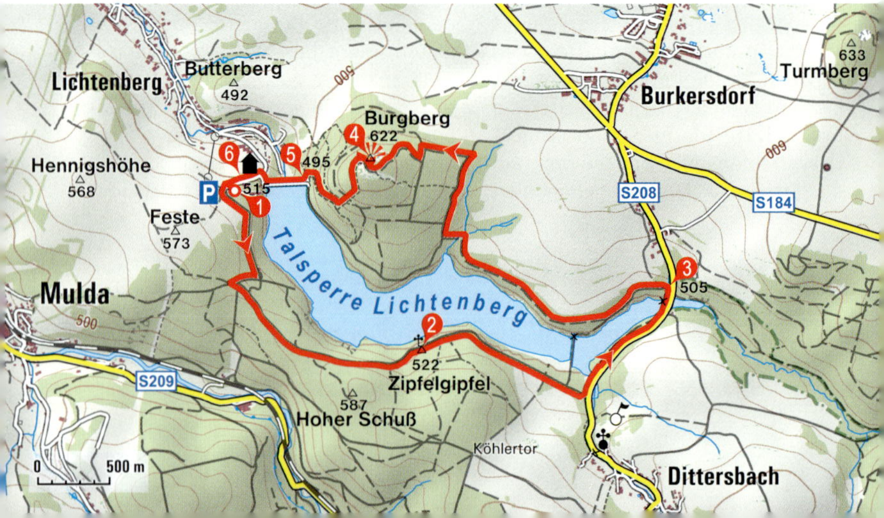

Schwartenberg, 787 m

Beliebter Aussichtsberg über dem oberen Flöhatal

3.30 Std. | 12,6 km | ↗ 360 m | ↘ 360 m

Wo die Erzgebirgsweihnacht zu Hause ist

In der Adventszeit kommen Tausende Touristen nach Neuhausen und Seiffen, um Nussknacker, Schwibbögen und die einzigartige Reifendreherei zu bewundern. Aber auch im Rest des Jahres ist die Region um den Schwartenberg einen Ausflug wert. Der Berg ist zwar nicht der höchste der Region, aber mit Abstand der mit der besten Aussicht und nicht zuletzt dank Berggaststätte sehr beliebt. Gut 250 Höhenmeter geht es gleich zu Beginn von Neuhausen hinauf zum Gipfel. Der Blick schweift übers Flöhatal und weit nach Böhmen hinein. Entspannt führt der Weiterweg oberhalb von Seiffen an einzelnen Anwesen vorbei und später durch stille Erzgebirgswälder. Beim Finale in Neuhausen bietet sich nochmals ein herrlicher Blick zurück auf den Schwartenberg.

Ausgangspunkt: Parkplatz und Bushaltestelle am ehem. Bhf. Neuhausen. Busanbindung Linie 452 nach Olbernhau stdl., am Wochenende alle 2 Std.
Anforderungen: Leichte Wanderung mit langem Anstieg am Anfang.
Karte: GeoSN Naturparkkarte Erzgebirge/Vogtland 1:25:000 Blatt 5/6.
Einkehr: Schwartenbergbaude, tgl. ab 11 Uhr, schwartenbergbaude.de; Hotel Berghof Seiffen, berghof-seiffen.de, tgl. ab 11 Uhr, Waldgasthof Bad Einsiedel, waldgasthof-bad-einsiedel.de, tgl. ab 11:30 Uhr, im Winter Mo. und Di. Ruhetage.
Tipp: Nussknackermuseum in Neuhausen, Mo. – Fr. 10 – 17 Uhr, Sa., So. und an Feiertagen 10 – 16 Uhr, nussknacker-museum-neuhausen.de, Spielzeugmuseum sowie Freilichtmuseum Seiffen, beide tgl. 10 – 17 Uhr, spielzeugmuseum-seiffen.de.

Wir starten am **ehemaligen Bahnhof** in **Neuhausen** ❶, 534 m, gehen Richtung Zentrum und biegen an der Kreuzung bei der Kirche links ab. Die nächsten 2,3 Kilometer können wir uns bis kurz vor dem Schwartenberggipfel an weiß-blau-weißen Markierungen orientieren. Vor einer Linkskurve der Brüxer Straße biegen wir hinter der Schlossapotheke rechts ab. Der Weg führt stetig ansteigend aus dem Ort über Wiesen und Felder hinaus. An einer Rastbank genießen wir den Rückblick auf Schloss Purschenstein. An einem kleinen Teich vorbei erreichen wir kurz nach einer

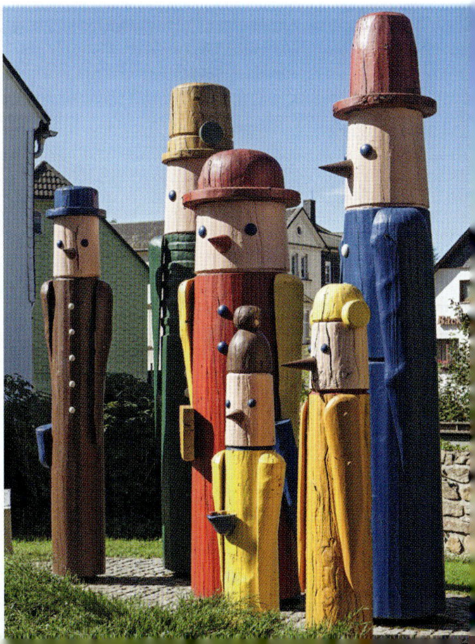

Überdimensionale Holzspielfiguren im Zentrum von Neuhausen.

Wegeinmündung einen Rastplatz an der **Biermann-Kreuzung ❷**, 683 m. Der Fahrweg wird flacher und führt unterm Schwartenberg in den Wald hinein. Kurz danach biegen wir, den Markierungen folgend, auf einen idyllischen Waldpfad links ab. Stetig ansteigend erreichen wir einen Querweg am Feldrain. Bevor wir dem weiß-blau-weißen Weg hier rechts hinunter folgen, bringt uns ein kurzer Abstecher mit roter Kreismarkierung links hinauf zum nahen **Schwartenberg ❸**, 787 m, mit Berggaststätte und freiem Blick auf die Rauschenbachtalsperre, die Augustusburg u.v.m.

Durch einen Waldgürtel und über Felder führt der Weiterweg hinunter zum asphaltierten Glashüttenweg, hier verlassen wir die weiß-blau-weißen Markierungen und wenden uns nach links. Wir erreichen sogleich eine Senke an der **Alten Glashütte ❹**, 684 m. Rechts lädt ein Rastplatz zum Picknick ein. Wir folgen dem Asphalt des Glashüttenwegs weiter und biegen nach 180 Metern links auf einen Schotterweg ab. An einzelnen Anwesen vorbei folgen wir bald wieder dem asphaltierten, aussichtsreichen und weiß-grün-weiß markierten Glashüttenweg bis zur Einmündung in die Kurhausstraße. Wir wandern links hinauf, überqueren am **Berghof ❺**, 759 m, die Neuhausener Straße und betreten den Wald. An einem Abzweig vorbei erreichen wir das Gelände des **Waldgasthofs Bad Einsiedel ❻**, 751 m. Bei Garagen geht es auf teils asphaltierten Waldwegen weiter. An zwei aufeinander folgenden Gabelungen halten wir uns, wieder weiß-blau-weißen Markierungen folgend, jeweils links. Der Weg führt über ein bewaldetes Hochplateau. Am nächsten Abzweig bei einer Rastgelegen-

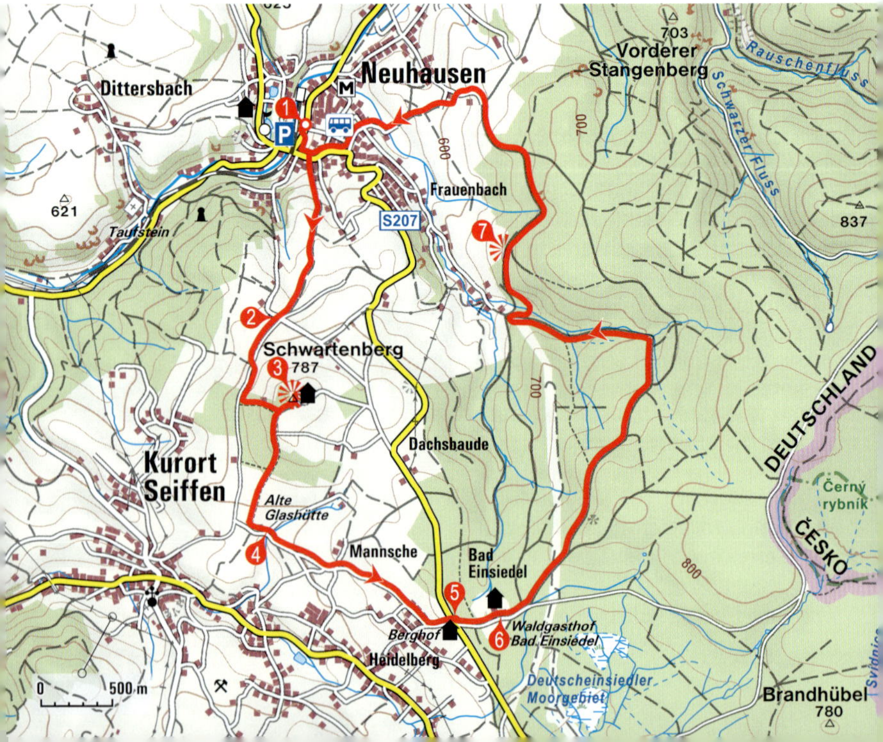

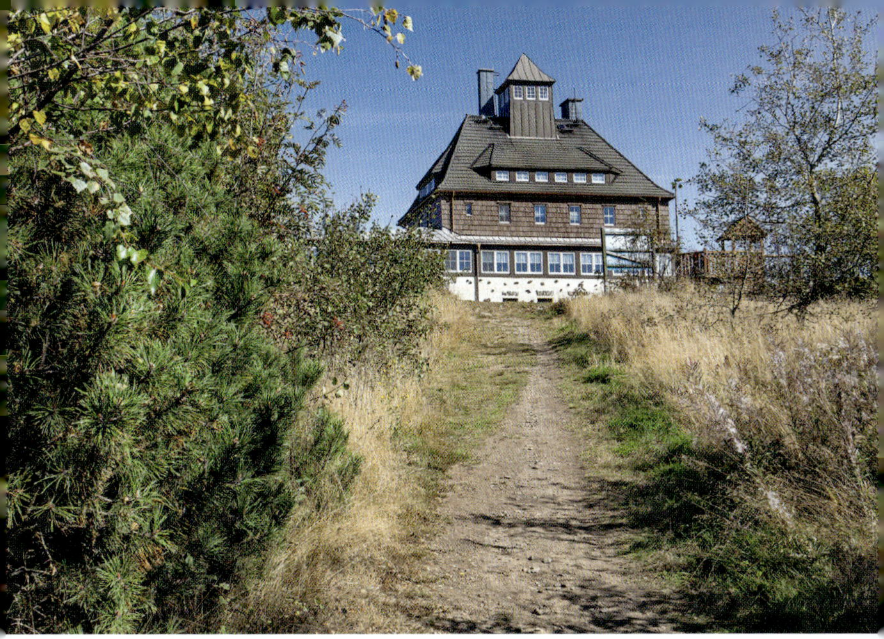

Weg kurz unterm Schwartenberg.

heit biegen wir links ab Richtung Neuhausen/Frauenbach. Im Bogen geht es bald steiler das Tal hinab. Wir überqueren die Schneise einer Erdgastrasse und biegen kurz danach, noch vor den ersten Häusern, scharf rechts ab. Im S-Bogen geht es sogleich über die Schneise zurück. Im Wald führt der Weg anfangs etwas bergan. Bald passieren wir eine Bank am Waldrand mit schöner **Aussicht auf Neuhausen 7**, 661 m. Ein letztes Mal führt der Weg in den Wald hinein, dann erreichen wir links haltend über einen Bach und dem beschilderten Weg an der nächsten Kreuzung links hinunter folgend den Waldrand. Im Linksbogen führt die Straße an zwei Anwesen vorbei hinab. Vor dem nächsten Haus verlassen wir die Straße nach links auf einen Wiesenpfad, die Ortsmitte ist ausgeschildert. Der Pfad führt an einer Einmündung und landwirtschaftlichen Gebäuden hinunter in den Wiesengrund des Frauenbaches. Dabei halten wir uns dort, wo nach rechts ein Betonplattenweg ansetzt, leicht links auf einem Wiesenpfad. Jenseits des Baches führt der Fahrweg im Bogen an Gärten und Garagen kurz hinauf. An Wohnhäusern vorbei folgen wir der Siedlungsstraße bis zur Brüxer Straße. Rechts hinunter treffen wir auf den Hinweg und sind bald am **Ziel 1**.

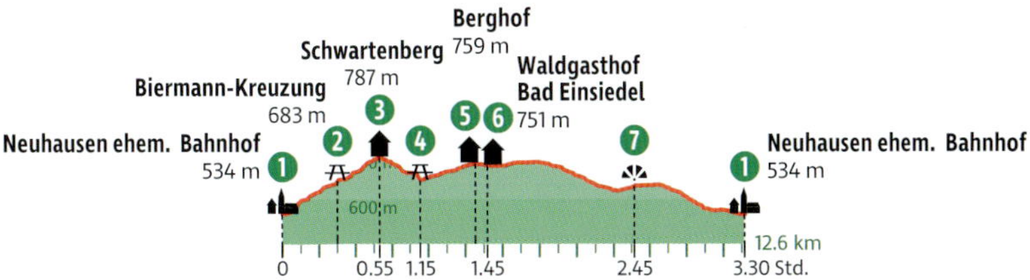

38 Annahöhe und Morgensternhöhe, 711 m

Zöblitzer Hausberge

4.00 Std. | 14,4 km | ↗ 290 m | ↘ 290 m

Rundwanderung mit Fernblicken, Tiefblicken und viel Abwechslung

Zöblitz, eine kleine Bergstadt, die inzwischen zu Marienberg gehört, liegt oberhalb des wilden Schwarzwassertales und ist von sanften Höhenzügen umgeben. Auf einer entspannten Rundwanderung kommen wir an der versteckt im Wald gelegenen Annahöhe vorbei und besuchen die Morgensternhöhe mit ihrem schönen Picknickgelände. Dazwischen setzen eine liebevoll mit erzgebirgischer Volkskunst geschmückte Rasthütte, der aussichtsreiche Kammweg, das stille Rungstocktal und die wilde Aussicht des Vogeltoffelfelsens die Akzente. Zurück in Zöblitz erwartet uns ganz nach Vorlieben eine gepflegte Einkehr oder der Besuch des Heimat- und Serpentinsteinmuseums. Die Stadtkirche hat eine der legendären Barockorgeln von Gottfried Silbermann zu bieten.

Ausgangspunkt: Markt in Zöblitz, Busverbindung Richtung Olbernhau und Marienberg mit Linie 490, wochentags stdl. am Wochenende alle 2 Std. Parkmöglichkeiten am Markt.
Anforderungen: Einfache Wald- und Wiesenwanderung. Kürzere Abschnitte auf schmalen, aber unschwierigen Wanderpfaden.
Karte: GeoSN Wanderkarte 1:25.000 Blatt 27 Mittleres Erzgebirge/Marienberg, Olbernhau.
Einkehr: Restaurant zum Schwarzen Bären, restaurant-zum-schwarzen-baer.de, tgl. 11:30 – 14 Uhr, Sa. auch 17 – 23 Uhr; Übernachtung in der Hüttstattmühle huemue.de.
Tipp: Serpentinstein- und Heimatmuseum, marienberg.de/kultur-tourismus/museen-und-schaubergwerke.

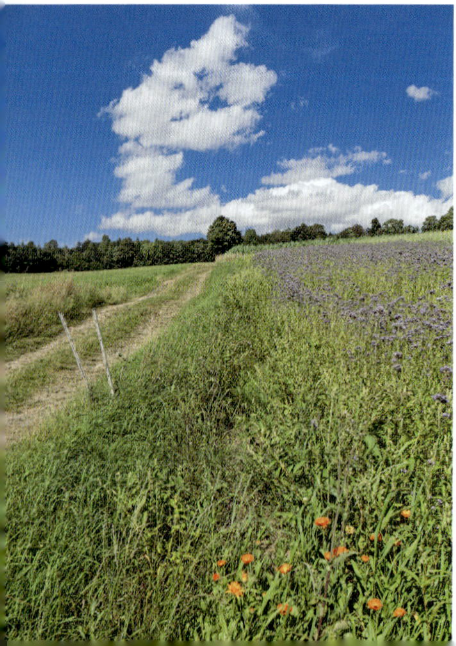

Los geht's am **Zöblitzer Markt** ❶, 595 m. Links neben der Gaststätte Zum Schwarzen Bären startet ein Fußweg, der uns zu einer Siedlungsstraße führt. Wir gehen anschließend kurz links versetzt zwischen Siedlungshäusern den schmalen Fußpfad weiter hinunter. Am Ende rechts haltend erreichen wir eine Straße im Talgrund. Wir folgen der Straße nur kurz nach rechts und biegen nach 30 Metern links erneut in einen schmalen Fußweg ein. Wir überqueren den Knesenbach und folgen dem Weg am Feldrain entlang. Über einen Platz bei Garagen erreichen wir an der Knesenbachbrü-

Offene Landschaft auf dem Weg zur Annahöhe.

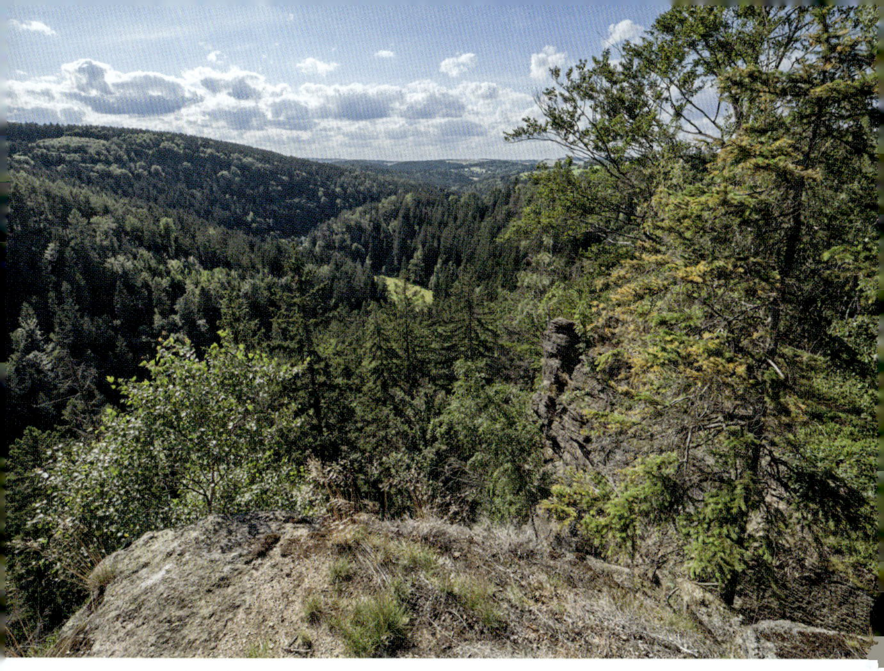

Blick vom Vogeltoffelfelsen ins Schwarzwassertal.

cke die Sorgauer Straße und wenden uns nach links. Bereits nach 200 Metern verlassen wir die Straße vor einer ansteigenden Linkskurve wieder und folgen leicht rechts einem Versorgungsweg, der vor Häusern links hinaufschwenkt. Über Wiesen und an Baumreihen vorbei erreichen wir eine Rastbank am Waldrand. Wir biegen links ab, folgen dem Weg parallel zum Waldrand und biegen am folgenden Querweg rechts ab. Wir schwenken rechts in den breiten Kammweg ein. Bald ist links der kurze Abstecher zur **Annahöhe ❷**, 684 m, ausgeschildert. Nach wenigen Metern erneut links haltend ist die künstliche Steinpyramide, derzeit komplett von Wald umgeben, erreicht. Vom Abstecher zurück folgen wir dem bequemen Kammweg weiß-grün-weiß markiert 4,7 Kilometer weiter. Gleich an der nächsten Wegkreuzung steht eine offene Rasthütte, die Einheimische liebevoll mit Kerzen und erzgebirgischer Volkskunst ausgestattet haben. Über diese Kreuzung geradeaus hinweg geht es durch Wald, über Wiesen und am Waldrand oberhalb von Ansprung vorbei, zuletzt an Hecken weiter bis zur Bundesstraße 171. Diese überqueren wir. Wir folgen dem Weg an drei Windrädern vorbei mit einer Linkskurve zu einer weiteren Landstraße, die wir ebenfalls kreuzen. Der Weiterweg führt nun ohne Markierung über die Wiese zum nahen Wald und kurz danach am Abzweig rechts hinunter ins stille **Rungstocktal ❸**, 654 m. Wir biegen an der großen Wegkreuzung im Talgrund rechts ab und folgen dem Weg am Rungstockbach, u.a. an einem markierten Abzweig nach Ansprung vorbei, 1,8 Kilometer sanft ansteigend bis zur Rübenauer Straße. Auf dieser gehen wir kurz nach rechts und biegen sofort wieder links in einen breiten Waldweg (E-Flügel) ab. Bei nächster Gelegenheit biegen

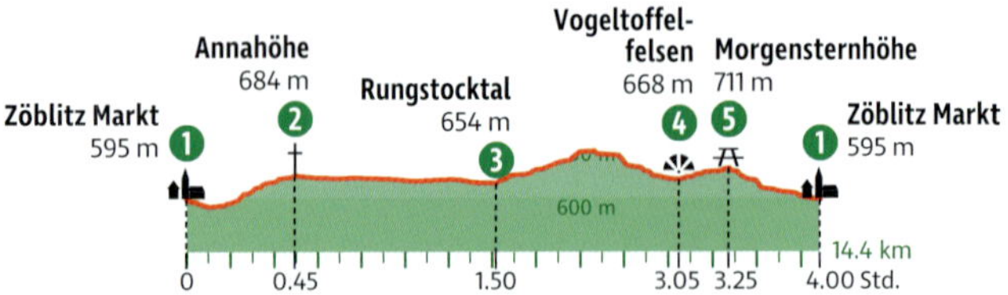

wir rechts wieder auf einen kleineren Weg (Fernwanderweg E3, weiß-blau-weiß markiert) ab. Der etwas steinige Weg führt bald bergab, noch im Wald über einen Querweg hinweg und dann leicht links über Wiesen hinunter. Auf der Straße an der Hüttstattmühle gehen wir kurz nach links, im Rechtsbogen an einem Wirtschaftsgebäude vorbei und biegen sogleich wieder rechts ab. Der Weg führt durch eine Bungalowsiedlung. Hinter einem Haus weist der Wegweiser links am Zaun hinunter. Kurz darauf schwenkt der Weg nach rechts und bringt uns zum Abstecher an der herrlichen Aussicht des **Vogeltoffelfelsens** ❹, 668 m, mit

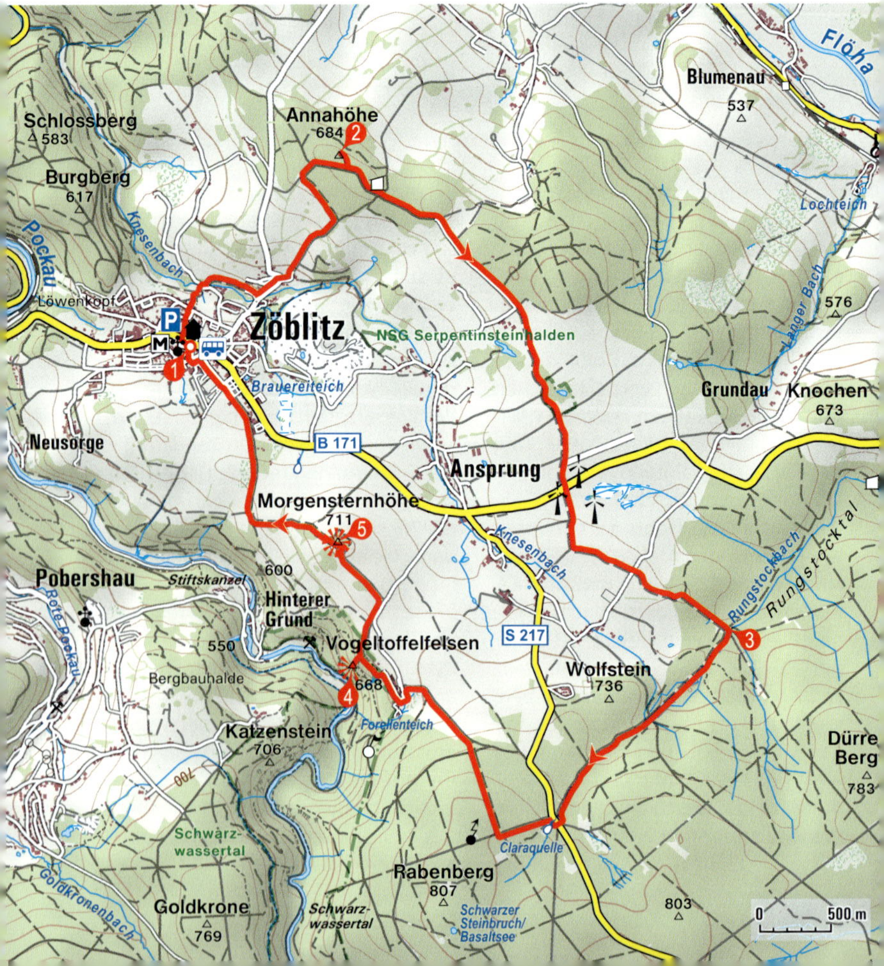

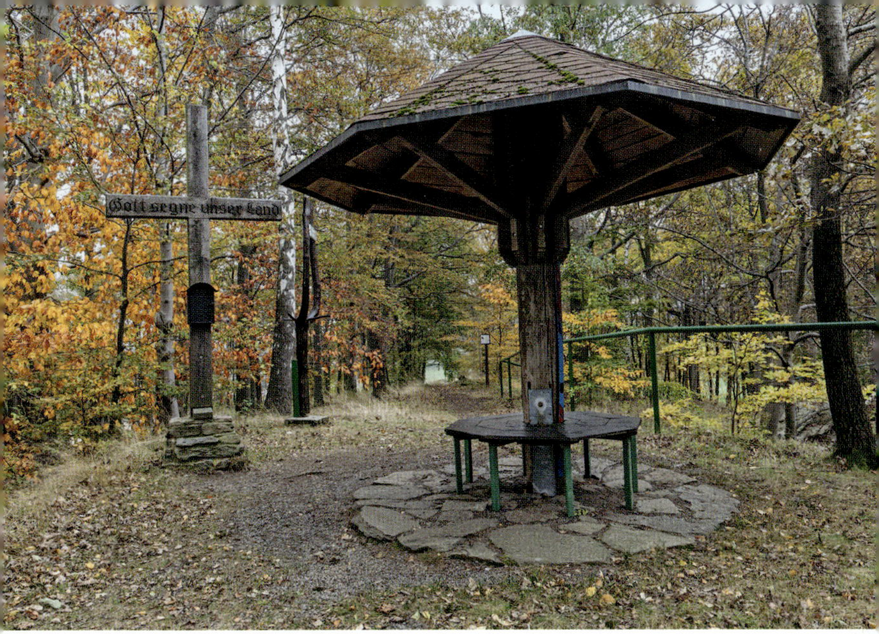

Herbst auf der Morgensternhöhe.

Tiefblick ins romantische Schwarzwassertal. Der Weiterweg schwenkt wieder im Wald hinauf und erreicht auf der Wiese in einer Kurve den asphaltierten Hüttstattweg. Diesem folgen wir 150 Meter in Richtung Ansprung. Wir verlassen ihn beim nächsten Wegweiser wieder nach links und können nun weiß-blau-weißen Markierungen bis Zöblitz folgen. Der Weg führt rechts an einem kleinen Wäldchen vorbei über die Wiese (Vorsicht bei Nebel) und geradewegs auf die Ecke des bewaldeten Gipfels der Morgensternhöhe zu. Wir folgen dem Weg am Waldrand nach rechts und biegen bei der zweiten Gelegenheit vor dem Kriegsgefallenendenkmal kurz unmarkiert links hinauf ab. Über einen kurzen Rücken erreichen wir den höchsten Punkt der **Morgensternhöhe ❺**, 711 m, mit einem Rastpilz und Gipfelbuch. Der Gipfel selbst ist licht bewaldet. Von den Waldrändern bieten sich allseits schöne Aussichten. Der Weg folgt hinterm höchsten Punkt bald leicht links haltend den Waldrand hinunter. Der nicht immer deutliche Pfad führt teils am Feldrand, teils an Baumreihen abwärts und macht schließlich einen kurzen Rechtsbogen. Er mündet in einen deutlicheren Weg ein, dem wir über eine kleine Kuppe hinweg nach Zöblitz folgen. Der Weg führt an der Feuerwehr, dem Friedhof und leicht links versetzt am Sportstadion in die Stadt hinunter. Am Ende der Straße biegen wir links und noch vor der Stadtkirche wieder rechts ab und erreichen den **Markt ❶**.

i ***Gottfried Silbermann** (1683–1753) stammt aus dem osterzgebirgischen Frauenstein. Er gilt als einer der bedeutendsten Orgelbauer des Barocks. Seine Instrumente erklingen noch heute, so z. B. in der Dresdner Hofkirche und im Freiberger Dom – und auch in der schönen Stadtkirche in Zöblitz (silbermann.org).*

39 Adlerstein und Lauterbacher Knochen, 683 m

Versteckte Gipfel über dem Pockautal

4.15 Std. | 15,0 km | ↗ 360 m | ↘ 360 m

Erzgebirgische Rundwanderung für Fortgeschrittene

Judeichhöhe, Ulmknochen, Adlerstein und Lauterbacher Knochen: Namen, die nur wenige kennen. Entsprechend still geht es auf dieser kulturell wie landschaftlich vielseitigen Tour zu. Das Steinpodest auf der Judeichhöhe wurde von einem in der Forstakademie Tharandt tätigen Wissenschaftler im 19. Jahrhundert errichtet, der hier Ruhe suchte. Das Kalkwerk Lengefeld ist ein technisches Denkmal, Museum und zugleich einer der Orte, wo die Nationalsozialisten wertvolle Kunstschätze aus den Dresdner Galerien versteckten. Da wäre noch Lauterbach zu nennen, das mit zwei unterschiedlichen Höhepunkten aufwarten kann: einer seltenen Wehrkirche aus dem 15. Jahrhundert und einer beliebten Spirituosenmanufaktur. Start und Ziel ist die Strobelmühle, wo der CVJM Hochseilgarten und Kletterhalle betreibt.

Ausgangspunkt: Strobelmühle, an der Talstraße zwischen Pockau und Niederlauterstein gelegen. Alternativer Zugang Wanderparkplatz am Kalkwerk, dort wochentags auch Busverbindungen mit dem Stadtverkehr Marienberg (Linie D).

Anforderungen: Die felsigen, zumeist im Wald gelegenen Gipfelfelsen zu finden, fordert ein gewisses Pfadfindergespür. Technisch ist die Tour bis auf einige steile und steinige Pfadabschnitte nicht wirklich schwierig.

Karte: GeoSN Wanderkarte 1:25.000 Blatt 27 Mittleres Erzgebirge/Marienberg, Olbernhau.

Varianten: 1. Wem der direkte Aufstieg zur Judeichhöhe zu mühsam erscheint, kann auch den weiß-gelb-weißen Markierungen weiter folgen, die rechts über eine sehr lange Spitzkehre deutlich flacher hinaufführt.
2. Wer den weglosen Abschnitt vom Lauterbacher Knochen am Waldrand entlang hinunter scheut, folgt der Aufstiegsroute zurück, bis zum unteren Waldrand.

Einkehr: Gaststätte Kalkwerk Lengefeld, Tel. +49 37367 2323, Mi. – So. ganztägig.

Tipp: Kalkwerk Lengefeld, kalkwerk-lengefeld.de, Mi. – So. und feiertags ab 10 Uhr, Kletterhalle und Hochseilgarten Strobelmühle, kletterwelt-erzgebirge.de, Di – Do. 17 – 21 Uhr, Fr. – So. 14 – 17 Uhr Ernst F. Ullmann Destillation & Likörfabrik, Mo. – Fr. 9 – 16 Uhr, Sa. 9 – 12 Uhr, lauterbacher-tropfen.de.

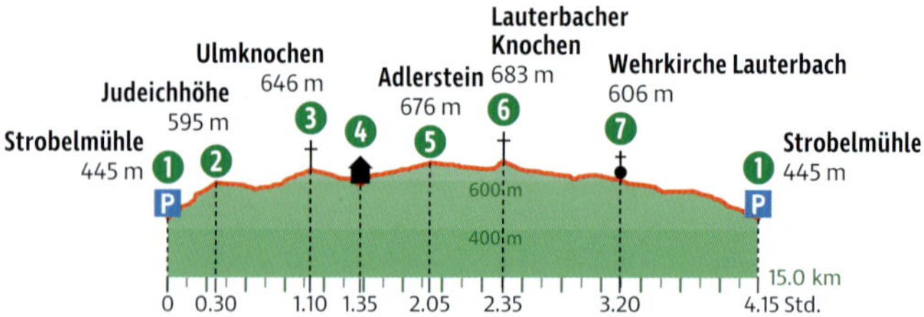

Von der **Strobelmühle** ①, 445 m, geht es zunächst über die steinerne Pockaubrücke und sofort rechts über den Lauterbach. Wir folgen

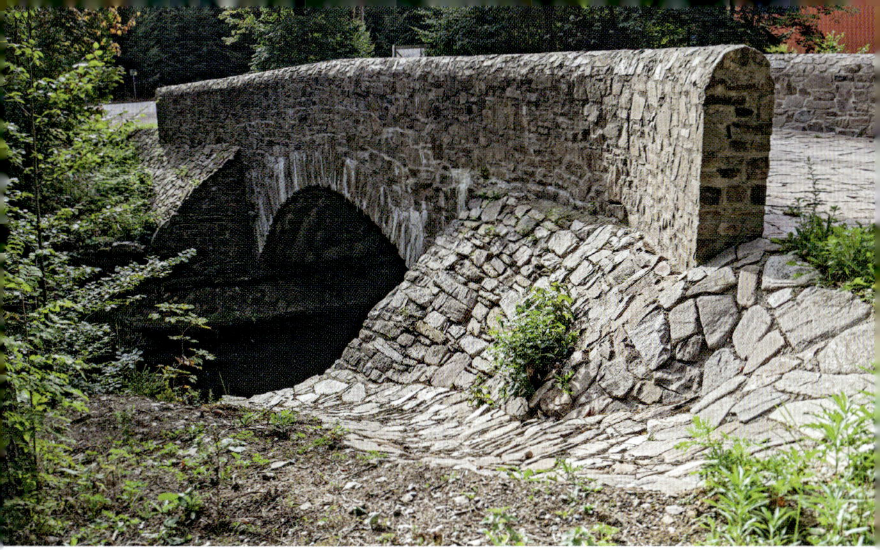

Die steinerne Brücke über die Pockau an der Strobelmühle.

dem Pockautalweg durch eine Linkskurve und verlassen ihn bei einem Bahnhäuschen nach links, weiß-gelb-weißen Markierungen folgend. Der Weg führt im Wald auf einem Rücken hinauf und mündet in einen Fahrweg ein. Direkt danach gabeln sich die Wege. Der markierte Weg schwenkt nach rechts in die Hangflanke, ein anderer führt nach links. Wir wählen den Pfad in der Mitte weiter auf dem Kamm hinauf. Wir passieren eine Felsblockhalde, dann schlägt der Weg einen Bogen rechts hinauf zu einem Absatz. Wir folgen den Pfadspuren auf dem Kamm nach links, wo wir nach wenigen Metern auf den markierten Weg treffen und diesem aufwärts folgen. Kurz vor der Anhöhe des Brandhübels (610 m), befindet sich rechts im Buchenwald das Steinplateau der **Judeichhöhe** **2**, 595 m. Vom Brandhübel folgen wir leicht rechts den weiß-gelb-weißen Markierungen geradewegs im Wald hinunter zur Kreuzung am Waldrand. Bis zum Kalkwerk ist der Weg nun weiß-grün-weiß markiert. Dazu biegen wir halblinks in den jungen Wald hinunter ab. Wir erreichen vor einer Senke eine Bank, überqueren den Fahrweg und folgen dem schmalen Pfad hinunter zu einer Furt und bergan weiter.

Im weiteren Verlauf schlägt der Weg einige Haken im Wald, hier unbedingt auf die Markierungen an den Bäumen achten: Bald mündet der Weg in einen Fahrweg ein und schwenkt nach rechts, macht eine Linkskurve und wendet sich bei einem Querweg nach links und sogleich wieder nach rechts. Bereits nach 180 Metern geht es wieder rechts hinunter und gleich danach links ab. Der Pfad wird steiniger und steigt zum **Ulmknochen** **3**, 646 m, an. Am höchsten Punkt befindet sich links des Weges eine Lichtung mit ein paar Felsschrofen. Wer ganz hinauf möchte, biegt ca. 50 m dahinter scharf links auf einen Trampelpfad ab.

Der Weiterweg nähert sich dem Waldrand, schwenkt davor rechts hinunter und dann links weiter am Feldrand entlang. Schließlich erreichen wir im Wald die Lauterbacher Straße, der wir 200 Meter bis zu ei-

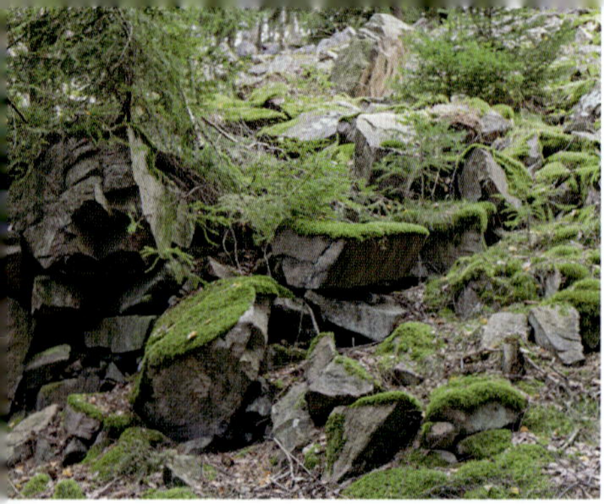

Wilde Felshalde auf dem Weg zur Judeichhöhe.

nem Wanderparkplatz folgen. Dahinter liegt im Wald die umzäunte Grube des **Kalkwerks Lengefeld ❹**, 585 m. Der Weiterweg führt links im Uhrzeigersinn herum. Für den Besuch des Museums bzw. der Gaststätte gehen wir jedoch zunächst rechts ein paar Stufen hinunter und entlang der Straße zum Eingang.
Kurz nach dem Parkplatz bringt uns ein kurzer Abstecher rechts zu einem Aussichtspunkt in die tiefe Kalkgrube. Bald erreichen wir einen Querweg, dem wir rechts hinunterfolgen, um bei nächster Gelegenheit links abzubiegen. Am Ende dieses Weges erreichen wir nach einer Senke einen Weg, der uns links hinauf zu einer großen Wegkreuzung bringt. Gleich dahinter zweigt halbrechts ein kleiner Pfad ab, der im langen Rechtsbogen hinauf zum **Adlerstein ❺**, 676 m, führt. Der Gipfelfelsen wird über einige Stufen erklommen. Zurück an der Kreuzung folgen wir dem Weg nach rechts (Süden). Am Waldrand halten wir uns links und beim nächsten Abzweig im Wald wieder rechts. Vom nächsten Waldrand ist schon die bewaldete Kuppe des Lauterbacher Knochens zu sehen. Der Weg hält auf den unteren Waldrand zu und führt an diesem entlang. Kurz vor Erreichen der Südostecke des Wäldchens zweigt bei einer Bank rechts spitz zurück der etwas wilde Gipfelanstieg in den Wald ab. Der Pfad macht einen leichten Linksknick und führt dann, zuletzt steiler, zwischen ein paar Felsschrofen hinauf,

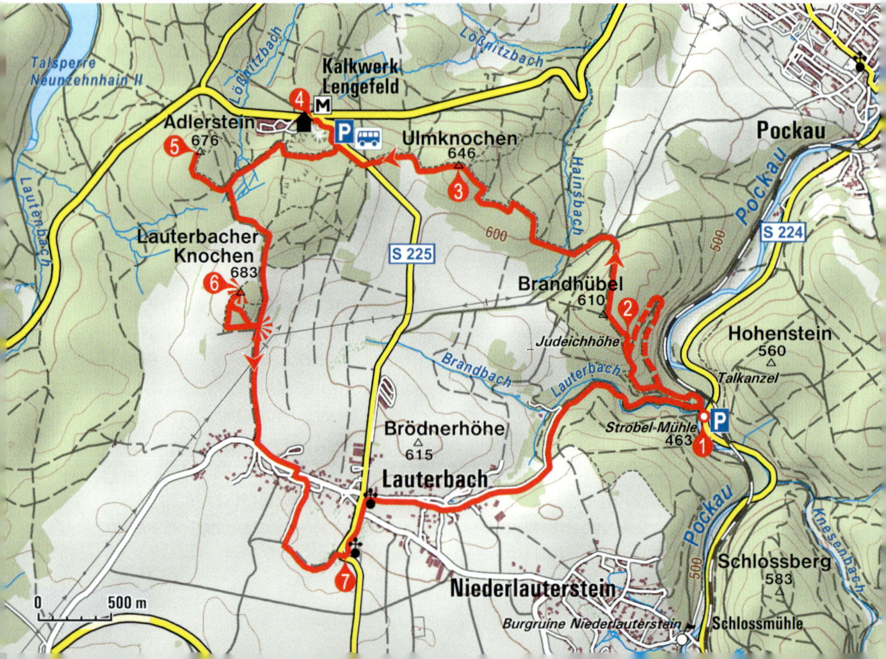

»Ein feste Burg ist unser Gott« – so lautet ein Zitat von Martin Luther. Schutz vor Überfällen durch plündernde Söldner fanden Dorfbewohner vom Mittelalter bis zum Dreißigjährigen Krieg vor allem in ihren Kirchen. Was lag da näher, als diese mit zusätzlichen Schutz- und Verteidigungsanlagen wie Schießscharten und Wehrgängen auszustatten. Derartige Kirchenbauten nennt man ***Wehrkirchen****. Außer in Lauterbach findet man im Mittleren Erzgebirge weitere schöne Exemplare in Mittelsaida und in Großrückerswalde. Die Lauterbacher Wehrkirche wurde beim Bau der neuen Kirche vor über 100 Jahren abgebaut, renoviert und 300 Meter oberhalb wieder neu errichtet.*

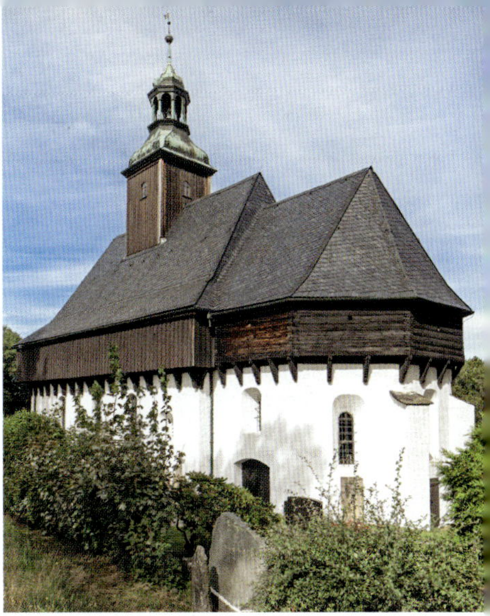

Die Lauterbacher Wehrkirche.

Wir gehen an einem kleinen Felsriff vorbei bis nahe zum Waldrand. Wir wenden uns nach rechts und gehen, teilweise weglos, etwa 50 m parallel zum Waldrand weiter. Nun ragen rechts von uns die Gipfelfelsen des **Lauterbacher Knochens 6**, 683 m, auf. Der höchste Punkt ist genau wie der Adlerstein an seiner Triangulationssäule zu erkennen und von links aus einer kleinen Scharte zu erklimmen. Wir gehen zum nahen Waldrand und folgen diesem gegen den Uhrzeigersinn, anfangs weglos, um das Wäldchen herum, hinab zum weiß-blau-weiß markierten Wanderweg. Bei guter Sicht sieht man hier die höchsten Erzgebirgsgipfel. Weiter geht's übers Feld zum bereits sichtbaren Oberdorf von Lauterbach. Wir gehen die Dorfstraße links hinunter und passieren dabei den Laden der Likörfabrik. Im weiteren Verlauf zweigt nach 300 Metern gegenüber von Nr. 33 (grünes Haus mit Linde) rechts ein Sträßchen ab, in das wir einschwenken. Sogleich halten wir uns bei einer Einmündung links. Die Straße »Am Seitenweg« führt über eine Kuppe und anschließend biegen wir rechts ab. An letzten Häusern vorbei erreichen wir eine Gartenanlage, der wir bis zum Ende folgen. Am folgenden Querweg halten wir uns links. Anfangs über Felder schwenkt der Weg bei einem Teich in eine bewaldete Senke hinunter. Direkt vor der markanten **Wehrkirche Lauterbach 7**, 606 m, erreichen wir eine Straße. Auf dieser halten wir uns links und erreichen am Abzweig nach Niederlauterstein und an der neuen Kirche vorbei die zentrale Kreuzung des Ortes. Wir biegen rechts ab und folgen bis zum Ziel weiß-gelb-weißen Markierungen. An einer Straßengabelung halten wir uns nach 250 m rechts an die kleinere Straße. Wir wandern durchs Unterdorf, an mehreren Abzweigungen vorbei, lassen die Häuser hinter uns zurück und wandern, anfangs auf Asphalt, nach links das Lauterbachtal hinunter. Immer dem idyllischen Talgrund folgend erreichen wir die **Strobelmühle 1**.

40 Hirtstein, 891 m

Geologisches Juwel mit großartiger Aussicht

TOP | 4.15 Std. | 15,3 km | ↗ 330 m | ↘ 330 m

Unterwegs im Wanderparadies Erzgebirge

Die Basaltfächer am Hirtstein sind einzigartig in ganz Sachsen und unbedingt einen Besuch wert. Unser Aufstieg zum waldlosen Gipfelplateau startet in Schmalzgrube im Pressnitztal. Mit etwas Glück bekommt man hier die alte Dampfeisenbahn zu Gesicht. Der Weg führt am historischen Hammerwerk vorbei und ein stilles Tal an der tschechischen Grenze hinauf. In dieser Region sind seit einiger Zeit wieder Wölfe beheimatet. An der Felsnadel der Einsamen Spitze vorbei erreichen wir die Bergwiesen um Satzung. Die flache Landschaft mit ihren Bergwiesen hat zu jeder Jahreszeit einen ganz eigenen Reiz. Im Südwesten grüßen so markante Berggestalten wie der Pöhlberg, der Bärenstein oder jenseits der Grenze der unverkennbare Gipfelaufbau des Hassberges. Zurück in Schmalzgrube lockt im Sommer das beheizte Freibad.

Ausgangspunkt: Parkplatz hinterm Schwimmbad in Schmalzgrube. ÖV nicht praktikabel.

Anforderungen: Unschwierige Wald- und Wiesenwanderung. Der Pfad an der Einsamen Spitze kann nach Regen schlammig werden, der finale Abstieg nach Schmalzgrube ist ziemlich steil.

Einkehr: Gasthof und Pension Erbgericht Satzung, erbgericht.hirtstein.de, Mi.–So. 10–14 Uhr und 17–21 Uhr, Hirtsteinbaude, hirtsteinbaude.de, Do. und Fr. 11:30–19 Uhr, Sa. und So. 11:30–20 Uhr.

Karte: GeoSN Wanderkarte 1:25.000 Blatt 23 Mittleres Erzgebirge/Annaberg-Buchholz.

Variante: Eine deutlich längere Variante führt zum Jelení hora (CZ, Hassberg). Plus 1.45 Std., mittelschwer. Beim Hammerwerk bleiben wir auf der in Gehrichtung rechten Seite der Pressnitz und wandern über die Grenze nach Kryštofovy Hamry/Christophhammer, 671 m, Danach gehen wir links über die Staumauer der Pressnitztalsperre, 725 m und steigen leicht rechts haltend hinauf zum Hassberg, 994 m, dessen aussichtsreiches Gipfelplateau links über einen Bergpfad erreicht wird. Anschließend wenden wir uns hinter dem Gipfelaufbau nach links und folgen den Wegen über die bewaldete Hochebene nach Norden zur Staatsgrenze. Kurz hinter dem Wandergrenzübergang mündet der Weg wieder in die Originalroute ein.

Tipp: Sonderfahrten mit der historischen Pressnitztalbahn, pressnitztalbahn.de, beheiztes Freibad Schmalzgrube, in der Badesaison tgl. 10–19 Uhr.

Wir starten in **Schmalzgrube** auf dem **Parkplatz am Schwimmbad** ❶, 615 m, und folgen der Straße im Pressnitztal hinauf. Bei nächster Gelegenheit biegen wir links über die Brücke zum **Hammerwerk Schmalzgrube** ❷, 621 m, ab. Nach 40 Metern halten wir uns hinter einem in die Jahre gekommenen Barackenbau rechts und wandern am Gelände des Hammerwerkes mit dem historischen Schmelzofen vorbei. Der Weg führt ein paar Meter hinauf auf einen Absatz. Wir gehen kurz nach rechts und biegen sofort wieder halblinks in den Siebenweg ab. Wir wandern im Wald hinauf und folgen nach der Einmündung einem breiten Wald-

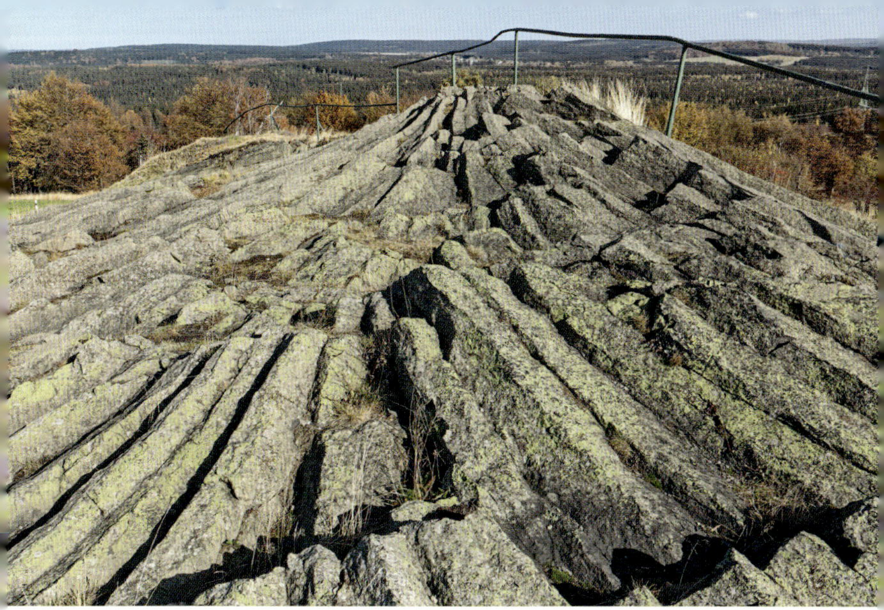

Basaltfächer am Hirtstein.

fahrweg nach rechts. Bei einer Abzweigung an einem Holzlagerplatz halten wir uns links, den Hirschsteinweg weiter am Hang aufsteigend. An ein paar kleinen Felsen vorbei schwenkt der Weg nach links in ein Tal hinein. An einem Abzweig und einer Gabelung halten wir uns jeweils rechts und nähern uns dem Grenzbach. Nach der Einmündung des Beilbachweges steht links von uns im Wald die kleine Felsnadel der **Einsamen Spitze ❸**, 808 m – ein hübscher Rastplatz im einsamen Wald. Der Weg führt nun direkt am Beilbach hinauf. Nach 600 m verliert sich der Weg vor uns auf einer verwachsenen Lichtung, hier biegen wir scharf links ab und erreichen nach einer weiteren Lichtung den Paschweg, dem wir halbrechts folgen. An der nächsten Wegkreuzung im Bergwald biegen wir rechts in den Siebenweg ein und folgen diesem an kleineren Abzweigen vorbei für 1,1 Kilometer. Wir erreichen einen Querweg, hier stößt von rechts die Variante über den Hassberg dazu und wir wenden uns auf dem Waldfahrweg nach links. Nach weiteren 1,4 Kilometer geradeaus erreichen wir einen herrlichen Rastplatz am Waldrand. Vor uns liegen die prachtvollen Bergwiesen rund um Satzung. Der Hirtstein ist mit seinen Windrädern schon zu sehen. Wir folgen dem nicht sonderlich deutlichen Wiesenweg geradeaus weiter bis zum Oberdorf

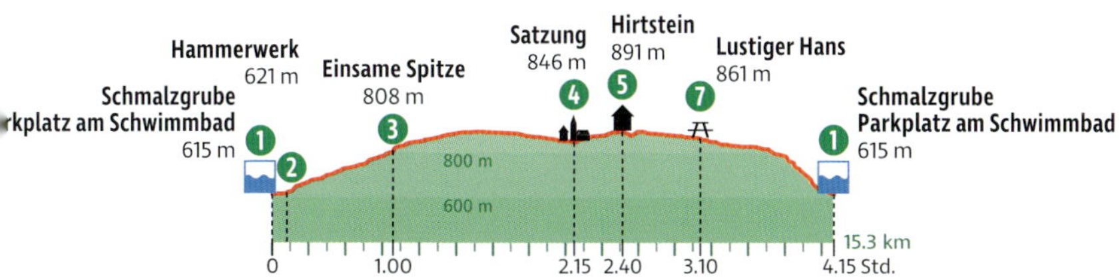

von **Satzung** **4**, 846 m (Achtung bei Nebel!). Beim Gasthof Erbgericht erreichen wir die Dorfstraße. Wir gehen an der Kirche vorbei und anschließend die Straße »An der Reihe« links hinauf. Nach 400 Meter zweigt rechts der beschilderte Weg zum Hirtstein ab. An einem kleinen Steinbruchteich und schließlich am eingezäunten Gelände eines Sendemastes vorbei erreichen wir vor der Hirtsteinbaude den Gipfel des **Hirtsteins** **5**, 891 m. Vom Gipfelfelsen mit Triangulationssäule genießen wir das Panorama. Hinter der Baude die Auffahrtsstraße ein paar Meter hinunter erreichen wir rechts der Straße den in dieser Region einzigartigen **Basaltfächer** **6**, 875 m, ein großartiges vulkanisches Geotop.

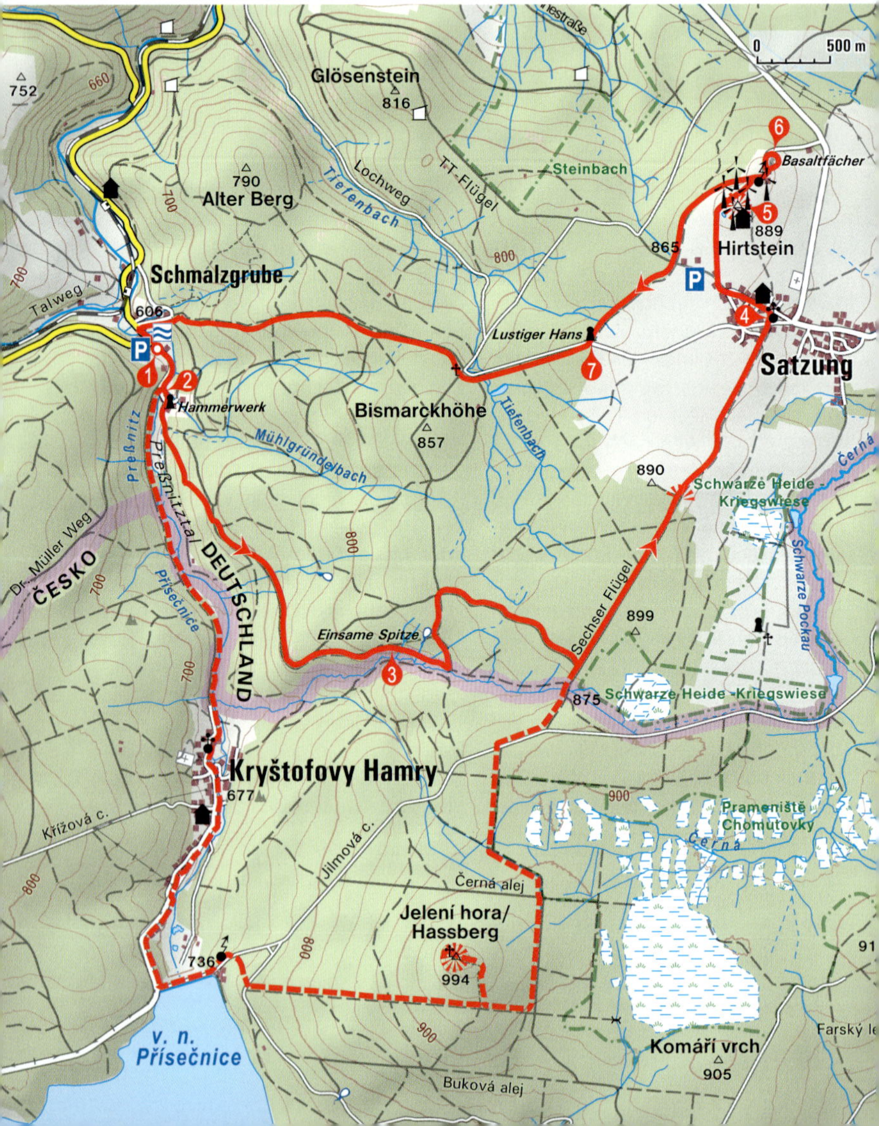

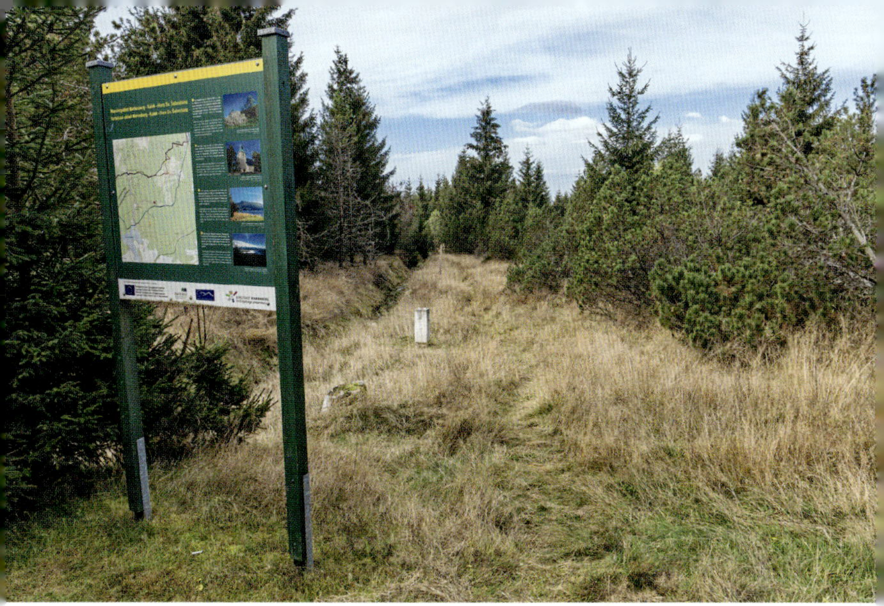

Infotafel auf dem Hochplateau nahe der Kriegswiese.

Wir gehen zurück zum Sendemast und folgen hier an der Gabelung rechts dem weiß-blau-weißen Kammweg schräg hinüber zum Waldrand. Diese Markierungen werden uns auf den letzten 5 Kilometern den Weg weisen. An einem Skiwanderparkplatz vorbei erreichen wir den Rastplatz namens **Lustiger Hans 7**, 861 m. Hier schwenkt der Kammweg rechts in den Wald hinein. Nach einem langen Geradeausstück kreuzen wir in einer Rechtskurve den B-Flügel. Nach einem weiteren Geradeausstück folgen wir den Markierungen an einer Gabelung leicht nach rechts. Immer steiler führt der Weg nun, teils als Hohlweg, hinunter nach Schmalzgrube. Dabei ist an einigen Gabelungen auf die Wegmarkierung zu achten. Wir erreichen den Waldrand oberhalb des Ortes. Steil führt der Schulberg zwischen den Häusern hinunter zur Hauptstraße.

Historische Fensterverzierung am Hammerwerk Schmalzgrube.

Der Bahnhof der historischen Pressnitztalbahn liegt etwa 150 Meter rechts von uns. Wir folgen aber der Hauptstraße links hinauf. Die Hauptstraße biegt rechts Richtung Jöhstadt ab, wir gehen bis zum Bad geradeaus weiter und sind am **Ziel 1**.

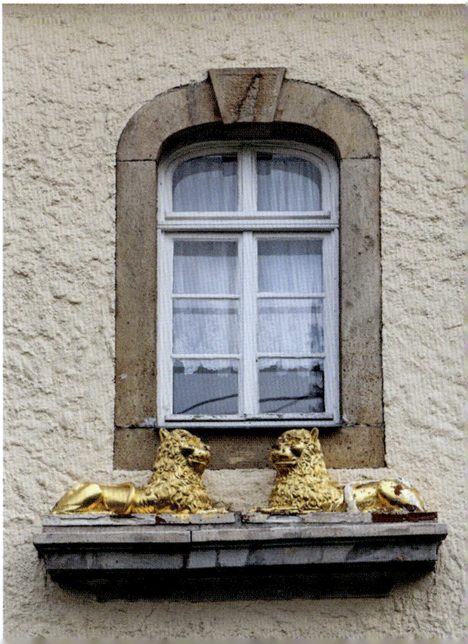

41 Greifensteine, 731 m

Kühne Granitgestalten

4.00 Std. | 14,6 km | ↗ 280 m | ↘ 280 m

Viel Abwechslung zwischen Geyer, Thum und Ehrenfriedersdorf

Der Greifenbachstauweiher und die Greifensteine sind nicht ohne Grund ganzjährig ein beliebtes Ausflugsziel. Sieben Granitgipfel erheben sich am höchsten Punkt über den Baumwipfeln, einer davon ist als Aussichtsfelsen erschlossen. Ob Räuber Hotzenplotz oder Gräfin Mariza: Auf der Freilichtbühne wird zwischen den Felsen in den Sommermonaten Kultur in stimmungsvollem Ambiente für Groß und Klein geboten. Kinder sind in der Mineralienwerkstatt zu begeistern und erst recht im Hochseilgarten mit einer Seilbahn, die abenteuerlich über einen Steinbruchsee führt. Auf der Rundwanderung finden wir abseits dieser Touristen-Hotspots aber auch Ruhe in stillen Erzgebirgswäldern. Besonders eindrucksvoll lässt sich Bergbaugeschichte am Röhrgraben und in der Binge von Geyer erleben.

Ausgangspunkt: Markt in Geyer, Parkmöglichkeiten. Der Busbahnhof befindet sich 200 m entfernt an der Ehrenfriedersdorfer Straße. Busverbindungen Ehrenfriedersdorf und Schwarzenberg, Linie 441, alle 2 Std., wochentags auch nach Annaberg-Buchholz, Linie 432.

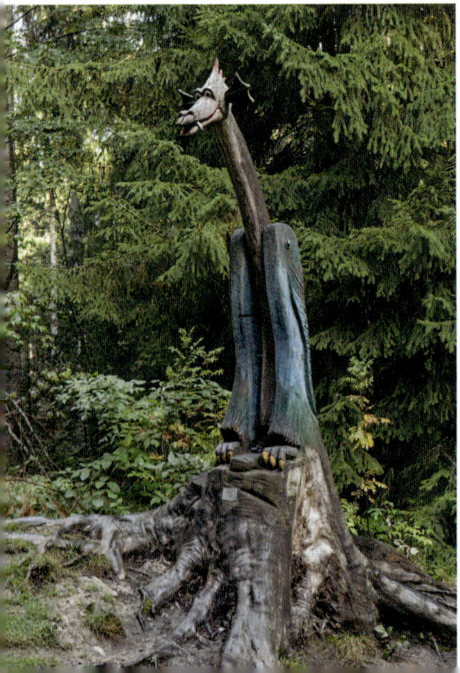

Anforderungen: Mäßig schwierig, ein paar Stufen und schmale Pfadabschnitte rund um den Röhrgraben und in der Binge.

Karte: GeoSN Wanderkarte 1:25.000 Blatt 14 Westerzgebirge/Geyer, Schwarzenberg.

Einkehr: Berghotel Greifensteine, berghotel-greifensteine.de, Di. – So. 11:30 – 20 Uhr, Imbiss Am Greifensteinstolln, Fr. – So. ab 10 – 18 Uhr, Gaststätte Huthaus, Geyer, Tel. +49 37346 65 24, Sa. 11 – 22 Uhr, So. 11 – 14 Uhr, Mi. – Fr. 12 – 21 Uhr.

Tipp: Freizeitbad Greifensteine, tgl. ab 10 Uhr, freizeitbad-greifensteine.de, Freibad Greifenbachstauweiher, Tonis Haus der Steine (Mineralienwerkstatt und -laden), Tonis-haus-der-steine.de, Sa. – Do. 10 – 17 Uhr, Erlebniskletterwald Greifensteine, kletterwald-greifensteine.de, tgl. 10 – 17 Uhr, Greifenstein-Festspiele der Erzgebirgischen Theater auf der Freilichtbühne, Spielplan siehe winterstein-theater.de, Turmmuseum Geyer, stadt-geyer.de/urlaub-in-geyer/sehenswertes/turmmuseum, Di. – Fr. 10 – 15 Uhr, Sa. 10 – 16 Uhr.

Ein freundlich dreinschauender hölzerner Drachen beim Abzweig zur Stülpnerhöhle.

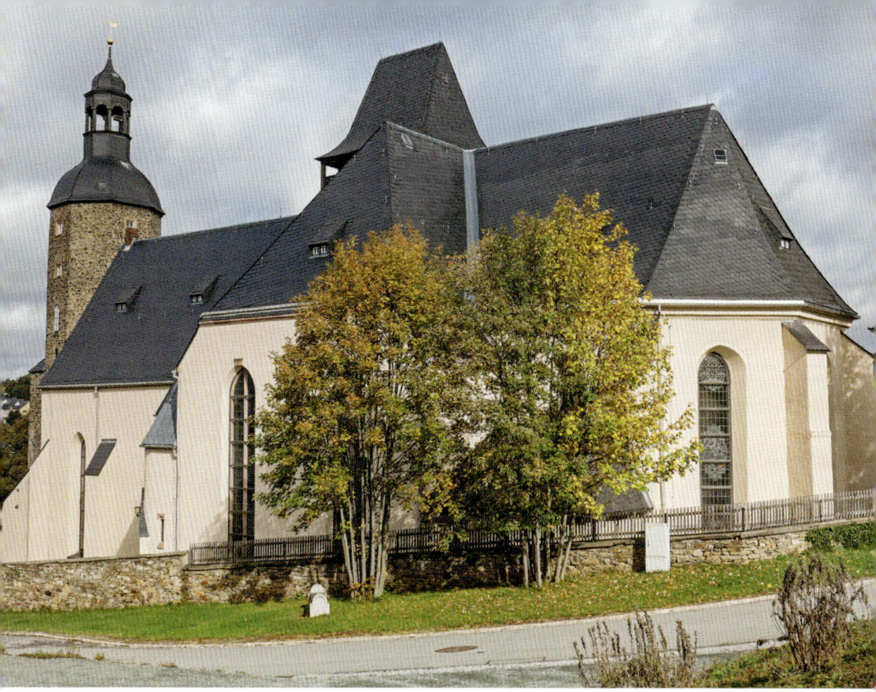

Die Kirche St. Laurentius in Geyer.

Los geht's am **Markt** in **Geyer** ❶, 593 m. Wir gehen am Rathaus kurz die August-Bebel-Straße hinauf und biegen in der Rechtskurve hinterm Markt sogleich links in die Wiesenstraße ab. Wir wenden uns vorm Discounter nach rechts, erreichen den Abzweig der Waldstraße vor der kleinen Kirche St. Wolfgang und biegen links ab. Bald wandern wir am Friedhof entlang und wenden uns an dessen Ende nach rechts zur Zwönitzer Straße und auf dieser weiter links hinauf. Am Waldrand biegen wir rechts in den Anton-Günther-Weg ein. Nach einer Rechtskurve wenden wir uns zu Beginn der 30er-Zone nach links in den Wald. Beim folgenden Querweg gehen wir geradeaus den Pfad weiter, an einer Bank links hinunter und folgen einem Geländer weiter hinab. Wir überqueren einen Graben (rechts von uns befindet sich ein Kneipp-Becken), folgen diesem kurz, dann führt der Weg hinauf zu einer Wegkreuzung. Wir gehen an einem Zaun entlang weiter und können nun weiß-rot-weißen Markierungen am Ende des Zauns links haltend weiter folgen. Der Weg führt nochmals kurz am Waldrand bei ein paar Häusern entlang und weiter im Bogen weiß-grün-weiß markiert in den Wald hinein. Im langen Linksbogen führt der Waldweg erst über den Neuen Weg hinweg, dann biegen wir an der nächsten großen Kreuzung nach rechts auf den weiß-gelb-weiß markierten Weg Richtung Jugendherberge ab. Wir überqueren den Greifenbach und erreichen dahinter das Gelände der **Jugendherberge Hormersdorf** ❷, 638 m, zu unserer Linken. Wir ignorieren den beschilderten Asphaltweg nach rechts und gehen noch 60 Meter geradeaus weiter. Hier biegt rechts ein schöner Waldweg ab, dem wir

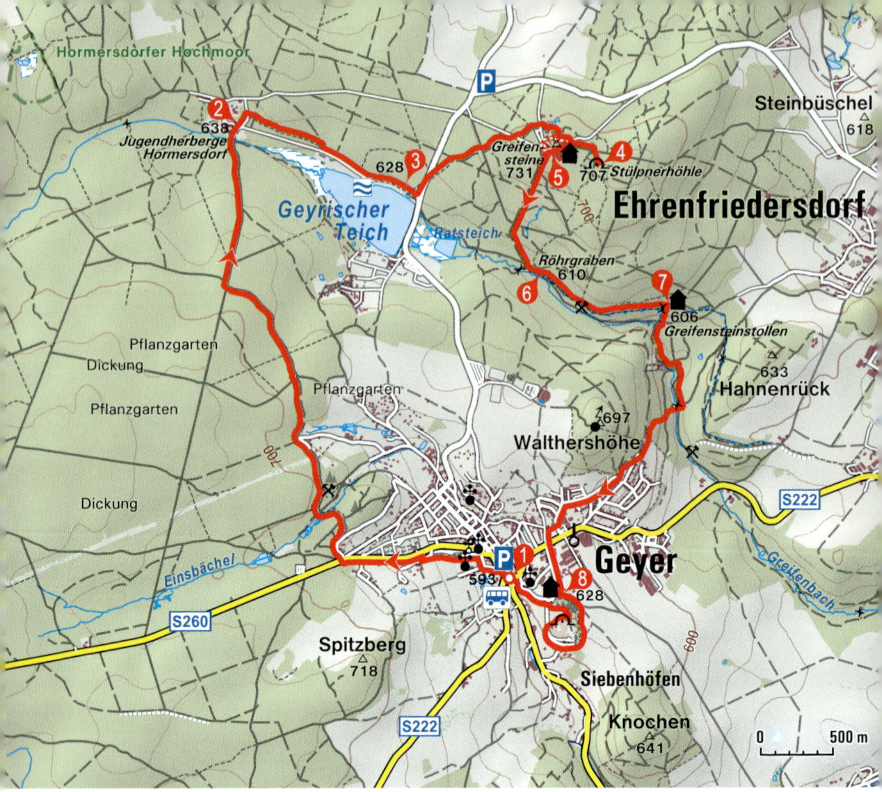

folgen, bis er nach 500 m rechts in den Asphaltweg einmündet. An Gärten und einem Strandbad vorbei folgen wir dem Weg am **Geyrischen Teich** ❸, 628 m, entlang bis zur

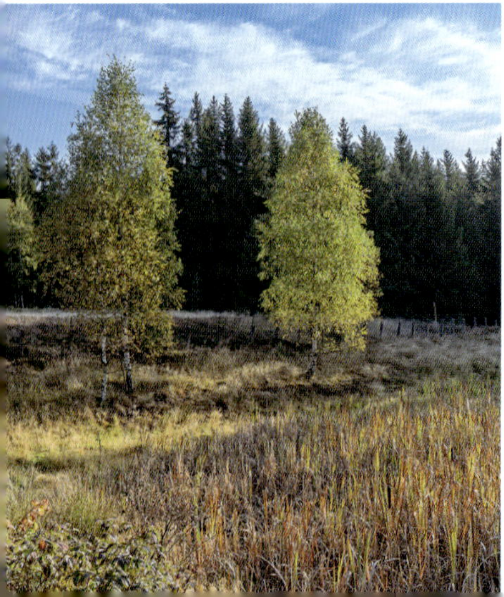

Staumauer vor der Thumer Straße. Dabei passieren wir Tonis Haus der Steine und einen Imbiss. Wir überqueren die Straße und wenden uns direkt dahinter auf dem Wanderweg weiß-grün-weiß markiert nach links hinauf. Der Weg führt rechts haltend im Wald aufwärts. Wir überqueren einen Waldweg und einen Versorgungsweg und erreichen das Gelände des Kletterwaldes neben dem großen Gästeparkplatz. Weiter gehen wir über die Zufahrtsstraße und folgen dem Weg am Rand des Steinbruchsees nach rechts, sogleich rechts hinüber (nicht links weiter zum Start der Seilbahn) zu einem weiteren Steinbruch und an diesem rechts haltend hinauf zur Straße. Vor

Herbstlandschaft am Zufluss des Greifenbachstauweihers.

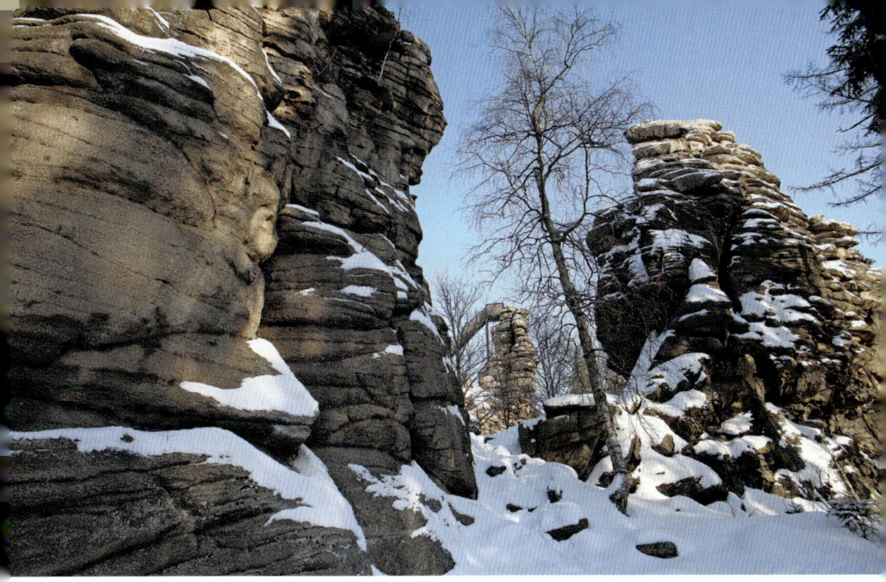

Greifensteine im Winter.

uns ragt quasi »die Rückseite« des Aussichtsfelsens auf. Wir wenden uns zunächst nach links. Bei nächster Gelegenheit verlassen wir die Straße nach rechts. Scharf rechts biegt unserer späterer Weiterweg in eine Felsengasse ein. Wir folgen jedoch am eingezäunten Bühnengelände entlang dem Weg schnurgerade weiter zu einem Abzweig bei hölzernen Fabelwesen. Rechts ist nach wenigen Metern die **Stülpnerhöhle** ❹, 707 m, erreicht. Der Wilderer und erzgebirgische Volksheld Karl Stülpner soll in dem finsteren Bergwerksstollen Zuflucht gesucht haben. Wir kehren um und erreichen über besagte Felsengasse den gebührenpflichtigen Aussichtsfelsen der **Greifensteine** ❺,

*i Was ist Wahrheit, was Legende, wenn von **Karl Stülpner** (1762–1841) die Rede ist, einem Soldaten, Deserteur, Wilderer und Volkshelden des Erzgebirges? Unweit der Greifensteine soll der heute als Stülpnerhöhle bekannte Stollen sein Versteck gewesen sein. In Scharfenstein an der Zschopau ist er geboren, dort starb er auch, arm und eines natürlichen Todes. Das Wild, dass er in königlichen Wäldern illegal schoss, soll er mit armen Familien geteilt haben. Und angeblich allein hat er die mit sechs Soldaten besetzte Burg Scharfenstein belagert und mehrere Stunden in Schach gehalten. Die Jahrhunderte haben dabei die Grenze zwischen Fiktion und Wirklichkeit verwischen lassen.*

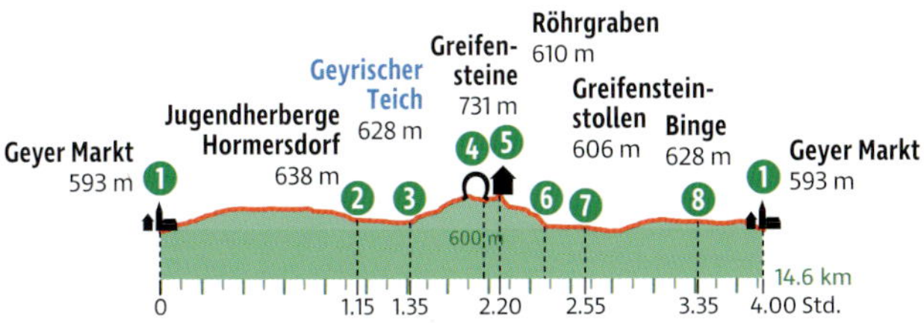

Weg durch die Binge in Geyer.

732 m, die Tourist-Info mit Spielplatz und die Berggaststätte.
Wir gehen rechts an der Gaststätte vorbei und halten uns dahinter am Personalparkplatz halb links, wo der Weiterweg mit grünem Diagonalbalken markiert anfangs schnurgerade hinunterführt. Nach mehreren Querwegen schwenkt der Weg bei einer Lichtung etwas nach links und erreicht den Fahrweg vorm Greifenbach. Wir gehen noch ein paar Meter weiter hinunter und beim Trinkwasserbehälter nach links. An der Kreuzung mit einem weiteren Fahrweg erreichen wir sogleich den Beginn des **Röhrgrabens ❻**, 610 m. Mehr als einen Kilometer folgen wir – weiterhin diagonal markiert – dem Bergwerksgraben auf einem schmalen Pfad am Hang entlang – der wohl schönste Wegabschnitt der Wanderung. Dann zweigen ein paar Stufen links zum **Greifensteinstollen ❼**, 606 m, ab. Nach wenigen Metern erreichen wir das Mundloch und einen herrlichen Rastplatz mit Imbiss. Wir gehen zurück zum Abzweig am Röhrgraben und über diesen hinweg, anfangs über Treppen, dahinter rechts haltend hinunter zum Greifenbach. Schräg rechts über den Fahrweg im Tal hinweg und nach der Bachbrücke links haltend folgen wir weiß-gelb-weißen Markierungen zu den Skisprunganlagen von Geyer. Durch das Sportgelände gehen wir schräg hinüber zum Parkplatz und folgen nun auf der linken Bachseite dem Fahrweg talabwärts. Am nächsten Abzweig wenden wir uns wieder nach rechts (weiß-rot-weiß), überqueren den Bach und links ansteigend einen weiteren Fahrweg. Auf dem nächsten Querweg folgen wir den Markierungen nach links. Bei ersten Häusern halten wir uns rechts am Waldrand und folgen dem Weg oberhalb der Siedlung weiter. Wir durchqueren die Plattenbausiedlung »An der Walthershöhe« und wenden uns auf der Straße »Am Stadtpark« nach links. Nach 100 Metern schwenken wir rechts in einen Fußweg ein und biegen bei nächster Gelegenheit links ab. Über die Ehrenfriedersdorfer Straße hinweg gehen wir geradeaus den Bingeweg hinauf und am Ende kurz nach rechts und gleich wieder links hinauf zur **Binge ❽**, 628 m. Eindrucksvoll liegt der Einsturzkrater eines mittelalterlichen Bergwerks vor uns. Der Rundweg führt (zwingend) im Uhrzeigersinn an der Steilkante entlang. Der Pfad senkt sich hinunter und erreicht rechts haltend erste Wohnhäuser. Wir folgen der Straße 200 m weiter. Auf einer kleinen Anhöhe zweigt gegenüber einem Rastplatz rechts der Lehrpfad durch die Binge über Treppen hinunter ab. In einer großen S-Kurve schlängelt sich der Pfad zwischen den eindrucksvollen Felsrudimenten hindurch und dann links ansteigend zum Huthaus an der Binge. Wir gehen ums Huthaus herum und dahinter die Straße »Am Lotterhof« kurz hinunter. Rechts zweigt ein Wiesenweg ab, der am Spielplatz vorbei hinunter zum Parkplatz vor der Stadtkirche St. Laurentius führt. Links steht der Lotterhof, das Anwesen von Hieronymus Lotter, seinerzeit Bergbauunternehmer, Bürgermeister von Leipzig und Baumeister der Augustusburg. Rechter Hand kann das Turmmuseum besichtigt werden. Wir erreichen die Ehrenfriedersdorfer Straße. Der **Markt ❶** liegt links von uns, der Busbahnhof wenige Meter die Straße rechts hinauf.

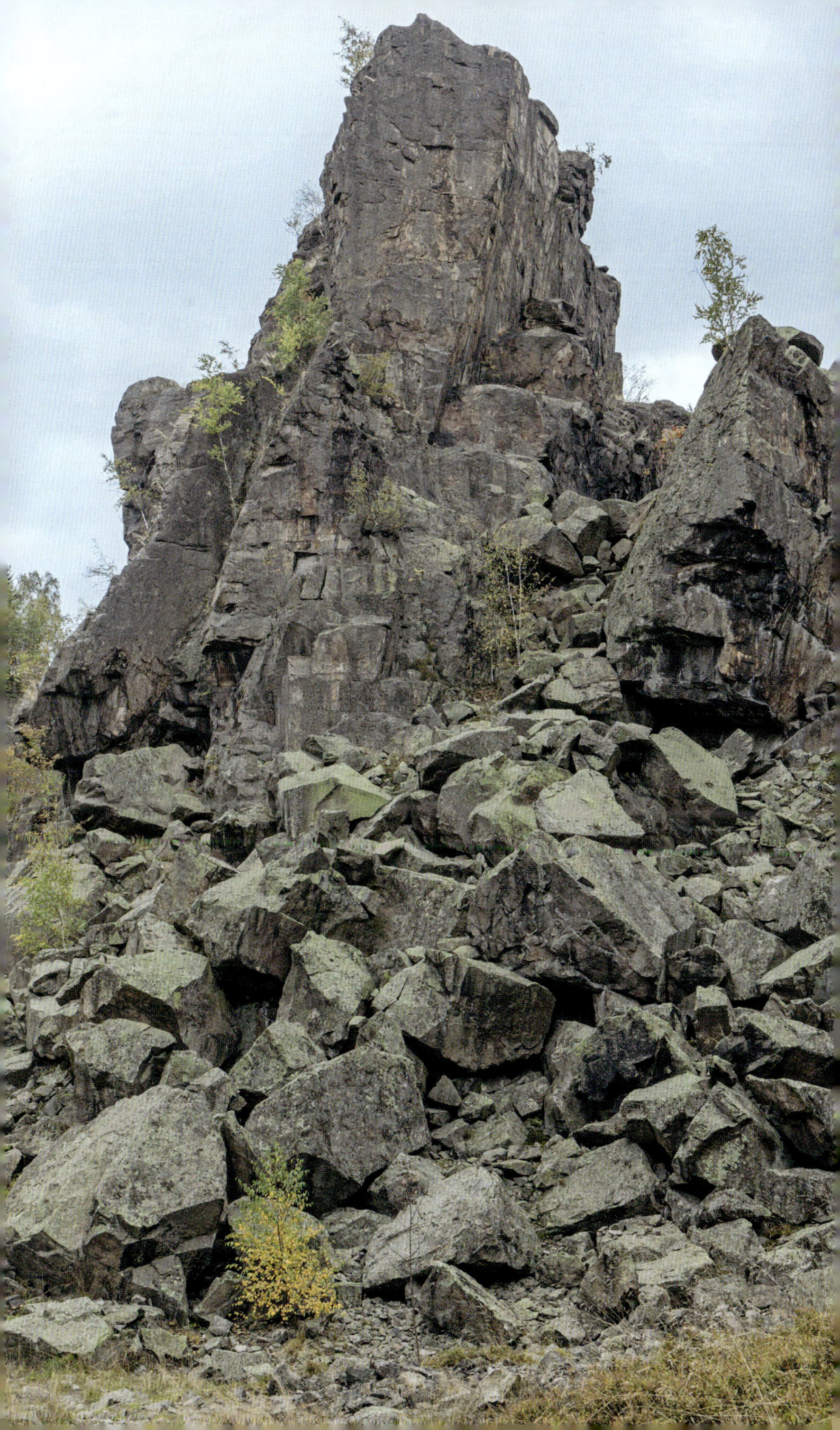

42 Pöhlberg, 831 m

Steiler Hausberg von Annaberg-Buchholz

1.30 Std. | 5,3 km | ↗ 160 m | ↘ 160 m

Über den Dächern der historischen Bergstadt

Annaberg war vor 500 Jahren eine echte Metropole, Tausende Menschen waren dem Ruf des Silbererzes gefolgt. Nur Freiberg war in jener Zeit in Sachsen noch bevölkerungsreicher. Der Mathematiker Adam Ries wirkte hier und Barbara Uthmann war seinerzeit eine erfolgreiche Geschäftsfrau und Förderin des Spitzenklöppelns. Ob Frohnauer Hammer oder die eindrucksvolle St. Annenkirche: Bei einem Ausflug ins heutige Annaberg-Buchholz ist die lebendige, vom Bergbau geprägte Geschichte omnipräsent. Wer nach so viel Kultur etwas Abwechslung sucht, ist bei dieser kürzeren Wanderung gut aufgehoben, Der von allen Seiten steil aufragende Pöhlberg prägt die Skyline der Stadt und bietet echtes Gipfelfeeling. Unterwegs kommen wir an einem Wildtiergehege, an den basaltischen Felsformationen der sogenannten Butterfässer und an einer historischen Bobbahn vorbei.

Ausgangspunkt: Annaberg-Buchholz, Ernst-Roch-Straße, Parkmöglichkeiten zwischen Kätplatz und Kurt-Löser-Sportplatz, etwa 15 Min. Fußweg östlich des Marktes, Bus Linie D vom Markt zur Haltestelle B 95/Am Kätplatz, Bus Linie B vom Unteren Bahnhof über Busbahnhof zur Haltestelle Lindenstraße (alle Busse nur wochentags).

Anforderungen: Kurze Wanderung auf Pfaden und Wegen, beim finalen Gipfelanstieg muss man sich allerdings auf einen steilen Bergpfad einstellen.

Karte: GeoSN Wanderkarte 1:25.000 Blatt 23 Mittleres Erzgebirge/Annaberg-Buchholz.

Einkehr: Berghotel Pöhlberg, berghotel-poehlberg.de, tgl. ab 11:30 Uhr.

Tipp: Wildtiergehege, pc-thw.de, tgl. 8–18 Uhr. Wird ggf. bald geschlossen! Tourist-Info Annaberg-Buchholz: annaberg-buchholz.de.

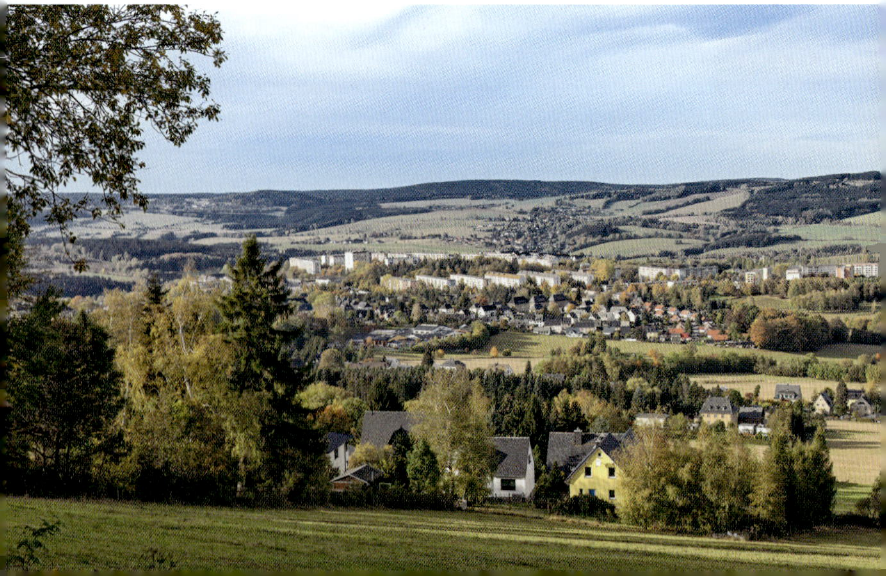

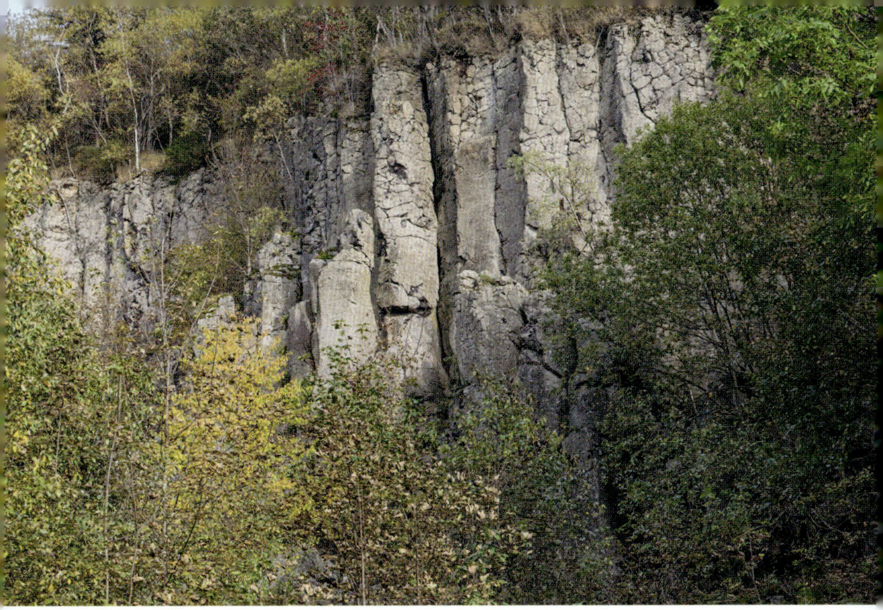

Oben: Basaltformation der Butterfässer am Pöhlberg.
Links: Blick vom Waldrand am Pöhlberg auf Annaberg-Buchholz.

Wir starten in der **Ernst-Roch-Straße** ❶, 655 m, neben dem Sportplatz, gehen diese kurz hinauf und überqueren die Bundesstraße 95. Nach 10 Metern biegen wir am Wegweiser links in den Park ab und folgen dem Weg parallel zur Bundesstraße am **Wildtiergehege** ❷, 663 m, entlang zur Parkstraße. Hier biegen wir sofort wieder rechts bei einem blauen Fußgängerschild in den Park hinein ab und folgen dem Weg am Gehege entlang hinauf Richtung Pöhlberg. Am Ende des Geheges zweigt zunächst links der Untere Rundweg ab, wir gehen jedoch noch 100 Meter weiter und wenden uns am nächsten Querweg unmarkiert nach links. Der Weg führt oberhalb des Waldrandes am Hang entlang und mündet in die asphaltierte Pöhlbergsiedlungsstraße und damit wieder in den Unteren Rundweg ein. Wir folgen dem Weg, bald an letzten Häusern und Gärten vorbei, 700 Meter am Waldrand entlang bis zu einer aussichtreich gelegenen Rastbank am **Skilift Geyersdorf** ❸, 730 m.

Der Weg schwenkt nun etwas in den Wald hinein und führt an einer Rasthütte vorbei. 70 Meter danach zweigt als unmarkierter Bergpfad unsere Route rechts hinauf ab. Wir wenden uns sodann auf dem Mittleren Pöhlbergrundweg nach rechts. Der Weg führt an einigen Basaltfelsen entlang, dann zweigt nach einer Linkskurve links der weiß-grün-

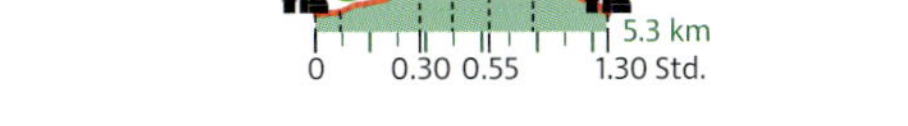

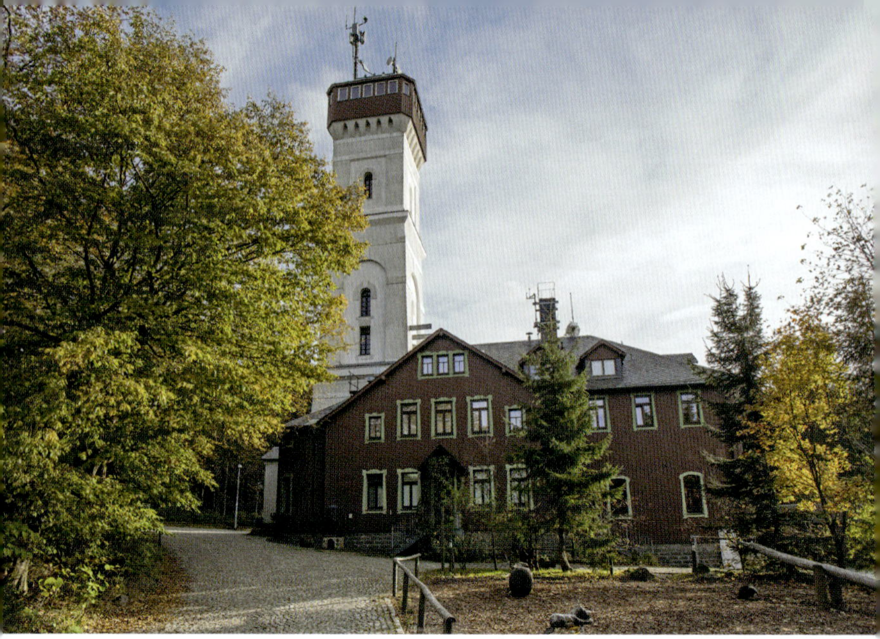

Das Berghotel auf dem Pöhlberg.

weiß markierte **Steilaufstieg** ❹, 773 m, zum Gipfel ab. Im Zickzack erreichen wir das Bergplateau und wenden uns auf dem Oberen Rundweg nach rechts. Der Weg führt am Steilabbruch entlang, rechts bieten sich vereinzelte Tief- und Fernblicke. Wir überqueren die historische Bobbahn und erreichen das **Berghotel auf dem Pöhlberg** ❺, 831 m. Rechter Hand erwartet uns ein herrlicher Aussichtspunkt über die Stadt, von dort folgen wir dem Oberen Rundweg weiter parallel entlang der Abbruchkante. Nach einer leichten Linkskurve erreichen wir einen Querweg. Hier biegen wir anfangs recht steil rechts hinunter ab. Der Weg mündet in die Pöhlbergauffahrt. Nach wenigen Metern wenden wir uns rechts auf einen Wanderparkplatz, wo am hinteren Ende der unmarkierte Pfad zu den bereits sichtbaren Felsformationen der **Butterfässer** ❻, 775 m, abzweigt. Der Weg schlängelt sich unter den Felsen entlang. Bei einem unscheinbaren Abzweig bleiben wir rechts. Nach einer Linkskurve und nach Überqueren des Mittleren Rundwegs treffen wir an der nächsten Kreuzung die alte Bobbahn. Dieser folgen wir halblinks, am Ende auf schmalem Pfad, hinunter zur Straße. Wir nehmen den Fußweg an der Straße hinunter, die Bundesstraße kreuzend, zurück zum **Ausgangspunkt** ❶.

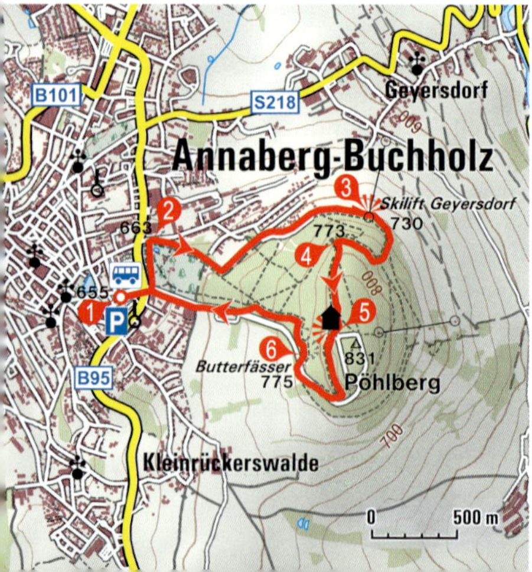

Bärenstein, 898 m

Vulkanberg mit Talsperrenblick

2.30 Std. | 8,0 km | ↗230 m | ↘230 m

»Steiler Zahn« im oberen Erzgebirge

Der Bärenstein ist eine markante Berggestalt vulkanischen Ursprungs nahe der tschechischen Grenze. Der kürzeste Weg führt von der gleichnamigen Stadt von Osten her hinauf, wir wählen hingegen den schönen Weg von Cranzahl über die Staumauer der Talsperre. Am Bärenstein gibt es einige interessante Felsformationen und freie Aussichten in alle Richtungen zu bestaunen.

Ausgangspunkt: Bahnhof Cranzahl, Endstation der Zschopautalbahn, am WE etwa zweistündige Verbindungen von Chemnitz. Ausgangspunkt der historischen, dampfbetriebenen Fichtelbergbahn fichtelbergbahn.de. Parkplätze direkt am Bahnhof und in der Bahnhofstraße.

Anforderungen: Kürzere, weitestgehend einfache Wanderung. Nur am Gipfelaufbau ein paar kürzere Steilstücke auf etwas schmaleren Bergpfaden.

Karte: GeoSN Wanderkarte 1:25.000 Blatt 23 Mittleres Erzgebirge/Annaberg-Buchholz.

Einkehr: Restaurant und Rodeo Steakhaus Turnerheim in Cranzahl, turnerheim-cranzahl.de, Mi. – Sa. 11 – 21 Uhr, So. 11 – 14 Uhr, Mo. 17 – 21 Uhr, Berghotel und Aussichtsturm auf dem Bärenstein, So. – Do. 10 – 21 Uhr, Fr. und Sa. 10 – 22 Uhr, berghotel-baerenstein.de.

Die Talsperre Cranzahl.

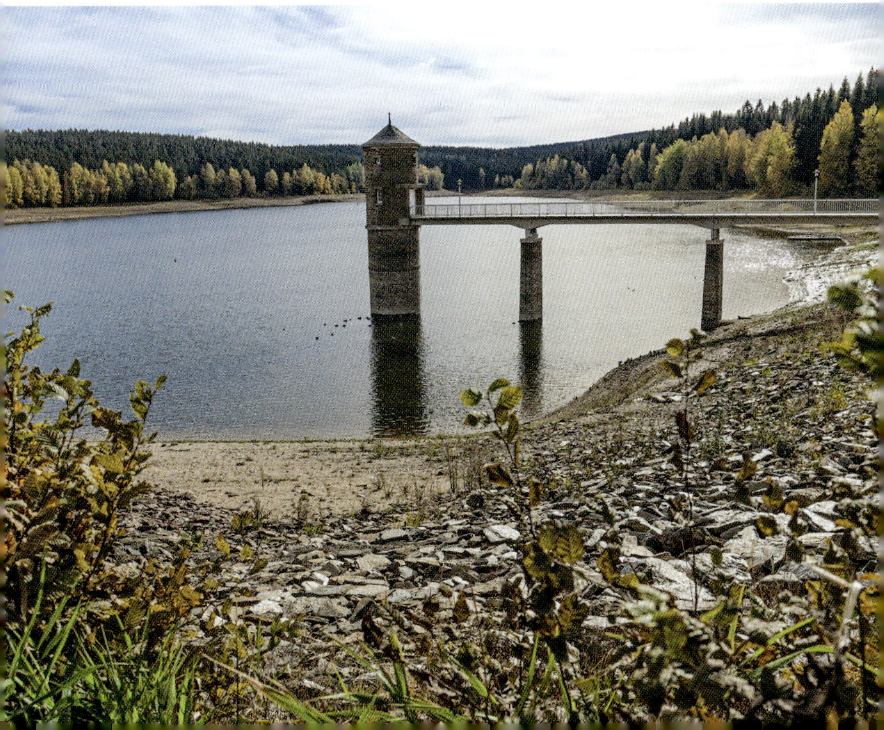

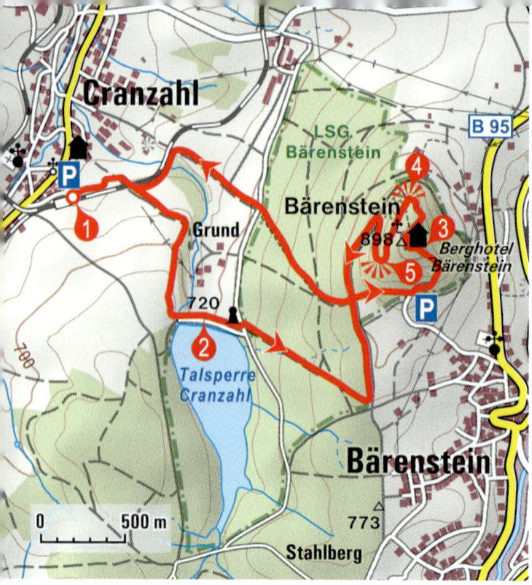

Wir starten am **Bahnhof Cranzahl** ❶, 654 m, folgen der Bahnhofstraße zwischen den Gleisen bis zum Ende und gehen dann links kurz den Weg über die Rangiergleise und anschließend gleich wieder an den Schienen nach rechts. Wir wenden uns nach rechts über die Brücke und folgen dem Weg an einer Gartenanlage geradeaus über Felder auf den bereits sichtbaren Bärenstein zu. Unmittelbar vorm Waldrand biegen wir rechts auf einen Wanderpfad ab. Dieser folgt dem Feldrain hinauf und an einem Rastpunkt vorbei zum eingezäunten Talsperrengelände. Wir wenden uns nach links und überqueren, von nun an weiß-blau-weiß markiert, die **Staumauer der Talsperre Cranzahl** ❷, 718 m. An deren Ende wenden wir uns kurz nach links und folgen sofort wieder den Markierungen rechts im Wald hinauf. Nach 900 Meter erreichen wir vor den ersten Häusern von Bärenstein den Waldrand. Wir folgen kurz dem Fahrweg weiter und biegen gleich danach am Waldrand hinauf, weiß-blau-weiß markiert, links ab. An einem einzelnen Anwesen und einer Wegkreuzung vorbei erreichen wir einen Abzweig an der hinteren Ecke der Wiese. Hier wenden wir uns nach rechts, folgen dem Waldrand und im Wald den weiß-blau-weißen Markierungen geradeaus weiter. Wir erreichen am nächsten Waldrand die Auffahrt zum Bärenstein und folgen dieser kurz im Wald hinauf. Beim nächsten Abzweig verlassen wir die Straße leicht links haltend wieder und folgen nun dem Weg parallel

Das Berghotel auf dem Bärenstein.

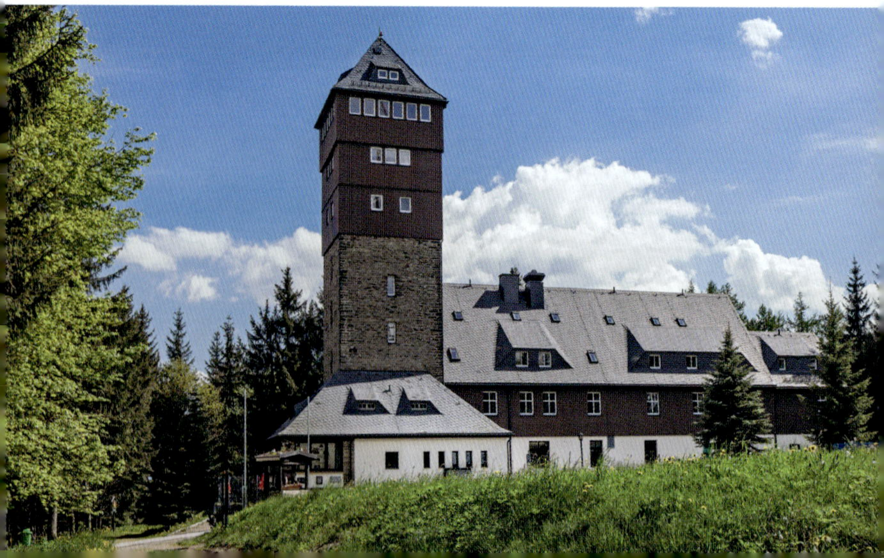

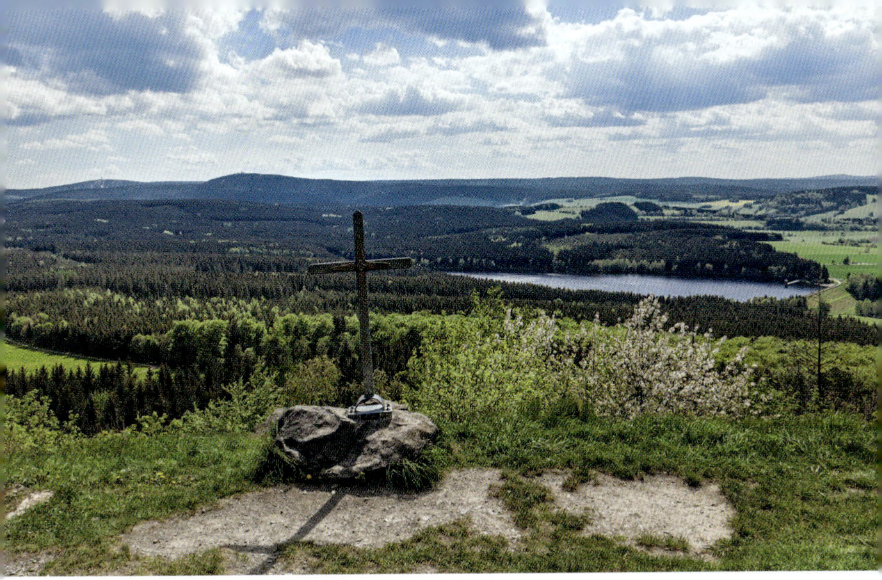

Blick von der Südaussicht über die Talsperre Cranzahl zum Keil- und Fichtelberg.

zur Straße im Linksbogen steil hinauf zum **Berghotel Bärenstein ❸**, 898 m.
Wir wenden uns nach rechts, folgen dem Weg am Parkplatz vorbei und biegen direkt danach auf einen Pfad rechts hinüber zum Plateaurand ab. Wir folgen nun dem Oberen Rundweg aussichtsreich zur **Nordaussicht ❹** am Bärenstein, 890 m. Über den sogenannten Schneiderfelsen hinweg reicht der Blick bis zum Pöhlberg. Der Weg führt nun weiter parallel zur Steilkante entlang und erreicht dann hinterm Berghotel vorbei und ein paar Meter in den Wald schwenkend einen Querweg. Wenige Meter rechts von uns wird die **Südaussicht ❺** am Bärenstein, 875 m, erreicht. Der Rastplatz mit Bänken und einem Kreuz bietet einen wundervollen Blick über die Talsperre hinweg zum Fichtelberg. Wir folgen dem schmalen Bergpfad nach rechts am Hang hinunter. Bald erreichen wir den Fahrweg am Bergfuß und biegen scharf links ab. Nach 600 Metern erreichen wir die Wegkreuzung am Waldrand, die wir schon vom Hinweg kennen. Hier biegen wir rechts in den Wald hinunter ab. Leicht rechts haltend folgen wir den weiß-gelb-weißen Markierungen. Wir überqueren eine kleine Straße am Waldrand und bleiben geradewegs auf dem Feldweg. Unmittelbar vor den Bahngleisen biegen wir links auf einen Pfad ab. Wir überqueren einen Bach im Wald und erreichen die Gartenanlage, an deren Ende wir rechts auf bekanntem Weg zurück zum **Bahnhof Cranzahl ❶** gelangen.

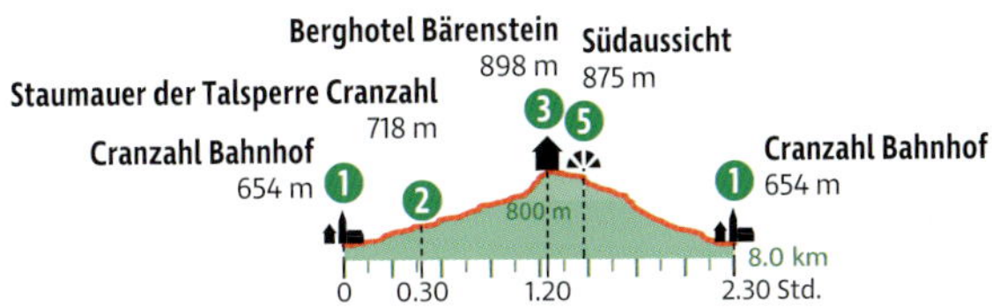

44 Fichtelberg, 1214 m

Der höchste Gipfel der neuen Bundesländer

4.30 Std. | 14,9 km | ↗ 510 m | ↘ 310 m

Aufs Dach des Erzgebirges

Höher geht es in Sachsen nirgends. Der Fichtelberg ist ein beliebtes Ausflugsziel. Mit Auto, Seilbahn, Mountainbike oder auf Schusters Rappen kann man dem zweithöchsten Berg im Erzgebirge (der Klinovec/Keilberg auf tschechischer Seite ist noch 30 Meter höher) zu Leibe rücken. Im Winter vervollständigen Skilifte und Langlaufloipen das Angebot. Die hier vorgestellte Wanderung startet in Neudorf auf der Nordseite des Berges. Beim waldreichen Aufstieg folgen wir dem Bachlauf der jungen Zschopau – kein Fluss entspringt in Sachsen in größerer Höhe. Der finale Aufstieg führt vom aussichtsreichen Amtssteigfelsen durch subalpin anmutenden Kiefernwald hinauf. Auf dem höchsten Punkt erwartet uns geschäftiges Treiben. Von der Friedensglocke blicken wir zum nahen Keilberg und weit ins böhmische Becken hinein. Im Norden kann man bei sehr guter Sicht das Völkerschlachtdenkmal in Leipzig erspähen. Wer noch genügend Energie hat, sollte sich das Finale im Zechengrund nicht entgehen lassen. Das schattige Tal ist ein landschaftlicher Hochgenuss. Ein Hochgenuss für Groß und Klein ist mit Sicherheit auch die Fahrt mit der Schmalspur-Dampfbahn zurück nach Neudorf.

Ausgangspunkt: Bahnhof Neudorf der Fichtelbergbahn. Die traditionelle, dampfgetriebene Schmalspurbahn verkehrt zwischen Kurort Oberwiesenthal, Neudorf und weiter bis Cranzahl (dort Anschluss an die Zschopautalbahn), in der Hauptsaison bis zu sechsmal täglich, sonst dreimal, fichtelbergbahn.de. Parkplatz in Neudorf an der Kirche, ca. 400 m nördlich vom Bahnhof.

Endpunkt: Bahnhof Oberwiesenthal, 892 m.

Anforderungen: Ausdauernde, weitgehend einfache Wald- und Wiesenwanderung. Der Pfad vom Amtssteigfelsen zum Fichtelberg, sowie die Pfade im Zechengrund können, besonders bei Nässe, anspruchsvoll sein.

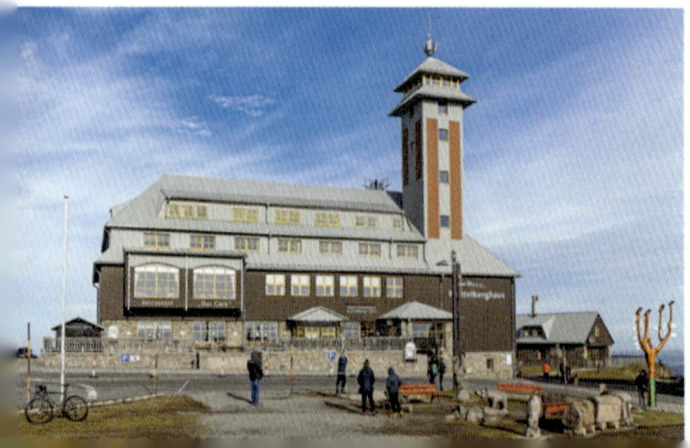

Karte: GeoSN Naturparkkarte Erzgebirge/Vogtland 1:25:000 Blatt 3/4.

Einkehr: In Neudorf: Gaststub zur Bimmelbah', gaststub-zur-bimmlbah.de, tgl. 11:30 – 21 Uhr, Gasthaus Zum Holzwurm, holzwurm-neudorf.de, Do. – So. 11 – 20 Uhr. Auf dem Fichtelberg: Restaurant Erzgebirgsstuben, hotel-fichtelberghaus.de, tgl. ab 11:30 Uhr, Hotel Sachsenbaude, sachsenbaude.de, Mo. – Mi. 17 – 21 Uhr, Do. – So. 12 – 21 Uhr, Berggasthaus Neues Haus, berggasthof-neues-haus.de; diverse Einkehrmöglichkeiten in Oberwiesenthal.

Tipp: Schauwerkstatt & Ladengeschäft Zum Weihrichkarzl der Fa. Huss in Neudorf, Mo. – Sa. 10 – 18 Uhr, weihrichkarzl.de. Bei müden Beinen empfiehlt sich die Schwebebahn am Fichtelberg für den letzten Wegabschnitt: fichtelberg-ski.de, tgl. 9 – 17 Uhr, Sommerrodelbahn Oberwiesenthal, sommerrodelspass.de, tgl. 10 – 18 Uhr.

Auf dem Dach Sachsens: das Hotel Fichtelberghaus.

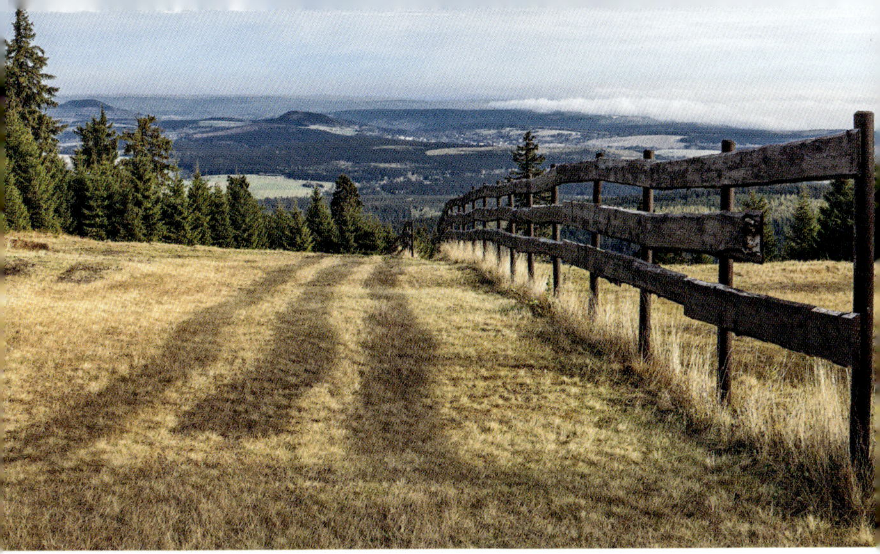

Blick vom Fichtelberg nach Nordosten auf Bärenstein und Pöhlberg.

Wir starten am **Bahnhof Neudorf ❶**, 697 m, und folgen kurz den Gleisen. Beim Bahnübergang an der Karlsbader Straße gehen wir schräg gegenüber einen kleinen Fußweg zwischen den Häusern über den Bach (Sehma) hinweg. Wir wenden uns auf der Siebensäurestraße nach links und wandern gleich danach am Abzweig rechts hinauf, bald aus dem Ort hinaus. Bei der Wegkreuzung vor dem Waldrand wenden wir uns nach links. Auf einer Anhöhe am Waldrand erreichen wir eine Rast mit **Blick auf Neudorf ❷**, 812 m. Hier biegen wir rechts in den Wald ein und folgen dem Waldweg, durch eine Senke und wieder ansteigend, für 800 Meter. Nun biegen wir links auf den Kuhbrückenweg ab und folgen den weiß-rot-weißen Markierungen auf breiten Wald- und Asphaltwegen 4,6 Kilometer Richtung Fichtelberg. Der Weg schwenkt nach rechts, wir passieren eine Schutzhütte, überqueren den Gifthüttenweg und schwenken am Ende des Asphaltabschnittes nach links ins Zschopautal ein. Parallel zum Bach führt der Weg hinauf zum **Schwarzen Teich ❸**, 919 m. Kurz darauf halten wir uns am Querweg rechts, überqueren die junge Zschopau und folgen bei nächster Gelegenheit den Markierungen weiter auf asphaltiertem Weg links hinauf. Bald schwenkt der Weg an einer Lichtung nach links. Wir passieren dabei die Abzweige zum Bu-

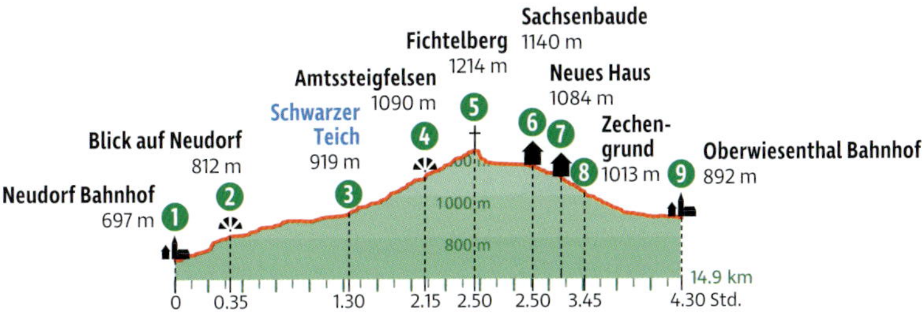

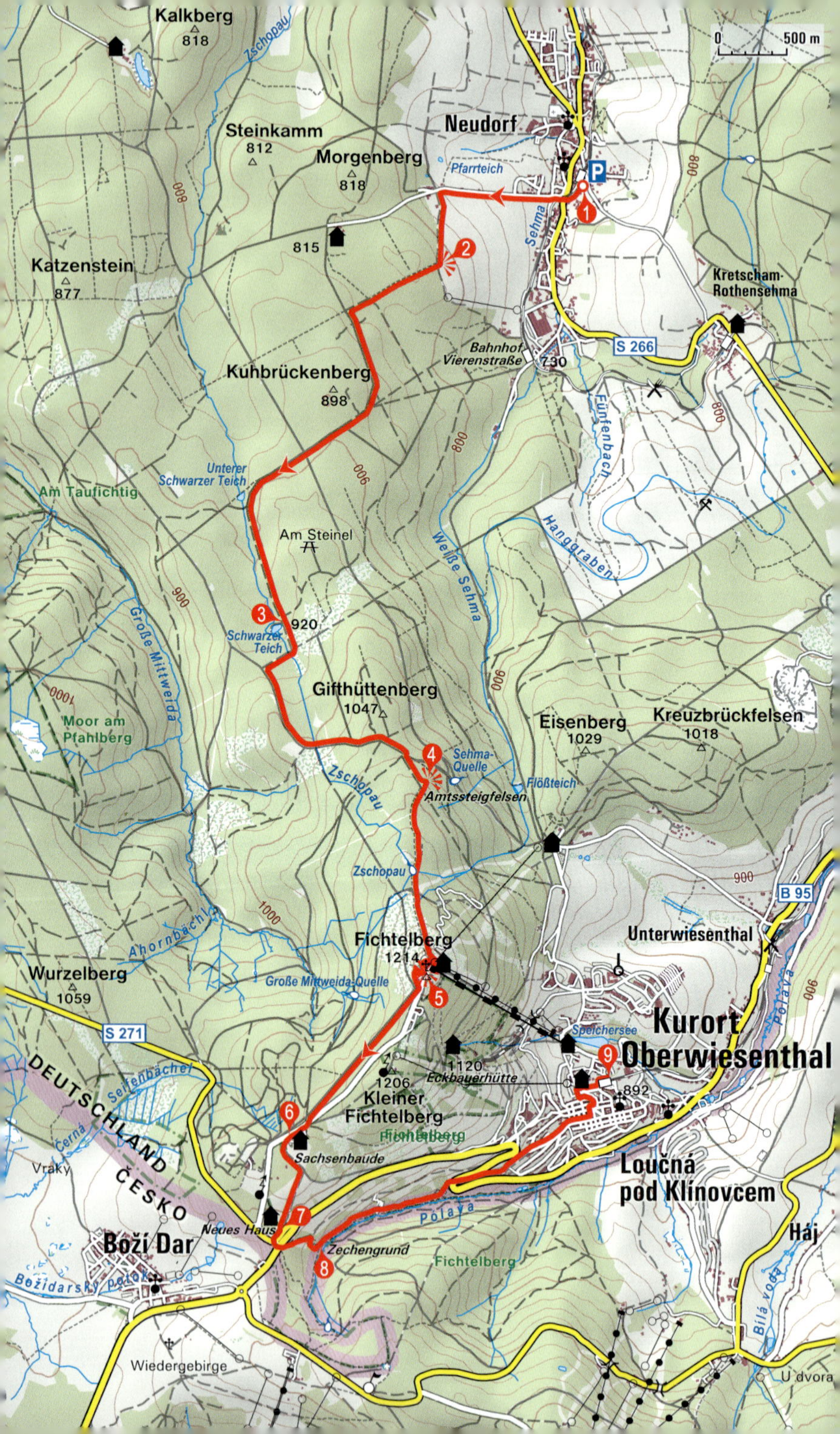

Kalkberg
818
Zschopau
0
500 m
Steinkamm
812
Morgenberg
818
Neudorf
Pfarrteich
P
1
2
815
Katzenstein
877
Sehma
Kretscham-
Rothensehma
Bahnhof
Vierenstraße
730
S 266
Kuhbrückenberg
898
Fünfenbach
800
900
Unterer
Schwarzer Teich
Am Taufichtig
Am Steinel
Hanggraben
Weiße Sehma
3
920
Schwarzer
Teich
Große Mittweida
Gifthüttenberg
1047
Eisenberg
1029
Kreuzbrückfelsen
1018
1000
Moor am
Pfahlberg
4
Sehma-
Quelle
Flößteich
Amtssteigfelsen
Zschopau
B 95
Unterwiesenthal
Ahornbächl
Fichtelberg
1214
Wurzelberg
1059
Große Mittweida-Quelle
5
Speichersee
Kurort
Oberwiesenthal
S 271
1120
9
1206
Eckbauerhütte
892
DEUTSCHLAND
Seifenbächel
Kleiner
Fichtelberg
6
Černá
Sachsenbaude
Loučná
pod Klínovcem
Vraky
ČESKO
7
Neues Haus
Boží Dar
Polava
Háj
Zechengrund
8
Fichtelberg
Božídarský potok
Bílá voda
Wiedergebirge
U dvora

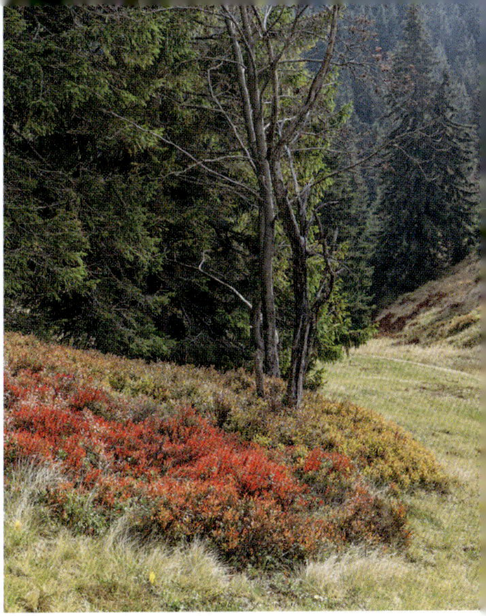

Herbst im Zechengrund.

chenweg und zum Reitsteig. Der Weg macht bei einer Wegkreuzung einen leichten Rechtsbogen und wird flacher. Bei nächster Gelegenheit zweigt halbrechts der Amtssteig weiß-blau-weiß markiert ab. Auf diesem gelangen wir nach 300 Meter zum **Amtssteigfelsen** ❹, 1090 m, auf der linken Seite mit unvermittelter Aussicht Richtung Bärenstein und Pöhlberg. Hier zweigt rechts ein Wanderpfad ab, der uns (bei Nässe schlammig!) zwischen Bergkiefern und zuletzt über freie Ski- und Rodelhänge zum **Fichtelberg** ❺, 1214 m, führt. Wir gehen links am Fichtelberghaus vorbei und nach rechts zum Gipfelplateau mit der Friedensglocke und der Aussichtsterrasse. Zwischen dem Fichtelberghaus und der holzverkleideten Wetterwarte gehen wir nun zunächst kurz wieder ein Stück nach Norden, links am Parkplatz ein paar Stufen hinunter und sogleich links auf dem Oberen Ringweg weiter. An der nächsten Abzweigung halten wir uns halbrechts. Die schnurgerade Schneise der Wellenschaukel bringt uns 1,2 Kilometer an der Wellenschaukelhütte vorbei bis kurz vor das große Hotel Sachsenbaude. Hier schwenken wir auf Asphalt ein paar Meter nach links zur Straße. Wir folgen dieser kurz an der **Sachsenbaude** ❻ vorbei und biegen dahinter links am Waldrand hinunter ab. Hinter der nächsten Waldecke führt der Wiesenweg schräg rechts hinunter. Nahe der Staatsgrenze erreichen wir an der Straße das **Neue Haus** ❼, 1084 m.

Wir gehen noch kurz die Straße Richtung Grenzübergang, überqueren diese nach links und biegen am Wegweiser in den Weg zum Zechengrund ein. Der asphaltierte Weg führt am Hang entlang. Nach dem Passieren der Zechengrundhütte zweigt rechts spitz zurück der Zickzackweg in steilen Kehren zum **Zechengrund** ❽, 1013 m, ab, wo wir die Talsohle erreichen. Wir wandern den idyllischen Lehrpfad talabwärts und passieren den Tiefen Lämmelstollen. Anschließend folgen wir beim zweiten Abzweig den Wegweisern Richtung Oberwiesenthal links hinauf. Genau im Scheitel einer Kehre der B95 überqueren wir die Straße. Der Weg führt an der Gartenanlage Zechengrund, einmal etwas links haltend, entlang und erreicht nach ersten Wohnhäusern die Kehre der Straße »Am Zechengrund«. Wir folgen der Straße rechts hinunter bis zum Markt von Oberwiesenthal. Wir gehen quer über den Markt und dann links vom Hotel Deutscher Kaiser die Schmiedgasse weiter. Im Linksbogen am Alten Brauhaus hinunter erreichen wir die Poststraße. Links empfiehlt sich hier ein Abstecher zur Skiwiese am Fichtelberg, rechts spitz zurück erreichen wir den **Bahnhof Oberwiesenthal** ❾, 892 m.

45 Scheibenberg, 807 m

Ein Tafelberg aus Basalt wie aus dem Bilderbuch

TOP | 1.45 Std. | 5,5 km | ↗ 160 m | ↘ 160 m

Geologisches Highlight und Aussichtsgipfel par excellence
Der Scheibenberg ist nicht der einzige Berg im Erzgebirge, der seinen vulkanischen Ursprung mit Basaltformationen zur Schau stellt. Die 30 Meter hohen Felsformationen der Orgelpfeifen an seiner Nordseite stellen jedoch vergleichbare Geotope im weiten Umfeld in den Schatten. Daneben bietet der moderne Aussichtsturm eines der erstaunlichsten Panoramen im Erzgebirge: Ob Fichtelberg, das Pumpspeicherwerk Markersbach oder Pöhlberg und Bärenstein – alle präsentieren sich von ihrer besten Seite. In der gleichnamigen Kleinstadt am Fuß des Berges gibt es eine schöne Kirche der Renaissance und barocke Bürgerhäuser zu bewundern.

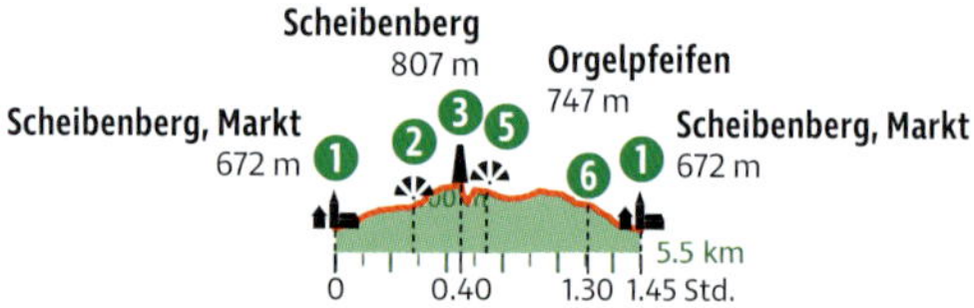

Ausgangspunkt: Markt in Scheibenberg, wochentags zeitlich limitierte Parkmöglichkeiten, stdl. Busverbindung Richtung Schwarzenberg und Annaberg-Buchholz, am Wochenende alle 2 Std.
Anforderungen: Kurze Wanderung mit steilen/felsigen Wegabschnitten.
Karte: GeoSN Naturparkkarte Erzgebirge/Vogtland 1:25:000 Blatt 3/4.
Einkehr: Bürger- und Berggasthaus Scheibenberg, buerger-berggasthaus.de, Fr. – Di. 11 – 20 Uhr.
Tipp: Aussichtsturm auf dem Scheibenberg, aussichtsturm.scheibenberg.info, tgl. 11 – 17 Uhr, Heimatmuseum am Markt, scheibenberg.de/museen-und-ausstellungen.phtml.

Die sogenannten »Orgelpfeifen«: Basaltsäulen am Scheibenberg.

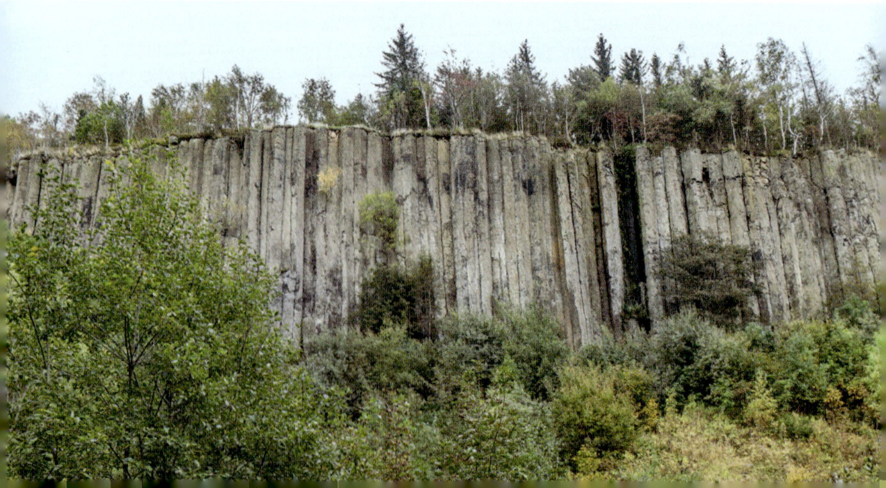

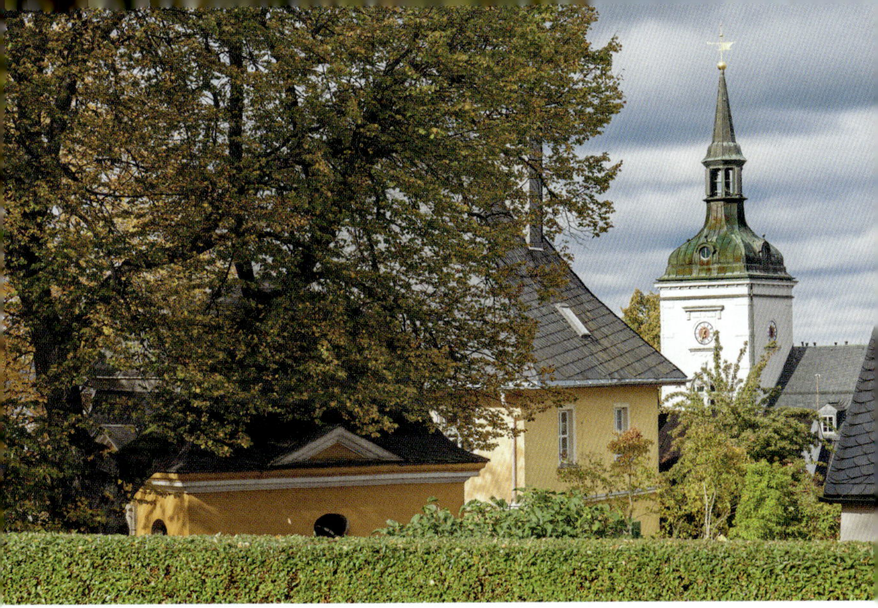

Der Rathausturm in Scheibenberg.

Die kleine Gipfelrunde beginnt am **Markt** in **Scheibenberg** ❶, 672 m. An der linken oberen Ecke folgen wir neben der schicken Adler-Apotheke der Kirchgasse hinauf. Hinter der Kirche biegen wir links in die August-Bebel-Straße ab. An der übernächsten Kreuzung wenden wir uns nach rechts und wandern rechts am Scheibenberger Park hinauf. Wir kreuzen eine Straße und folgen dem Weg am Waldrand bei Einfamilienhäusern leicht rechts hinauf weiter bis zu einem Abzweig. Die nächsten 600 Meter folgt der Weg als Unterer Rundweg beschildert ohne nennenswerte Höhenunterschiede dem Waldrand bis zu einem **Rastplatz** mit schönem **Blick zum Fichtelberg** ❷, 740 m. Wir folgen dem Weg kurz in den Wald hinein und wenden uns gleich darauf nach links, auf den alten Weg mit Steinstufen Richtung Gipfelplateau. Bei einer Gabelung halten wir uns rechts. Der Weg führt an einem Biketrail entlang zur Bergstraße und auf dieser weiter zum Berggasthaus und zum **Aussichtsturm** auf dem **Scheibenberg** ❸, 805 m. Rechts neben dem Turm vorbei führt der Weiterweg zur Steilkante direkt über den Orgelpfeifen. Nun folgen wir den Markierungen des Basaltpfades. Der obere Rundgang führt nun im Uhrzeigersinn am Plateaurand entlang. An der Nordostseite erreichen wir einen **Rastplatz** mit **Blick zum Pöhlberg** ❹, 790 m, und im weiteren Verlauf auf der Südostseite einen **Blick zum Bärenstein** ❺, 785 m. Bald zweigt links im spitzen Winkel der Zahmsteig ab. Steil geht es über Stufen unter Basaltfelsen hinab. Nach der Kurve wählen wir den linken Pfad. An einer Rasthütte geht es links hinunter, am Ende flacher werdend, bis wir auf den unteren Rundgang stoßen. Diesem folgen wir 400 Meter am Fuß des Berges nach links. Links zweigt ein Pfad ab, der uns über ein paar kurze steile Serpentinen näher an den Wandfuß des Scheibenbergs (Kanzelaussicht) bringt. Wir folgen dem Weg auf dem

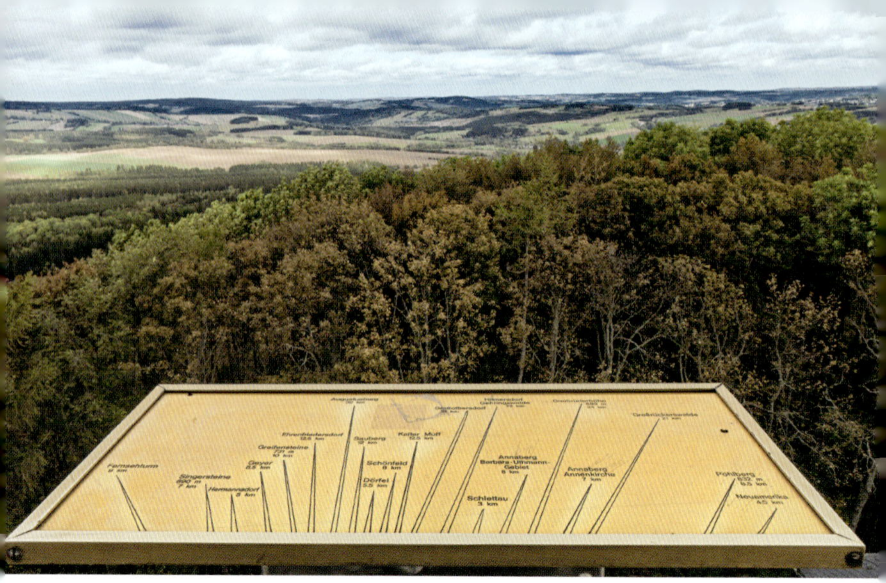

Blick vom Scheibenberg nach Norden.

Absatz nach rechts. Bei einer Infotafel des Basaltpfades rechts des Weges kann die geologische Besonderheit der Werner-Wacke (benannt nach einem Geologen aus dem 18. Jh.) hinter einem Hügel besichtigt werden. Der Weg führt über den sich verjüngenden Rücken und dann links hinunter. Wir erreichen erneut den unteren Rundweg. Wir folgen nicht dem Weg zwischen Mauerresten hinunter, sondern halten uns stattdessen links (weiß-grün-weiß) und gelangen nach ein paar Metern zu einer großen Picknickwiese unter dem Naturdenkmal der **Orgelpfeifen 6**, 747 m. Vor den Skischanzen führt die Route rechts hinab und mündet in die Bergstraße ein. Bald gehen wir am Scheibenberger Park hinunter und anschließend links auf bekanntem Weg zum **Ausgangspunkt 1**.

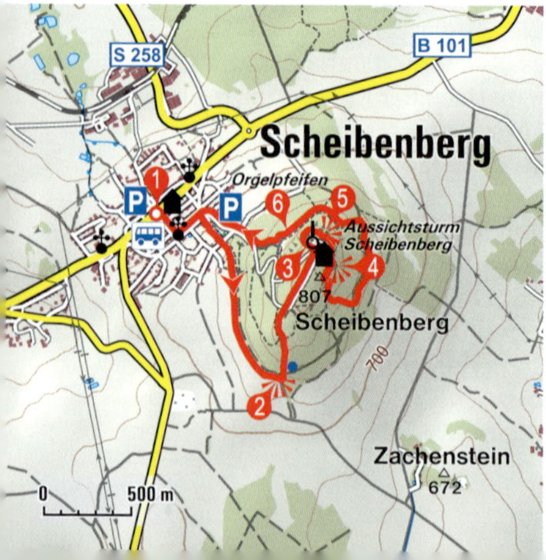

i ***Basalt:*** *Die drei markanten Berge Scheibenberg, Pöhlberg und Bärenstein bestehen aus Basaltgestein. Ein urzeitlicher Vulkan im Bereich des heutigen Fichtelbergs ergoss riesige Mengen Lava in die ihn umgebenden Täler. Die Lava erkaltete rasch. Dabei entstanden die typischen Basaltsäulen mit polygonalem Querschnitt. Das Gestein war härter als die umliegenden Bergrücken. Diese erodierten schneller und präparierten die Basaltstrukturen heraus. Die Reste der Basaltschicht in den urzeitlichen Tälern bilden heute die markantesten Berggipfel des Erzgebirges. Auch die Basaltfächer am Hirtstein sind in jener Zeit entstanden.*

Spiegelwald, 727 m, und Schatzenstein, 760 m

Wald- und Aussichtsberge rund um Grünhain

4.45 Std. | 16,7 km | ↗ 340 m | ↘ 340 m

Schönes Erzgebirge – im Kleinen wie im Großen

Eine besondere Attraktion dieser Tour befindet sich nicht auf einem Berg, sondern an ihrem tiefsten Punkt: die Heimatecke in Waschleithe. Ob Augustusburg, Talsperre Pöhl oder die Schwebebahn am Fichtelberg: Fast 100 Modelle bedeutender erzgebirgischer Sehenswürdigkeiten werden liebevoll im Bergwald präsentiert. Gleich um die Ecke wartet ein Wildpark auf Gäste. Entsprechend gut besucht ist der kleine Ort. Deutlich ruhiger geht es größtenteils auf der restlichen Runde zu. Die Triangulationssäule auf dem Schatzenstein lässt die Vermutung zu, dass es hier vor 150 Jahren, anders als heute, keinen Wald gab, der die Fernsicht verhindert. Stimmungsvoll ist die Besteigung des Gipfelfelsens dennoch. Die Aussichten erleben wir dafür umso intensiver auf der Prinz-Friedrich-August-Höhe und auf dem Spiegelwald, der als einziger Gipfel in Sachsen einen Aussichtsturm barrierefrei mit Fahrstuhl zu bieten hat – und eine tolle »Skyline« des Erzgebirgskammes. Ausgangspunkt ist Grünhain, wo alte Mauern an das Zisterzienserkloster aus dem frühen 13. Jahrhundert erinnern.

Ausgangspunkt: Markt in Grünhain, Parkplatz an der Kirche, Busverbindung Linie 342 Richtung Stollberg, Zwönitz und Schwarzenberg, am Wochenende alle 2 Std.

Anforderungen: Lange, weitestgehend einfache Wanderung auf Forst- und Waldwegen, kurze Pfadabschnitte etwas steiler, eine kleine Furtquerung.

Karte: GeoSN Wanderkarte 1:25.000 Blatt 14 Westerzgebirge/Geyer, Schwarzenberg.

Einkehr: Spiegelwaldbaude, spiegelwaldbaude.de, So. und Mi. 11 – 17 Uhr, Do. – Sa. 11 – 20:30 Uhr, Hotel Osterlamm, hotel-osterlamm.de, tgl. 8 – 22 Uhr, Gasthaus & Pension Alte Klosterschmiede in Grünhain, alteklosterschmiede.de, Sa. 11:30 – 14 und 17 – 22 Uhr, So. 11 – 14 und 17 – 21 Uhr, Mo. und Di. 17 – 21 Uhr, Fr. 17 – 22 Uhr.

Tipps: König-Albert-Turm, spiegelwald.de, Di. – So. und an Feiertagen ab 10 Uhr, April – September bis 18 Uhr, sonst bis 17 Uhr; Heimatecke Waschleithe, heimatecke-waschleithe.de, Ostern bis Ende Oktober tgl. 10 – 18 Uhr, Natur- und Wildpark Waschleithe, tierpark-waschleithe.de, tgl. 9 – 18 Uhr.

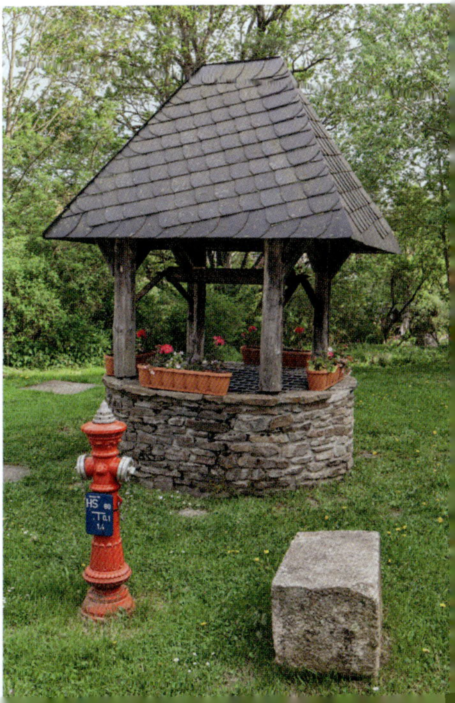

Brunnen im ehemaligen Klostergelände in Grünhain.

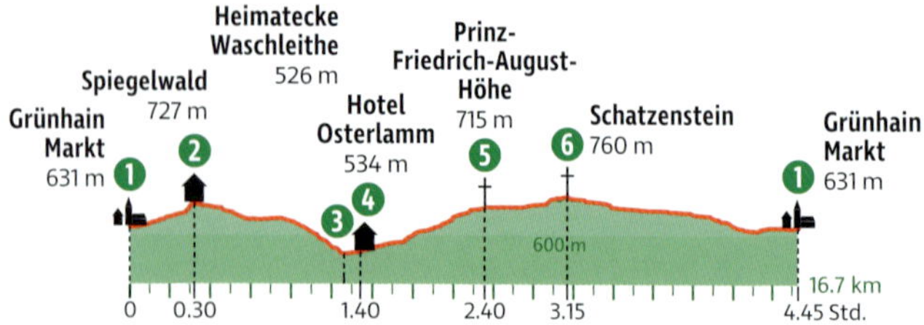

Vom **Markt** in **Grünhain** ❶, 631 m, folgen wir der Auer Straße links hinauf, bis nach 300 m links der Brunnweg abzweigt. Dort gehen wir an zwei Plattenbauten hinauf und schwenken nach einem Rechtsbogen leicht rechts in eine Reihengaragenanlage ein. Die Straße führt nun 300 Meter durch Plattenbauten, dann biegen wir auf der zweiten Querstraße links hinauf ab. Über Felder steigt der Turmweg zum Waldrand an, und gleich danach erreichen wir das eingezäunte Areal des **Spiegelwaldes** ❷, 727 m. Der Eingang befindet sich rechts von uns, der Weiterweg führt aber anschließend weiß-gelb-weiß markiert nach links. Er folgt bald dem Waldrand und bringt uns über Felder und an einem Supermarkt vorbei zur August-Bebel-Straße in Beierfeld. Wir

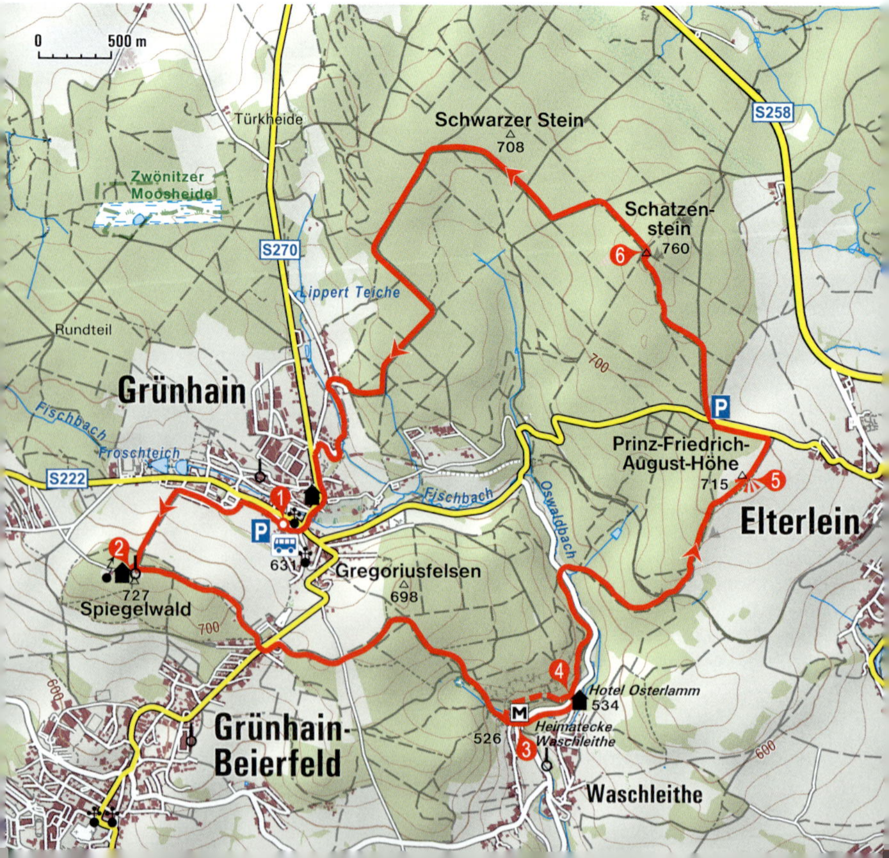

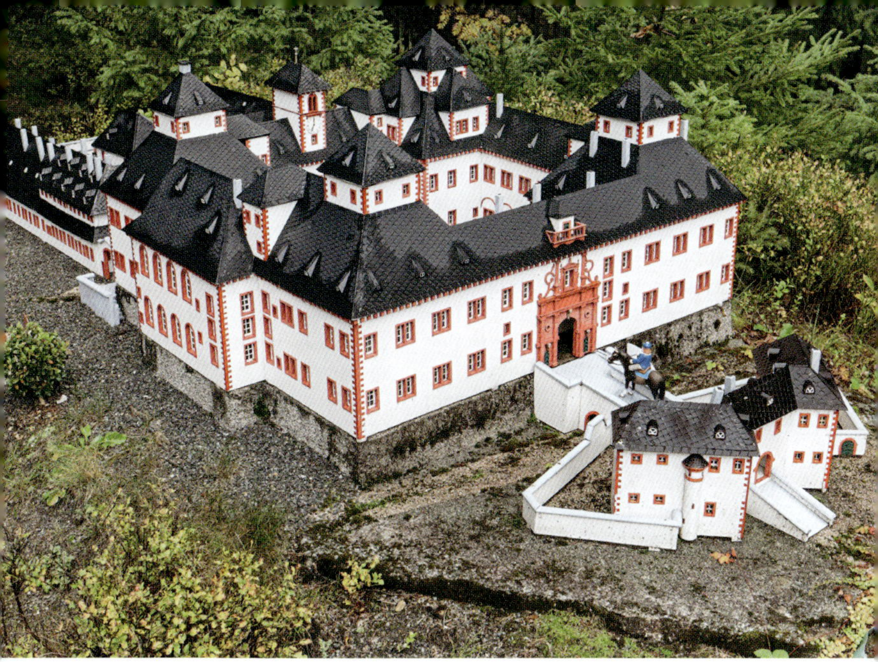

Heimatecke Waschleithe: Modell des kurfürstlichen Jagdschlosses Augustusburg.

gehen diese kurz links hinauf und folgen hinterm letzten Grundstück den Markierungen am Feldrain nach rechts. Wir erreichen die Raschauer Straße, gehen diese (vorübergehend ohne Markierungen) ganz kurz nach links und wenden uns gleich wieder rechts auf den Feldweg. Dieser führt bald am Waldrand entlang und später im Rechtsbogen in den Wald hinein. 150 Meter danach biegen wir auf einem unmarkierten Querweg rechts ab. Bald steiler, geht es an verwachsenen Wegeinmündungen im Wald hinunter. An einer Gablung halten wir uns links. Wir überqueren einen breiten Waldfahrweg und folgen dem Wegweiser zur Heimatecke bald am Bach hinunter. An der folgenden Kreuzung passieren wir die Bachbrücke und halten uns direkt danach links. In der nächsten Kurve zweigt unser Wanderpfad halblinks ab. Über eine Wiese und zwischen kleinen Felsen hindurch erreichen wir die ersten Häuser von Waschleithe. Wir gehen auf der Straße nach links und nach 50 Metern hinterm letzten Haus gleich wieder rechts über Treppen hinunter. Quasi »von hinten« erreichen wir die **Heimatecke Waschleithe ❸**, 526 m (falls dieses geschlossen hat, folgt man dem Weg geradeaus über den Bach und oberhalb der Straße weiter, bis man am Hotel Osterlamm die Talstraße erreicht). Wir folgen der Talstraße nach links und erreichen das **Hotel Osterlamm ❹**, 534 m. Hinterm Hotel befindet sich der Natur- und Wildpark. Wir halten uns aber leicht links und folgen kurz den Markierungen in den Wald hinauf. Nach 300 Metern biegen wir an der Gabelung rechts auf einen unmarkierten Weg ab, der für 700 m oberhalb der Straße verläuft. Wir überqueren die Straße und den Oswaldbach und wenden uns nach rechts. Der Weg schwenkt zum Wald hin und gabelt sich. Wir halten uns rechts und folgen dem Weg nun 800 Meter, am Ende im langen Linksbogen bergan. Wir erreichen einen breiten Fahrweg, dem wir kurz nach rechts folgen. Nach einem Holzlagerplatz im Wald halten wir uns an die weiß-gelb-weißen Markierungen, die uns auf schmalem Pfad links am Waldrand hinaufleiten. Nach einer Weile wechselt der Weg kurz in den Wald hinein, behält aber seine Richtung bei. Rechts vor uns ist auf dem Feld eine bewaldete Kuppe zu sehen. Teils schlecht markiert führt ein anfangs kleiner Weg am Feldrain entlang dort hinüber. Dabei handelt es sich um die **Prinz-Friedrich-August-Höhe** ❺, 715 m. Der Weg folgt parallel zum Waldrand unter ein paar Felsen vorbei und hinter dem Wäldchen zu einer soliden Rasthütte. Rechts bieten sich herrliche Erzgebirgsblicke. Wir folgen dem Weg hinunter bis zur Grünhainer Straße. Auf dieser nach links wandernd erreichen wir einen Parkplatz am Waldrand. Hier führt rechts unsere Route als breiter Fahrweg weiß-gelb-weiß markiert in den Wald hinein. Nach 500 Metern folgen wir dem Wegweiser zum Schatzenstein nach links und nach weiteren 300 Metern halbrechts abzweigend allmählich aufwärts. Wir erreichen eine Wegschneise und auf dieser ist nach wenigen Metern rechts hinauf der **Schatzenstein** ❻, 760 m, höchster Punkt der Tour, mit schönem Picknickgelände erreicht.

Wir folgen zunächst weiß-grün-weißen Markierungen links hinunter. Nach 400 Metern halten wir uns beim kreuzenden Fahrweg an die weiß-gelb-weißen Markierungen nach links und an der nächsten Kreuzung nach rechts. Einen Kilometer folgen wir diesen Markierungen auf dem Dreierweg. Dann biegen wir bei einer Rasthütte ohne Markierung links ab. Grünhain ist ausgeschildert. Nach weiteren 2,2 Kilometern auf

Liebevoll gestalteter Vorgarten in Grünhain.

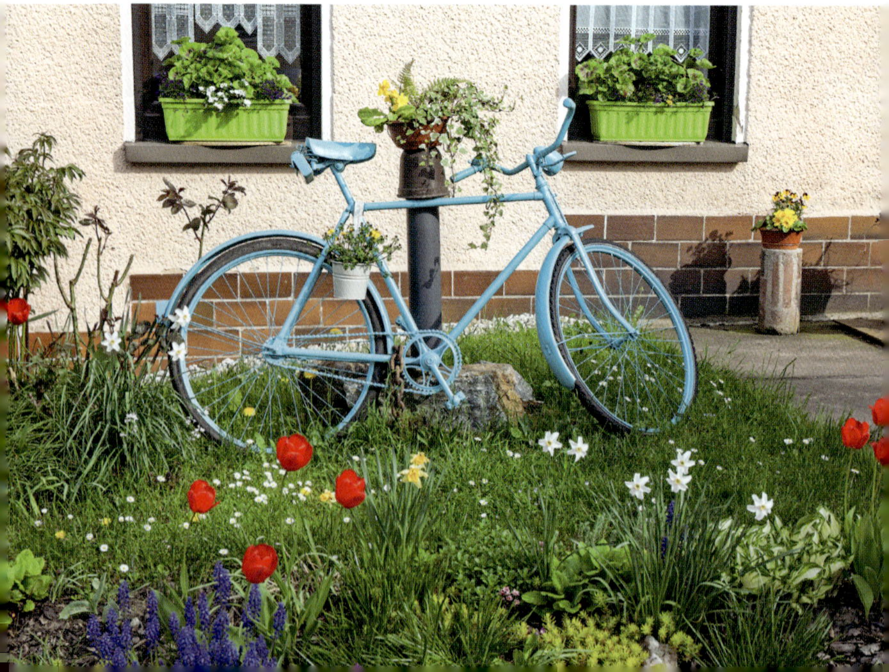

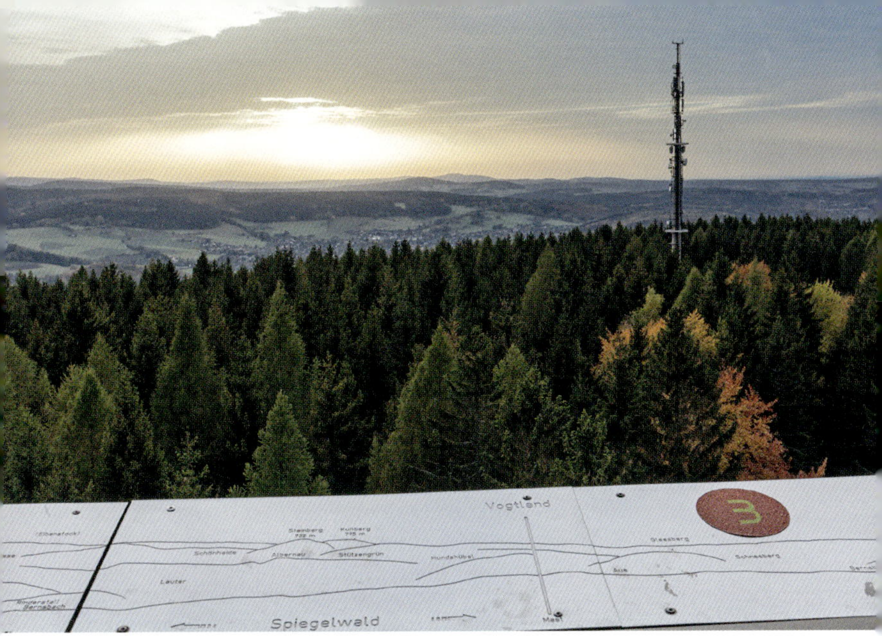

Abendlicher Blick vom König-Albert-Turm auf dem Spiegelwald nach Westen.

dem breiten Waldfahrweg erreichen wir, an einigen Abzweigen vorbei und am Ende steil rechts hinunter, die ersten Häuser von Grünhain. Wir gehen die Siedlungsstraße kurz hinab und biegen noch vor der Talstraße am Postbriefkasten links in einen Wiesenweg ein. Dieser führt an Teichen und teils verwachsenen Anwesen das idyllische Tal hinunter. Nach 400 Metern schwenkt der Wiesenpfad nach rechts zum Bach, quert eine Furt und führt weiter im Tal hinab. Bei den Pfeilerresten der alten Bahnbrücke schwenkt der Weg rechts hinauf und zwischen den ersten beiden Eigenheimen biegen wir rechts auf schmalem Fußweg in die Siedlung ab. Wir folgen kurz der Straße und halten uns an den folgenden zwei Abzweigen links. Wir gehen auf der Zwönitzer Straße Richtung Ortszentrum und können, wo diese rechts abbiegt, kurz innerhalb der ehemaligen Klostermauern parallel dazu hinuntergehen. Am Klosterteich vorbei erreichen wir die Auer Straße. Wir gehen schräg rechts hinauf und hinter der Kirche zurück zum **Markt ❶**.

i ***Kloster Grünhain:*** *Im Zentrum von Grünhain erinnern ein paar Steinmauern und Gebäudereste an ein 800 Jahre altes Kloster. Wenige Jahrzehnte, nachdem die intensive Besiedlung des Erzgebirges einsetzte, gründeten Zisterziensermönche hier eine Abtei, die zwei Jahrhunderte prosperieren sollte. Doch im frühen 15. Jahrhundert setzte der Niedergang ein, als Hussiten in Grünhain raubten und brandschatzten. Kaum hatte sich das Kloster wieder erholt, wurde es 100 Jahre später wieder das Ziel von Plünderungen, dieses Mal im Zuge des Bauernkrieges. Endgültig war sein Schicksal mit dem Ausbreiten der Reformation besiegelt. In jüngster Zeit kamen die Klosterruinen in die Schlagzeilen, weil eine Spur des legendären Bernsteinzimmers hierherführen sollte.*

47 Morgenleithe, 812 m, und Hoher Hahn, 673 m

Wanderziele im Süden von Schwarzenberg

5.30 Std. | 19,2 km | ↗ 490 m | ↘ 490 m

Ausdauernde Erzgebirgswanderung

Schwarzenberg, oft »Perle des Erzgebirges« genannt, ist eine der schönsten Städte der Region. Davon können wir uns gleich zu Beginn auf dem Totenstein überzeugen. Hier blicken wir auf die Altstadt, die auf einem Bergrücken hoch über dem Schwarzwasser thront und malerisch von Schloss und Stadtkirche überragt wird. Wenn wir von unserer ausgedehnten Wanderung zurückkehren, empfiehlt sich ein Bummel durch die Stadt, ein Besuch des Schlosses oder die Einkehr in einer der gemütlichen Gaststätten. Auf unserem Weg zur Morgenleithe steuern wir zunächst die Conradswiese an, ein Naturlehrpfad am gleichnamigen Waldschulheim vermittelt Wissenswertes über die heimische Natur. Auf der bewaldeten Morgenleithe erwarten uns gepflegte Gastlichkeit und der fast schon obligatorische Aussichtsturm. Am Hohen Hahn lässt sich ebenfalls gediegen einkehren und der Panoramablick ist auch ohne Aussichtsturm großartig. Kurz vorm Ziel kommen wir an der legendären Waldbühne vorbei.

Ausgangspunkt: Bhf. Schwarzenberg, stdl. Zugverbindung Richtung Aue und Zwickau, P+R hinter dem Bahnübergang Richtung Aue, weitere Parkmöglichkeiten nördlich des Bahnhofes.
Anforderungen: Lange Wanderung auf meist breiten Wanderwegen und einigen steilen Waldpfaden.
Karte: GeoSN Wanderkarte 1:25.000 Blatt 15 Westerzgebirge/Eibenstock, Johanngeorgenstadt.
Einkehr: »Pollermann« – Gasthaus zur Morgenleithe, +49 3774 23613, Berggaststätte Morgenleithe, berggaststaette-morgenleithe.com, Mi.–So. 12–18 Uhr, Sonnenhotel Hoher Hahn, sonnenhotels.de/hotels-resorts/hoher-hahn, tgl. 12–23 Uhr, weitere Möglichkeiten in der Schwarzenberger Altstadt.
Tipp: Waldschulheim Conradswiese des Sachsenforsts, sbs.sachsen.de/waldschulheim-conradswiese.html, mit Infotafeln zu Tier- und Pflanzenarten, Naturschutz-Lehrpfadstationen; Schloss Schwarzenberg, schloss-schwarzenberg.de.

Vom **Bahnhof Schwarzenberg** ❶, 426 m, gehen wir am Busbahnhof vorbei und wenden uns nach rechts Richtung Stadtzentrum. Auf Höhe der Post biegen wir rechts ab und folgen weiß-gelb-weißen Markierungen eine steile Treppe hinauf. Am Ende geht es auf dem Wanderpfad links an der Steilkante entlang zur Aussichtskanzel am **Totenstein** ❷,

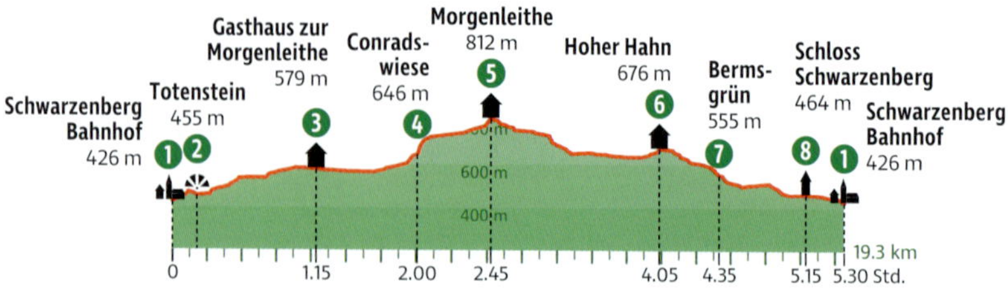

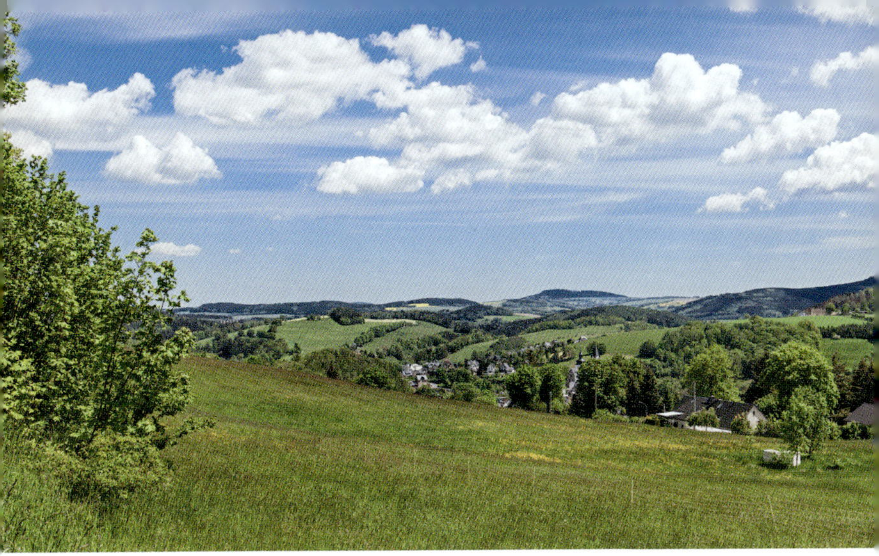

Aussicht am Galgenberg.

455 m – mit Blick auf die historische Altstadt. Am Ende des Weges folgen wir der Straße links hinunter und anschließend an der Kreuzung halb rechts zum Markt hinauf. Wir lassen diesen links liegen und halten uns an der Gabelung rechts. 50 Meter danach folgen wir weiß-gelb-weißen Markierungen rechts die Schneeberger Straße steil hinauf. Diese verjüngt sich zum Fußweg, der am Ende des Anstiegs in eine größere Straße einmündet. Nach wenigen Metern biegen wir vorm Seniorenheim links ab. An der Waldecke folgen wir dem markierten Weg links am Feldrand weiter. Wir erreichen die Siedlungsstraße Am Galgenberg und biegen an deren Ende zweimal halb rechts ab. Dem Bockauer Weg folgen wir nun 1,6 Kilometer. Anfangs geht es durch eine Plattenbausiedlung, später über Felder und Wiesen sanft bergan. Wir durchqueren eine Senke, beim nächsten Abzweig bleiben wir geradeaus und erreichen rechter Hand das **Gasthaus zur Morgenleithe ❸**, 579 m, den sogenannten »Pollermann«. Direkt vorm Gasthaus führt unser Wanderpfad rechts hinunter und wir biegen links in einen breiten Fahrweg ein. Diesem folgen wir 2,4 Kilometer, anfangs weiß-grün-weiß, später weiß-gelb-weiß markiert, durch Wald und über Bergwiesen. Es zweigen unterwegs mehrere Wege rechts Richtung Lauter ab. Beim Abzweig zum Achterweg an einem Rastplatz am Waldrand halten wir uns noch geradeaus. Der folgende Abzweig nach links (weiß-blau-weiß) weist uns den Weg zum **Waldschulheim Conradswiese ❹**, 646 m. Dort wenden wir uns direkt wieder nach links. An Lehrpfadstationen und Waldteichen vorbei erreichen wir eine Wegeinmündung und wenige Meter danach zweigt schräg rechts hinauf weiß-blau-weiß markiert die sogenannte Schneise ab. Schnurgerade führt dieser Weg, den breiten Auerhahnweg kreuzend, im Wald hinauf. Das Gelände wird flacher und links im Wald ist unser Ziel, die **Morgenleithe ❺**, 811 m, mit Turm und Gasthaus bald erreicht. Wir nehmen den Weg wieder auf, wenden uns am nächsten Querweg

nach rechts und bei der folgenden Wegkreuzung gehen wir halb links den breiten Morgenleithenweg weiter. Dieser mündet kurz vor einem Wanderparkplatz in einen weiteren Weg ein, rechts erreichen wir sogleich die Eibenstocker Straße und setzen unseren Weg auf der anderen Straßenseite in den Wald hinunter fort. In einer Kehre erreichen wir die Jägerhäuser Straße. Dieser folgen wir 250 Meter hinunter und biegen beim Beginn der Leitplanken halb links auf einen Naturlehrpfad ab. Der Weg führt am Hang hinauf und schwenkt dann nach links. An einem verwachsenen Abzweig bleiben wir links und erreichen eine Wegkreuzung vorm Waldrand. Wir überqueren den etwas größeren Weg und folgen dem Wanderpfad geradeaus weiter, bald am Waldrand entlang und dann über Felder im Rechtsbogen zu einem Rastplatz an einer Straße. Halb links folgen wir der ehemaligen Zufahrtsstraße zum Sonnenhotel hinauf. Wir lassen das Hotel rechts liegen, überqueren die neue Zufahrt und folgen dem Wanderpfad parallel zum Waldrand weiter. Nach 200 m führt rechts ein kurzer Stichweg hinüber zur Aussicht am **Hohen Hahn 6**, 676 m, oberhalb des Bermsgrüner Skilifts. Zurück auf dem Weg folgen wir diesem bis zu einem Abzweig mit Rastbank nahe dem Waldrand. Hier folgen wir dem Weg scharf rechts in den Wald hinein und bie-

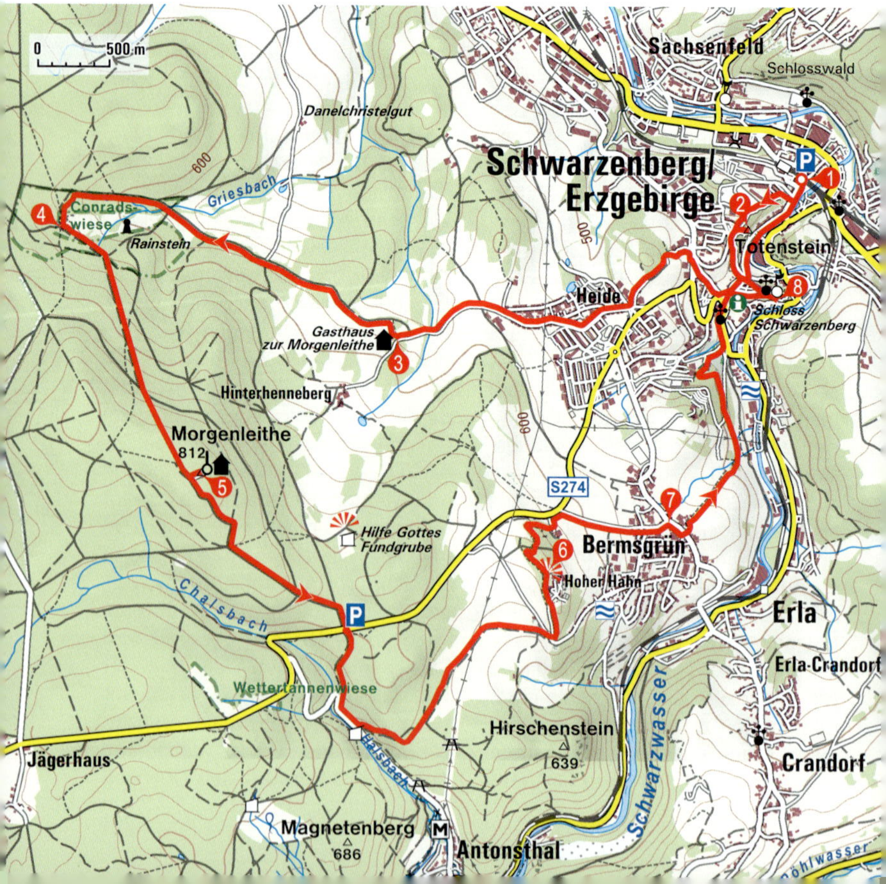

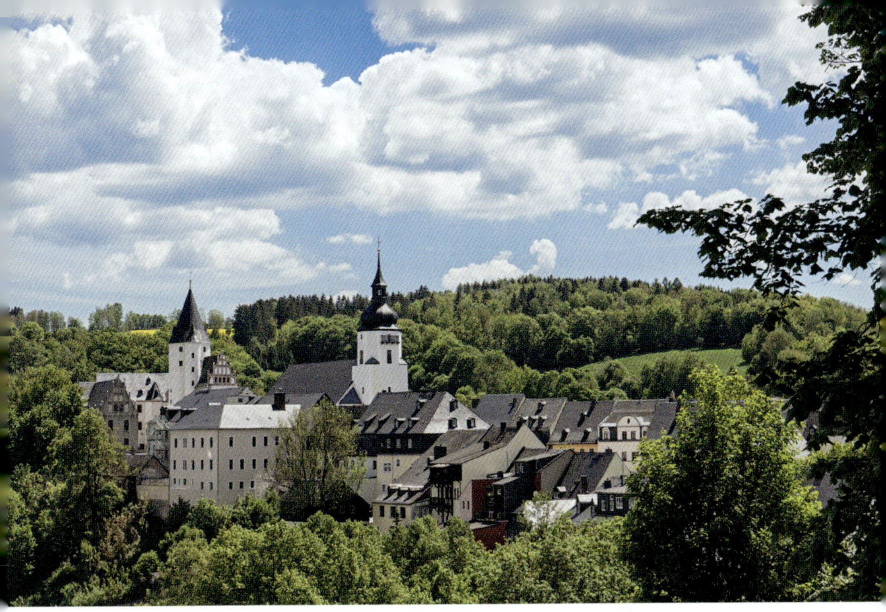

So präsentiert sich die Schwarzenberger Altstadt vom Totenstein aus.

gen bei nächster Gelegenheit wieder links ab. Bald wieder parallel zum Waldrand führt der Weg bis kurz vor die Eibenstocker Straße. Wir wenden uns auf einem alten Asphaltweg rechts am Waldrand steil hinunter. An dessen Ende schwenken wir auf dem Fahrweg kurz nach links und sogleich wieder nach rechts. Nun sind wir wieder auf weiß-gelb-weiß markierter Route unterwegs. Wir erreichen den Abzweig nach Bermsgrün und folgen der Straße aussichtsreich bis zum Ortszentrum von **Bermsgrün ⑦**, 555 m, rechts hinunter. Auf der Dorfstraße biegen wir rechts ab und 100 Meter danach bei einem kleinen Turm wieder nach links. Der Weg führt an letzten Anwesen vorbei, über eine freie Wiesenkuppe und schließlich an einer Gartenanlage steil hinunter. Am Ende des Steilhanges halten wir uns bei den Gärten links und folgen dem Weg am Hang entlang und bei den letzten Gärten leicht ansteigend in den Wald hinein. Wir überqueren eine kleine Straße und wandern weiter im Buchenwald am Steilhang entlang. Der Weg schwenkt um den Berg nach links. Links oberhalb befindet sich die Waldbühne Schwarzenberg. Wir biegen bei der nächsten Gelegenheit scharf rechts ab und spazieren an Sportanlagen und einem Teich vorbei steil im Rockelmann-Park hinunter. Wir erreichen die Erlaer Straße und folgen dieser nach links. Beim Abzweig an der Schule halten wir uns leicht rechts hinauf zum Markt. Dort oben angekommen, wenden wir uns auf der Oberen Schlossstraße sogleich nach rechts und erreichen an der Stadtkirche vorbei das **Schloss Schwarzenberg ⑧**, 464 m. Auf dem Rückweg wenden wir uns an der Gabelung rechts in die Untere Schlossstraße. An deren Ende schwenken wir rechts hinunter in die Bahnhofstraße ein und erreichen am Fuß des felsigen Totensteins entlang, die letzten Meter wieder auf bekanntem Weg, den **Bahnhof ①**.

48 Auersberg, 1018 m

König des Westerzgebirges

6.30 Std. | 23,0 km | ↗ 550 m | ↘ 550 m

Sportlich: Fast 23 Kilometer auf einen echten 1000er

Der Auersberg ist das zweithöchste eigenständige Bergmassiv in Sachsen und zugleich der westlichste 1000er des Erzgebirges. Großartig ist die Rundumsicht vom steinernen Aussichtsturm, dem mit 160 Jahren ältesten Bauwerk dieser Art in Sachsen. Die Rundwanderung von Erlabrunn über die Talsperre Sosa hinauf zum Auersberg und retour durch das wildromantische Steinbachtal ist etwas für ausdauernde Liebhaber der erzgebirgischen Wälder. Keine Wanderung in diesem Buch weist mehr Höhenmeter auf. Vom Seydewitzblick erblicken wir über die Talsperre Sosa hinweg unser Ziel erstmals in voller Schönheit. Auf dem Weiterweg entlang der Talsperre passieren wir eine Köhlerei und Stationen eines Naturlehrpfades. 350 Höhenmeter misst der finale Gipfelanstieg. Da ist die Einkehr in der Berggaststätte mehr als verdient. Bei den ersten Häusern von Johanngeorgenstadt schwenken wir in das idyllische Steinbachtal ein. Ein Lehrpfad führt an interessanten Steinbrüchen und Felsformationen hinunter. Beeindruckend ragt die kühne Nadel des Teufelssteins in den Himmel. Mit etwas Glück kann man Kletterern bei ihrem vertikalen Treiben zuschauen. Oder man versucht sich – mit entsprechender Ausrüstung und Einweisung – selbst einmal an einem Klettersteig: Am Nonnenfelsen hinterm Bahnhof von Erlabrunn führt eine versicherte Steiganlage durch das Felsengemäuer.

Ausgangspunkt: Bhf. Erlabrunn. Stdl. Zugverbindung von Zwickau, Aue bzw. Johanngeorgenstadt, kleiner Wanderparkplatz gegenüber vom Abzweig nach Erlabrunn über eine kleine Brücke, weitere Parkplätze im Zentrum von Erlabrunn.
Anforderungen: V. a. wegen der Länge anspruchsvoll, leichte, breite und teils asphaltierte Waldwege überwiegen.

Karte: GeoSN Wanderkarte 1:25.000 Blatt 15 Westerzgebirge/Eibenstock, Johanngeorgenstadt.
Einkehr: Imbiss in der Erlebnisköhlerei Sosa, erlebniskoehlerei-sosa.de, Do. – So. 11 – 16 Uhr, Gaststätte Auersberg Haus, auersberghaus.de, Mo. – Fr. 11 – 16, Sa. und So. 11 – 17 Uhr.
Tipp: Erlebnisköhlerei Sosa, erlebniskoehlerei-sosa.de, Do – So. 11 – 16 Uhr.

Start der Wanderung ist am Abzweig von der Talstraße nach **Erlabrunn** ❶, 602 m. Wir folgen der Straße kurz den Ort hinauf und wenden uns beim Schild »Kletterdorf« halbrechts hinauf auf den Brandbergweg. Wir

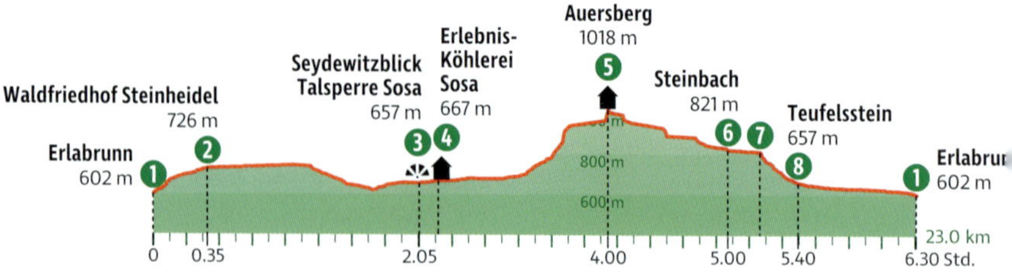

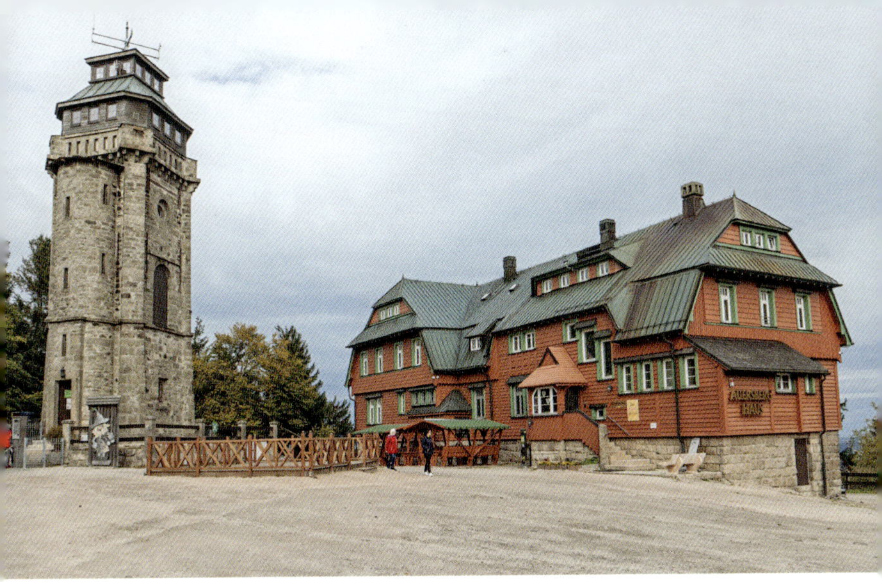

Berggaststätte und Aussichtsturm auf dem Auersberg.

passieren im Rechtsbogen aufsteigend die Zufahrt zu einem Sendemast und wenden uns beim nächsten Abzweig nach links zum nahen Fahrweg. Dort biegen wir rechts ab und halten uns an der folgenden Gabelung links. An einzelnen Gehöften vorbei gelangen wir nach Steinheidel. Wir passieren die Dorfstraße und wandern zwischen letzten Gehöften zum Waldrand. Vor einer Bank biegen wir nach links ab und folgen einem schmalen Pfad dicht unterm Waldrand bis zum **Waldfriedhof Steinheidel ❷**, 726 m. Anschließend biegen wir rechts in den asphaltierten Weg ein. Für 1,4 Kilometer folgen wir nun weiß-grün-weißen Markierungen auf breitem Fahrweg, in den Wald hinein und übers Vordere Fällbachkreuz hinweg zum Hinteren Fällbachkreuz. Hier biegen wir links Richtung Sosa ab (weiß-blau-weiß markiert). Wir folgen der Fällbacher Straße durch den Wald und weiter an einer Gartenanlage links hinunter. An einzelnen Anwesen vorbei erreichen wir die Talstraße im Sosagrund und folgen ihr ins Dorf hinunter. Wir überqueren den Bach und passieren eine Straßeneinmündung an der Dorflinde. Wir folgen 300 Meter danach der links abzweigenden Siedlerstraße. Im Linksbogen führt sie bald steil aus dem Dorf hinaus auf eine Anhöhe mit schönem Blick auf den Ort. Der Weg führt zu einem großen Wanderparkplatz. Bevor wir an diesem links entlang unseren Weg in den Wald fortsetzen, machen wir einen kleinen Abstecher zum **Seydewitzblick ❸**, 657 m, an der Talsperre Sosa. Dazu gehen wir die Straße am Ende des Parkplatzes rechts über die Wiese hinauf und in der Rechtskurve geradeaus weiter ins Gelände der Freilichtbühne. Hinter dem Platz leitet uns ein Wegweiser zur felsigen Aussichtskanzel mit Blick über die Talsperre hinweg zum Auersberg.

Auf dem Weiterweg passieren wir bald die **Erlebnis-Köhlerei Sosa ❹**, 667 m. Bis zur Kreuzung des sogenannten Großen Sterns können wir nun weiß-rot-weißen Markierungen folgen. Dazu halten wir uns an ei-

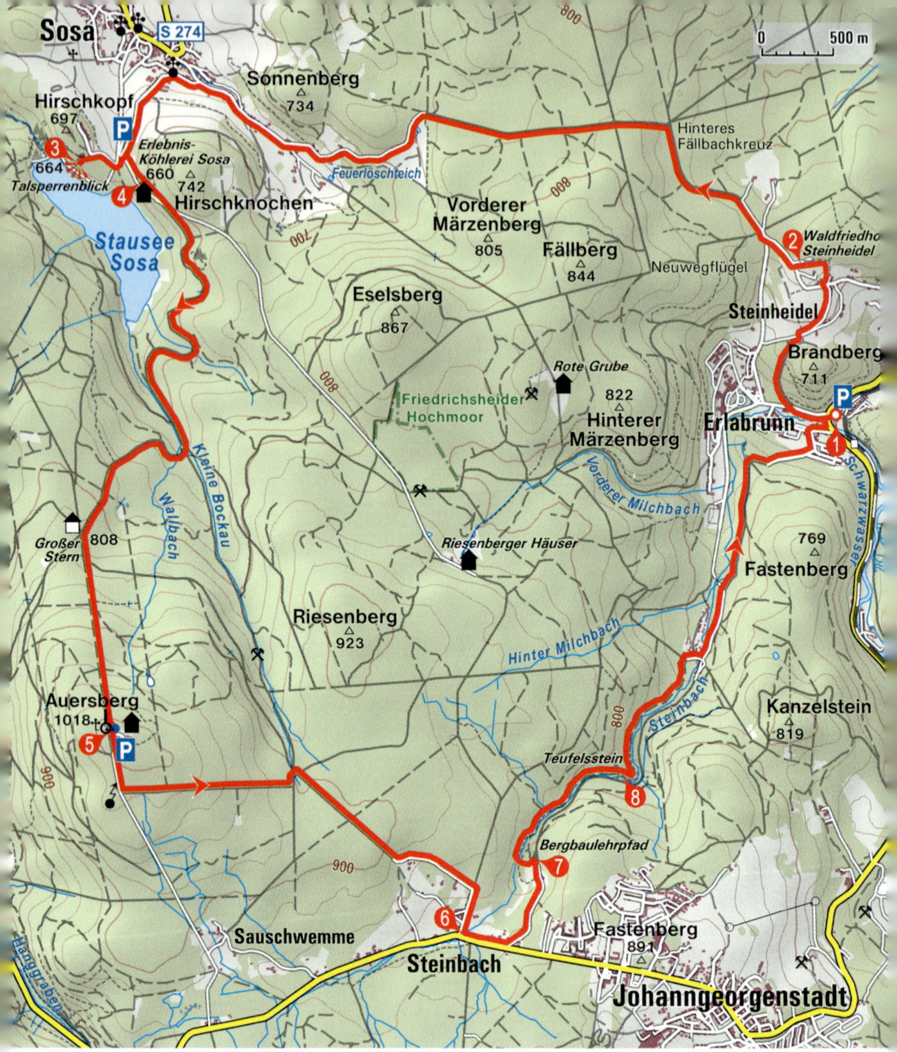

ner Gabelung rechts, passieren ein Arboretum und den Abzweig eines Waldlehrpfades. Der Weg quert zunächst ein Seitental und schwenkt im Tal der Kleinen Bockau links hinauf. Rechts über den Bach zweigt der Talsperrenrundweg ab, wir folgen stattdessen dem Weg am Bach noch ein Stück weiter, bis uns die Markierungen nach der Rasthütte am Hänelwehr rechts hinaufleiten. Anfangs in einer deutlichen S-Kurve steigt der Weg zum Großen Stern an. Hier wenden wir uns nach links auf den Mittelflügel. Die letzten 200 Höhenmeter führt der Weg am Abzweig des Bergfußsteigs vorbei schnurgerade hinauf zum Gipfel des **Auersbergs** ❺, 1018 m. Dabei wird der anfangs breite, weiß-blau-weiß markierte Weg steiler und verjüngt sich am Ende zu einem echten Bergpfad. Neben dem Besuch des Aussichtsturms und der Einkehr empfiehlt sich der

Kletterfelsen im Steinbachtal.

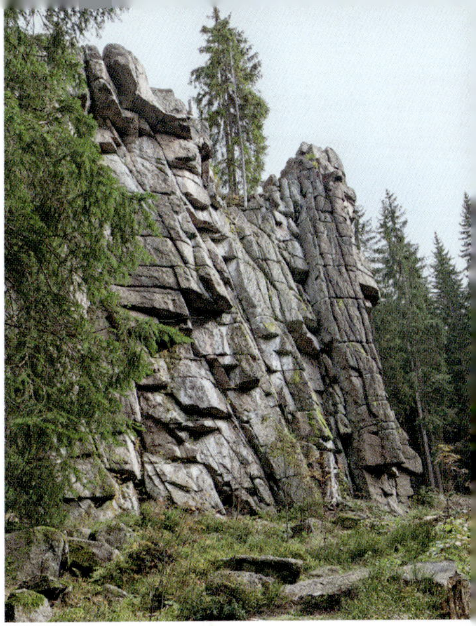

kleine Rundgang durch den liebevoll angelegten Bergwaldgarten.

Rechts hinterm Aussichtsturm folgen wir dem Mittelflügel am Parkplatz vorbei hinunter. 200 Meter hinter dem Parkplatz biegen wir nach links in die Neue Wellenschaukel ab, die weiß-blau-weißen Markierungen bleiben uns erhalten. Bald führt der Waldweg steil bergab. Wir erreichen wieder das Tal der Kleinen Bockau, folgen den Markierungen nach links und kurz danach scharf rechts zurück auf den Auersbergweg. Vor ersten Häusern wandern wir auf dem Fahrweg leicht links hinunter. Am Ende folgen wir der Sosaer Straße nach rechts und erreichen im Johanngeorgenstädter Ortsteil **Steinbach** ❻, 821 m, die Eibenstocker Straße. Dieser folgen wir 300 Meter nach links und biegen dann vor einem Gefallenendenkmal halb links in den Steinbachweg ab. Durch das Steinbachtal gelangen wir zurück nach Erlabrunn. Wir passieren ein einzelnes Gehöft auf einer Lichtung und bald danach weist uns am Beginn des **Bergbaulehrpfades** ❼, 811 m, der mit einem grünen Diagonalbalken versehene Wegweiser auf schmalem Pfad links hinunter in den Bachgrund den Weg. Dieser schwenkt kurz links zurück bis zur Wiese und führt dann über den Bach. Die folgenden zwei Kilometer bleibt der Lehrpfad stets links des Baches. Wir passieren einen Rastplatz bei einem Steinbruch und bald darauf die kühnen Granitfelsen des **Teufelssteins** ❽, 657 m. Unter den Felsen entlang bleiben wir noch auf dem Pfad am linken Bachufer. Vor einer Gartenanlage wenden wir uns nach rechts, überqueren die Brücke und biegen in den asphaltierten Steinbachweg nach links ab. Nach 400 Metern zweigt in einer leichten Linkskurve halb rechts der Weiterweg ab. Der Weg führt bald oberhalb des Tales entlang, die Häuser von Erlabrunn liegen unter uns. Der Weg schwenkt um eine Kuppe herum nach rechts. Bald geht es endgültig hinunter in den Ort. An einer Einmündung halten wir uns links und 100 Meter danach wenden wir uns auf der Schulstraße nach rechts. Wir erreichen die Talstraße am Schwarzwasser. Der Bahnhof **Erlabrunn** ❶ befindet sich rechts von uns, der Wanderparkplatz links auf der anderen Seite des Flusses.

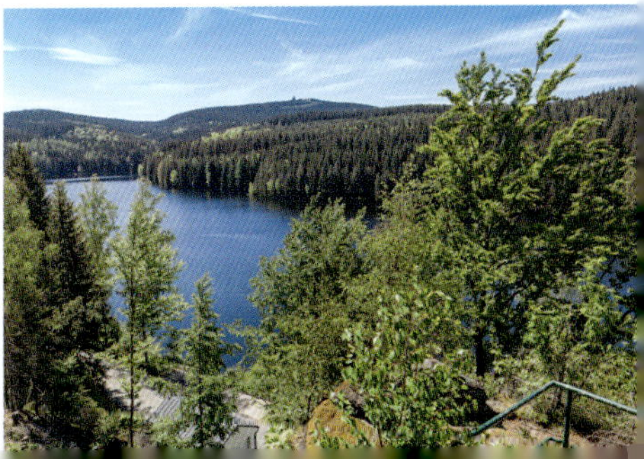

Über der Talsperre Sosa erhebt sich der Auersberg.

49 Aschberg, 936 m, und Kiel, 942 m

Die Hausberge von Klingenthal

6.15 Std. | 21,9 km | ↗ 560 m | ↘ 560 m

Halbmarathon im oberen Vogtland

Die Stadt Klingenthal ist bekannt für Musikinstrumentenbau und für die Vogtlandarena, die modernste Skisprunganlage der neuen Bundesländer. Sie liegt als einzige sächsische Stadt auf der sonnigen Südseite des Erzgebirgskammes und wird um fast 400 Meter vom Aschberg und vom bewaldeten Kiel überragt. So fällt diese Rundtour lang und reich an Höhenmetern aus. Der höchste Punkt des Aschberges liegt im Wald, wenige Meter jenseits der Grenze in Tschechien. Auf deutscher Seite bietet der Otto-Hermann-Böhm-Turm prächtige Fernsichten über das Elstergebirge hinweg bis zum fränkischen Fichtelgebirge. In Mühlleiten ist Halbzeit, je nach Vorlieben kann man hier gepflegt einkehren oder sich auf der Sommerrodelbahn austoben. Der Wegabschnitt über den Kiel hinunter zur Vogtland-Arena ist still und waldreich. Ein Besuch der Skisprunganlage mit Tiefblick vom Anlaufturm ist zweifellos das Highlight der Runde. Am Ende genießen wir schöne Rückblicke über Klingenthal zum Aschberg. Kurz vor dem Ziel liegt der kleine, aber feine Tierpark am Weg.

Ausgangspunkt: Klingenthal Bahnhof, Verbindungen Richtung Zwickau alle 2 Std. Parkmöglichkeiten in der Bahnhofstraße.

Anforderungen: Hier ist vor allem Ausdauer gefragt, der Anstieg zum Aschberg verteilt sich auf mehrere Kilometer und ist nur am Ende steil. Rund um den Kiel verläuft die Route streckenweise auf einer Skirollertrainingsstrecke, hier ist bei Trainingsbetrieb Aufmerksamkeit erforderlich.

Karte: GeoSN Wanderkarte 1:25.000 Blatt 5 Vogtland/Schöneck, Klingenthal.

Variante: Aufgrund der Länge ist die Wanderung für Kinder in Summe nicht geeignet. Man kann die Tour aber auch mit einer Fahrt auf der Sommerrodelbahn in Mühlleiten abschließen und mit dem Bus zurück nach Klingenthal fahren. Dann ist die Strecke nur etwa halb so lang und auch für den Nachwuchs machbar (Bus Linie 20, stdl., am WE alle 2 Std.).

Einkehr: Ferienhotel Mühlleiten, ferienhotel-muehlleithen.de, tgl. 11:30 – 22 Uhr, Skiklause Mühlleiten, gaststatte-und-pension-skiklause-klingenthal.hotel-mix.de, tgl. 11 – 20 Uhr, Zur Alten Schule in Klingenthal, zur-alten-schule-klingenthal.de, Fr. – Di. ab 17 Uhr, am WE auch 11:30 – 14:30 Uhr.

Tipps: Sommerrodelbahn Mühlleiten, sommerrodelbahn-muehlleithen.de, wochentags 13 – 17 Uhr, an WE, Ferien und Feiertagen 10 – 17 Uhr. Besichtigung der Vogtlandarena, sparkasse-vogtland-arena.de, tgl. 10 – 17 Uhr, Tierpark Klingenthal, klingenthal.de/DE/Gaesteservice/Ausflugs-Tipps/, tgl. 10 – 18 Uhr, im Winter 10 – 16 Uhr.

Vom **Bahnhof Klingenthal ❶**, 557 m, wenden wir uns Richtung Stadtzentrum und biegen sogleich halblinks auf die Schlossstraße ab. Hinter einem Parkplatz biegen wir links auf einen Fußweg ab und erreichen über eine Wiese die markante Rundkirche. Wir gehen links der Kirche über den Parkplatz und wenden uns am Ende rechts über Treppen hinab, überqueren die Kirchstraße und gelangen zum **Marktplatz ❷**, 548 m.

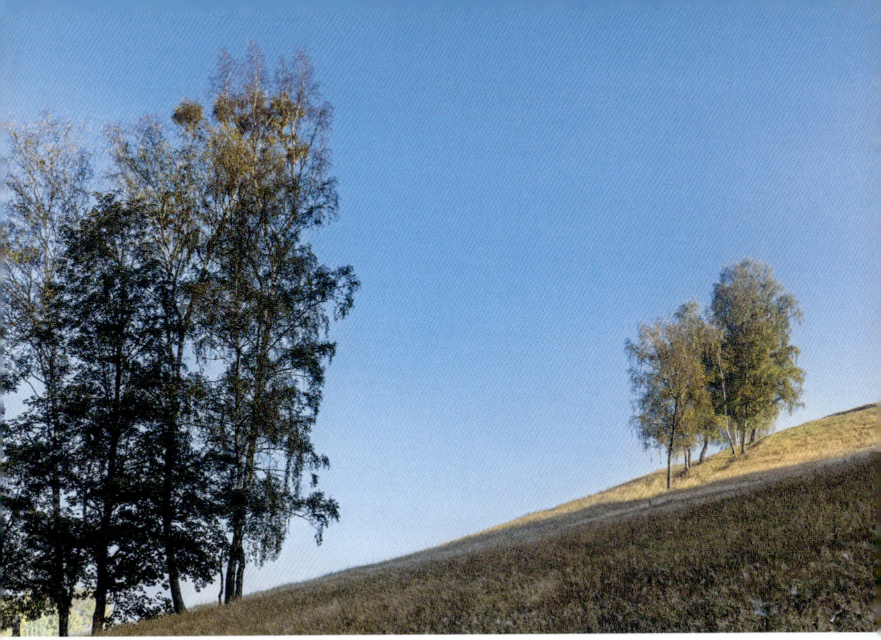

Frühzeitiger Aufstieg zum Aschberg bei herbstlichem Morgenfrost.

Bis kurz vor Mühlleiten können wir nun weiß-rot-weißen Markierungen folgen. Wir gehen rechts am Markt vorbei und erreichen nach der Sparkasse die große Auerbacher Straße. Hier biegen wir rechts ein, verlassen sie sogleich wieder nach links und folgen steil der Dietrich-Bonhoeffer-Straße hinauf. Am Ende des Anstiegs zweigt vor Häusern links in den Wald unser markierter Wanderpfad ab. Die folgenden 700 Meter steigt der Wanderweg stetig rechts am Berg hinauf an. Wir passieren ein paar Häuser auf einer Lichtung. Bald danach zweigt unser markierter Weg scharf links ab. Wir erreichen, bei einzelnen Häusern rechts haltend, einen breiten Weg. Diesem folgen wir, mit Tiefblick auf Klingenthal, rechts hinauf. Im Linksbogen wandern wir im Wald zum Plateau des Körnerbergs und an ein paar Häusern geradewegs vorbei. 150 Meter danach folgen wir den Markierungen nach links zum Waldrand. Am Ende des Waldes erreichen wir den Waldhäuserweg. Dieser führt nun aussichtsreich auf dem breiten Kamm entlang. An einer Kreuzung überqueren wir die Waldgutstraße und halten uns leicht links auf dem kleineren Weg. Wir passieren drei Anwesen zur Linken, dann schwenkt der Weg rechts hinunter, bis wir in einer

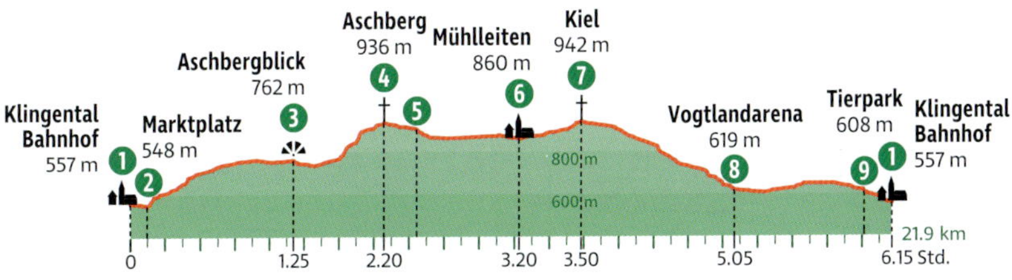

kleinen Siedlung den asphaltierten Kammweg erreichen. Diesem folgen wir, bald direkt an der tschechischen Grenze, nach links, bis nach einer Kurve rechts oberhalb der **Aschbergblick** ❸, 762 m, zum Verweilen einlädt. Die Straße führt sanft in eine Siedlung hinunter und beim Grenzübergang beginnt der finale Anstieg zum Aschberg. Die Grenzstraße schwenkt nach links, doch wir bleiben zunächst noch auf einem Pfad direkt an der Grenze. Hinterm ehemaligen Hotel Waldgut müssen wir den Grenzverlauf kurz verlassen. Wir folgen der Straße nach links und bie-

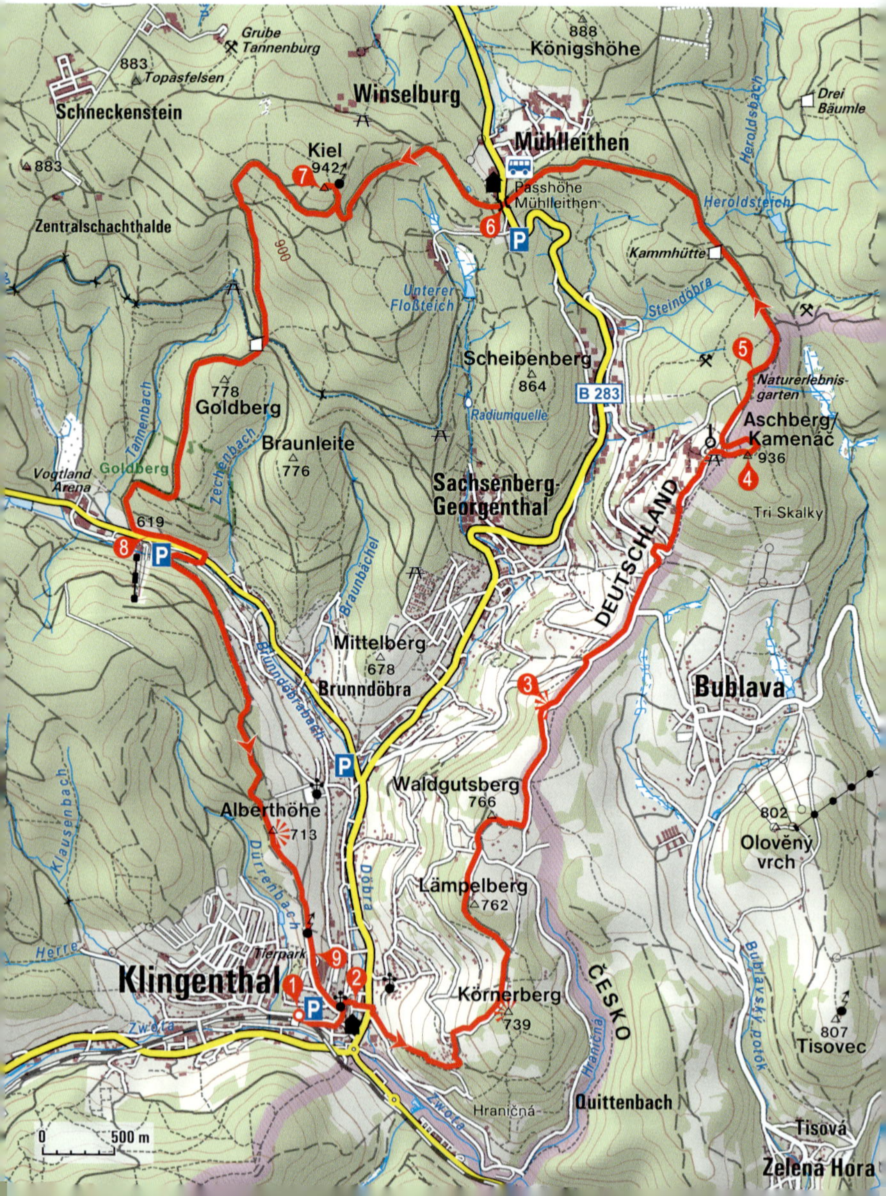

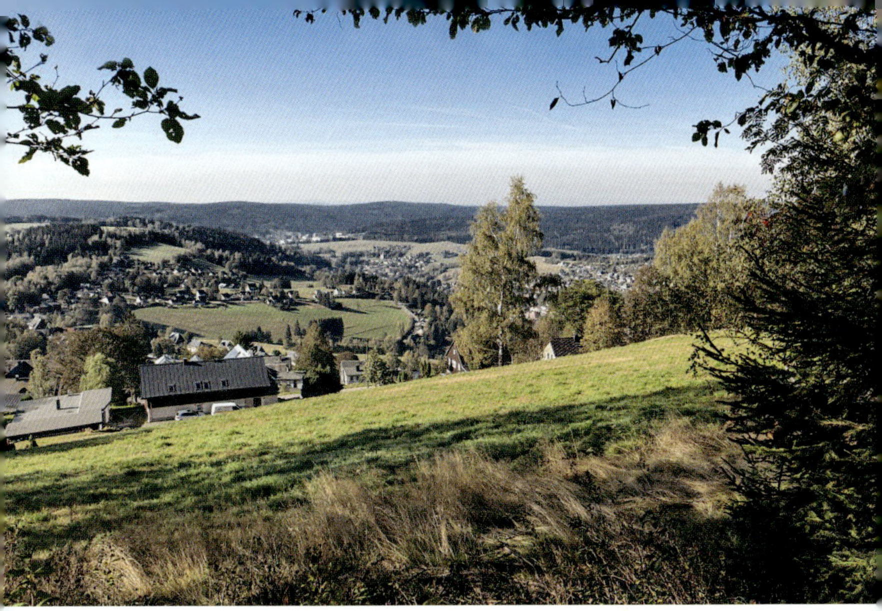

Aussicht von einer Rastbank kurz vorm Aschberggipfel.

gen bei nächster Gelegenheit wieder scharf rechts in den Grenzweg ein. An der Kehre nehmen wir den Weg entlang der Grenze hinauf wieder auf. Wir passieren eine Rastbank mit Aussicht. Die Route schwenkt bei ein paar Häusern leicht von der Grenze weg und führt bald flacher werdend über Asphalt zur Jugendherberge. Unmittelbar davor wenden wir uns nach rechts zum Volleyballfeld am Waldrand. Der höchste Punkt des **Aschbergs ❹**, 936 m, liegt auf tschechischem Gebiet. Der beschilderte Pfad dorthin führt geradewegs in den Wald hinein. Am Gipfel stehen die Reste einer Triangulationssäule. Wir folgen dem Weg nach links weiter zur beschilderten Felsformation der Aschbergwiege. Nach knapp 100 Metern taucht diese rechts des Pfades auf. Hier führt der Weiterweg als schmaler Pfad links zurück Richtung Grenze. Wir treffen auf den Grenzweg und erreichen auf diesem links haltend den Aussichtsturm an der Jugendherberge. Von oben bietet sich ein Blick bis nach Franken. Wir gehen an der Jugendherberge kurz rechts hinunter und folgen nun dem weiß-rot-weiß markierten Fahrweg rechts am Waldrand weiter. Wo die Aschbergauffahrt im Wald nach links schwenkt, geht es für uns geradewegs weiter. Wir erreichen den Kammweg, wenden uns nach rechts und passieren nach wenigen Metern den **Naturerlebnisgarten ❺**, 904 m. Die nächsten 1,5 Kilometer folgen wir den Markierungen auf dem breiten Fahrweg im langen Linksbogen an der Kammhütte und einem Wassertretbecken vorbei, bis der beschilderte, aber nun nicht mehr markierte Weg nach Mühlleiten bei einem Abzweig nach links schwenkt. Weiter im leichten Linksbogen gelangen wir nach **Mühlleiten ❻**, 860, hinein. Rechts führt ein Weg zu den Gaststätten des Ortes, links befinden sich Wanderparkplatz und Bushaltestelle. Wir gehen über eine Fußgängerbrücke und folgen dem Weg im Rechtsbogen im Wald kurz

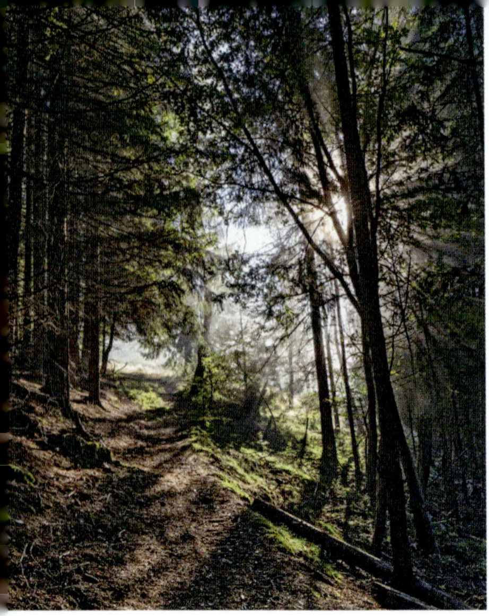

Morgenstimmung auf dem Weg zum Aschberg.

hinauf (die Sommerrodelbahn liegt 100 Meter links von uns). 700 Meter danach halten wir uns an der Wegkreuzung auf dem linken Weg und nach weiteren 700 m treffen wir auf die asphaltierte Skirollerstrecke (bei Trainingsbetrieb vorsichtig am Rand laufen!). Wir biegen hier scharf rechts ab und erreichen nach einem kurzen Anstieg nach einer Linkskurve einen Abzweig. Hier rechts hinauf und bei nächster Gelegenheit nach links abzweigend erreichen wir den bewaldeten **Kiel 7**, 942 m, mit Sendemast und einer Triangulationssäule. Zurück am Abzweig folgen wir der Skirollerstrecke weiter. Diese führt nach einer Weile im Linksbogen im Wald hinunter. 1 Kilometer nach dem Abzweig vom Kiel zweigt tangential unser Weiterweg geradeaus von der Trainingsstrecke ab. Gleich danach halten wir uns am Abzweig links und folgen dem breiten Weg weiß-rot-weiß markiert im Wald hinab. Nach einem Kilometer erreichen wir eine Kreuzung mit Rastplatz am Floßgrabenweg. Wir überqueren den Graben und folgen dem Weg Richtung Vogtlandarena, der leicht rechts in den

Blick in die Vogtlandarena.

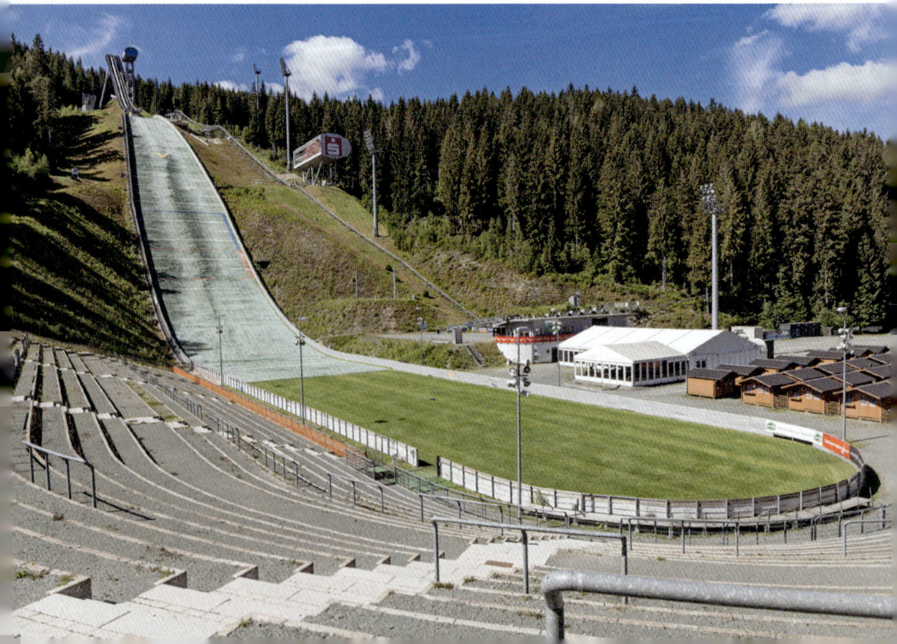

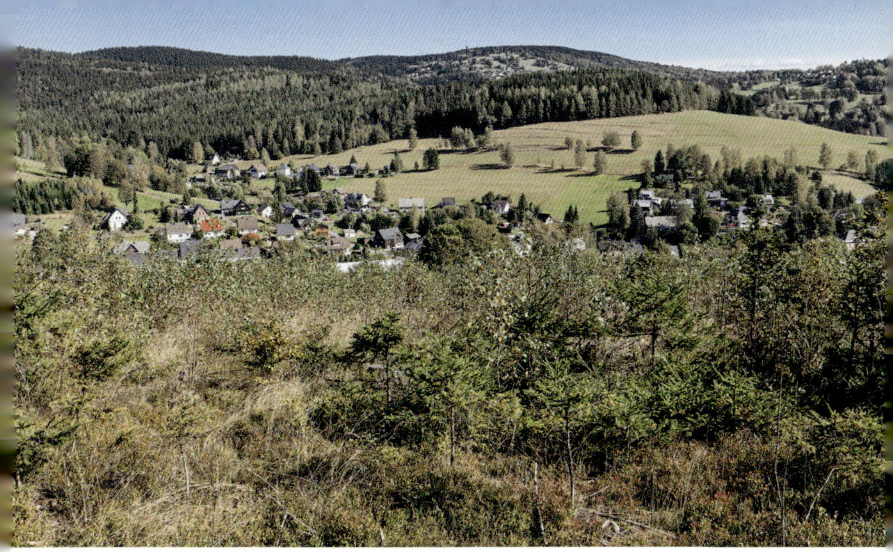

Blick von Brunndöbra zum Aschberg.

Wald hinunterführt. Wir halten uns zweimal rechts, dann führt der Weg lange Zeit oberhalb des Tannenbaches am Hang hinunter. Am Ende halten wir uns am Querweg rechts und gleich darauf im Talgrund links. Vor uns liegt die eindrucksvolle Anlage der **Vogtlandarena** **8**, 619 m. Bis zum Tierpark können wir nun weiß-grün-weißen Markierungen folgen. Wir gehen an der Arena vorbei kurz die Straße hinunter und biegen bei nächster Gelegenheit rechts ab. Hinter der Brücke folgen wir den Markierungen gleich wieder nach rechts, zunächst talaufwärts. Nach 200 m macht unser Weg eine spitze Kehre links in den Wald hinauf und führt bald mit schönen Blicken oberhalb von Brunndöbra am Waldrand entlang. Der Weg schwenkt rechts hinauf in den Wald. Kurz links und gleich wieder rechts haltend folgen wir den Markierungen. Am Waldrand macht der Weg eine Kurve nach rechts und an der nächsten Einmündung gehen wir links hinunter und sogleich über eine weitere Wegkreuzung hinweg. Der Weg führt hinaus auf einen Wiesenrücken. An Gärten vorbei erreichen wir den **Tierpark** **9**, 608 m. Rechts unterhalb ist im Sommer auch das Freibad schnell erreicht. Am Sportgymnasium vorbei führt die Straße hinunter in die Stadt. Wir erreichen die Rundkirche und gelangen rechts auf bekannter Route zum **Bahnhof** **1**.

i ***Die Vogtlandarena:*** *Skispringen hat Tradition im Vogtland. Pläne für eine Schanze gab es bereits 1932 im Zuge der Olympiabewerbung von Klingenthal. Die Spiele wurden nach Garmisch-Partenkirchen vergeben und die kühnen Pläne einer 150-Meter-Schanze ad acta gelegt. Fast 30 Jahre später wurde dann die Aschbergschanze in Klingenthal eingeweiht. Ein einziges Mal war sie Schauplatz eines Weltcupspringens. 2006 wurde nach 16 Jahren ohne Sprunganlage die moderne Vogtlandarena eingeweiht. Die 140-Meter-Schanze wird u.a. für Weltcups im Skispringen und in der Nordischen Kombination genutzt. Bekanntester Skispringer aus Klingenthal war Harry Glaß (1930–1997).*

50 Schneckenstein, 883 m

Geologisches Juwel im vogtländischen Bergwald

3.45 Std. | 13,6 km | ↗190 m | ↘190 m

Bergbaugeschichte auf Schritt und Tritt

Der Schneckenstein ist der einzige Gipfel in diesem Buch, für dessen Besteigung man Eintritt zahlen muss. Dafür ist er etwas ganz Besonderes: das einzige überirdische Vorkommen von Topasen auf der Nordhalbkugel. Edelsteine von hier findet man selbst in einer englischen Königskrone aus dem 18. Jahrhundert. Unweit des Felsens wartet eine Mineralienausstellung und ein Schaubergwerk auf Besucher. Jüngere Gäste finden am Gartenlabyrinth Gefallen. Die waldreiche Wanderung führt durch die sanften Hochlagen des Vogtlandes. Die Talsperre Muldenberg gleich zu Beginn der Tour ist ebenso sehenswert wie der historische Floßgraben und der idyllische Sauteich. Die künstlich aufgeschüttete Zentralschachthalde bietet entzückende Fernblicke und ist über einen Zickzackweg fast schon alpinen Charakters zu erreichen. An heißen Sommertagen lädt der Badeteich in Muldenberg zur Erfrischung ein.

Ausgangspunkt: Wanderparkplatz Muldenberg, der Bahnhof Muldenberg-Floßplatz der Vogtlandbahn liegt 200 m westlich. Von dort zweistündliche Verbindung nach Plauen und Klingenthal.

Anforderungen: Lange und weitestgehend gemütliche Waldwanderung, einzig die Auf- und Abstiege an der Zentralschachthalde sind sehr steil. Auf den Schneckenstein führt ein kurzer, versicherter Felssteig.

Karte: GeoSN Wanderkarte 1:25.000 Blatt 5 Vogtland/Schöneck, Klingenthal.

Einkehr: Gasthof Flößerstube, floesserstube.de, Mi. – So. ab 11 Uhr, Gaststätte Bergschlösschen, bergschloesschen-muldenberg.de, Do. – Mo. ab 11 Uhr, Gaststätte Zur Talsperre, Fr. – Di. 11 – 21 Uhr, Tel. +49 37465 407400, Haus Muldenberg, hausmuldenberg.de, Fr. – Di. ab 11 Uhr.

Tipps: Vogtländisch-Böhmisches Mineralienzentrum, Di. – So. 10 – 16 Uhr, Besucherbergwerk Grube Tannenberg, Führungen Di. – So., 10, 11:30, 13 und 14:30 Uhr, schneckenstein.com. Topasfelsen, Mai-Oktober je nach Witterung 10 – 16 Uhr.

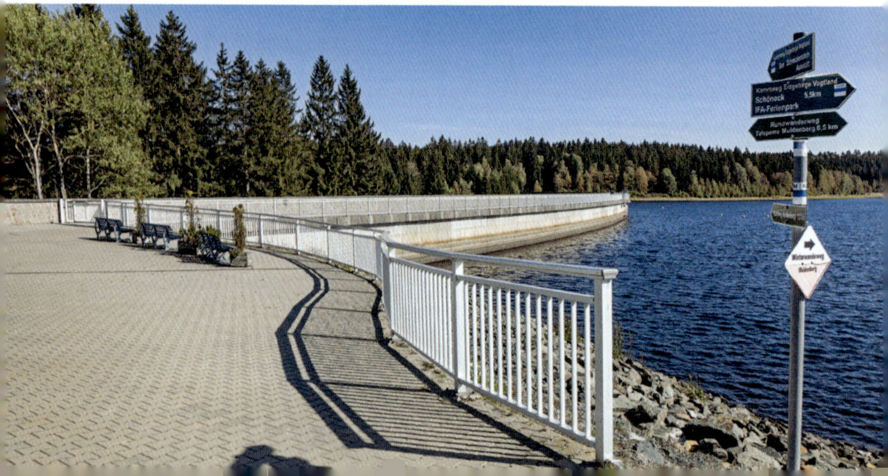

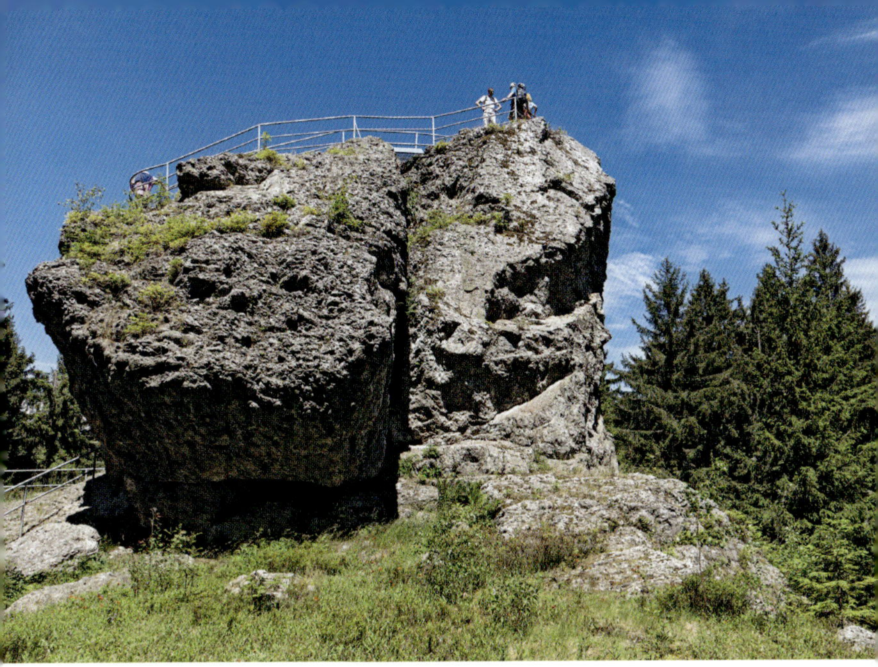

Oben: Der Topasfelsen auf dem Schneckenstein.
Links: Staumauer der Talsperre Muldenberg.

Vom **Parkplatz** am **Badeteich Muldenberg** ❶, 691 m, gehen wir über die Klingenthaler Straße hinweg zum Bahnhof Muldenberg-Floßplatz hinauf, überqueren die Gleise und biegen bei der Gaststätte Bergschlösschen links in die Talsperrenstraße ein. Wir überqueren links die Eisenbahn und anschließend die Staumauer der **Talsperre Muldenberg** ❷, 700 m. Bis kurz vor die Zentralschachthalde können wir nun weiß-blau-weißen Markierungen folgen. Unmittelbar nach der Staumauer wenden wir uns vor der Straße nach rechts und folgen dem Pfad parallel zum Ufer durch den Wald. Der Weg schwenkt links hinauf und biegt an der Straße erneut nach rechts in den Wald ab. Wir münden in einen Weg ein, halten uns rechts und erreichen eine Kreuzung in der Senke des Saubaches. Hier verlassen wir den Talsperrenrundweg nach links. Ein idyllischer Wegabschnitt führt nun am Saubach hinauf. Etwas unvermittelt zweigt unsere Route rechts zum Bach hinunter als schmaler Pfad ab. Wir passieren zwei Brücken und gelangen, uns links haltend, über ein paar Stege zur Rast am **Sauteich** ❸, 738 m. Wir wenden uns auf dem Damm nach links und folgen sogleich dem Saubach weiter rechts hinauf. Kurz vor der Straße wenden wir uns bei alten Wehranlagen des Floßgrabens nach links und erreichen die Straße. Dieser folgen wir auf der gegenüberliegenden Seite hinter der Leitplanke 40 Meter nach rechts und wenden uns dann am Floßgraben halb links in den Wald hinein. Wir erreichen in Sichtweite eines Wanderparkplatzes einen großen Waldfahrweg und folgen diesem nach links und am folgenden Abzweig weiter nach rechts. Der Weg folgt bald wieder dem Floßgraben durch den Wald.

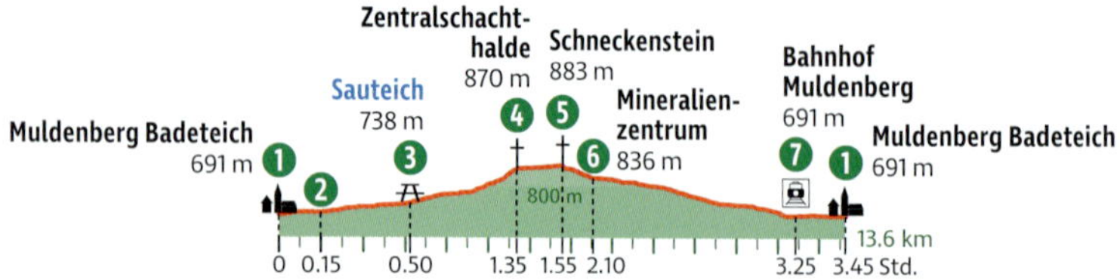

Nach einer Linkskurve zweigt der markierte Weg zum Schneckenstein links ab. Auf diesem gewinnen wir an Höhe und passieren einen Querweg. Am nächsten Abzweig verlassen wir den Fahrweg nach links. An einem verwachsenen Weg vorbei und sogleich rechts den mit grünem Diagonalbalken markierten Bergpfad in kurzen, steilen Kehren hinauf geht es zur **Zentralschachthalde** ❹, 870 m. Wir erreichen das Gipfelplateau und haben einen schönen Rückblick auf die Vogtlandarena. Nach wenigen Metern zweigt rechts hinunter unser Weiterweg ab, doch zuvor gehen wir noch zu einem Holzpodest mit weitem Blick übers Vogtland. Der Abstiegsweg führt geradewegs steil hinunter. Wir überqueren einen Platz und gleich danach mündet der Weg in den weiß-blau-weiß markierten Asphaltweg ein. An der Siedlung Schneckenstein führt der markierte Wanderpfad nach rechts in den Wald, mündet in einen Fahrweg ein und biegt gleich darauf links zum eingezäunten Gelände des **Schneckensteins** ❺, 883 m, ab. Nach Besteigung der gebührenpflichtigen Felsformation führt der markierte Weg am Zaun weiter und sanft im Wald hinunter. Wir erreichen einen größeren Fahrweg, dem wir links hinunter (weiß-gelb-weiß) folgen, bevor wir uns auf dem nächsten Asphalt-

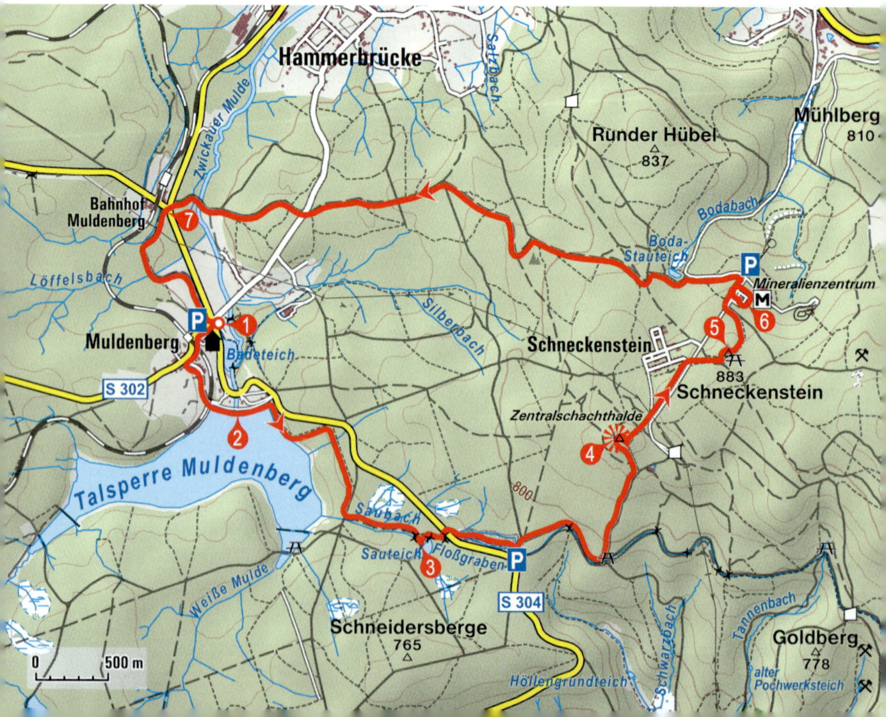

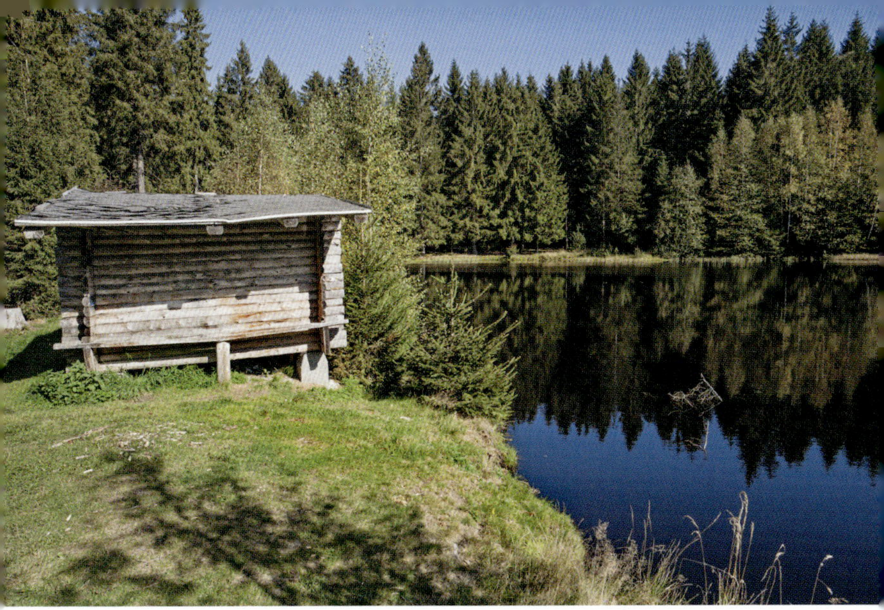

Rastplatz am Sauteich.

weg nach rechts wenden. Rechter Hand taucht das Gelände des **Mineralienzentrums ❻**, 836 m, mit seinem Irrgarten auf. Kurz danach wendet sich die Straße und damit unser Weiterweg vor einem Parkplatz links hinunter (rechts gelangt man nach 500 Metern Entfernung zum Besucherbergwerk, weiß-gelb-weiß markiert). Nach 400 Metern verlassen wir die Straße bei einem Waldteich nach links. An den beiden nächsten Abzweigen bleiben wir links und erreichen einen großen Waldfahrweg und damit weiß-rot-weiße Markierungen, denen wir nach rechts bis Muldenberg folgen können. Nach 800 Metern folgen wir den Markierungen an einer Kreuzung nach links und bald danach weiter rechts über eine Lichtung hinunter. Tendenziell etwas links haltend bringt uns der Weg durch den Wald zur Straße nach Hammerbrücke. Über diese hinweg wandern wir an einem Anwesen vorbei hinunter zur Zwickauer Mulde. Dahinter steigt der Weg kurz an. Wir erreichen die Landstraße, gehen erst ein paar Meter nach links, dann kurz rechts hinauf Richtung **Bahnhof Muldenberg ❼**, 691 m. Wir schwenken sofort wieder in den beschilderten Weg zur Talsperre links ein, anfangs im Wald weiß-grün-weiß markiert, bald über Wiesen am Unteren Floßgraben entlang zum **Ziel ❶**.

i ***Kammloipe:*** *Dort, wo im Sommer Wanderer auf bequemen Wegen in den waldreichen Kammlagen des Westerzgebirges unterwegs sind, verläuft die legendäre Kammloipe, eine durchgehend gespurte und beschilderte Skilanglaufstrecke, die auf einer Länge von 36 km die Wintersportorte Johanngeorgenstadt und Schöneck miteinander verbindet. Unterwegs werden die Talsperre Carlsfeld sowie Mühlleiten und der Schneckenstein passiert. An sonnigen und schneereichen Wintertagen wird man hier in der Regel sogar viel mehr nordische Skisportler antreffen als im Sommer Wanderer.*

51 Kapellenberg, 759 m

Der höchste Berg des Elstergebirges

3.15 Std. | 11,4 km | ↗200 m | ↘200 m

Unterwegs im südlichsten Zipfel Sachsens

Das waldreiche Elstergebirge bestimmt die Landschaft rund um den Kurort Bad Brambach. Nachdem wir das gepflegte Kurviertel hinter uns gelassen haben, erwartet uns Natur pur. Liebliche Täler und sonnige Lichtungen erfreuen unser Auge auf dem Gang entlang der tschechischen Grenze. Der Aussichtsturm auf dem Kapellenberg sorgt für unerwartete Aussichten auf das Erzgebirge, das Fichtelgebirge und ins böhmische Bäderdreieck.

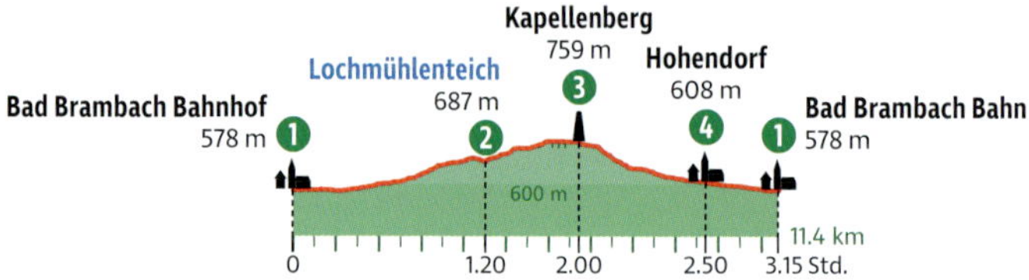

Ausgangspunkt: Bahnhof Bad Brambach, 578 m, Züge mit der Vogtlandbahn nach Zwickau im 2-Stunden-Takt, Parkmöglichkeit in der Bahnhofstraße.
Anforderungen: Wege und Pfade ohne echte Tücken, am Gipfel steile Stufen. Teils unmarkiert, etwas Orientierungssinn hilfreich.
Karte: Amtliche Topographische Karte 1:25.000 ATK25-C14 Selb, Landesamt Bayern.
Einkehr: Dorfcafé Hohendorf, Mi.–So. 13–18 Uhr, Tel. +49 37438 21194, Einkehrmöglichkeiten in Bad Brambach.

Neu erbaute Wanderwegbrücke im Sorgebachtal.

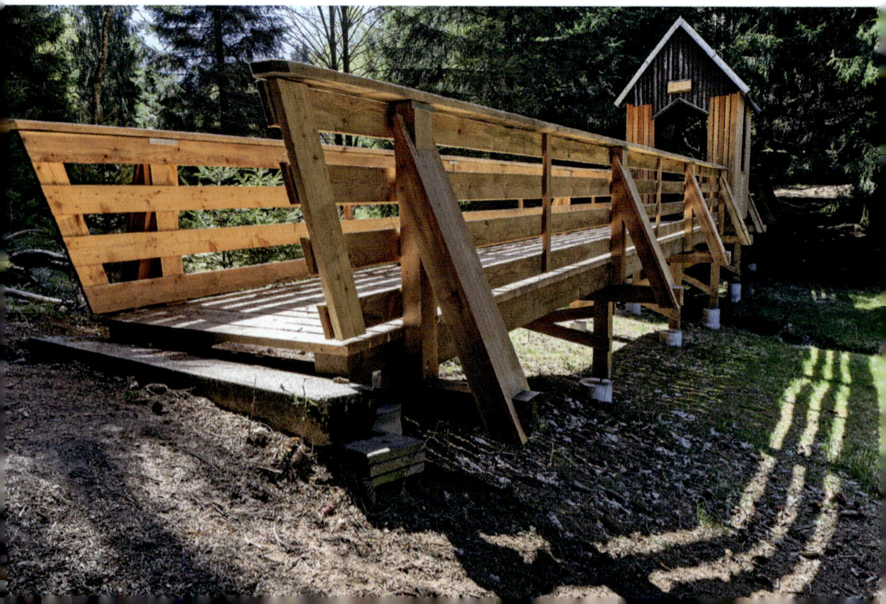

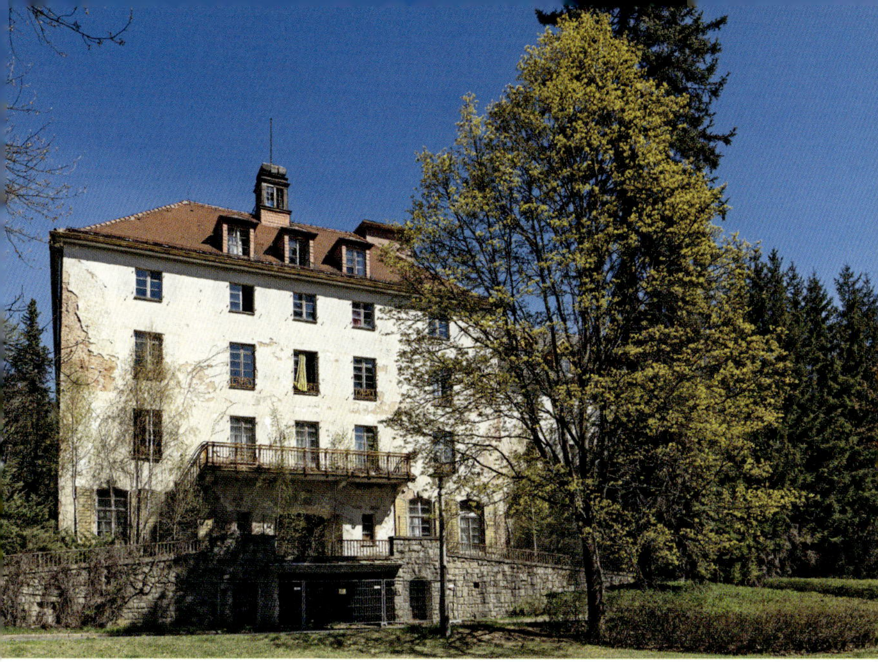

Manche Anwesen im Kurpark Bad Brambach haben schon bessere Tage gesehen.

Vom **Bahnhof Bad Brambach** ❶, 578 m, wenden wir uns links die Bahnhofstraße hinunter, halten uns an einer Gabelung links und folgen nach Überqueren der Schönberger Straße weiter dem Sprudelweg Richtung Kurpark entlang der Gleise. Nach 350 m schwenkt der Weg rechts hinunter zu Wohnhäusern. Hinter dem ersten Haus biegen wir links ab und folgen dem Sprudelweg, bis er nach einer S-Kurve in die Badstraße mündet. Vor uns liegt das Kurviertel mit Festhalle, Parkhotel und einem großen Parkteich. Wir überqueren die Badstraße und gehen kurz weiter, bis hinter dem einzelnen Haus (»Wiesenquelle«) links der Weiterweg am kleinen Röthenbach entlangführt, Wir passieren die Kuranlagen und die Wettinquelle und gehen anschließend rechts über die Bachbrücke und gleich wieder links den Weg weiter, der das Tal hinaufführt. Wir passieren einen weiteren Parkteich und folgen dem Bachlauf weiter. Bei der übernächsten Brücke überqueren wir wieder den Bach und erreichen am Gebäude der unteren Grenzquelle vorbei einen Querweg. Auf diesem wenden wir uns nach rechts. Der Weg führt bald vor einem Bahndamm links hinauf zu einer Straße. Auf dieser überqueren wir die Schienen und wenden uns vor dem Bahnwärterhaus wieder rechts hinunter, wo sich die Asphaltstraße nach wenigen Metern verengt. Nach einer Grundstückszufahrt halten wir uns am Abzweig links. Unter einem letzten Anwesen führt der Weg in den Wald hinein und folgt in sanftem Auf und Ab dem Sorgebachtal. Über eine hölzerne Brücke gelangen wir ans andere Bachufer. Nach kurzem Anstieg wenden wir uns auf dem Fahrweg nach links. Der Weg ist hier weiß-blau-weiß markiert. Er führt hinter einer futuristischen Datsche vorbei. Wir erreichen

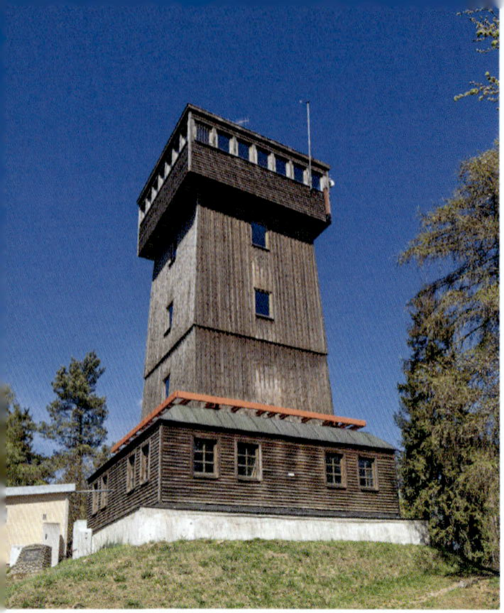

Der hölzerne Aussichtsturm auf dem Kapellenberg.

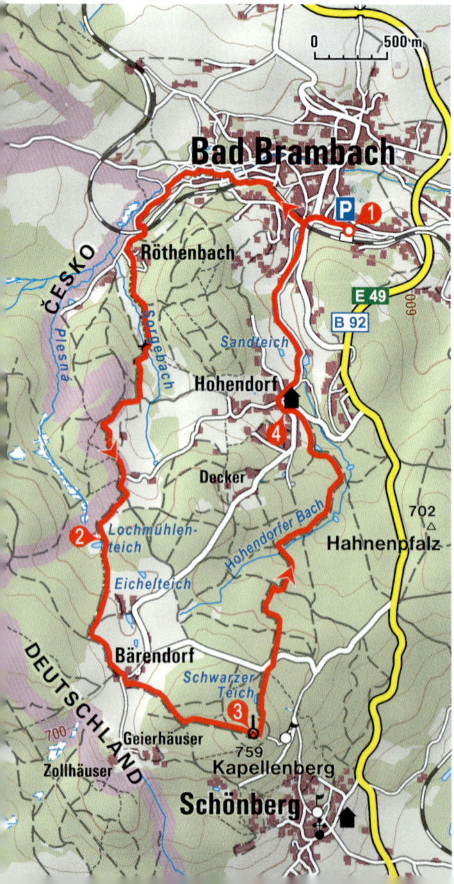

eine Lichtung und folgen bald dem Weg rechts am Waldrand hinauf, und anschließend nach links, unmittelbar an der tschechischen Grenze weiter. Es geht, weiterhin markiert, zweimal kurz durch den Wald, teils direkt auf der Grenze. Der Weg wird am Waldrand zu einem breiteren Fahrweg und links zweigt eine Zufahrt zu den Häusern von Sorge ab. Kurz danach schwenkt der markierte Fahrweg nach links über die große Wiese. Bei einer überdachten Raststelle zweigt ein kleinerer Fahrweg rechts ab (die Lochmühle ist ausgeschildert). In diesen biegen wir ein. Er führt an den letzten beiden Anwesen der Lochmühle im Linksbogen hinunter und dahinter als schwacher Wiesenpfad talaufwärts weiter zum nahen **Lochmühlenteich 2**, 687 m. An diesem links vorbei führt der schmale Pfad weiter im Wald bergan. Bald tun sich zur Linken wieder Felder und Bergwiesen auf und wir folgen auf sehr schwacher Pfadspur dem Waldrand weiter geradeaus. An der hinteren Ecke des Feldes wenden wir uns dann auf einem Fahrweg nach links zum bereits sichtbaren Bärendorf. Der Weg schlängelt sich ins Dorf und beim ersten Anwesen wenden wir uns an der Gabelung dem rechten Sträßchen zu. 60 Meter danach biegen wir beim letzten Gehöft links ab. Der Weg führt hinauf zum Waldrand und im Wald leicht rechts haltend zunächst wieder sanft bergab. Wir passieren einen Abzweig nach links und kurz danach kreuzen wir einen Weg im spitzen Winkel. Es geht noch kurz ein Stück bergab, dann biegen wir an der nächsten Wegkreuzung links ab und sogleich wieder nach rechts. Wir überqueren eine Wegkreuzung und folgen dem nun deutlich ansteigenden Weg hinauf zum **Kapellenberg 3**, 759 m,

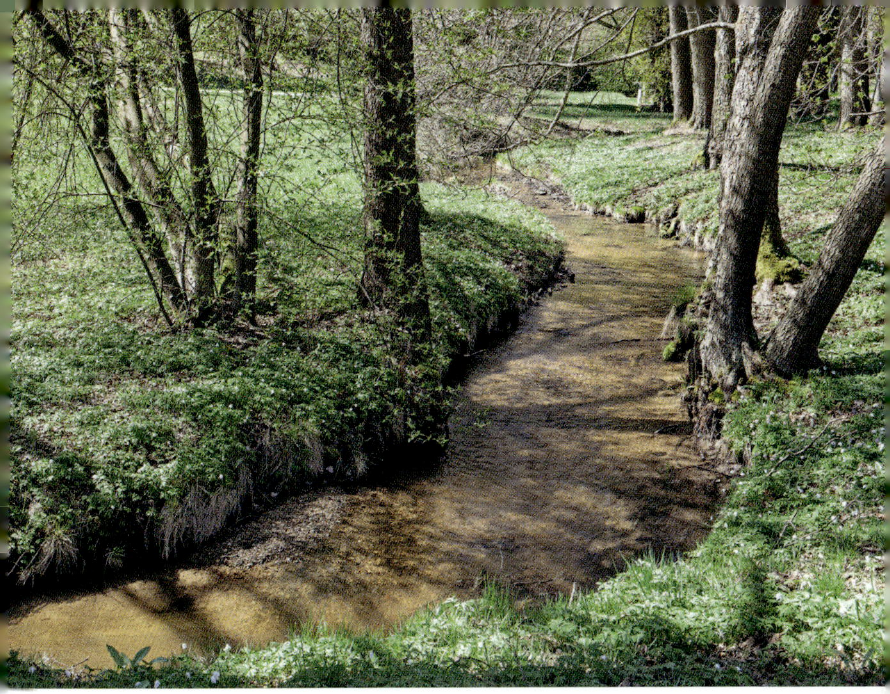

Der Röthenbach oberhalb des Kurparkes in Bad Brambach.

mit Aussichtsturm und Sendemast. Der Weiterweg führt auf der Nordseite des Gipfels zunächst über steile Stufen hinunter. Wir passieren den Schwarzen Teich und erreichen eine Straße im Wald. Auf dieser gehen wir kurz geradeaus weiter und am Ende des Parkplatzes biegen wir halb links in einen Waldweg ab. Wir kreuzen zwei Querwege. Danach gehen wir an einer Abzweigung nach links. Der Weg führt kurz über einen Damm eben dahin und schwenkt dann in einer Rechtskurve durch eine wilde Szenerie wieder rechts hinunter. Die Wege sind in diesem Teil nicht markiert, wenig begangen und teils verwachsen. Wir erreichen einen weiteren Querweg. Diesem folgen wir kurz nach rechts und biegen bei einer markanten, großen Buche gleich wieder scharf links ab. Im Linksbogen erreichen wir eine Talsohle und steigen gegenüber kurz bergan. An der nächsten Kreuzung biegen wir rechts ab. Der Weg führt nun links des Tälchens hinab. Wir überqueren einen größeren Fahrweg und folgen der Senke im Linksbogen weiter hinab. Bei einer Kreuzung an einer Brücke halten wir uns links und erreichen bald einen kleinen Waldteich. Dahinter wenden wir uns auf dem Querweg nach rechts, der bald in eine Straße mündet. Auf dieser wandern wir nach **Hohendorf ❹**, 608 m, hinein. Am Dorfcafé halten wir uns rechts. Sogleich biegen wir erneut ganz rechts auf den Mühlweg ab, der weiß-grün-weiß markiert ist. Auf dem asphaltierten Weg gehen wir an Dorfteichen entlang das Tal hinunter Richtung Bad Brambach. Wir erreichen die Schönberger Straße, folgen dieser kurz unter der Eisenbahnbrücke hindurch und biegen direkt dahinter rechts ab, hinauf zum **Bahnhof ❶**.

52 Kemmler, 506 m
Der Hausberg von Plauen

2.00 Std. | 6,3 km | ↗ 120 m | ↘ 120 m

Spaziergang am Rande der Stadt
Die Große Kreisstadt Plauen ist das kulturelle und wirtschaftliche Zentrum des sächsischen Vogtlandes. Der Kemmler, am südlichen Stadtrand gelegen, ist der Hausberg der Stadt. Die Tour beginnt in einer typischen DDR-Plattenbausiedlung. Schnell liegen die Häuser hinter uns, und wir wandern aus der Stadt hinaus. Das Reusaer Waldhaus lädt zur Einkehr ein. Durch Wald und Vorstadtsiedlungen geht's hinauf zum Kemmler mit dem Aussichtsturm. Weit reicht von dort der Blick über die Stadt und die grünen Hügel des Vogtlandes.

Ausgangspunkt: Ostvorstadt Plauen, Parkplatz an der Gebrüder-Lay-Straße, Straßenbahn Linie 5 zur Bickelstraße.
Anforderungen: Wege und Pfade ohne Tücken, am Gipfelaufbau steile Steinstufen.
Karte: GeoSN Topographische Karte 1:50.000, L5538 Plauen.
Variante: Wer den ÖPNV nutzt, startet an der Straßenbahnhaltestelle Bickelstraße der Linie 5. Von dort folgt man der kurz der Oelsnitzer Straße stadtauswärts und biegt dann links in die Bickelstraße ab. Diese geht in die Mammenstraße über. Bei nächster Gelegenheit biegen wir rechts in die Gebrüder-Lay-Straße ab. Der Ausgangspunkt der Haupttour befindet sich am Parkplatz ❶ links.
Einkehr: Waldhaus Reusa, Mi. – Fr. 14 – 20 Uhr, Sa. – Mo. 11 – 20 Uhr, reusaer-waldhaus.de.

Treppenaufstieg zum Gipfel des Kemmlers.

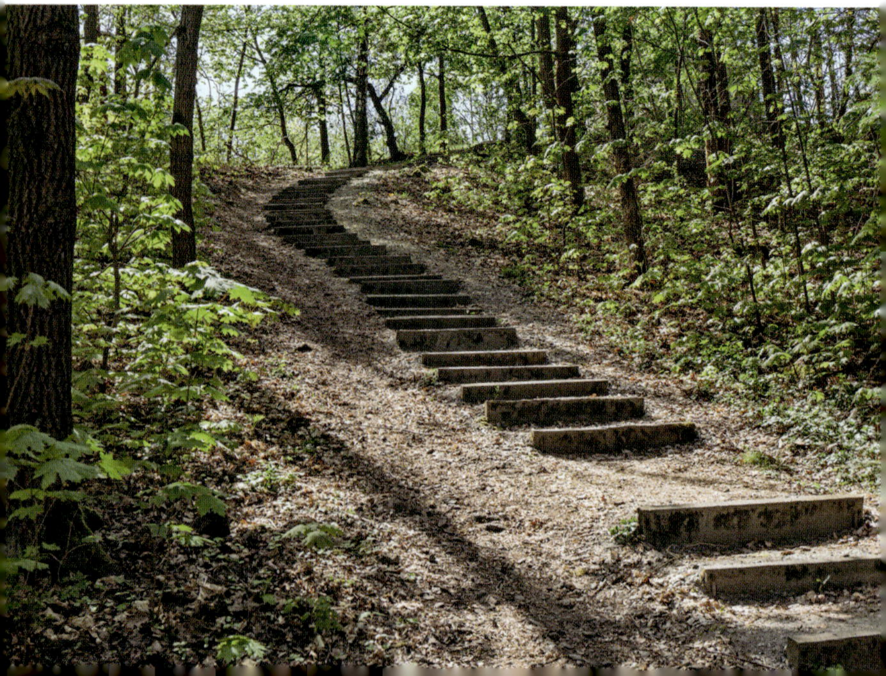

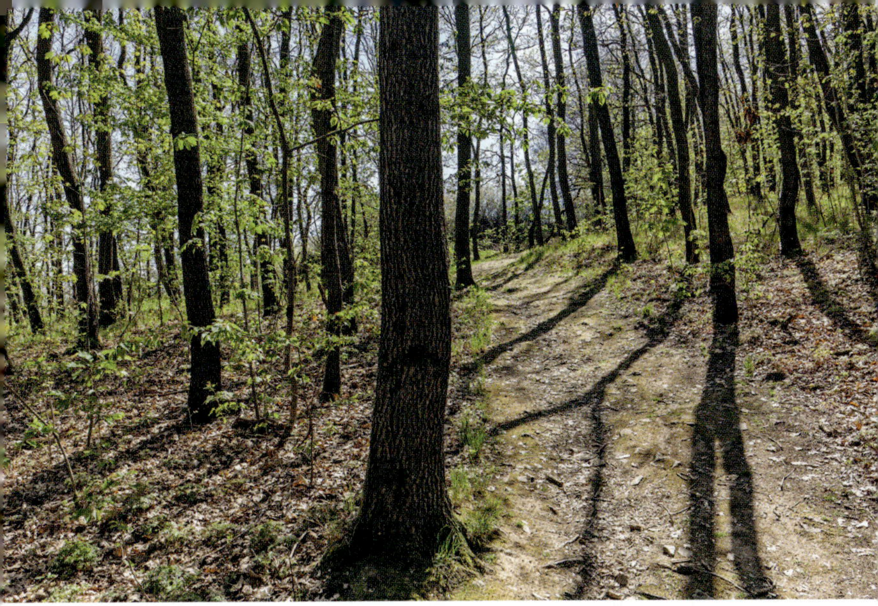

Frühlingshafter Laubwald am Gipfelweg zum Kemmler.

Wir starten vom **Parkplatz** an der **Gebrüder-Lay-Straße** ❶, 372 m, nach Osten und gehen rechts am markanten Angelladen vorbei. Der Weg führt zwischen einem Spielplatz und eingezäunten Sportplätzen auf eine Schule zu und am Ende des Zaunes links im Zickzack durch blaue Schulgebäude hindurch. Dahinter wenden wir uns nach rechts und erreichen hinterm Kindergarten die Stöckigter Straße. Auf dieser gehen wir rechts hinauf und biegen gleich wieder links in die Waldstraße ab. An deren Ende wenden wir uns vor Gärten auf der Knielohstraße nach rechts. Bei erster Gelegenheit gehen wir nach links in die Garagenanlage. Am Ende der Garagen gehen wir kurz einen schmalen, steilen Pfad hinauf und erreichen einen breiteren Querweg. Auf diesem halten wir uns rechts und erreichen nach mehreren Wegeinmündungen allmählich links ansteigend einen Asphaltweg. Diesem folgen wir rechts hinauf. Dort wo der Asphaltweg nach links schwenkt, gehen wir den Fußweg geradeaus im Wald weiter bergan. Wir passieren eine Straße. Hier bietet sich ein schöner Blick auf Plauen. Gleich danach erreichen wir die Einkehr des **Reusaer Waldhauses** ❷, 429 m. An der Weggabelung vor dem Gasthaus gehen wir rechts und folgen weiß-grün-weißen Markierungen in einem langen Linksbogen durch den Reusaer Wald. Nach 800 Metern wenden

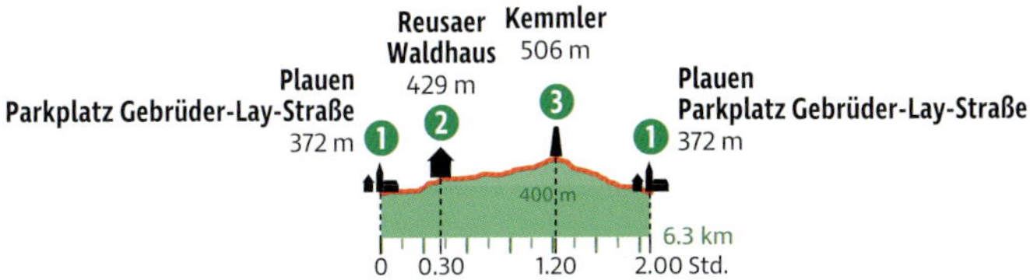

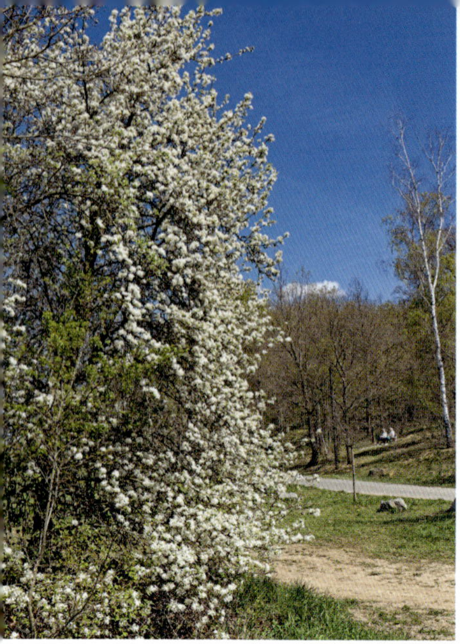

Links: Frühlingsfreuden kurz vorm Reusaer Waldhaus.
Rechts: Die letzten Stufen zum Gipfel des Kemmlers und zum Bismarckturm.

wir uns nach rechts und erreichen den Waldrand. An Gärten zur Linken führt der Weg geradeaus am Feldrain weiter und mündet in eine Asphaltstraße. Auf dieser erreichen wir die Kemmlerstraße, die wir diagonal überqueren. Wir folgen der kleinen Straße an der Siedlung Waldesruh im Rechtsbogen leicht bergan und weiter an einer Hecke entlang. An deren Ende biegen wir, den Wegmarkierungen folgend, scharf rechts ab. Im Linksbogen führt der Weg in den Wald. Bei Abzweigen folgen wir links den weiß-grün-weißen Markierungen. Durch Laubwald windet sich der Weg hinauf, zuletzt steiler über Treppen erreichen wir den **Kemmler** **3**, 506 m, mit dem Bismarckturm.

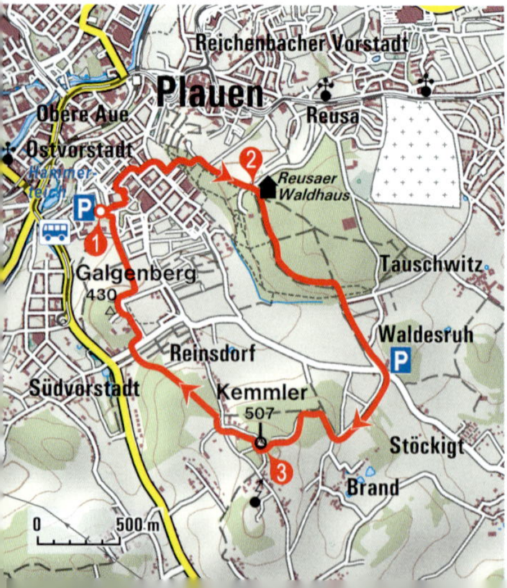

Der Abstieg nach Nordosten startet an der Triangulationssäule und führt anfangs steil über Stufen hinab. Bei ersten Grundstücken geht der Weg in eine Asphaltstraße über und wir erreichen die Alte Oelsnitzer Landstraße. Hier wenden wir uns nach rechts. Bei nächster Gelegenheit folgen wir den weiß-gelb-weißen Wegmarkierungen schräg links in den Wald hinein. An einer Gabelung halten wir uns rechts und folgen dem Weg steiler werdend bald an und zwischen Gärten hinunter zur Kemmlerstraße. Auf dieser gehen wir kurz rechts hinauf. Bein nächster Gelegenheit biegen wir links vor einer Eigenheimsiedlung wieder ab. Wir folgen dem asphaltierten Weg kurz hinauf zum Galgenberg, Dort, wo dieser links zum Hundeplatz abbiegt, gehen wir auf schmalem Pfad geradeaus am Zaun weiter. Am Ende erreichen wir links wieder eine asphaltierte Zufahrt. Auf dieser gehen wir kurz hinunter bis zur Straße »Am Galgenberg«. Wir folgen dieser nach rechts und biegen auf dem dritten Weg (A-Weg) links in die Gartenanlage ab. An deren Ende gehen wir an mit Grafitti besprühten Betonwänden geradeaus weiter. Wir folgen dem Fußweg links hinunter und gehen nach rechts am Ärztehaus vorbei. Links dahinter ist der **Ausgangspunkt** **1** erreicht.

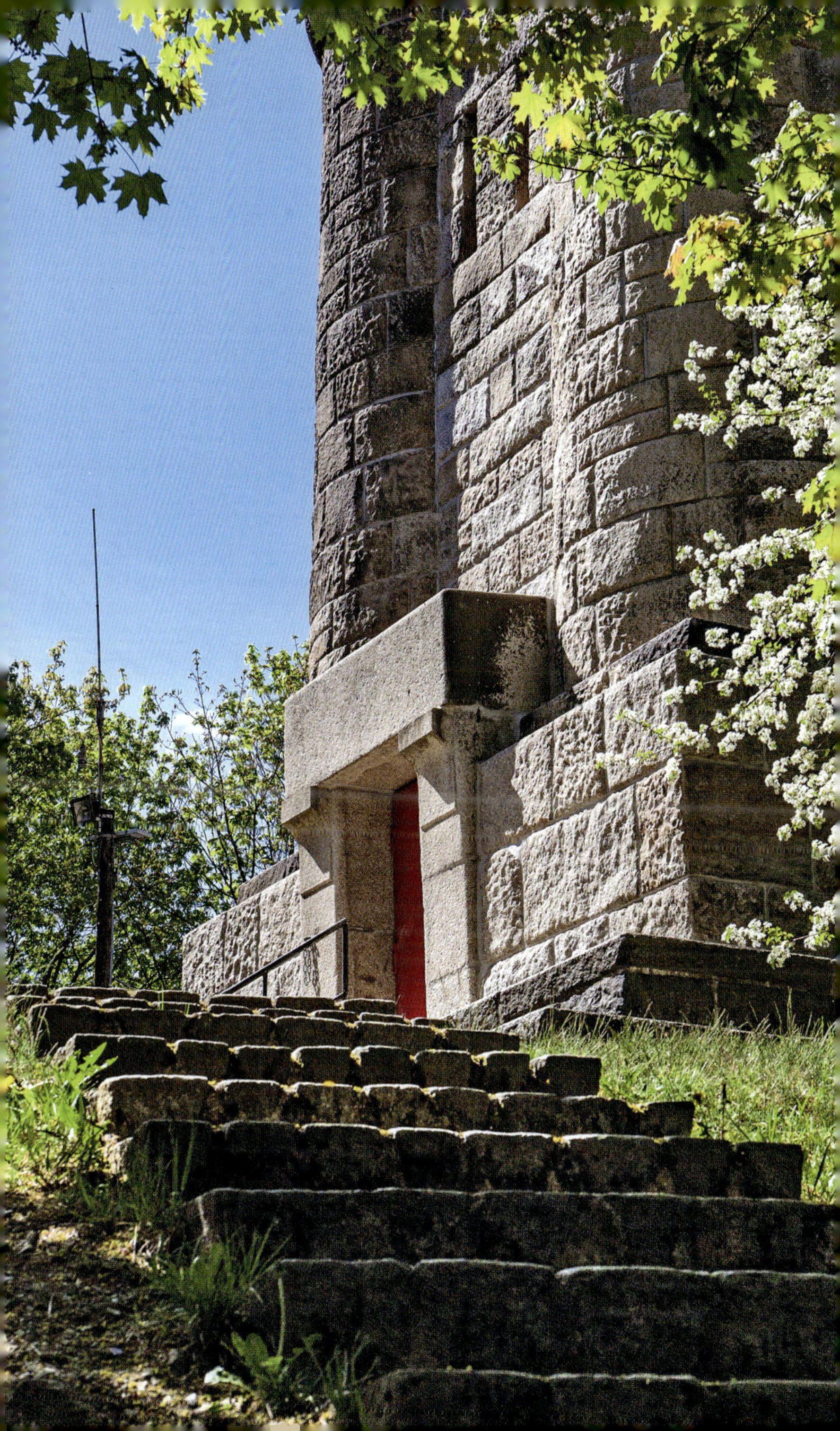

53 Eisenberg an der Talsperre Pöhl, 435 m

Große Aussicht auf das »Vogtländische Meer«

TOP | 2.15 Std. | 8,2 km | ↗160 m | ↘160 m

Schicke Elstertalwanderung mit kleinem, aber feinem Gipfel

Ob eine gepflegte Schiffsrunde, baden, surfen oder ein Besuch des Kletterwaldes: An der Talsperre Pöhl fehlt eigentlich nichts für einen erholsam-sportlichen Urlaubstag. Damit nicht genug: Eine kurzweilige Wanderrunde erschließt uns, nachdem wir auf halber Höhe das eindrucksvolle, 1851 fertig gestellte Eisenbahnviadukt überquert haben, das romantische Elstertal. An der idyllisch gelegenen Lochmühle stärken wir uns, bevor wir den überschaubaren Aufstieg zum Eisenberg unter die Sohlen nehmen. Den Plauener Naturfreunden ist der Julius-Mosen-Turm zu verdanken, der uns eine herrliche Aussicht über das hügelig-grüne Vogtland erlaubt, Blick auf die mächtige Ziegelbrücke und die nahe Talsperre mit ihren vielen Seitenarmen inklusive.

Ausgangspunkt: Bahnhof Jocketa, 371 m, regelmäßige Zugverbindung Richtung Plauen, Zwickau und Chemnitz. Parkplatz am Bahnhof.

Anforderungen: Nicht wirklich anspruchsvoll, aber einige steinige und schmale, teils steile Pfade können in Summe für ältere und ungeübte Wanderer auf Dauer anstrengend werden.

Karte: GeoSN Topographische Karte 1:50.000, L5538 Plauen.

Variante: Wer von schattig-schönen Talgründen nicht genug bekommen kann, kann – statt dem Weg auf dem Kamm zu folgen – von der Huthauswiese weiß-rot-weiß markiert nach Osten ins Triebtal direkt unter der Staumauer absteigen und dem Talweg links der Trieb bis zur Wegkreuzung an der Riesendouglasie folgen.

Tipp: Wassersport, Floßbau und Bootsverleih an der Talsperre Pöhl, Kletterwald Pöhl, kletterwald.de, Mitte Mai – Anfang September tgl. 10 – 17 Uhr, in den Herbstferien tgl. 11 – 15 Uhr, ansonsten zw. April und Oktober Di., Fr. – So. tgl. ab 10 Uhr.

Einkehr: Pension und Restaurant Lochbauer, Do. – So. 11 – 17 Uhr, Tel. +49 3741 526641. Gaststätte Talsperrenblick, tgl. 11 – 18 Uhr, Fr. Ruhetag, talsperrenblick.de.

Vorm **Bahnhof Jocketa** ❶, 371 m, gehen wir schräg rechts hinüber zur Friedensstraße und diese bis zum Waldrand hinunter. Über steile Treppen geht es im Wald kurz bergab, dann folgen wir an einem Abzweig vorbei dem Pfad eben nach rechts, wo wir die untere Etage der **Elstertalbrücke** ❷, 341 m, erreichen. Über das imposante Ziegelbauwerk gelangen wir auf die andere Talseite, wo wir uns sofort links halten und steil am Hang hinunter zum Ufer absteigen. Der Weiterweg ist kaum zu verfehlen. Wir folgen nun dem weiß-blau-weiß und weiß-gelb-weiß

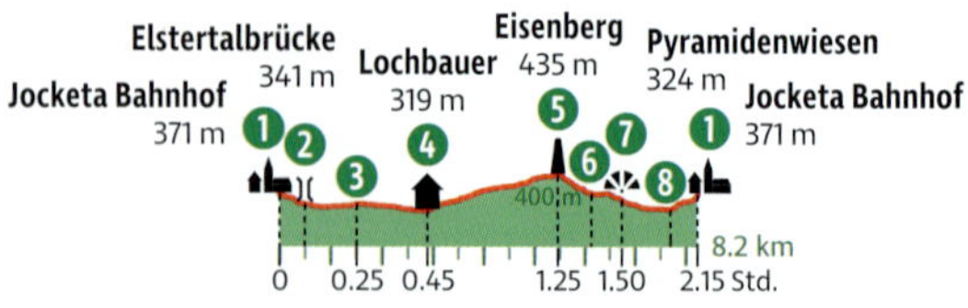

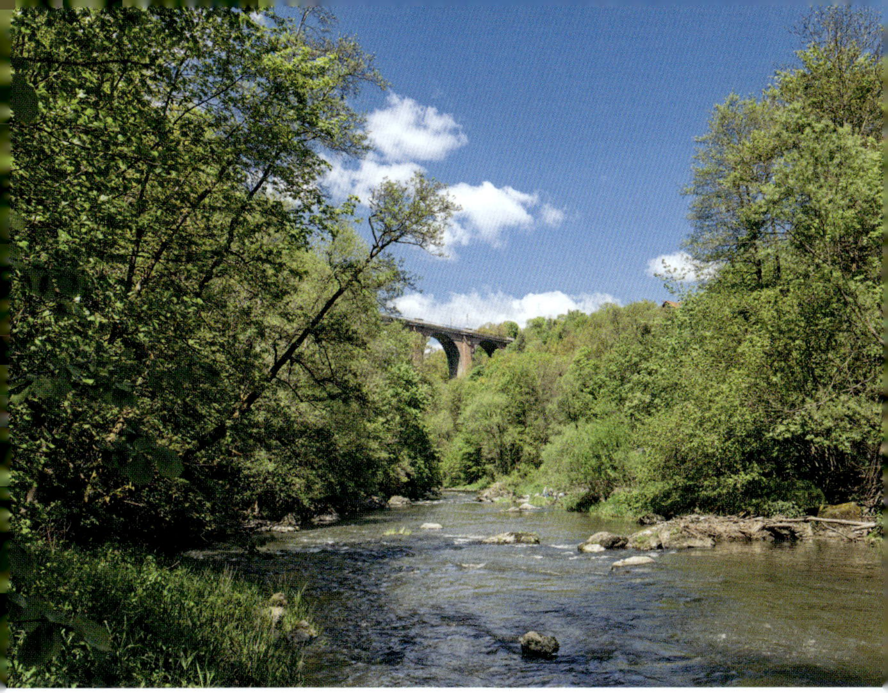

Unter der Elstertalbrücke.

markierten Uferweg 2,2 Kilometer flussaufwärts. Unterwegs passieren wir an der felsigen **Teufelskanzel** ❸, 342 m, die Einmündung des engen Kaltenbachtales. Dort, wo der Weg aus dem Wald heraustritt und links haltend über die Talwiesen führt, ist die Einkehr nicht mehr weit. Wir erreichen einen kleinen Wanderparkplatz und folgen dem Asphaltweg links über die kleine Eisenbahnbrücke zum **Lochbauer** ❹, 319 m. Hinter der Gaststätte führt der Weg über eine überdachte Wanderbrücke auf das rechte Ufer der Elster und geradewegs das vor uns einmündende Seitental hinauf (weiß-rot-weiß markiert). Durch Wald und an Weiden entlang erreichen wir einen Querweg unter einer steilen Straßenböschung. Wir folgen den Markierungen nach links. An einer eingezäunten Wasseraufbereitungsanlange vorbei gelangen wir zur Straße, wo wir sogleich wieder den Markierungen nach links folgen. Nach ein paar Metern im Wald führt der breite Weg über Felder und an kleinen Wäldchen entlang. Wir erreichen – wieder im Wald – eine Wegkreuzung und folgen dem markierten Weg geradeaus auf dem wenig ausgeprägten Kamm weiter. An einem Abzweig folgen wir dem markierten Hauptweg im Bogen nach links und erreichen, kaum spürbar an Höhe gewinnend, den frei zugänglichen **Julius-Mosen-Turm** auf dem **Eisenberg** ❺, 435 m. Halb rechts gehen wir den unmarkierten Weg kurz hinunter und erreichen einen Rastplatz mit Blick auf die Talsperre. Weiter gehen wir nach links und folgen am Ende des Geländers dem markierten Weg weiter rechts hinab, bis wir einen Querweg vor einer kleinen Wiese, dem sogenannten Huthausplatz, erreichen. Geradeaus ist eine alte Steinmauer

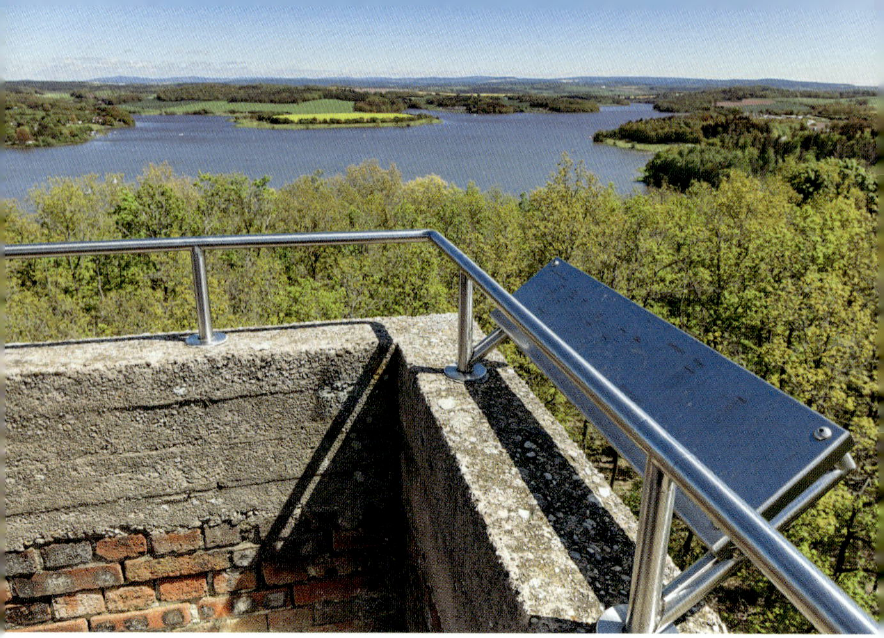

Vom Julius-Mosen-Turm blickt man auf die Talsperre Pöhl.

unter den Bäumen zu erkennen, hier führt eine kurze Treppe wenige Meter zu Infotafeln, die über eine vorgeschichtliche Wallanlage an dieser

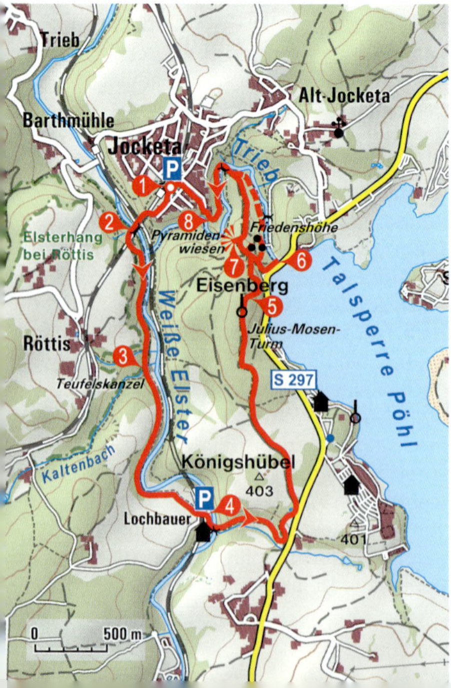

Stelle berichten. Nach rechts hinten führt ein lohnender Abstecher zur **Staumauer** der **Talsperre Pöhl** ❻, 374 m. Von dort zurück folgen wir dem weiß-gelb-weißen Wanderpfad, der halb links über den Huthausplatz führt (nicht dem Fahrweg ganz links folgen). Der Pfad folgt dem Kamm, an der Aussicht der **Friedenshöhe** ❼, 355 m, vorbei und am Ende steiler hinunter ins Triebtal. Der weiß-gelb-weißen Markierung folgend überqueren wir den breiten Talweg. Rechts steht eine riesige Douglasie. Danach gehen wir über die Brücke und folgen dem markierten Uferpfad nach links. Wir erreichen die **Pyramidenwiesen** ❽, 324 m. Hier führt der Weg rechts in den Wald hinauf. Am Ende des kurzen Anstieg erreichen wir die erste Häuser von Jocketa und folgen der Straße der Völkerfreundschaft geradewegs durch ein gepflegtes Wohnviertel zum Wanderparkplatz vorm **Bahnhof Jocketa** ❶.

Steinberg, 659 m, und Kuhberg, 795 m

Stille Bergziele für Kilometersammler

54

6.45 Std. | 23,9 km | ↗ 570 m | ↘ 570 m

Ausdauerrunde zwischen Rodewisch und Wernesgrün

Mit knapp 24 Kilometern wartet in der Heimat einer überregional bekannten »Pilslegende« die längste Wanderung dieses Buches auf konditionsstarke Wanderer. Die Runde startet in Rodewisch mit seinem sehenswerten Rittergut und Gondelteich. Auf dem Weg zum Kuhberg kommen wir an der städtischen Schulsternwarte vorbei. Das erste Gipfelziel ist der Steinberg mit Aussichtsturm und Berggasthaus. Der finale Anstieg führt durch einen mystischen, felsdurchsetzten Wald. Im beschaulichen Wernesgrün dominieren die Brauereigebäude das Ortsbild. Wir starten durch zum Kuhberg, der nochmal knapp 150 Meter höher ist als das erste Ziel. Auch hier erwartet uns eine Einkehr sowie ein in die Jahre gekommener Aussichtsturm. Höhepunkt des langen, waldreichen Abstiegs nach Rodewisch ist der romantische Poetenweg im Tal der Pöltzsch.

Ausgangspunkt: Bahnhof Rodewisch, stündliche Zugverbindungen nach Zwickau, Parkmöglichkeiten in der Bahnhofstraße.

Anforderungen: Sehr ausdauernde, technisch aber eher einfache Tour. Am Steinberg und auf dem Poetenweg sind die Pfade teils schmal und steinig.

Karte: GeoSN Wanderkarte 1:25.000 Blatt 4 Vogtland/Auerbach.

Variante: Dank Busverbindung (viermal Rufbusverbindung am Wochenende, +49 3744 19449, wochentags regulärer Busverkehr im 2-Stunden-Takt) kann die Tour in Wernesgrün, Haltestelle Goldener Hirsch, in zwei Teiletappen geteilt werden.

Einkehr: Berggaststätte Steinberg, steinberggaststaette.de, Mi. – Sa. 11 – 21, So. 11 – 14 Uhr, Berggasthof Kuhberg, berggasthof-kuhberg.de, Sa. und So. 11 – 17 Uhr.

Tipp: Historisches Museum Schlossinsel Rodewisch, Inselimbiss und Bootsverleih, schlossinsel.9gg.de, Di. – So. 11 – 18 Uhr.

Landschaft bei Rebesbrunn.

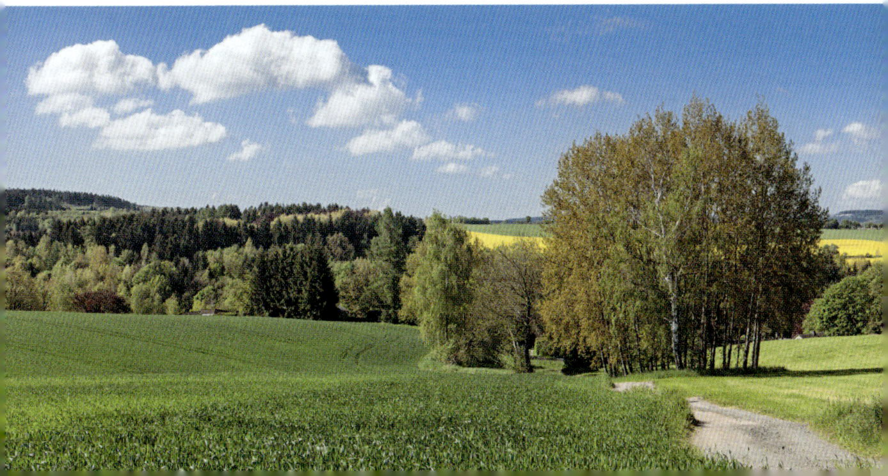

Vorm **Bahnhof Rodewisch** ❶, 468 m, führt ein beschilderter Fußweg, bald nach rechts schwenkend, durch eine Gartenanlage hinunter in die Stadt. Wir überqueren die Bundesstraße B169 und folgen dem Weg in den Park. Über die Göltzsch hinweg gehen wir bis zum Parkplatz und schwenken nach rechts zum Gondelteich. An einem Spielplatz vorbei folgen wir dem Ufer und erreichen über die Brücke die sehenswerte **Schlossinsel** ❷, 430 m. Wir folgen der Schlossstraße an Sportanlagen entlang weiter zur Auerbacher Straße, gehen ein paar Schritte nach links und biegen rechts in die Kohlenstraße ein. Links vor einem Teich schwenkt der markierte Weg hinüber zum Eulenwasser. Wir wenden uns nach rechts und folgen dem idyllischen Poetenweg etwa 800 m talaufwärts. Vor der Neuen Rützengrüner Straße biegen wir links ab und folgen den weiß-gelb-weißen Markierungen in den Wald hinauf und, zunächst am Waldrand entlang, nach links zum Klinikum Obergöltzsch. Hinter den Parkplätzen biegen wir rechts in die Albert-Schweitzer-Straße ab, überqueren die Goethestraße und folgen der Rützengrüner Straße rechts hinauf. Bei einem Parkplatz auf der rechten Seite führt links die kurze Auffahrt hinauf zur bemerkenswerten **Schulsternwarte** ❸, 482 m, die nach Sigmund Jähn, dem ersten Deutschen (und Vogtländer!) im All benannt wurde. Nun kommt der unangeneh-

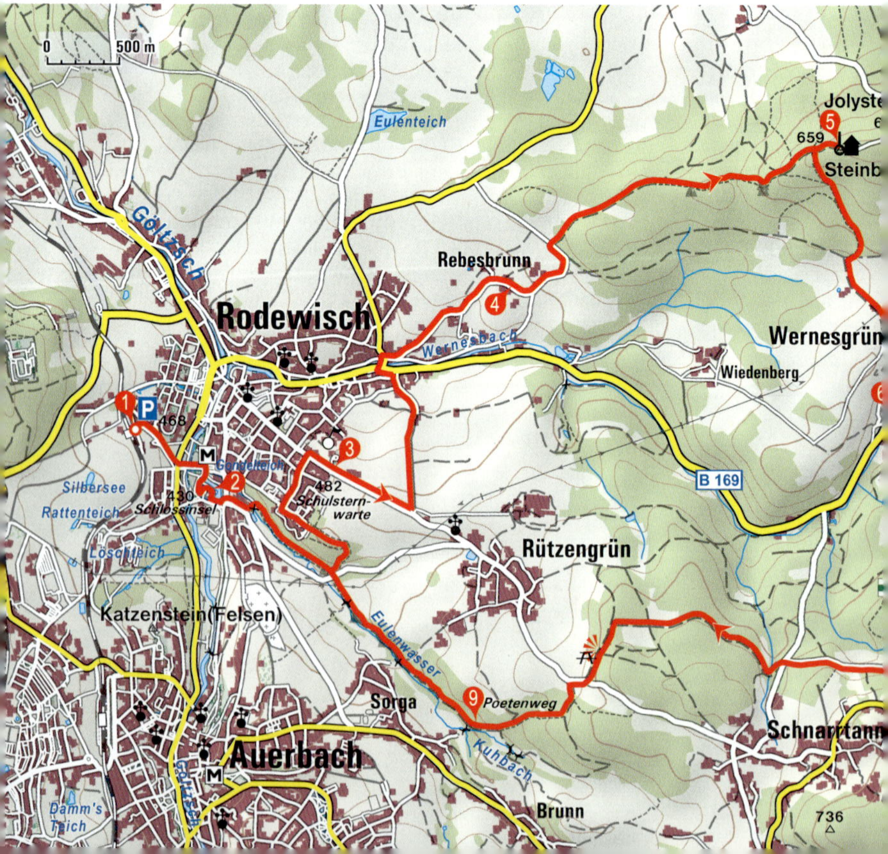

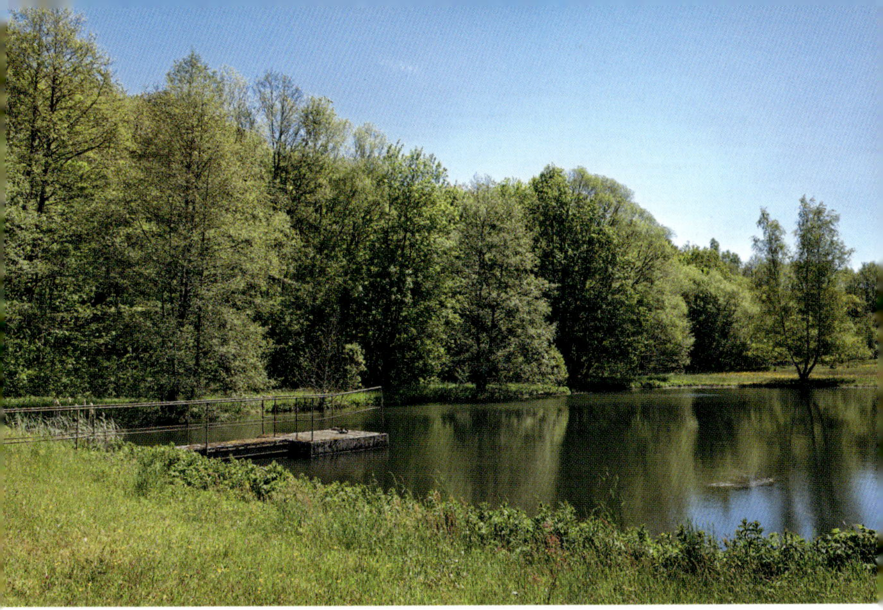

Teich in Rodewisch am Beginn des Weges am Eulenwasser.

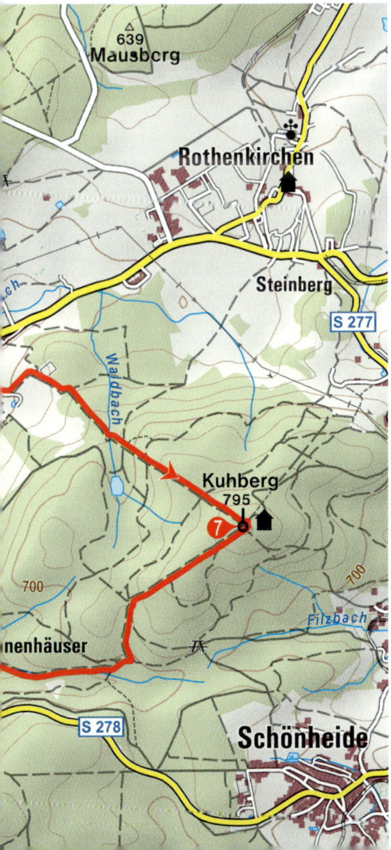

me Teil der Wanderung: 600 Meter wandern wir neben der Landstraße über eine Kuppe hinweg aus der Stadt hinaus. Vor den ersten Häusern von Rützengrün folgen wir dann den weiß-gelb-weißen Markierungen links hinunter. Über Felder geht es hinab ins Tal des Wernesbaches und wir erreichen wieder Rodewisch. Auf der Wernesgrüner Straße wenden wir uns, weiter den Markierungen folgend, nach links und biegen nach 60 m über den Wernesbach rechts ab und danach gleich nochmals rechts in die Bachstraße. Wir schwenken links in die Rebesbrunner Straße ein. Für 1,6 km leiten uns die weiß-gelb-weißen Markierungen über aussichtsreiche Höhen nach **Rebesbrunn 4** und dahinter links haltend hinauf zum Waldrand. An der Waldecke zweigt unser weiß-rot-weiß markierter Weg nach rechts zum Steinberg ab. Nach Überqueren einer Lichtung folgen wir an der Gabelung rechts dem beschilderten Felsenpfad 1,5 km zum Gipfel. Nach

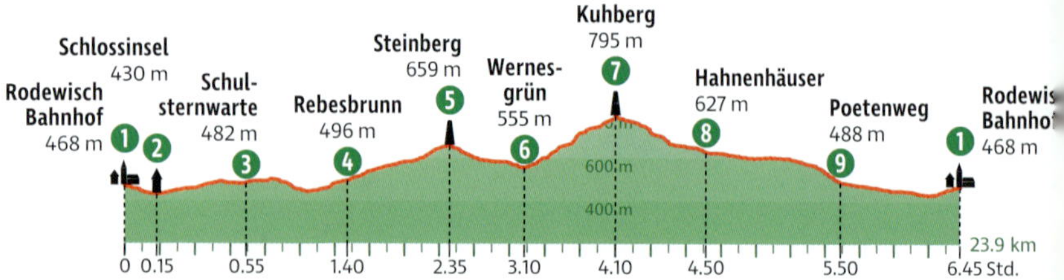

einer Lichtung wird es etwas unübersichtlich, hier fehlt kurz die Markierung. Wir kreuzen einen verwachsenen Querweg, halten uns etwas links und folgen dem teils steinigen Pfad weiter auf dem Kamm entlang. Die Route schlängelt sich an Felsen vorbei und führt dann in einen Weg einmündend in den Hochwald. An der Gabelung folgen wir den Markierungen halb links hinauf. Wir erreichen den Abzweig rechts nach Wernesgrün. Bevor wir hier hinuntersteigen, folgen wir den roten Markierungen, zuletzt steil und felsig zum Gipfel des **Steinbergs** 5, 659 m.

Zurück am besagten Abzweig geht es entlang der weiß-rot-weißen Markierungen, zuletzt rechts haltend, hinunter an den Waldrand. Wir schwenken 50 Meter weiter links in einen Feldweg ein, der an Gehöften vorbei und über eine Kuppe hinweg nach Wernesgrün führt. Halb rechts weisen uns die weiß-roten-weißen Markierungen steil hinunter zur Hauptstraße (Bushaltestelle) von **Wernesgrün** 6, 555 m. Am Parkplatz und an der unscheinbaren Kirche vorbei folgen wir auf der gegenüberliegenden Seite den weiß-rot-weißen Markierungen bergan. An der Gabelung nach dem Friedhof halten wir uns links. Beim letzten Anwesen schwenkt der Weg über die Wiese nach links und vorm Sportplatz rechts hinauf. Wir biegen links in den Wald ab und folgen kurz danach den Markierungen nach rechts. Der Waldpfad führt über eine Furt und steigt mehrere Fahrwege kreuzend recht steil zum Bergplateau an. Vor uns tauchen Aussichtsturm und Gaststätte auf dem **Kuhberg** 7, 795 m, auf.

Der Weiterweg führt rechts schnur-

Blick vom Aussichtsturm auf dem Kuhberg nach Wernesgrün.

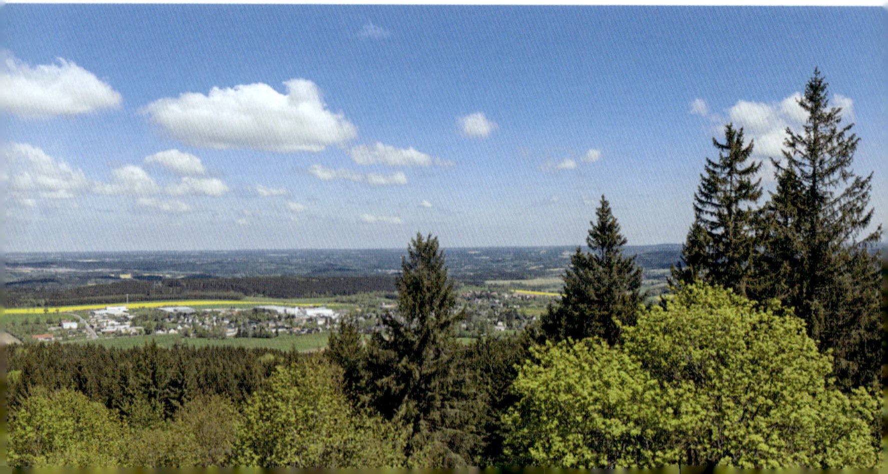

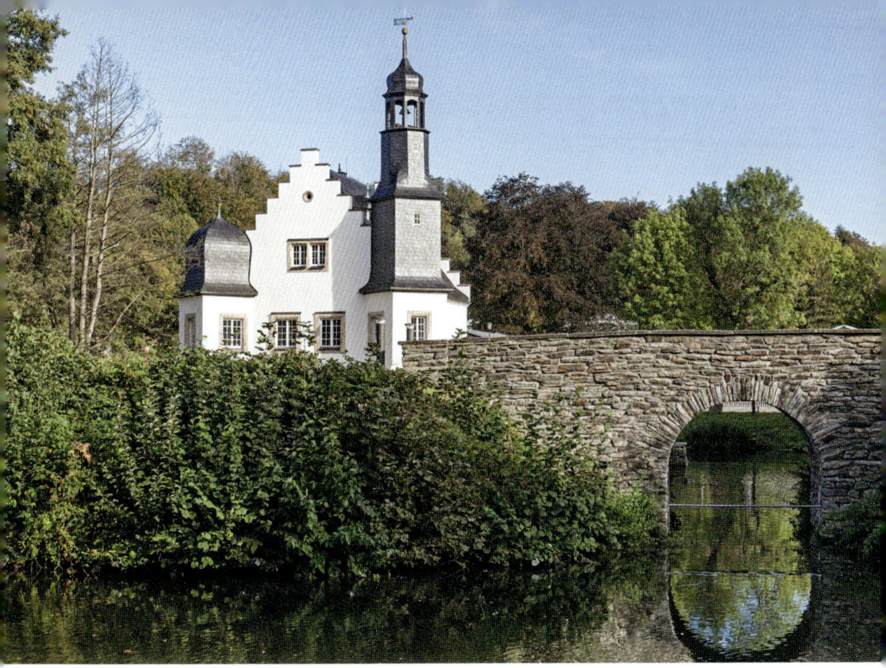

Die Schlossinsel in Rodewisch.

gerade hinab, bald verlassen uns die weiß-rot-weißen Markierungen nach links, wir folgen nun bis Rodewisch weiß-blau-weißen Markierungen. 900 Meter nach dem Gipfel erreichen wir eine größere Wegkreuzung mit einer Rastbank. Hier wenden wir uns nach links und folgen danach den Markierungen rechts hinab. Beim nächsten Querweg müssen wir aufmerksam sein: Wir wenden uns nach rechts, an der Gabelung sogleich wieder links, passieren einen Abzweig hinunter zum Bach und folgen nun dem Weg rechts des Baches hinunter. Nach 800 Metern überqueren wir diesen und halten uns an der Kreuzung links zur Siedlung **Hahnenhäuser 8**, 627 m. Wir schwenken nach rechts durch die Häuser. Weiter geht es über Wiesen und im Wald links haltend hinunter zur Wernesgrüner Straße. Gegenüber führt der Weg schräg links weiter. Am Abzweig an einer Lichtung folgen wir den Markierungen nach rechts. Weitere Wegkreuzungen und Lichtungen folgen, bis der markierte Weg links am Waldrand hinunter zu einer Straße führt. Wir gehen auf der Straße kurz nach rechts und biegen sogleich wieder scharf links über die Felder zum gegenüberliegenden Waldrand ab. An Abzweigen rechts haltend geht es hinunter ins Tal des Eulenwassers. Wir kreuzen einen weiß-grün-weiß markierten Weg und erreichen bei einer Gabelung im Wald rechts haltend den Beginn des **Poetenweges 9**, 488 m. Rechts des Baches führt der idyllische, teils anspruchsvolle Weg an Bachmäandern und Picknickplätzen entlang. An den Felsen sind immer wieder kurze Verse zu lesen. Wir passieren den Abzweig an der Lenkmühle und überqueren schließlich die Neue Rützensgrüner Straße. Entlang des Hinweges gelangen wir zurück zum **Bahnhof Rodewisch 1**.

55 Kuhberg bei Netzschkau, 511 m

Ein Aussichtsberg wie aus dem Bilderbuch

3.30 Std. | 13,0 km | ↗260 m | ↘260 m

Vogtlandidylle und großartiges Bergpanorama

Verwirrenderweise gibt es gleich zwei prominente Kuhberge im Vogtland. Der Netzschkauer Kuhberg ist der niedrigere von beiden, das Panorama vom Aussichtsturm über das sächsische und thüringische Vogtland ist dem Wernesgrüner Exemplar mindestens ebenbürtig: Wir blicken auf die weltberühmte Göltzschtalbrücke und bei guter Sicht sogar bis zum farbenfrohen Chemnitzer Schornstein. Eingebettet ist der Gipfelgang in eine herrliche Rundwanderung in typisch vogtländischer Hügellandschaft. Bei einem kurzen Abstecher nach Thüringen genießen wir einen herrlichen Tiefblick auf die Mäander der Weißen Elster bei Elsterberg.

Ausgangspunkt: Bahnhof Netzschkau, stdl. Verbindungen mit der Vogtlandbahn nach Plauen und Zwickau. Eingeschränkte Parkmöglichkeiten in den Straßen in Bahnhofsnähe.
Anforderungen: Weitestgehend leichte Wald- und Wiesenwanderung, einzig der finale Gipfelanstieg am Kuhberg ist etwas anspruchsvoller.
Karte: Dr. Barthel Wanderkarte Nr. 038, Vogtländische Schweiz, Plauen, Oelsnitz und Umgebung, 1:35.000.
Einkehr: Gaststätte Kuhbergbaude mit Aussichtsturm und Gartenmodellbahn, kuhberg-netzschkau.de, tgl. 11–18 Uhr, Sa. bis 23, So. bis 21 Uhr.

Wendeltreppe im Aussichtsturm auf dem Kuhberg.

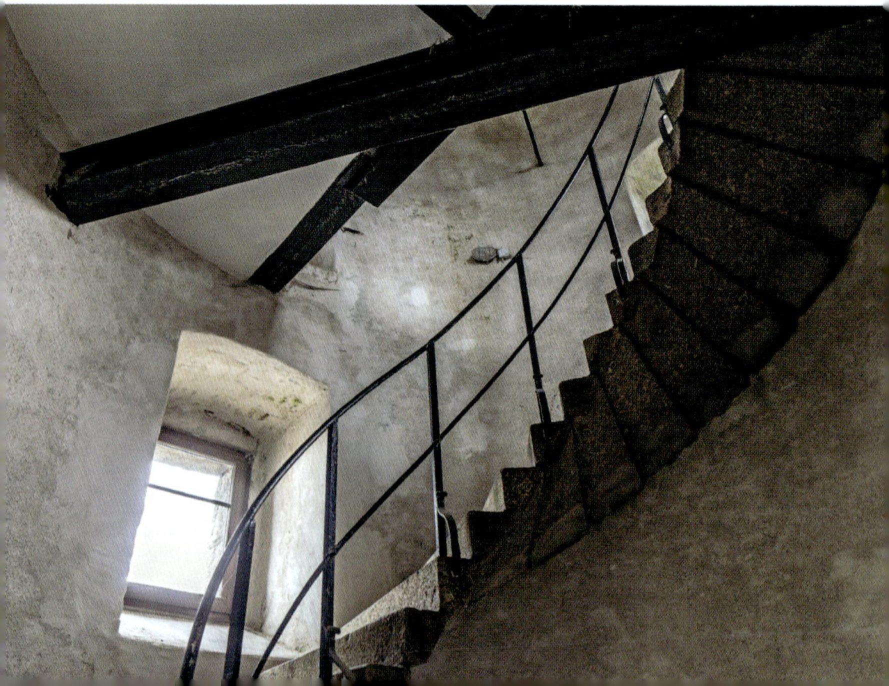

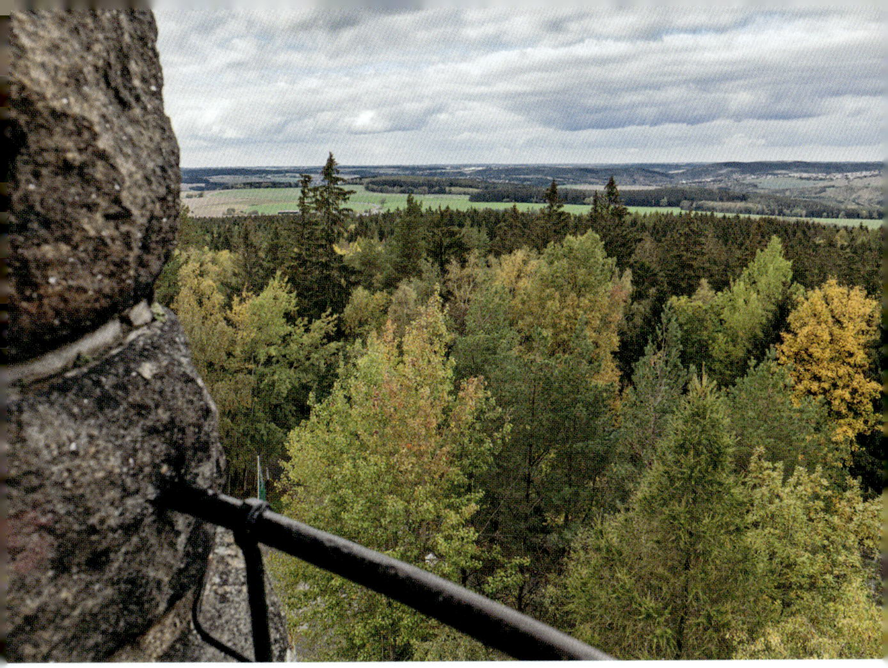

Blick vom Aussichtsturm auf dem Kuhberg nach Norden.

In der Unterführung am **Bahnhof Netzschkau** ❶, 377 m, weist ein bunter Wegweiser die Richtung zum Kuhberg. Der Aufstieg ist weiß-rot-weiß markiert. Wir folgen der Elsterberger Straße eine S-Kurve hinauf und biegen hinter einem Discounterparkplatz links in die Brockauer Straße ab. Nach 300 Metern zweigt in einer Rechtskurve geradeaus die Flurstraße ab. An letzten Wohnhäusern vorbei wandern wir auf dieser zur Stadt hinaus. Der Weg schwenkt auf freiem Feld nach links zum Wald. Am folgenden Abzweig halten wir uns rechts. Wir treten aus dem Wald heraus, passieren eine Straße und folgen dem markierten Wanderpfad geradeaus über die Wiese in den Wald hinein. Es geht sanft bergan. Bei Brombeersträuchern kann der Weg verwachsen sein, hier folgen wir den Fußspuren ein paar Meter links davon im Wald weiter. Wir erreichen einen Querweg und wenden uns nach rechts. Nach 50 Metern zweigt links der schmale Bergpfad zum Gipfel ab. Bald spürbar steiler werdend erreichen wir auf diesem den **Kuhberg** ❷, 511 m. Die Aussicht vom Bismarckturm ist ausgesprochen lohnend. Die Einkehr mit Spielplatz und einer riesigen Modelleisenbahn erfreut alle Altersklassen. Der Weiterweg führt zunächst weiß-rot-weiß markiert rechts hinter dem Turm die Kuhbergstraße hinab. Etwa 100 Meter nach einer markanten Rechtskurve folgen wir den Markierungen links im Wald hinunter. Vorm Waldrand haben wir einen schönen **Blick auf Brockau** ❸, 448 m, dann wenden wir uns nach links. Nach 200 Metern biegen wir rechts ab, zur Reimersgrüner Straße und darüber hinweg im Wald hinunter. Am Abzweig wählen wir rechts den kleineren Weg (weiß-rot-weiß), bald an einem einzelnen Gehöft vorbei zu einer kleinen Straße. Auf dieser wan-

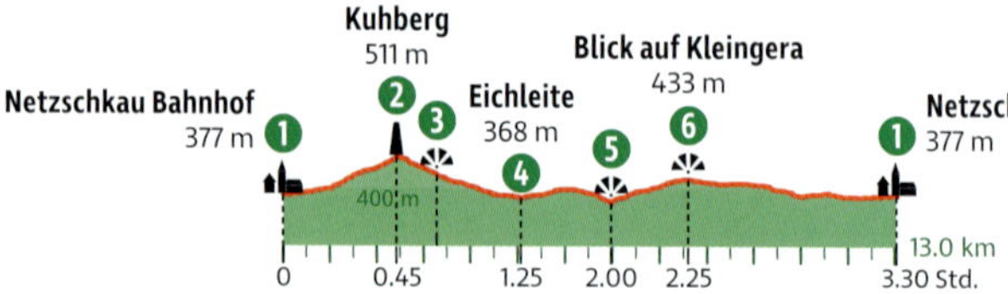

dern wir 150 Meter links hinunter und schwenken vorm Bach rechts in den idyllischen Uferweg Richtung Coschütz ein, auf dem wir 600 Meter bleiben. Wir passieren Teiche zur Linken, ein kleines Seitental zur Rechten, dann zweigt (noch vor dem nächsten Teich) rechts beim Waldrand die **Eichleite** ❹, 368 m, ab. Dieses bezaubernde Tälchen wandern wir, am Ende links haltend, durch Laubwald hinauf nach Coschütz. Vor einem Dorfteich schwenken wir links ein und folgen der Siedlungsstraße, eine größere Hauptstraße querend, durch den Ort, den wir am Sportstadion und an Gärten vorbei bald wieder verlassen. Am Waldrand gabelt sich der Weg in drei Alternativen auf. Wir nehmen die mittlere, wenden uns halbrechts im Wald hinunter (weiß-blau-weiß & VPW beschildert). Der Weg führt nun durch die Steilhänge des Elstertales. Am Ende des Weges erreichen wir eine Rastbank mit **Blick auf Elsterberg** ❺, 352 m. Wir wenden uns nach rechts und wandern am Waldrand hinauf. Für 800 Meter sind wir zu Gast in Thüringen. Über einen kleinen Pass hinweg erreichen wir eine Wegkreuzung vorm nächsten Waldrand. Wir wählen kurz rechts versetzt den unmarkierten Weg in den Wald hinein. Nach einer großen Stromleitung halten wir uns an einer Gabelung links. Der Weg führt zur Coschützer Straße am Waldrand. Wir steigen kurz die Böschung hinauf und wenden uns auf der Straße über Felder nach links. Nach 70 m zweigt halbrechts der Weiterweg in den Wald hinein ab. An einer Gabelung halten wir uns rechts. Wir erreichen den nächs-

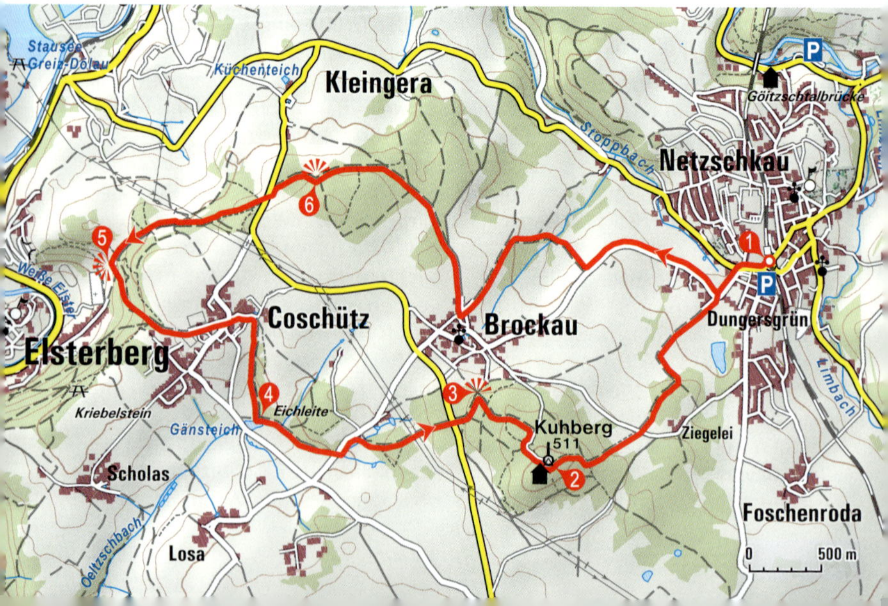

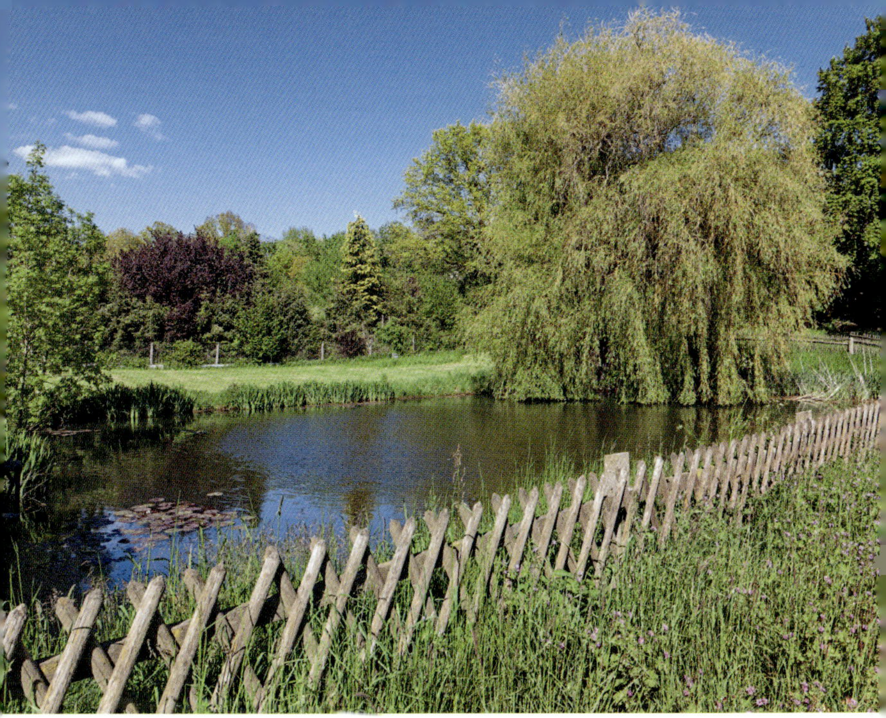

Dorfteich in Coschütz.

ten Waldrand und am Abzweig bei einer Trinkwasseranlage haben wir einen schönen **Blick auf Kleingera** ❻, 433 m. Wir bleiben auf dem Weg nach links. Im Bogen schwenkt der Weg wieder in den Wald hinein. An der nächsten Wegkreuzung halten wir uns rechts. Durch Wald und am Ende über Felder führt dieser Weg, sporadisch weiß-blau-weiß markiert, 1,1 Kilometer zum Ortsrand von Brockau. Bei ersten Häusern biegen wir links in die Gartenstraße ein und folgen beim nächsten Abzweig dem Weg am Waldrand rechts hinunter. In der Senke gehen wir rechts über den Bach und steigen über Felder hinauf zur Brockauer Straße. Auf dieser wenden wir uns nach links und folgen ihr im Rechtsbogen nach Dungersgrün hinein. Bei der Linkskurve erreichen wir unseren Hinweg und gehen zurück zum **Bahnhof** ❶.

i ***Die Göltzschtalbrücke:*** *Man kann sie vom Kuhbergturm aus sehen: Die Göltzschtalbrücke zwischen Netzschkau und Reichenbach ist die größte Ziegelsteinbrücke der Welt. Fünf Jahre wurde Mitte des vorletzten Jahrhunderts an ihr gebaut. Dann war auch diese markante Lücke in der Bahnstrecke der Sachsen-Franken-Magistrale geschlossen. Die Brücke hat eine Länge von 574 Meter, ein Höhe von 78 Meter und zählt in der obersten der vier Arkadenreihen 29 Bögen. Sie war seinerzeit die erste im Vorfeld statisch berechnete Brücke der Welt – dank Johann Andreas Schubert. Der Ingenieur aus dem vogtländischen Wernesgrün (siehe Tour 54) zeichnete nicht nur für die Konstruktion dieser Brücke verantwortlich, sondern er war es auch, der die erste funktionstüchtige Dampflokomotive in Deutschland konstruierte.*

56 Windberg, 352 m

Aussichtsberg über dem Weißeritztal

1.30 Std. | 4,7 km | ↗ 200 m | ↘ 200 m

Steiler Gipfelgang unweit der Sächsischen Hauptstadt

Die Stadt Freital liegt am Unterlauf der Weißeritz vor den Toren der Landeshauptstadt Dresden. Der Windberg im Stadtteil Deuben überragt das Tal um fast 200 Meter. Vom Rand des Gipfelplateaus grüßt seit mehr als 100 Jahren das markante König-Albert-Denkmal herunter. Die Wege zur Aussicht vor diesem Obelisken sind vom Tal aus allesamt steil und führen durch herrlichen Buchen- und Eichenwald. An verschiedenen Stellen sind noch die Spuren des Steinkohlebergbaus zu erkennen. Auf der Westseite des Berges lädt im Sommer das Freibad »Windi« nach der schweißtreibenden Gipfeltour zum erfrischenden Bad ein.

Ausgangspunkt: Parkplatz an den Neumarktarkaden, 200 m östlich des Bhfs. Freital-Deuben, dort regelmäßige S-Bahn-Verbindung nach Dresden.
Anforderungen: Kurze, aber konditionell fordernde Tour über steile Waldpfade.
Karte: GeoSN 1:25.000, Blatt 40 Dresden.
Tipp: Freibad Windi, im Sommer tgl. von 9–20 Uhr, hains.de/wasserwelten/freitals-freibaeder.

Wir starten in **Freital-Deuben** am **Parkplatz Neumarkt ①**, 172 m, und gehen entlang der Leßkestraße auf den vor uns aufragenden Windberg zu. Wir überqueren die Weißeritz und folgen der Leßkestraße am Altenpflegeheim vorbei bis zur Einmündung einer Straße kurz vor

Gedenktafel auf dem Windberg.

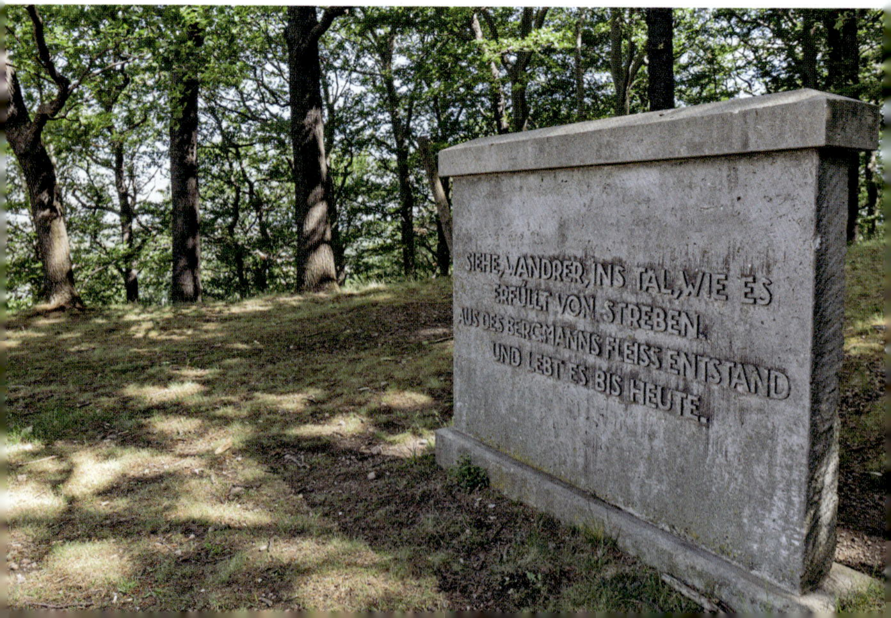

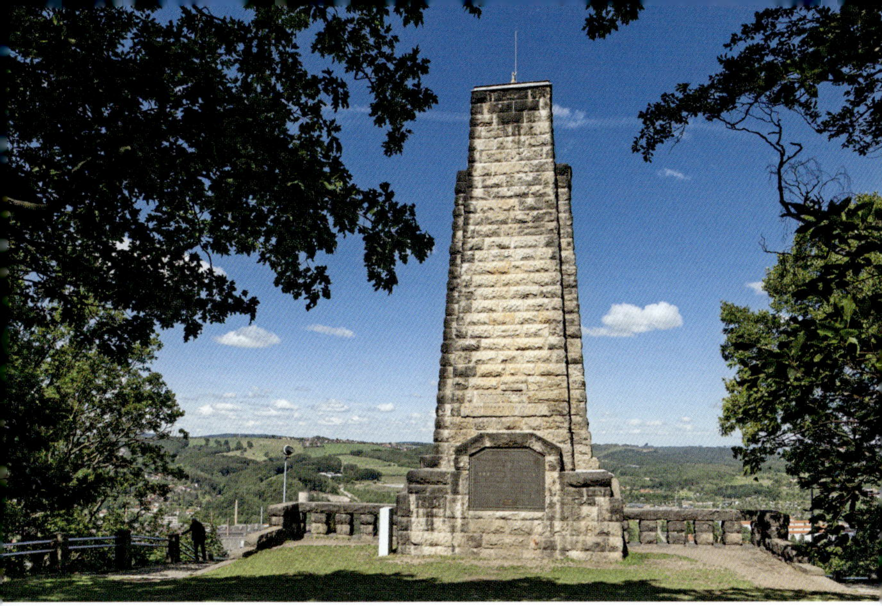

König-Albert-Denkmal auf dem Windberg.

dem Waldrand. Links lädt eine **Aussichtsterrasse ❷**, 221 m, zur ersten Rast ein. 20 Meter hinter der Straßeneinmündung führt rechts ein Pfad in den Wald hinein. Auf diesem gelangen wir nach wenigen Metern an eine Gabelung und halten uns links. Wir steigen nun links haltend im Wald hinauf. Dabei müssen wir zwei kurze Steilaufschwünge überwinden bzw. im kurzen Bogen rechts umgehen. An Einmündungen halten wir uns links und nähern uns allmählich wieder dem Waldrand. 350 Meter nach Beginn des Waldpfades erreichen wir einen Querweg, der links aus dem Wald hinaus zu einer Gartenanlage führt. Diesen überqueren wir und gehen den Weg parallel zum Waldrand weiter. 250 Meter danach zweigt schräg rechts ein Pfad ab, der bald in kurzen Kehren sehr steil hinaufführt. Dabei halten wir uns an Abzweigen rechts. Am flachen Gipfelplateau schwenkt der Weg nach rechts und mündet in den Fahrweg ein, der uns rechts geradewegs zum **König-Albert-Denkmal ❸**, 341 m, bringt. Von der Aussichtsterrasse unterm Denkmal genießen wir den Tiefblick auf Freital. Der weiß-grün-weiß markierte Weiterweg führt nun in südöstlicher Richtung oben am Plateaurand entlang. Nach etwa 100 Metern folgen wir rechts den Markierungen auf einem etwas kleineren Weg zu einer Bank mit **Aussicht auf Raschelberg ❹**, 338 m, einem Stadtteil vom Freital. Direkt danach schwenkt der Weg wieder

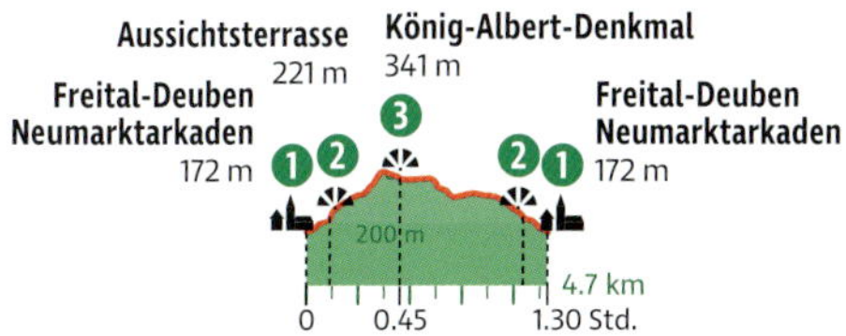

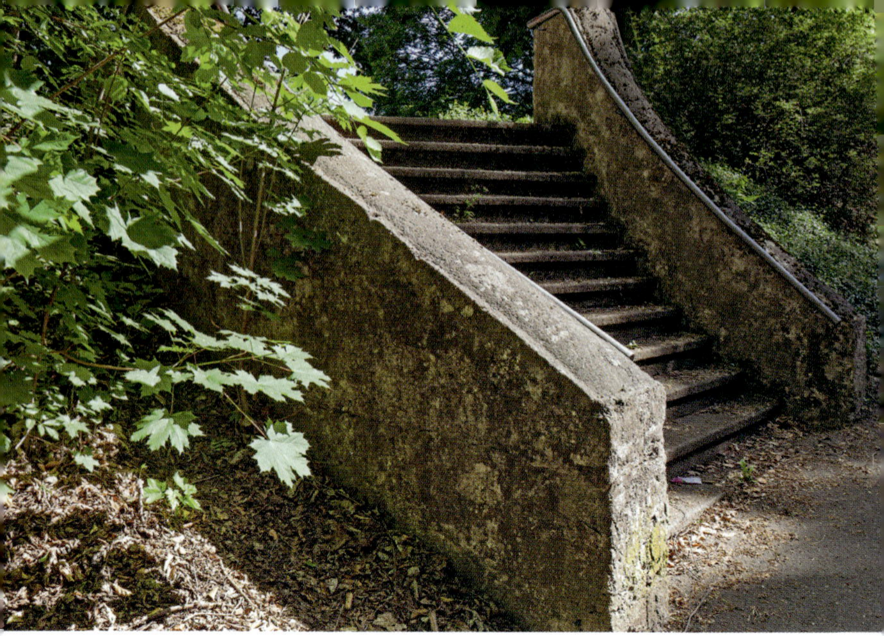

Alte Stufen führen zum ersten schönen Rastplatz.

zurück zum größeren Weg, dem wir auf dem Steilhang weiter folgen. Der höchste Punkt des Windberges liegt unspektakulär knapp links von uns im Wald. Überwachsene Gräben und Halden erinnern an die Bergbauvergangenheit des Gebiets. Links ist bald zwischen den Bäumen das Tierheim von Freital zu erkennen. Wenige Meter vor einem größeren Querweg zweigt scharf rechts hinunter unser Weiterweg als schmaler Bergpfad ab. Schon bald zweigt von diesem links ein noch steilerer und schmalerer Pfad ab. Auf diesem erreichen wir einen Querweg und wenden uns erneut nach links. Der Weg führt ein Stück am Hang entlang und schwenkt dann rechts in einigen Kehren steil hinunter. Wir erreichen den nächsten Querweg und folgen ihm nach rechts. Im Uhrzeigersinn führt der Weg zunächst mit wenig Auf und Ab am Berg entlang. Nach 800 Metern mündet unser Pfad in einen etwas größeren Weg ein, der im nun im Rechtsbogen leicht ansteigt. Bald zweigt direkt vor einer Buche ein kleinerer Pfad links hinunter ab. Auf diesem erreichen wir eine Wegkreuzung und wir wenden uns nach rechts. Über einige Steilstufen (Achtung bei Nässe!) führt der unmarkierte Weg hinab. Er wird flacher und mündet kurz vor der Straße in den Hinweg ein. Auf bekannter Route gelangen wir links zurück zum **Ausgangspunkt ①**.

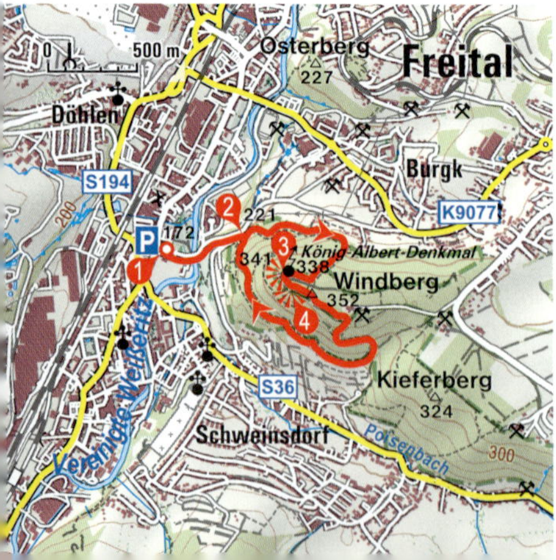

Augustusburg, 513 m, und Kunnerstein

Renaissanceschloss mit tollem Erzgebirgsblick

57

2.30 Std. | 7,5 km | ↗ 250 m | ↘ 250 m

TOP

Unterwegs auf den Spuren von Kurfürst August von Sachsen

Das Jagdschloss Augustusburg thront weithin sichtbar auf dem Schellenberg über den Tälern von Zschopau und Flöha. Nach dem Steilaufstieg erwartet uns dort eine historische Kutschensammlung, ein Motorradmuseum sowie eine Ausstellung zur Jagdtier- und Vogelkunde. Bei einer Schlossführung können unter anderem das Altarbild von Lucas Cranach dem Jüngeren und der zweittiefste Brunnen Sachsens bestaunt werden. Bei Kindern ist die Sommerrodelbahn der Hit. Der Weiterweg bietet landschaftlichen Hochgenuss im stillen Grund des Tiefen Grabens und an der Felskanzel des Kunnersteins mit Tiefblick ins Zschopautal.

Ausgangspunkt: Bahnhof Erdmannsdorf-Augustusburg, 296 m, stündliche Zugverbindung ab Chemnitz Hbf., Parkmöglichkeit.

Anforderungen: Eher leichte Tour. Allerdings beginnt sie mit einem Anstieg von 200 Hm. Mehrere kurze Steilabschnitte.

Einkehr: Bistro der Schlossgaststätte Augustusburg, tgl. 11–16 Uhr. Weitere Einkehrmöglichkeiten im Stadtgebiet von Augustusburg.

Karte: GeoSN 1:25.000, Blatt 21 Chemnitz.

Tipps: Schloss Augustusburg, tgl. 10–18 Uhr, die-sehenswerten-drei.de; Sommerrodelbahn im Augustusburger Freizeitzentrum »Rost's Wiesn«, rostswiesen.de; Drahtseilbahn Augustusburg, dsb.vms.de.

Das Torhaus der Augustusburg.

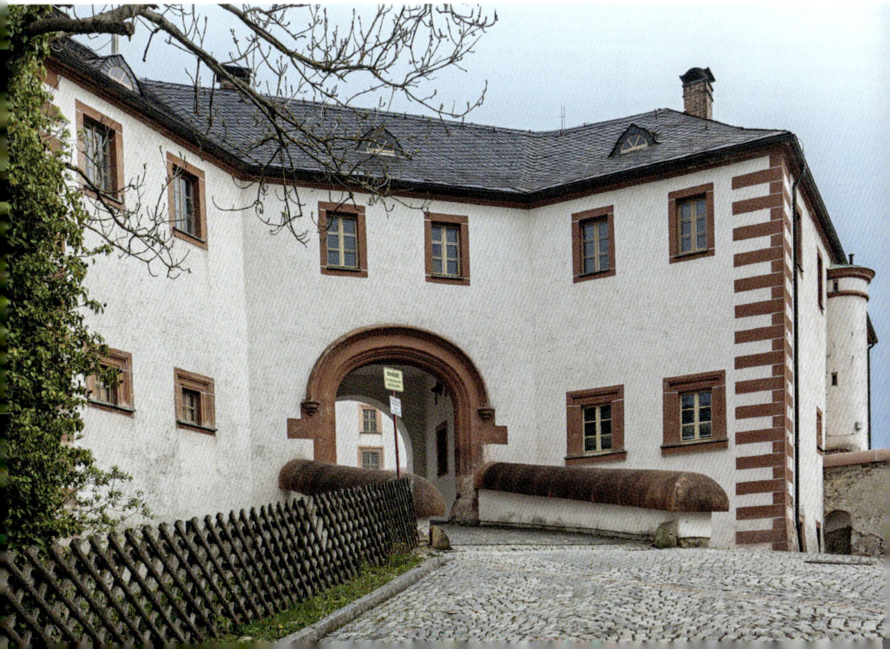

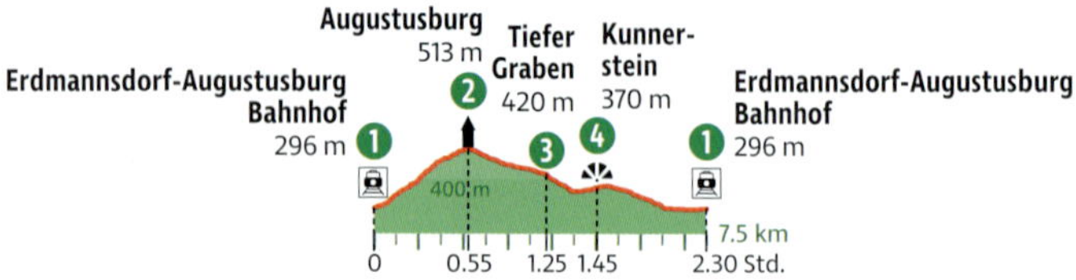

Vorm **Bahnhof Erdmannsdorf-Augustusburg** ❶ wenden wir uns nach rechts und passieren nach wenigen Metern die Talstation der Drahtseilbahn. Noch vor der Eisenbahnbrücke biegen wir links in den Wald hinein ab und halten uns sogleich wieder links. Die folgenden 1,5 Kilometer führt der markierte Weg, teils in markanten Kehren, auf einer historischen Schlittenbahn neben der Standseilbahn im Wald, am Ende ziemlich steil, hinauf. Die Orientierung bis zur Bergstation ist einfach: bei Abzweigungen immer links halten. Auf Höhe der Bergstation erreichen wir eine Pflasterstraße, der wir kurz rechts hinauf folgen. Am Querweg – unter der bewaldeten Steilböschung der Augustusburger Stadtkirche folgen wir dem Weg nach links. Im langen Rechtsbogen – an einem Aussichtspunkt vorbei – gelangen wir zur markanten gelben Kirche, gehen an ihr vorbei und biegen bei nächster Gelegenheit spitz nach rechts in die Pfarrgasse ab. Der Weg führt im Linksbogen vor der Kirche herum und am Pfarrhaus vorbei weiter in den Ort hinein. Wir überqueren eine Pflasterstraße und folgen leicht versetzt dem gepflasterten Weg steil hinauf zum bereits sichtbaren Torhaus der Augustusburg. Durch dieses, weiter über eine Brücke und schließlich durch das Nordportal erreichen wir den **Schlosshof** der **Augustusburg** ❷, 513 m. Nachdem wir

Brunnenhaus auf der Augustusburg.

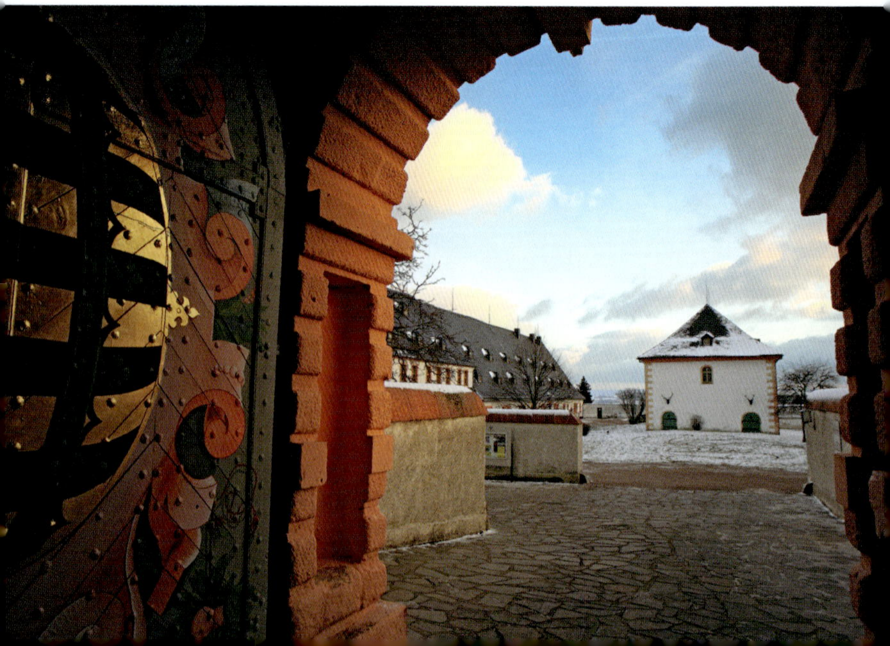

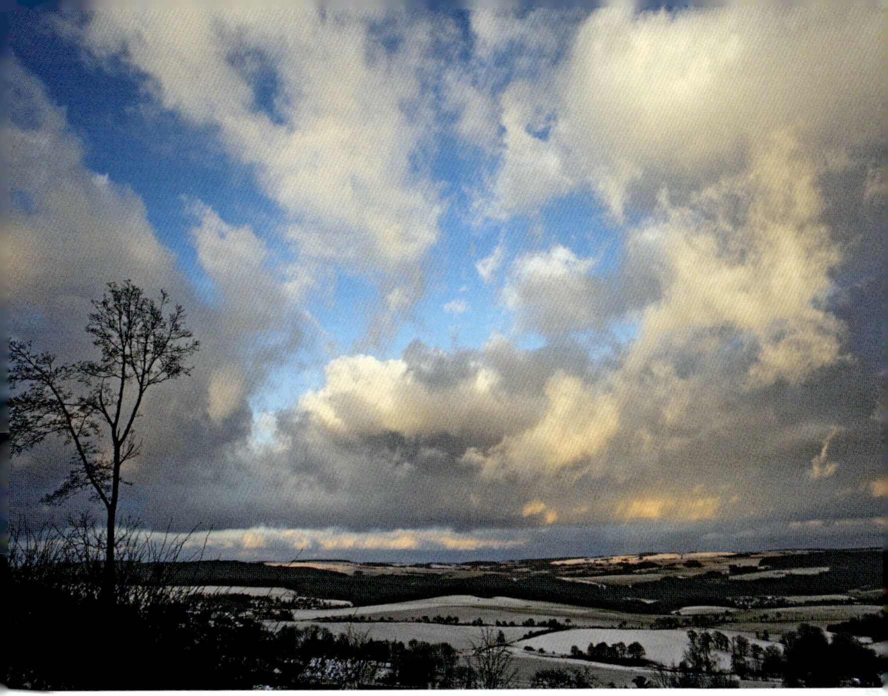

Das winterliche Osterzgebirge von der Augustusburg aus gesehen.

uns umgeschaut haben, verlassen wir den Hof gegenüber durch das Südportal wieder. Vor uns steht das Brunnenhaus, wir wenden uns nach links und verlassen die Schlossanlage nach Osten. Ein herrlicher Blick ins Osterzgebirge tut sich vor uns auf. Wir schwenken nach rechts und folgen der Schlossmauer im Uhrzeigersinn weiter. Wir passieren die südliche Schmalseite der Burg und biegen kurz hinter der Südwestecke auf einen Weg links hinunter in den Wald ab. Sogleich halten wir uns auf dem Querweg links. In großzügigen Kehren führt der Weg hinunter. An einem Spielplatz mit einer Holzburg vorbei halten wir uns leicht links und folgen den letzten Metern der asphaltierten Hinteren Schlossauffahrt hinunter. Diese schwenkt kurz nach links und wir erreichen gegenüber der Bushaltestelle die Hauptstraße von Augustusburg. Wir biegen an dieser nach rechts, passieren sogleich den Abzweig der Straße »Am Bottichberg« und das Gasthaus »Zum Schlossberg« und verlassen die nach links schwenkende Hauptstraße sogleich wieder geradeaus in die Waldstraße. In der ersten Seitenstraße befindet sich rechts nach wenigen Metern das »Café Friedrich«. Wir folgen aber der Waldstraße an einigen schicken Anwesen vorbei, bis am Ende der Siedlung gegenüber dem Hotel »Am Kunnerstein« rechts ein Weg in den Wald führt. Diesem folgen wir wenige Meter. Zunächst passieren wir links einen schmalen Pfad, kurz danach halten wir uns am Abzweig links, der Tiefe Graben ist ausgeschildert. Nach etwa 100 Metern zweigt links ein schmaler Pfad ab, der uns in hinunter in den kühlen Grund des **Tiefen Grabens** ❸, 420 m, führt. Nach 600 Metern zweigt bei einem Wegweiser unser

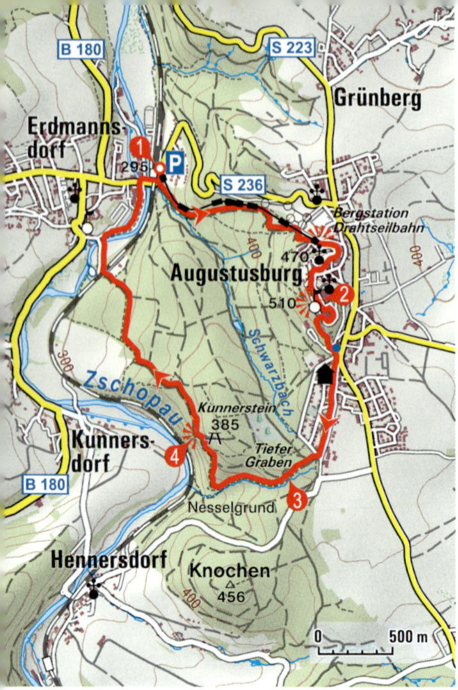

Eingang zum Augustusburger Schlosshof.

Weiterweg rechts aus dem engen Tal Richtung Kunnerstein ab. Der Weg führt zunächst in Kehren bergauf und schwenkt in die steilen Talflanken der Zschopau. Wir folgen bis zum **Kunnerstein** 4, 370 m, an Einmündungen links haltend, den weiß-rot-weißen Markierungen. Hier erwartet uns ein schöner, versicherter Aussichtspunkt hoch über dem Zschopautal. Die Rasthütte und eine kleine Felshöhle laden zum Verweilen und Erkunden ein. Der markierte Weg schwenkt hier rechts hinauf, wir aber folgen dem Weg am Hang entlang weiter. Bald mündet dieser in einen breiten Fahrweg ein, dem wir nun links hinunter folgen. Der Weg macht eine leichte Rechtskurve und passiert eine Wegeinmündung von rechts. Dort, wo der Weg am Waldrand nach links schwenkt, biegen wir rechts auf einen kleineren Pfad ab, der Rundweg um Erdmannsdorf ist nun weiß-grün-weiß markiert. Im Wald folgen wir sogleich diesen Markierungen nach links und schon bald schwenkt der markierte Weg nach rechts tiefer in den Wald hinein. Nach 300 Metern quert ein breiter Fahrweg, auf diesem wenden wir uns, die weiß-grün-weißen Markierungen verlassend, links hinunter. Bei einem alten Waldgrundstück überqueren wir die Gleise der Zschopautalbahn und erreichen rechts haltend die Flussauen der Zschopau. Wir überqueren in Sichtweite einer alten Fabrik eine Fußgängerbrücke über die Zschopau und wenden uns sofort nach rechts. Am Flussufer entlang gelangen wir zur Hauptstraße in Erdmannsdorf. Dieser folgen wir nach rechts über die Brücke und unter der Eisenbahn hindurch zum **Ausgangspunkt** 1.

Typisches Wohnhaus in Augustusburg.

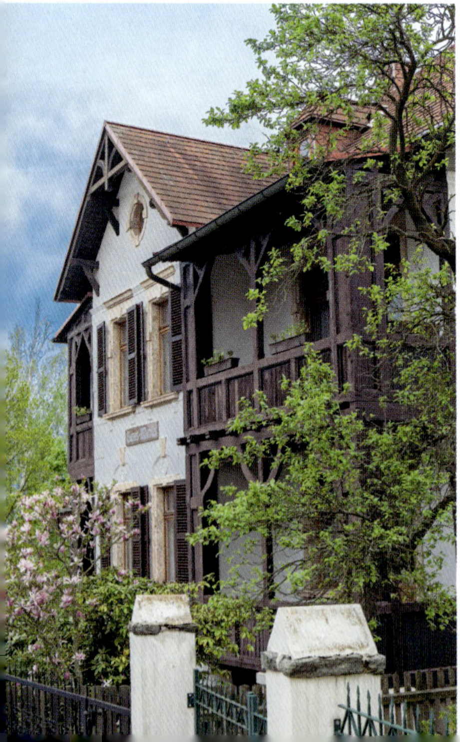

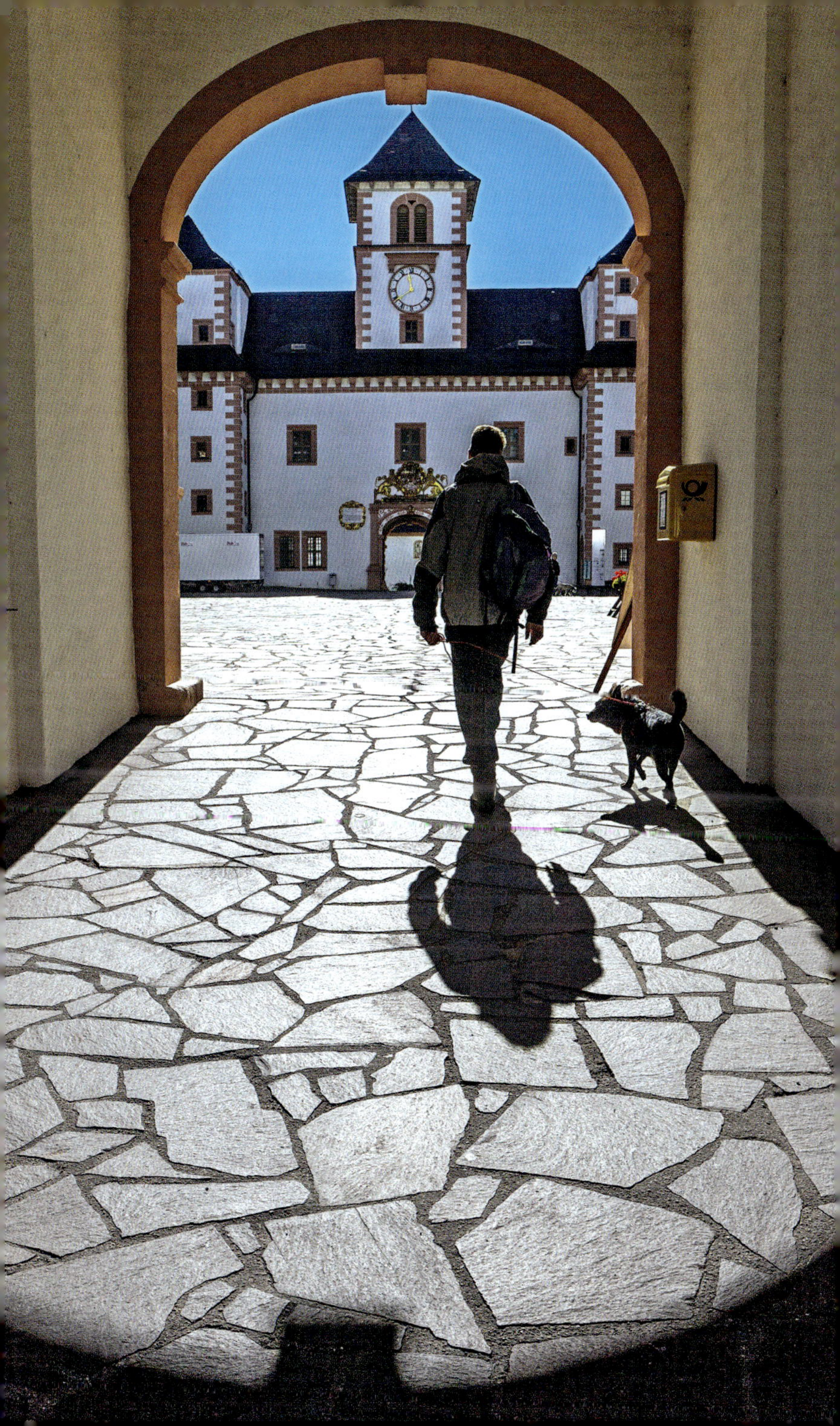

58 Dittersdorfer Höhe, 553 m

Aussichtsloge ins Erzgebirge

2.15 Std. | 8,3 km | ↗ 200 m | ↘ 200 m

Kleiner Gipfel mit großer Aussicht

Einsiedel liegt im Zwönitztal südlich von Chemnitz und ist für seine Brauerei bekannt. Unsere gemütliche Rundwanderung bringt uns gleich zu Beginn zur Einsiedler Talsperre, einem Bauwerk, dessen Ingenieurskunst vor über 100 Jahren auf der Weltausstellung in Paris Anerkennung fand. Durch einen idealen Pilzwald erreichen wir den Wiesenrücken der Dittersdorfer Höhe. Ein freier Blick über das Zschopautal hinweg zu markanten Erhebungen im zentralen Teil des Erzgebirges ist die gebührende Belohnung. Wenige Meter unterhalb des höchsten Punktes lädt die Gastwirtschaft der Dittersdorfer Höhe zur Einkehr ein.

Ausgangspunkt: Bahnhof Einsiedel, stündliche Zugverbindung ab Chemnitz, Parkmöglichkeit am Bahnhof.
Anforderungen: Meist leichte Wege, einige Wald- und Wiesenpfade, aber auch kurze etwas steilere Passagen.

Karte: GeoSN 1:25.000, Blatt 21 »Chemnitz«.
Einkehr: Landgasthof Dittersdorfer Höhe, Mi. – So. ab 17 Uhr, So. 11:30 – 17 Uhr, landgasthof-dittersdorfer-hoehe.de.

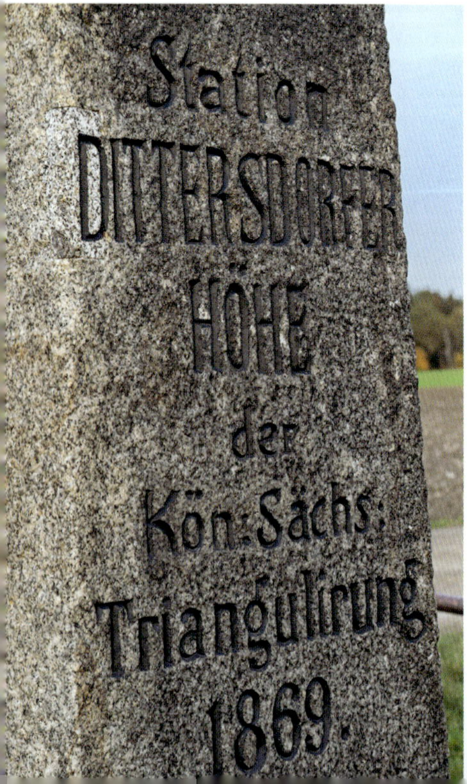

Wir überqueren am **Bahnhof Einsiedel ❶**, 345 m, die Hauptstraße unmittelbar links des Bahnüberganges und wandern auf der Straße mit den weiß-grün-weißen Markierungen über die Zwönitz hinweg. Nach 100 Metern folgen wir der Hauptstraße nach links, vorbei an der Einmündung des Fischzuchtgrundes. Am Waldrand wird es kurz steil. Wo die Straße wieder flacher wird, zweigt rechts der Rundweg um die Talsperre ab. Auf diesem erreichen wir das eingezäunte Gelände der **Talsperre Einsiedel ❷**, 389 m. Am Ende des Talsperrengeländes kommen wir zu einem Querweg. Hier wenden wir uns nach links, überqueren zwei kleine Bäche und folgen den weiß-gelb-weißen Markierungen rechts im Tal hinauf. Der markierte Weg mündet in einen etwas größeren

Triangulationssäule auf der Dittersdorfer Höhe.

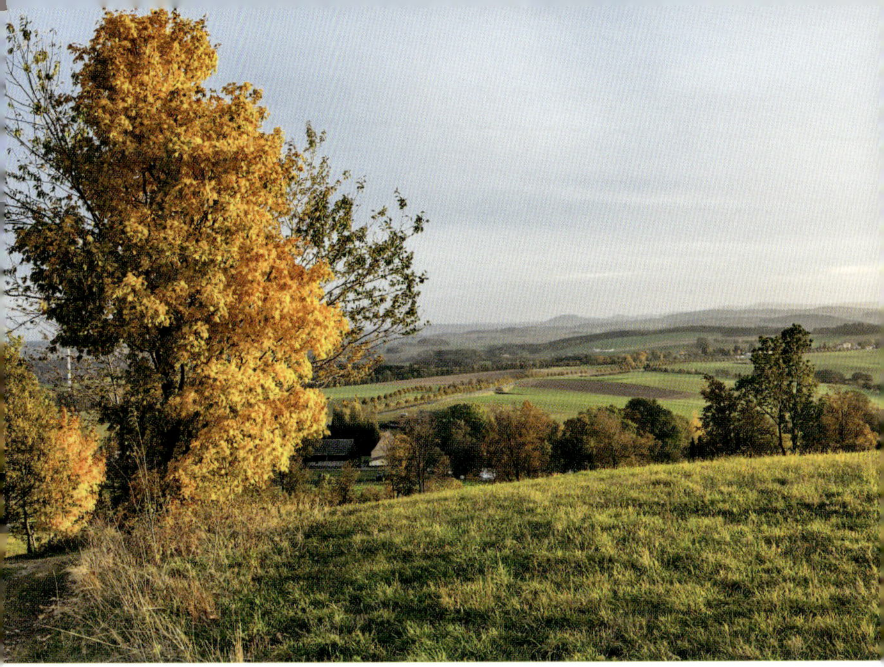

Herbstlicher Blick von der Dittersdorfer Höhe ins Erzgebirge.

Querweg ein und verlässt diesen gleich wieder halblinks hinauf. Wir verlassen kurz die Markierungen und biegen bei einem Abzweig halbrechts ab. Schon bald mündet der Weg wieder in einen größeren Weg mit weiß-gelb-weißen Markierungen ein. Diesem folgen wir, bald in Hörweite einer Schnellstraße im leichten Rechtsbogen an Abzweigungen (links zum Goldenen Hahn, rechts weiß-grün-weiß zum Fischzuchtgrund) vorbei durch den Wald. Nach einer Rechtskurve zweigen die Markierungen nach links ab, wir aber folgen dem Weg unmarkiert bis zum nächsten Querweg weiter. Auf diesem wenden wir uns nach links, überqueren den breiten Lärchenweg und erreichen sogleich den Waldrand. Wir folgen dem Pfad am Waldrand weiter und überqueren, nun schon wieder im Wald, einen kleinen Bach. Der Weg steigt an, mündet in einen größeren Weg und folgt diesem nach rechts zurück zum Waldrand. Hinter einem Funksendemast erreichen wir den breiten, weiß-gelb-weiß markierten Kammweg, der uns rechts zur **Dittersdorfer Höhe** ❸, 553 m, bringt. Hier befinden sich ein Rastplatz und eine historische Vermessungssäule. Wer einkehren möchte, gelangt

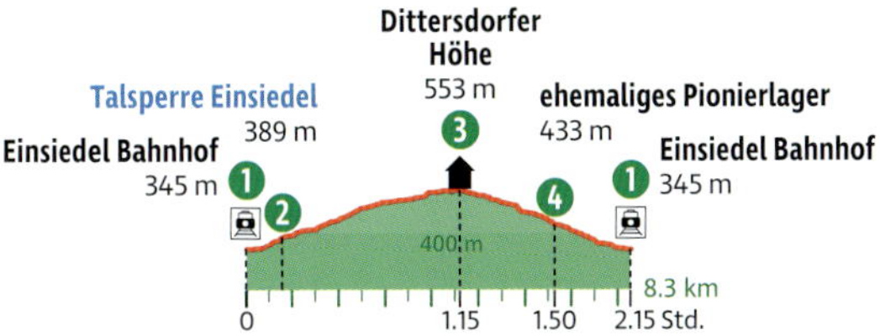

links über einen Wiesenpfad hinunter zum nahen Landgasthof (ca. 50 m). Wir folgen dem Kammweg, nach einer Weile nach links und sogleich wieder nach rechts schwenkend. Kurz vorm Wald nehmen wir den Querweg nach rechts und biegen sogleich, u. a. weiß-gelb-weißen Markierungen folgend, auf breitem Forstweg links hinunter in den Wald ab. An einigen Abzweigen vorbei erreichen wir geradewegs den Ortsrand von Einsiedel. Unmittelbar vor den ersten Anwesen folgen wir den Markierungen nach rechts. Wir passieren das frühere **Pionierlager ❹**, 433 m. Anschließend führt der Weg im Wald in eine Senke, überquert den Bach und erreicht den asphaltierten Weg des Fischzuchtgrundes. Diesem folgen wir links, weiß-grün-weiß markiert, hinunter. An Fischteichen und später an ersten Anwesen vorbei geht´s zur Altenhainer Allee und links auf bereits bekanntem Weg zurück zum **Bahnhof ❶**.

ℹ ***Triangulation:*** *Mit dem Fortschreiten der Industrialisierung und dem Ausbau des Verkehrsnetzes wurde in der zweiten Hälfte des 19. Jh. auch in Sachsen die Notwendigkeit einer exakten Landvermessung immer größer. Die »Königlich-Sächsische Triangulirung« von 1862 bis 1890 war das Lebenswerk von August Nagel (1821–1903). Unter seiner Führung wurde Sachsen flächendeckend mit einem System von insgesamt 158 Vermessungssäulen ausgestattet und mittels trigonometrischer Berechnungen vermessen. Die Säulen mussten in Sichtweite stehen und wurden deshalb in der Regel auf Berggipfeln errichtet. Ob Keulenberg, Hirtstein oder Kemmler: Das Gros der vorgestellten Wandergipfel kann solche Vermessungssäulen oder deren Reste aufweisen. Heute stehen die Vermessungssäulen oft im dichten Wald. Das war damals anders, denn freie Sicht zu den benachbarten Säulen war für die Vermessung unbedingt notwendig.*

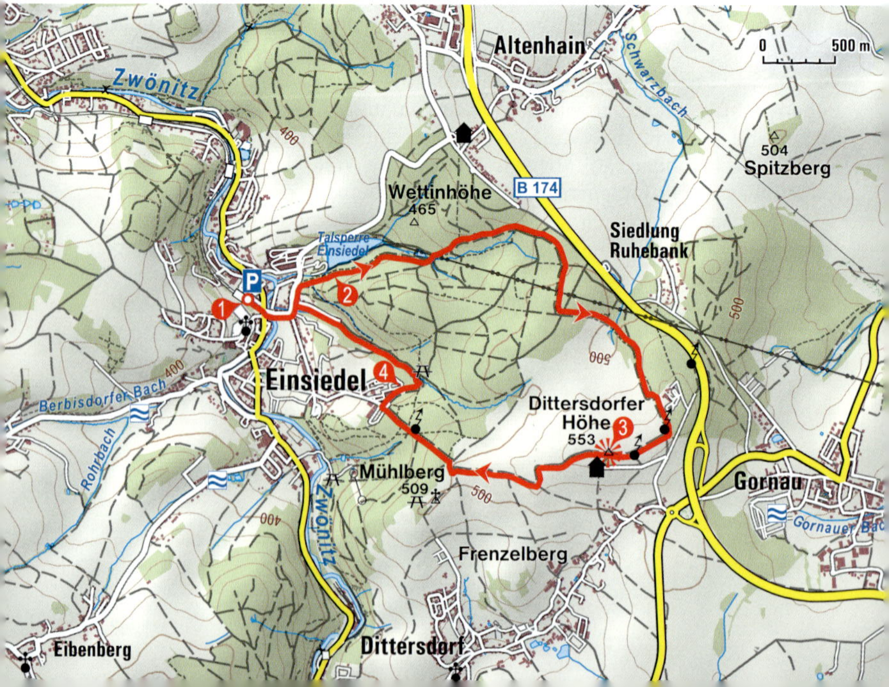

Deutschlandschachthalde, 487 m

Auf ein Monument des Steinkohlebergbaus

59

3.30 Std. | 12,0 km | ↗ 210 m | ↘ 210 m

Aussichtsreiche Runde am Fuße des Erzgebirges

Die Zeiten, da hier Steinkohle abgebaut wurde, liegen 50 Jahre zurück. Eine Wanderung durch die schöne Landschaft des Erzgebirgsnordrandes verbindet heutzutage herrliche Natur, ein tolles Panorama und die Zeugen des Bergbaus miteinander.

Der Glückaufturm wurde auf der Halde des früheren Deutschlandschachtes errichtet. Weit reicht der Blick bis zu den höchsten Gipfeln des Erzgebirges. An der Installation des Wunderhorns gleich daneben lässt sich die Wärme des Erdinnern spüren. Auf der bequemen Garnstraße bieten sich auf dem Kamm schöne Aussichten und zwei Gaststätten laden zur gemütlichen Einkehr ein.

Ausgangspunkt: Parkplatz am Spielplatz im Zentrum von Neuschönburg, 371 m. Bus Linie 138 von Zwickau wochentags stdl., Sa. und So. je 5 Verbindungen.
Anforderungen: Meist leichte Wege, jedoch einige schmale und steile Anstiege am finalen Gipfelhang.
Einkehr: Gaststätte Promnitzer, Mi. – So. 11:30 – 15 Uhr, Fr. und Sa. auch 17 – 20 Uhr, Tel. +49 37298 2174.
Karte: Sachsen Kartographie, Wanderkarte 1:33.000, Nr. 30, Stollberg/Erzgebirge und Umgebung.

Vom **Spielplatz Neuschönburg ①**, 371 m, folgen wir der Dorfstraße, am Abzweig nach Heinrichsort und am Hausteich vorbei, hinauf bis zum Ortsausgangsschild. Hier bietet sich ein unbefestigter Parkplatz als alternativer Start an. Wir biegen links zum **Waldteich ②**, 388 m, ab und folgen am Ende des Dammes bei der Gabelung den roten Markierungen leicht rechts haltend auf dem Weg schnurgerade im Wald hinauf. Unmittelbar nach einem rechts abzweigenden Weg erreichen wir einen breiten Querweg auf dem Bergplateau. Hier wenden wir uns ohne Markierungen nach rechts und erreichen sogleich eine Straße. Diese verlassen wir bei nächster Gelegenheit links wieder. Der Weg führt im Wald 1,4 Kilometer hinunter ins Oberdorf von Rödlitz.

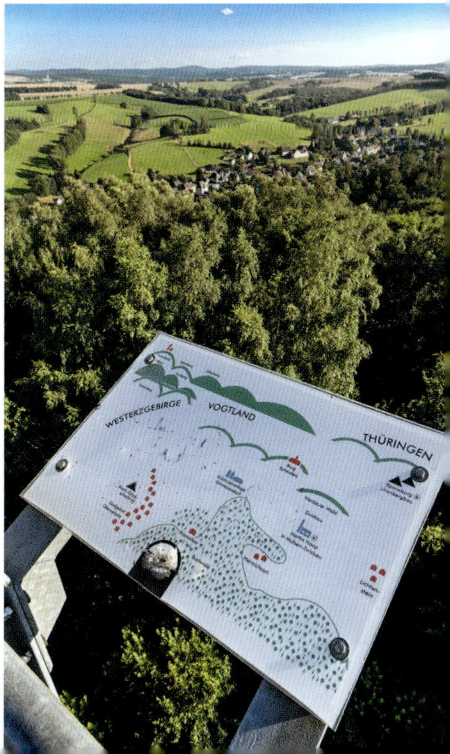

Blick vom Glückaufturm Richtung Vogtland.

Kleinere Abzweige ignorieren wir. Am Ende führt der Weg am Feldrain neben Siedlungshäusern hinunter zur Dorfstraße (Kärrnerweg). Dieser folgen wir links weiter das Tal hinunter. Nach 500 Metern zweigt nach der **Bushaltestelle Schafgartenweg** in **Rödlitz** ❸, 359 m, die gleichnamige Straße scharf rechts ab. Dieser folgend überqueren wir einen Bach. Bei letzten Anwesen führt der Fahrweg über eine Kuppe und links haltend in ein Seitental. Am Querweg folgen wir den spärlichen weiß-grün-weißen Markierungen talaufwärts. Wir passieren mehrere Abzweige links hinauf. Dann führt der Weg rechts über den Bach. Von rechts mündet ein Weg ein. Kurz danach folgen wir am Abzweig dem rechten Weg (Schlängelweg) weiter das Tal hinauf. Bald führt er in markanten Kehren, vorbei am **Bergmannsbrunnen** ❹, 426 m, kontinuierlich bergan. Oberhalb des Brunnens schwenkt der Weg zurück und schlängelt sich bis zu einem breiten Fahrweg (Garnstraße) am Hang entlang. Unser Weiterweg führt leicht rechts in den Wald. Nach 300 Meter passieren wir eine Kreuzung auf einer Kuppe. 80 Meter danach biegen wir rechts in einen schmalen Weg ein und erreichen einen Rastplatz mit einem Bergwerkshunt. Links beginnt hier der steile Gipfelanstieg zur Deutschlandschacht-Halde. Der Weg schlägt bald einen Haken nach rechts und steigt weiter im Linksbogen zum Bergplateau an. In wenigen Schritten gelangen wir geradeaus zum **Glückaufturm** ❺, 487 m Das Wunderhorn befindet sich ein paar Meter dahinter. Wir gehen zurück, am letzten Rastplatz vorbei und wenden uns beim nächsten Fahrweg nach rechts und sogleich an der Gabelung nach links. Wir biegen in die breite Garnstraße ein und erreichen (weiß-grün-weiß markiert) am Waldrand eine Bank mit großartigem **Erzgebirgsblick**

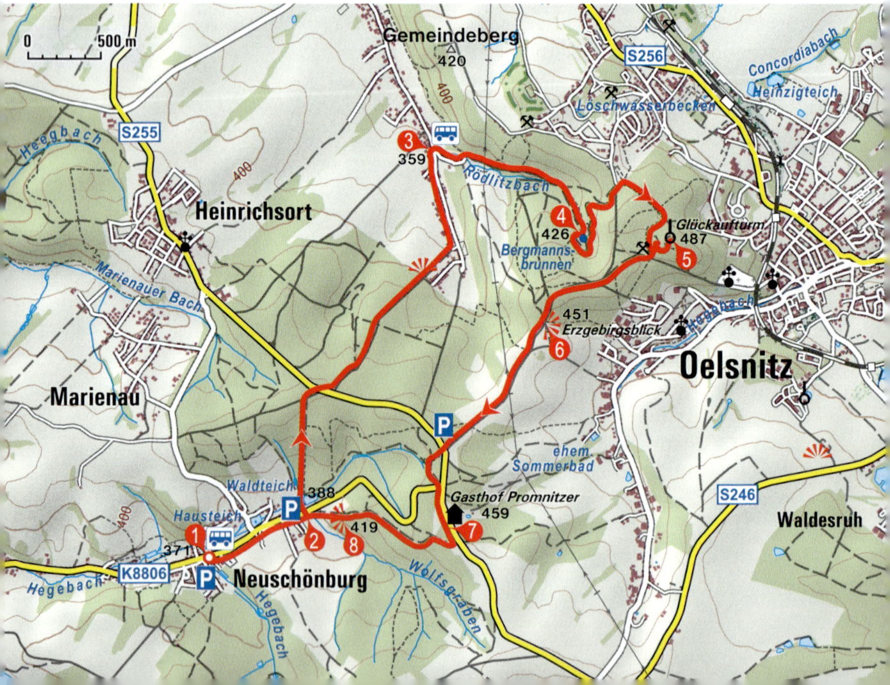

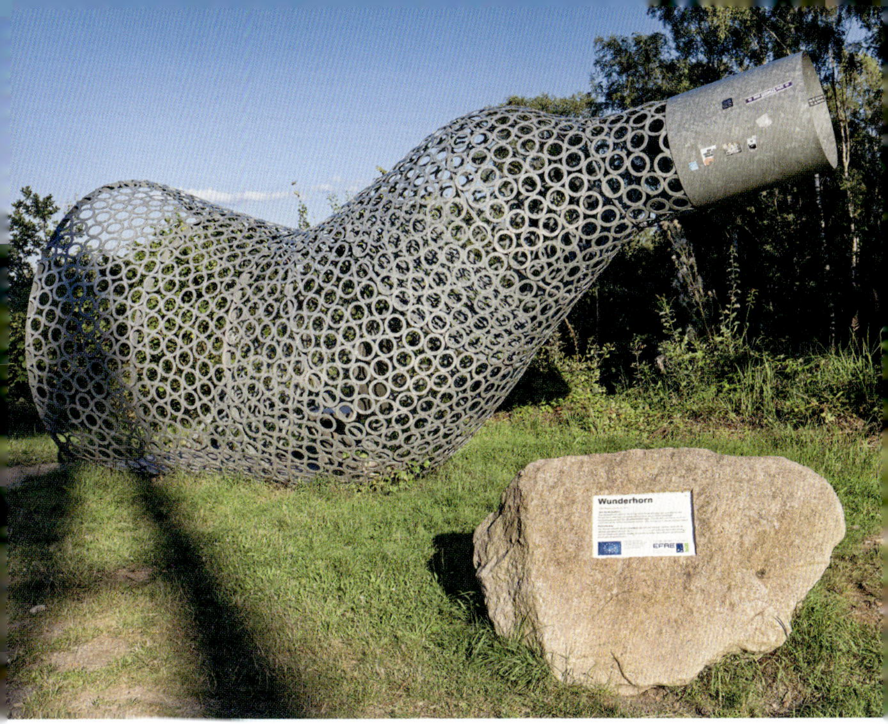

Das Wunderhorn auf der Deutschlandschachthalde.

6, 451 m. Mehr als 1 Kilometer geht es aussichtsreich auf dem Wiesenrücken weiter, bald auch mit schöner Aussicht nach rechts. Wir erreichen den Waldrand und einen Wanderparkplatz an einer Straße. Im Buchenwald gegenüber gehen wir einen Pfad leicht bergab. Zweimal leicht links haltend gelangen wir zu einer Straßenkreuzung und folgen der Straße halb rechts weiter zum **Gasthof Promnitzer** 7, 459 m. Hinter dem Gaststättengelände verlassen wir die Straße nach rechts. Ein Privatweg führt an einer Baumreihe entlang und rechts am Grundstückszaun weiter. Beim nächsten Abzweig schwenken wir links hinunter und halten uns beim nächsten Weg rechts. Dort, wo dieser nach rechts zur nahen Straße führt, halten wir uns geradeaus an einen kleineren Waldweg. An einer Gabelung vor Eichen wählen wir den linken Weg und erreichen eine Bank mit **Blick auf Neuschönburg** 8, 419 m. Geradewegs über die Wiese hinab geht es zum Ortseingang und auf bekannter Route zurück zum **Spielplatz Neuschönburg** 1.

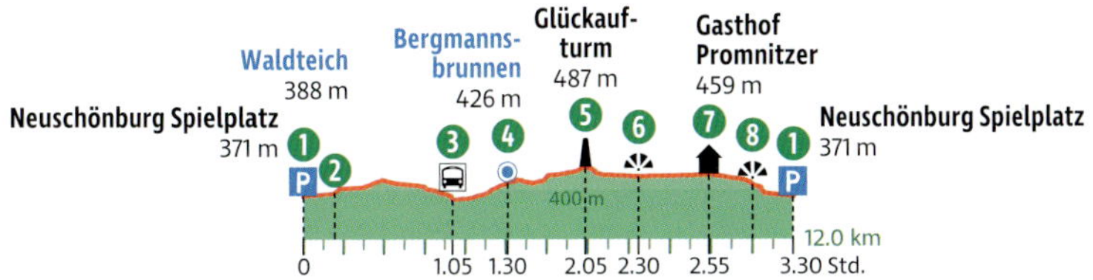

60 Rochlitzer Berg, 348 m

Bekanntester Berg an der unteren Zwickauer Mulde

TOP | 3.30 Std. | 11,2 km | ↗ 240 m | ↘ 240 m

Imposante Porphyrsteinbrüche und sakrale Baukunst bei Wechselburg

Die Landschaft ist nur ein Pfund, mit dem dieser Rundweg wuchern kann: Herrliche Laub- und Mischwälder, eine freie 360°-Aussicht vom Friedrich-August-Turm übers mittelsächsische Hügelland und der Weg durchs idyllische Muldental sind ein Hochgenuss. Über weite Strecken folgen wir dem informativen Walderlebnis- bzw. dem Porphyrlehrpfad. Doch damit nicht genug: Die Steinbrüche auf dem Rochlitzer Berg beeindrucken mit schwindelerregend steilen Felswänden. Die Basilika in Wechselburg hingegen imponiert mit spätromanischer, sakraler Baukunst. Die Klosteranlage erhebt sich fotogen auf einer Flussschleife der Zwickauer Mulde.

Ausgangspunkt: Wanderparkplatz und Bushaltestelle Wechselburg-Muldenbrücke, 165 m, Busverbindung (Linie 629) nach Burgstädt, Geithain und Rochlitz alle 2 Std.

Anforderungen: Wege und Pfade bis auf kurze Schmal- und Steilstücke ohne echte Tücken, Orientierung stellenweise anspruchsvoll.

Einkehr: Bergrestaurant Türmerhaus, Mi.–Mo. 11–17 Uhr, Sa. bis 20 Uhr, rochlitzerberg.com; Landgasthof Sörnzig, Sa., So. und an Feiertagen ab 11 Uhr, landgasthof-soernzig.de; Café am Schlosspark Wechselburg, Di.–Fr. 6–17 Uhr, Sa. 6:30–10 Uhr und 14–18 Uhr, So. 14–18 Uhr, cafe-wechselburg.de.

Karte: GeoSN, Topographische Karte, 1:50.000, L4942 Rochlitz, Dr. Barthel Wanderkarte Nr. 38, Rochlitzer Muldental, 1:35.000.

Tipp: Porphyr vom Rochlitzer Berg fand u.a. beim Bau des Leipziger Rathauses, der Chemnitzer Stadthalle und der Augustusburg Verwendung (geopark-porphyrland.de). Die Basilika aus dem 13. Jh., der Kräutergarten, aber auch die evangelische Stadtkirche sind absolut sehenswert. Der 18 ha große Schlossgarten auf der Muldeschleife in Wechselburg lädt zur intensiven Erkundung ein, von April bis Oktober finden Schlossparkführungen statt, wechselburg.info.

Variante: Dort, wo der Silberbach in die Mulde mündet, ist die Fischheimer Borstel rechts das Tal hinauf ausgeschildert. Man folgt dem Weg am Bach entlang und hält sich vor den alten Bahngleisen links. Der Weg führt über eine bewaldete Bergkuppe, auf der slawische Wallanlagen erhalten sind. Über Wiesen hinunter erreicht man wieder die markierte Originalroute.

Wir starten vom **Wanderparkplatz Wechselburg ❶**, 165 m, über die Muldenbrücke und wenden uns vor dem ersten Fachwerkhaus nach links. Ein Steig leitet uns unter den Schlossmauern weiter aufwärts. Bei der zweiten Gelegenheit wenden wir uns auf einem schmalem Gässchen nach links und erreichen den Wechselburger Markt. Wir gehen an der Stadtkirche vorbei, halten uns links und erreichen nach dem Café das Eingangstor des Klostergeländes mit der berühmten **Basilika ❷**, 191 m, Besichtigung empfohlen. Der Weiterweg führt vor der Pforte nach rechts und wenige Meter danach biegen wir bei der zweiten Gelegenheit erneut rechts ab. Links haltend führt der Weg im Buchenwald hinunter

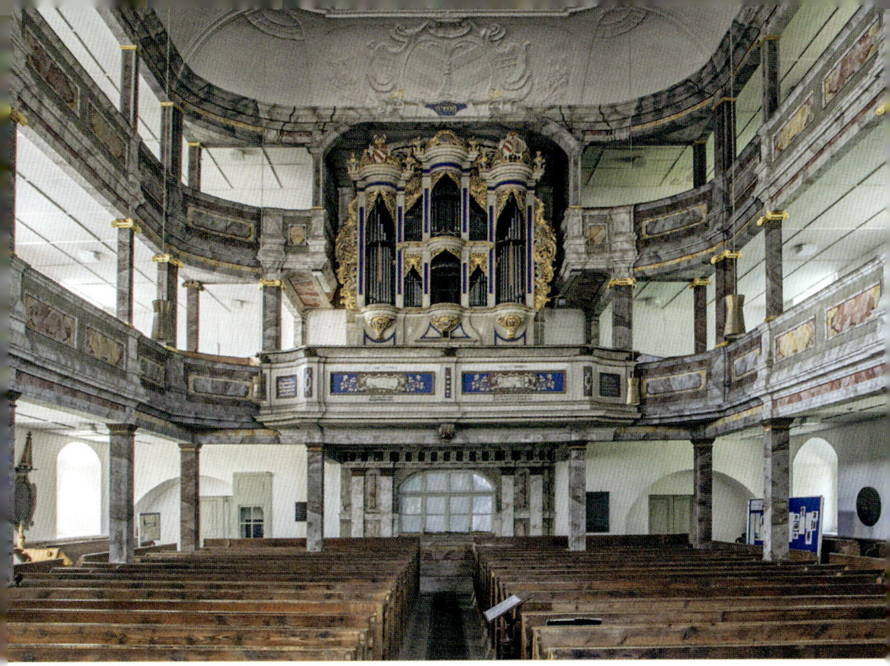

Barockes Interieur in der Wechselburger Stadtkirche St. Otto.

ans Flussufer. Hier biegen wir scharf rechts ab und passieren eine alte Kapelle und einen Stolleneingang. Der Weiterweg führt rechts über Stufen wieder hinauf, vorher lohnt noch der kurze Abstecher ein paar Meter voraus zur Lourdesgrotte.

Am Ende der Treppen wenden wir uns nach links und folgen nun gut markiert (u.a. weiß-grün-weiß) für 3 Kilometer dem Weg an der Mulde. Idyllisch führt der Weg durch die Uferflanken und nach einem einzelnen Haus bald hinunter zum Fluss. Bei der Einmündung eines Seitentals zweigt die Variante über die Fischheimer Borstel ab.

Der Weg führt hinaus auf die Flussauen und wendet sich bald nach rechts. Über Felder erreichen wir Fischheim, wir halten uns nach ersten Häusern leicht links und kommen am Ende des Ortes zur **Fußgängerbrücke Sörnzig** 3, 158 m, über die wir aufs Westufer gelangen. Am Landgasthof schwenken wir nach links. Die Route auf den Rochlitzer Berg ist weiterhin weiß-grün-weiß markiert. Der Weg führt vom Fluss weg, an einem Fachwerkanwesen vorbei und biegt an der folgenden Straße nach links und sogleich wieder nach rechts ab. An einem Fachwerkhaus verlassen wir die Straße gleich wieder und folgen links dem Wiesenweg aufwärts. Er schwenkt

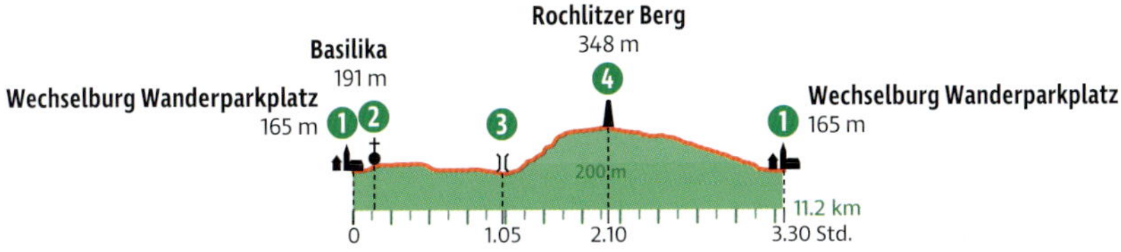

nach links und bei einem Rastplatz rechts hinauf zum Waldrand. Der Weg steigt geradeaus im Wald an. Gleich zu Beginn und nochmal kurz vor Ende überqueren wir einen breiten Fahrweg. Am folgenden Querweg wenden wir uns den Wegweisern folgend nach links und erreichen bald ein Plateau an einer Buswendeschleife. Links befindet sich ein netter Aussichtspunkt.

Wir erkunden nun den Gipfelbereich mit mehreren Abstechern zu historischen Steinbrüchen und folgen dabei dem Porphyrlehrpfad gegen den Uhrzeigersinn. Dazu starten wir zunächst auf der Straße nach rechts. Bald weisen Wegweiser zu kurzen Abstechern links zur Einsiedelei und zur Königshöhe. Rechter Hand taucht ein schöner Waldspielplatz auf. Hier biegen wir nach links von der Straße ab. Die Route führt vorm Porphyrhaus vorbei. Nach einer Barriere geht der Rundweg rechts weiter, geradeaus lohnt der kurze Stichweg in den beeindruckenden Gleisbergbruch, der auch noch einmal von einem Aussichtspunkt von oben bestaunt werden kann. Der weitere Rundweg mündet in die Bergstraße und auf dieser erreichen wir den höchsten Punkt des **Rochlitzer Berges** ❹, 348 m, mit Aussichtsturm und Berggaststätte. An der Gaststätte vorbei führt der Weg weiter über Treppen hinunter zur Straße, hier schließt sich fast die Gipfelrunde. Wir wenden uns auf der Straße nach rechts. Bald zweigt gegenüber einem einzelnen Haus rechts ein letzter, aber durchaus lohnender Stichweg zu den Haberkornschen Brüchen ab. Wir gehen noch kurz die Straße hinunter und folgen bei nächster Gelegenheit dem be-

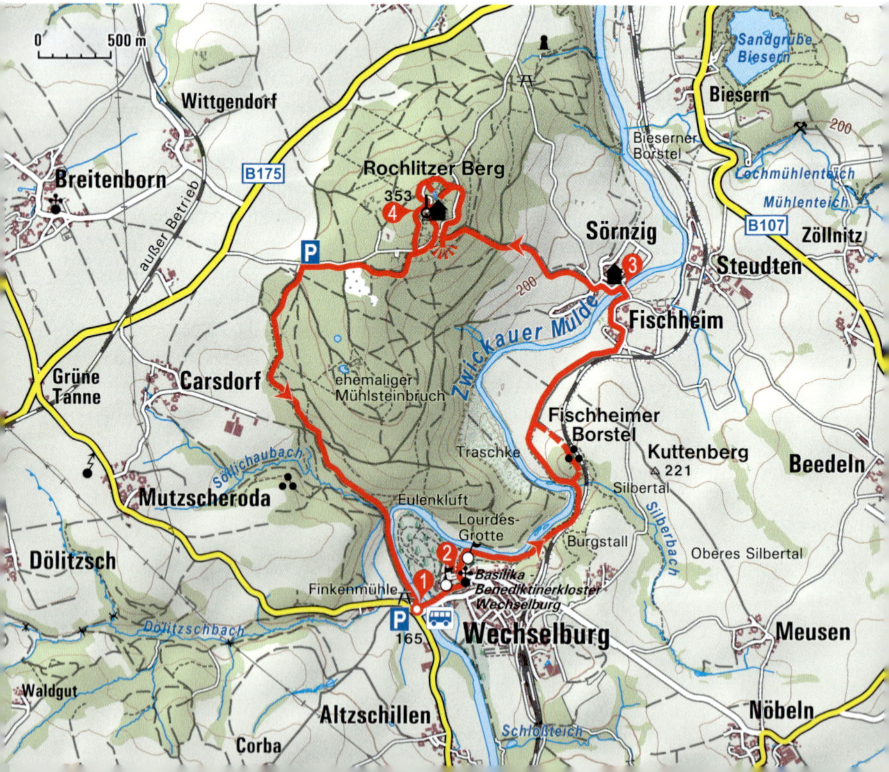

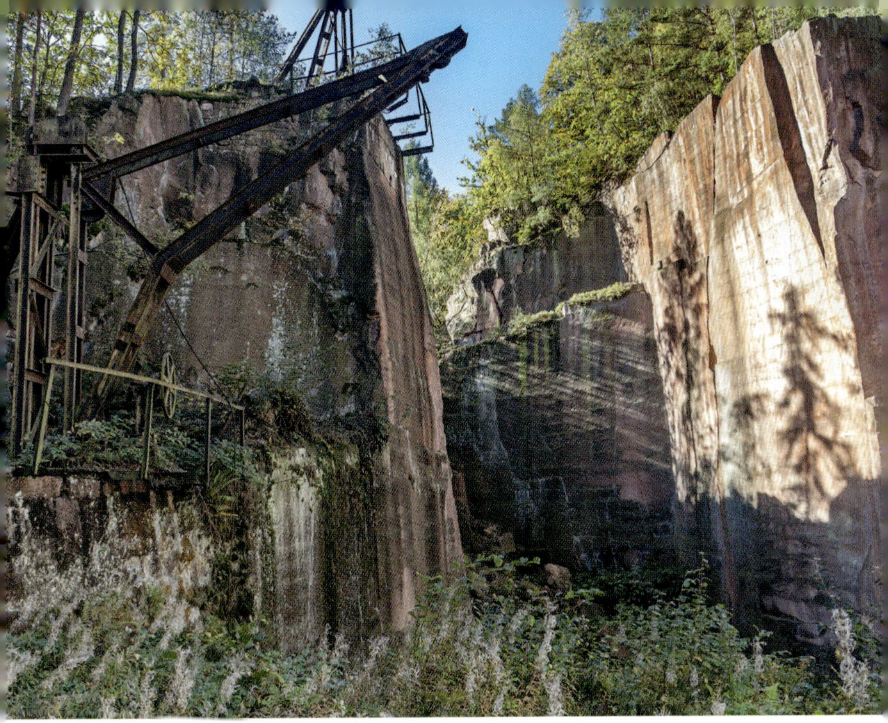

Himmelhoch und glatt sind die Felswände im Gleisbergbruch.

schilderten nach Pfad links Richtung Wechselburg. Am nächsten Querweg wenden wir uns nach rechts (grüner Kreis) und erreichen 300 Meter danach wieder die Asphaltstraße. Dieser folgen wir 400 m hinunter bis zu einem Parkplatz vorm Waldrand und biegen links ab. Dort, wo der Fahrweg am Ende einer Wiese nach links schwenkt, gehen wir anfangs leicht rechts haltend auf einem Waldpfad weiter. Dieser führt uns nahe an den Waldrand und im Linksbogen ein Tälchen hinab. Nach einem Kilometer erreichen wir einen Fahrweg, diesem folgen wir kurz, leicht ansteigend, nach links. An der folgenden Gabelung halten wir uns rechts und spazieren auf breitem Weg das Tal hinunter. Wir überqueren den Bach, treten aus dem Wald und folgen dem Weg an der Mulde entlang zurück zum **Parkplatz ❶**.

i **Kloster Wechselburg:** *Das Kloster Zschillen wurde Mitte des 12. Jh. auf der Flussschleife der Zwickauer Mulde gegründet. Seine spätromanische Basilika ist einer der ältesten Sakralbauten der Region. Die Geschichte ist wechselvoll und daraus resultiert auch der heute geläufige Name. 100 Jahre war das Kloster in der Hand des Augustinerordens, dann wurde es vom Markgrafen dem Deutschen Ritterorden übereignet. In der Zeit der Reformation gelangte das Kloster in einem Tauschhandel in den Besitz der damals mächtigen Adelsfamilie von Schönburg. Im frühen 19. Jh. konvertierten die von Schönburgs wieder zum katholischen Glauben und Wechselburg wurde zu einer Enklave des Katholizismus im evangelischen Sachsen. Während in der DDR das Klosterleben ruhte, sind seit 1993 hier Benediktinermönche zu Hause.*

61 Schildberg, 217 m

Gipfelglück in Sachsens »hohem Norden«

2.30 Std. | 9,2 km | ↗120 m | ↘120 m

Unterwegs in der Heimat der Schildbürger

Die Schwänke der Schildbürger sorgen seit Jahrhunderten für Heiterkeit. So wird erzählt: »Zum Bau ihres neuen dreieckigen Rathauses brauchten die Schildbürger auch Bauholz. Darum zogen sie zum Schildberg und fällten geeignete Bäume, entfernten die Äste und trugen die schweren Baumstämme den Berg hinab. Der letzte der Baumstämme entglitt ihnen und rollte allein den Berg hinunter. Da kam einer auf die Idee, dass es doch viel schlauer gewesen wäre, wenn sie alle Baumstämme von alleine den Berg hinunterrollen lassen hätten und so trugen sie die Bäume wieder hinauf.« Dass der nordsächsische Schildberg steil genug für derartiges Treiben ist, davon kann man sich auf dieser Rundtour überzeugen. Besonders die sogenannte Rodelbahn auf der Nordseite des Berges scheint dafür bestens geeignet. Ansonsten sind die Wege von Schildau zum Gipfel meist gemütlich und führen durch eine herrliche Wald- und Wiesenlandschaft. Ehemalige Steinbrüche, stille Mühlteiche und historische Grenzsteine sorgen für Abwechslung. Highlight ist der Aussichtsturm auf dem Schildberg.

Ausgangspunkt: Schildau, Marktplatz. Parkplatz und Bushaltestelle. Busverbindung nach Dahlen und Torgau Linie 781, am WE zweistündig.

Anforderungen: Zumeist bequeme Wald- und Wiesenwege, am Schildberggipfel etwas steilere Pfadabschnitte ohne Hürden.

Einkehr: Restaurant La Cabane, toscanella-restaurant.de, Mo. 17–21 Uhr, Di.–So. 11–14 Uhr und 17–21 Uhr; Eiscafé Zum Schildberg, Do.–So. 14–18 Uhr

Karte: GeoSN Topographische Karte 1:50.000, L4542 Mockrehna.

Tipp: Schildbürgermuseum am Markt, Di.–Fr., 10–12 Uhr und 13–16 Uhr, Sa. und So. 13:30–16 Uhr, schildbuerger-museum.jimdofree.com, Schildbergturm, nur So. von 9–19 Uhr offen.

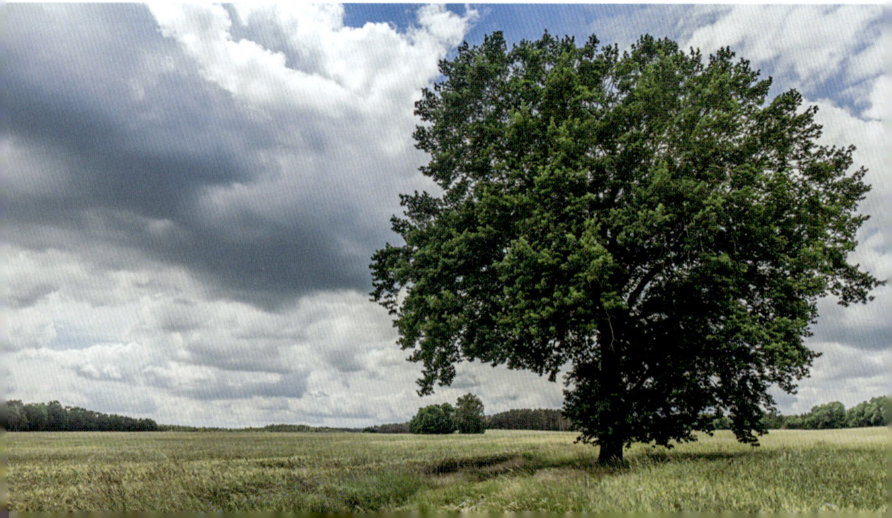

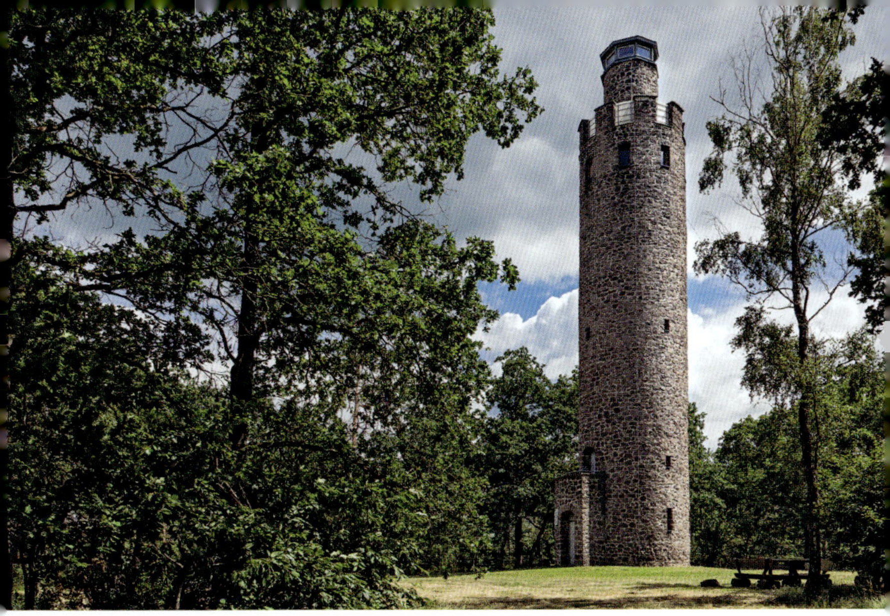

Oben: Der Schildbergturm.
Links: Landschaft auf dem Weg zum Schildberg.

Wir starten am **Markt** in **Schildau** ➊, 124 m, und folgen der Beethovenstraße neben der historischen Apotheke nach Süden. An der Grundschule vorbei und über die Goethestraße hinweg erreichen wir den Kirchberg. Im Garten der Marienkirche steht der älteste Maulbeerbaum Deutschlands, 1518 auf Geheiß des Kurfürsten gepflanzt. Wir erreichen die Ausfallstraße Richtung Wurzen und folgen ihr 1 Kilometer, bis die Straße in einer Rechtskurve über den Heidelbach führt. Danach biegen wir rechts in einen Feldweg ab. Wir folgen dem mitunter etwas versandeten Fahrweg über Felder geradeaus in den Wald hinein. An einigen verwachsenen Wegeinmündungen vorbei erreichen wir 1,1 Kilometer nach dem Waldrand eine große Fünferkreuzung. Hier wenden wir uns auf dem breiten Fahrweg nach links. An der folgenden Kreuzung biegen wir rechts ab zum Rastplatz bei **Wittes Steinbruch** ➋, 170 m.
Der Weiterweg führt am Steinbruch entlang und mündet in einen Fahrweg. An der nächsten Kreuzung weist eine Hinweistafel auf den historischen preußisch-sächsischen Grenzstein von 1818 hin. Kurz danach biegt nach einer Linkskurve der beschilderte Aufstiegspfad zum Schildberg rechts hinauf ab. Doch zunächst führt direkt dahinter halbrechts und gleich wieder rechts ein kurzer Abstecher in **Hesslers Schlucht** ➌,

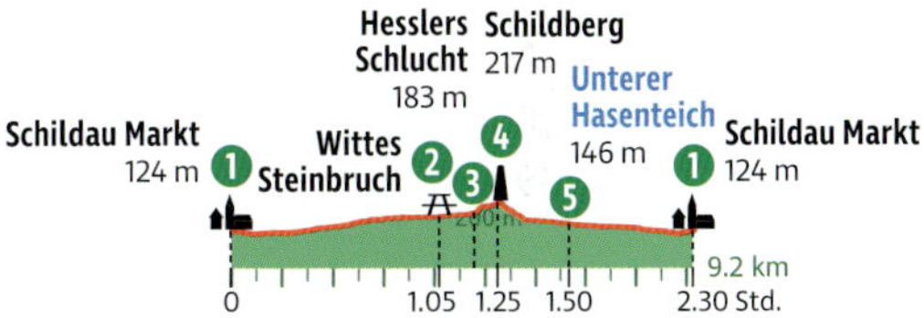

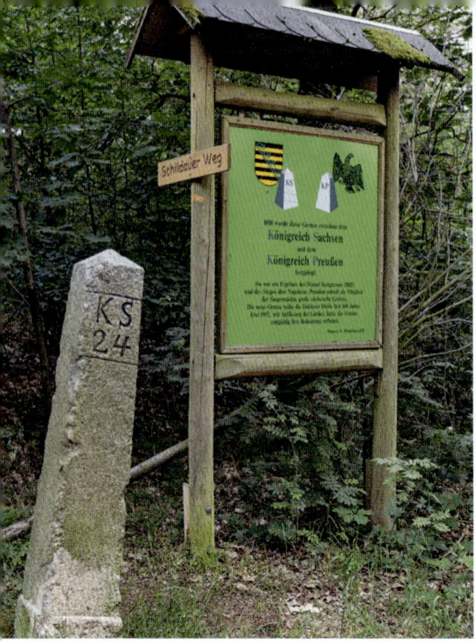

Grenzstein und Erläuterungstafel an der früheren preußisch-sächsischen Grenze.

183 m, hinein, einen verwachsenen Steinbruch.

Der Weiterweg steigt geradewegs zum **Schildberg** ❹, 217 m, mit dem markanten Aussichtsturm und einem großzügigen Picknickgelände an. Wir folgen dem Weg rechts hinterm Turm weiter. An der nächsten Kreuzung wandern wir geradeaus beschildert Richtung »Rodelbahn«. Der schmale Weg führt zunächst steil im Wald hinunter. Leicht links haltend erreichen wir vor einer Lichtung einen großen Fahrweg und biegen scharf rechts auf den Bierweg ab. Bald zweigt der mit grünem Diagonalbalken markierte Schildauer Triftweg links ab. Er führt uns am Oberen und **Unteren Hasenteich** ❺, 146 m, vorbei. Der Abstecher zu diesem idyllischen Waldteich bietet sich zur Rast an. Wir folgen dem markierten Weg weiter durch Wald, später über Wiesen und an ersten Siedlungen vorbei nach Schildau hinein. Auf der Albrecht-Lange-Straße gehen wir kurz nach links und gegenüber einem Blumenladen rechts den Fußweg hinauf zum **Markt** ❶.

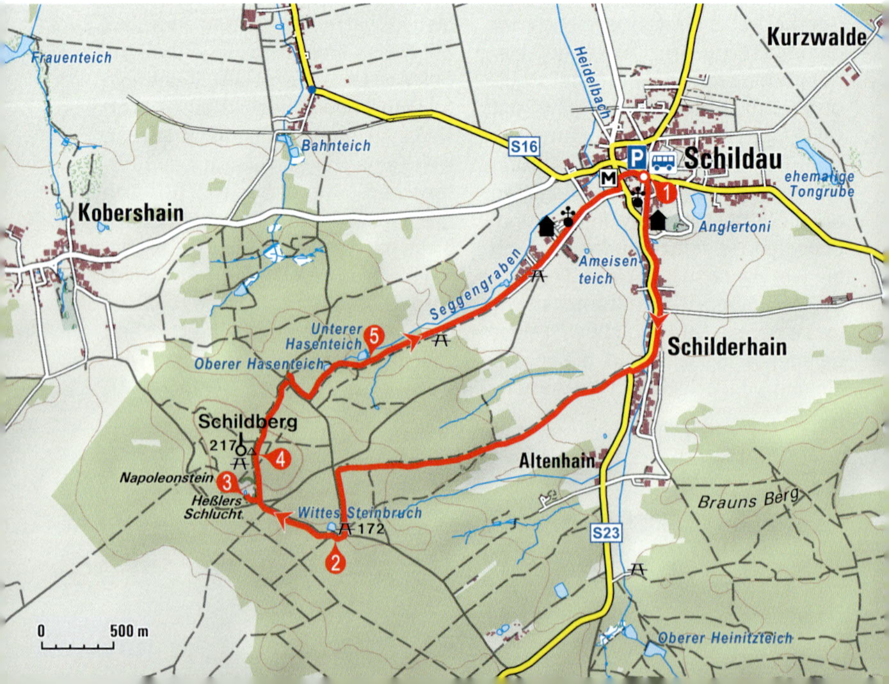

Collmberg, 313 m

Der markanteste Gipfel Nordsachsens

62

1.45 Std. | 5,9 km | ↗100 m | ↘100 m

Geologisch und historisch interessantes Bergziel bei Oschatz
Der Collmberg ist ein Berg der Superlative und fällt schon von Weitem ins Auge. Hier findet man mit der 500 Millionen Jahre alten Grauwacke das älteste Gestein Sachsens und an seinem Fuß wächst die älteste Linde des Freistaats. Unter dem inzwischen 1000 Jahre alten Baum hat bereits der Markgraf von Meißen im 12. Jahrhundert Gericht gehalten. Wanderern stehen verschiedene Wege zur Auswahl. Der kürzeste ist von Collm aus in 20 Minuten zu bewältigen. Wer einsame und lange Waldwege liebt, kann von Wermsdorf auf eine große Runde zum Collmberg starten und zahlreiche Teiche mit in die Route einbeziehen. Auch von Oschatz bietet sich eine schöne, längere Tour an. Die hier vorgestellte Wanderung ist von kürzerer Natur und umrundet den Berg fast vollständig, bevor der steile Gipfelanstieg in Angriff genommen wird. Die Aussicht vom Albertturm ist besonders bei klarer Sicht einzigartig.

Ausgangspunkt: Wanderparkplatz zwischen Collm und Calbitz. Busverbindung mit Linie 801 von Oschatz zum Dorfplatz in Collm alle 2 Std.
Anforderungen: Im ersten Teil bequeme Waldwege, Auf- und Abstieg am Collmberg auf recht steilen Waldpfaden.
Einkehr: Café Wach, cafe-wach.business.site, Sa. – So. 13 – 18 Uhr.
Karte: GeoSN Topographische Karte 1:50.000, L4742 Wurzen/L4744 Riesa.
Variante: Der im Wald gelegene Silbersee lohnt einen Umweg von 30 Minuten: 500 Meter nach dem Observatorium passieren wir eine Schneise. In der folgenden Linkskurve biegen wir dazu rechts ab. Wir wandern über mehrere Querwege hinweg schnurgerade hinunter zum Silbersee, 179 m. Von dort gehen wir zurück zum letzten Querweg und auf diesem nach rechts. An der nächsten Kreuzung passieren wir die Eselquelle und eine Kreuzung weiter gehen wir links hinauf und erreichen am Wegdreieck den Originalweg.
Tipp: Schloss Hubertusburg, größtes Rokokoschloss Sachsens, Führungen siehe hubertusburg-wermsdorf.de, der Albertturm ist von März bis November frei zugänglich.

Der Albertturm auf dem Collmberg.

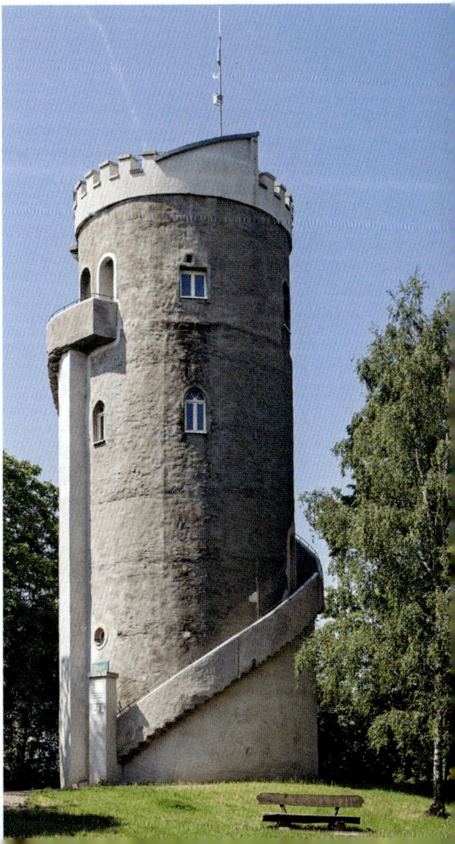

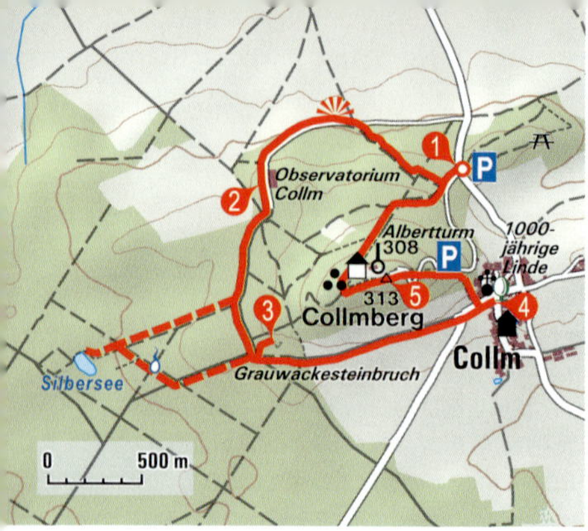

Wir starten am **Wanderparkplatz Collmberg ❶**, 226 m, auf der Nordostseite des Berges. Zunächst folgen wir der betonierten Auffahrt zum Collmberg und biegen beim ersten Abzweig in einer Linkskurve nach rechts und an der Gabelung gleich wieder rechts ab. Am nächsten Querweg gehen wir links in eine Senke hinunter und biegen rechts auf einen Weg ab, der das kleine Tal hinunterführt (grüner Kreis). Wir kommen zu einem asphaltierten Weg am Waldrand. Hier bietet sich ein schöner Blick zur Dahlener Heide. Wir folgen dem Weg nach links. Er führt gegen den Uhrzeigersinn um den Berg herum. Bald steigt der Weg an und wir erreichen linker Hand das **Observatorium Collm ❷**, 224 m. Kurz danach endet der Asphalt und wir folgen dem breiten Fahrweg über eine Kuppe hinweg und bei einer Einmündung leicht rechts hinunter durch den Wald. Der Fahrweg überquert nach mehreren kleinen Wegeinmündungen eine breite Schneise. Bei der nächsten leichten Linkskurve zweigt rechts ein Weg zum Silbersee ab (siehe Variante). Wir gehen aber auf dem Hauptweg weiter, passieren einen kleinen Abzweig nach links und erreichen bald ein Wegdreieck zur Rechten. An dessen Ende schwenken wir nach links (weiß-rot-weiß markiert, Ausschilderung »Trifft«). Wenige Meter danach zweigt bei einer Hinweistafel links der kurze Abstecher in den **Grauwackesteinbruch ❸**, 229 m, ab. Anschließend folgen wir dem Fahrweg zum Wald hinaus weiter. Bald wieder asphaltiert, geht es mit einiger Aussicht auf der Südseite des Collmbergs entlang. Wir passieren am Ortseingang von Collm einen Parkplatz. Kurz nach der Straßenkreuzung zweigt links ein Weg hinauf zu einem Rast- und Spielplatz ab.

Schloss Hubertusburg in Wermsdorf.

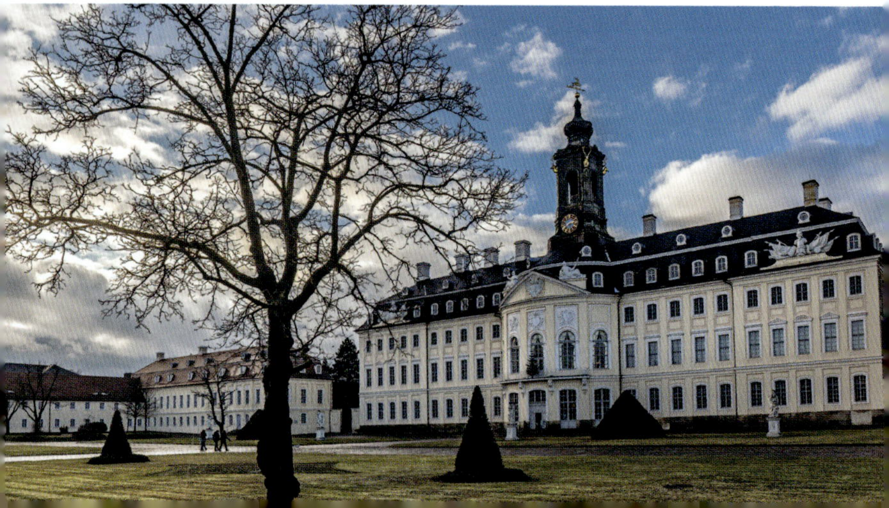

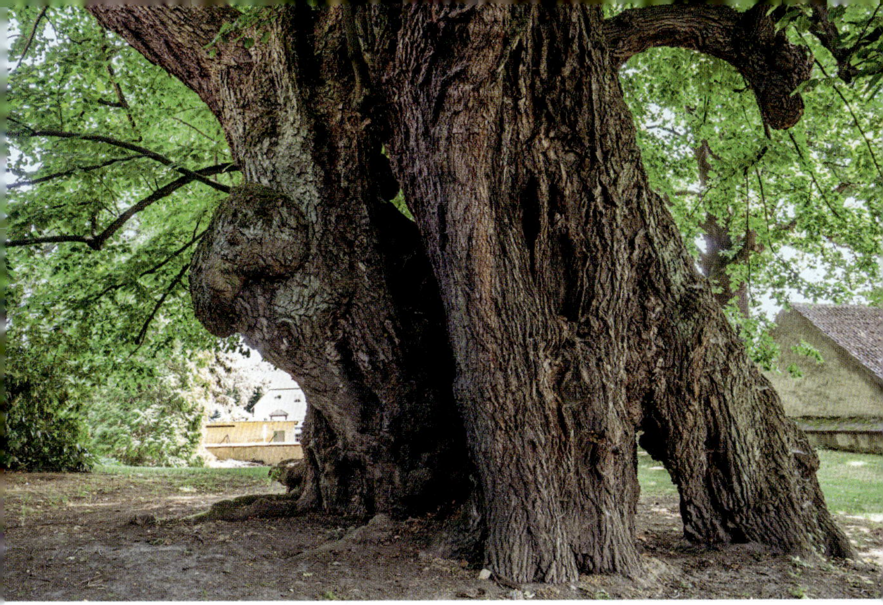

Die 1000-jährige Linde im Kirchgarten von Collm.

Bevor wir hier hinaufwandern, empfiehlt es sich, noch 100 Meter in den Ort hineinzugehen und im Kirchgarten am Dorfplatz die **1000-jährige Linde** ❹, 227 m, zu bestaunen.
Der Weiterweg führt über den Spielplatz und bei der linken oberen Ecke am Feldrain hinauf Richtung Waldrand. Wir gehen im Wald geradewegs bergan, überqueren einen Pfad und erreichen die gepflasterte Collmbergauffahrt. Auf dieser gehen wir links hinauf und bei der nächsten Kurve, die Serpentinen abkürzend, geradeaus den Weg weiter. Wir überqueren die Straße zunächst noch einmal und folgen ihr am Ende hinauf zum Gipfel. Vor uns befindet sich der umzäunte Sendemast und links steht am höchsten Punkt des **Collmbergs** ❺, 313 m, der **Albertturm**. Eine neue Picknickhütte im Blockhausstil lädt zum Verweilen ein. Wir folgen dem Pfad zwischen Turm und Zaun nach Westen. Am Ende des Zaunes schwenkt der Pfad leicht links hinunter. Bei einer alten Bank und einem Wegweiser biegen wir scharf rechts auf einen noch kleineren Pfad ab (Wegweiser »Himmelsleiter«). Am Abzweig zur Himmelsleiter vorbei gehen wir den schmalen Pfad schnurgerade, teils recht steil, hinunter. Nach einer Kreuzung wird der Weg flacher. Bereits in Sichtweite der vor uns liegenden markanten Senke biegen wir auf einen Querweg rechts ab. Wir erreichen die Collmauffahrt und folgen ihr kurz nach links zum **Ausgangspunkt** ❶.

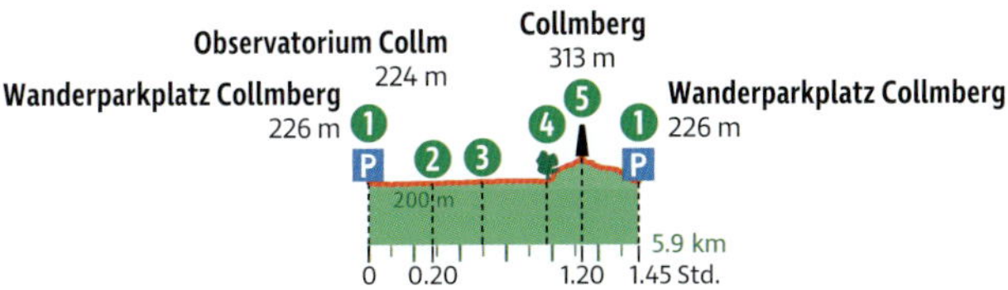

63 Hohburger Berge, 240 m

Porphyrbastionen in Sachsens Norden

3.45 Std. | 13,1 km | ↗ 290 m | ↘ 290 m

Steinbrüche und geologische Kleinode zwischen Wurzen und Eilenburg
Die Hohburger Berge sind ein Dorado für Geologen und Felskletterer und ein eigener Mikrokosmos. Die Region nördlich der Ringelnatz-Stadt Wurzen ist zum Teil von Wiesen und Feldern, zum Teil von dichten Wäldern bedeckt. Landschaftsbestimmend sind auch die mitunter abgrundtiefen Steinbrüche, die deutlich machen, welch wichtiges Baumaterial Quarzporphyr lange Zeit war. Das waldreiche und bergige Herz findet man rund um das namensstiftende Örtchen Hohburg. Gletscher- und Windschliff am Kleinen Berg sind kleine Naturwunder. Bevor es die steile Direttissima zum Löbenberg hinaufgeht, ist im Sommer ein Sprung ins kühle Nass am Kaolinsee angebracht. Ein stiller Pfad führt uns zu einem der mächtigsten Steinbrüche der Region am Zinkenberg.

Ausgangspunkt: Parkplatz beim Sportplatz am Kleinen Berg in Hohburg, von Wurzen über Zschorna kommend bei der Kreuzung am Beginn des Ortes links abbiegen.

Anforderungen: Überwiegend leichte Waldwege, Bergpfad am Kleinen Berg sowie Löbenberg-Aufstieg sehr steil.

Karte: GeoSN Topographische Karte 1:50.000, L4542 Mockrehna.

Variante: Wer den Abstecher zum Steinbruch am Löbenberg weglassen möchte, wendet sich beim Abstieg vom Löbenberg nach 200 m an der Kreuzung nach rechts statt nach links. Dann erreicht man, an einer Einmündung links haltend, direkt die Rasthütte am Zinkenberg ❹, 202 m, dadurch 30 Min. kürzer.

Tipp: Kaolin ist ein wichtiger Rohstoff der Porzellanherstellung. Der Abbau erfolgte in Hohburg über Tage. Heute ist der geflutete Kaolinsee ein beliebtes Badegewässer. Die Hohburger Berge gehören wie auch der Rochlitzer Berg zum Geopark Porphyrland, Infos unter geopark-porphyrland.de. Museum Steinarbeiterhaus Hohburg, steinarbeiterhaus.de, So. – Do. 13 – 16 Uhr, So ab 11 Uhr.

Steinbruch und See am Zinkenberg.

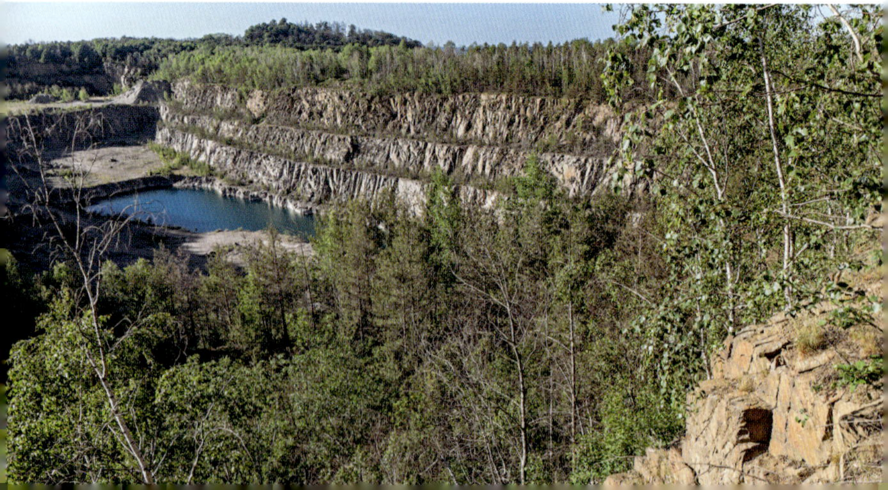

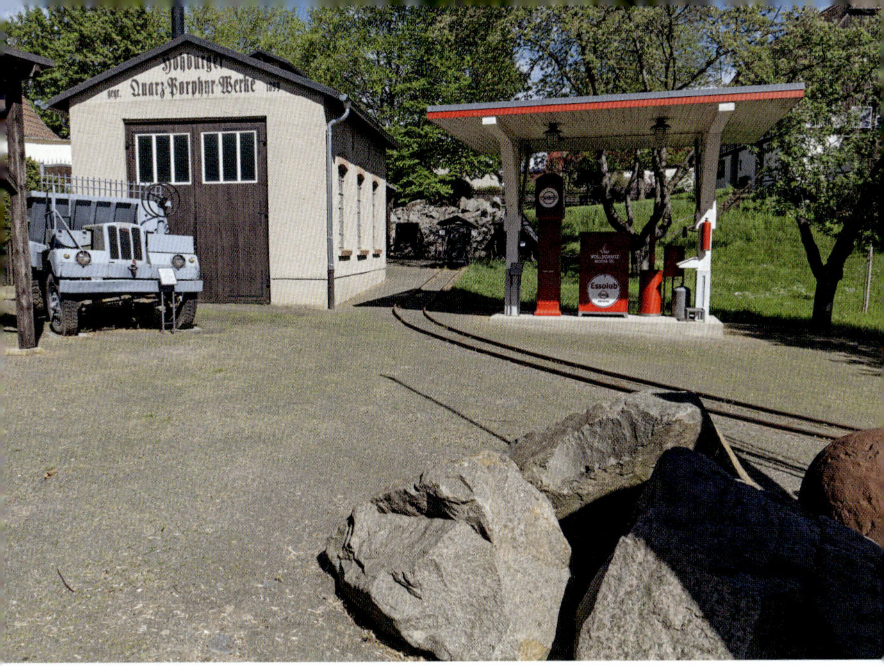

Gelände des Steinarbeiterhauses – heute ein Museum.

Wir starten am **Parkplatz** am **Kleinen Berg** ➊, 127 m, und wandern am Rand der Siedlung hoch zum Waldrand. Vor dem Sportplatz gehen wir kurz nach rechts und sogleich links zwischen den Sportplätzen und der Sportbaude hinauf. Der Pfad führt zunächst am Zaun entlang und dann im Wald weiter zu einem Querweg. Auf diesem gehen wir nach links im Uhrzeigersinn am Bergfuß entlang, bis genau auf der Ostseite der anfangs steile Kammweg rechts hinauf abzweigt (mit einem grünen Diagonalbalken markiert).

Auf diesem passieren wir die Stationen des Geolehrpfades mit Wind- und Gletscherschliff und den höchsten Punkt des **Kleinen Bergs** ➋, 204 m. Wir überschreiten den ganzen Bergkamm und erreichen danach einen Querweg. Hier wandern wir kurz rechts hinunter und beim nächsten Abzweig gleich wieder links Richtung Kaolinsee. Der Weg führt in einer S-Kurve hinunter zum Seeufer. Wir überqueren die Fußgängerbrücke und folgen dem Weg nach rechts am Westufer entlang. Wir passieren eine Liegewiese, dann gehen wir einen Fahrweg weiter und bei letzten Gartengrundstücken wieder einen Fußweg am Nordufer entlang. 100 Meter nach einem Rast-

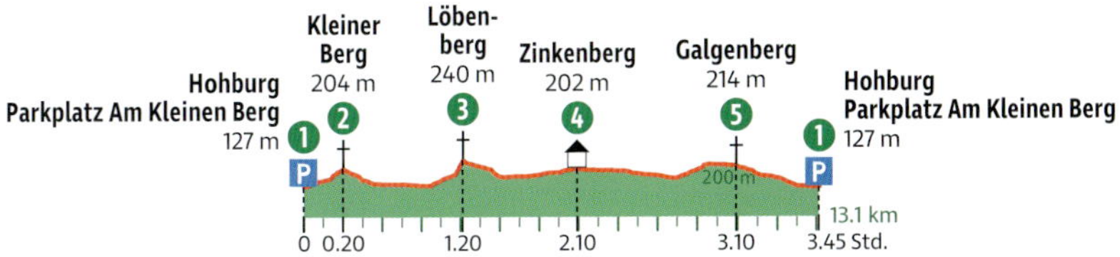

platz zweigen wir bei einem Hinweisschild für Angler links ab. Wir folgen dem Radweg nach rechts und weiter der Straße Richtung Hohburg. Direkt nach der Bushaltestelle biegen wir scharf links ab und folgen dem Asphaltweg über die Auen der Lossa zu einer Eigenheimsiedlung. Hier gehen wir nach der Brücke links die Kapsdorfer Straße hinauf und biegen bei nächster Gelegenheit rechts in die gepflasterte Straße »An der Rodelbahn« ein. Diese führt schnurgerade Richtung Löbenberg. Wir lassen die Siedlung hinter uns zurück und passieren mehrere Wegweiser und Abzweigungen. Auch, wo bei einer Gabelung der größere Weg leicht rechts abzweigt, gehen wir geradeaus. Nach einem letzten Querweg

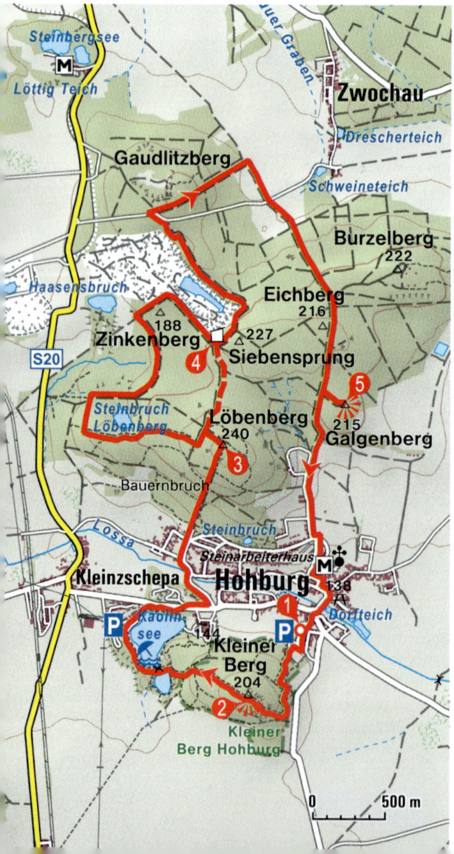

wird der Pfad schmaler und der Anstieg flacher. Kurz danach sind links des Weges zwei felsige Kuppen zu erkennen. An diesen vorbei erreichen wir im Laubwald den höchsten Punkt der Hohburger Berge bei zwei verfallenen Bänken, den **Löbenberg** ❸, 240 m. Wir gehen noch ein kurzes Stück weiter und folgen dann dem nächsten Querweg links hinunter, wo wir auf eine Kreuzung stoßen. Wir folgen dem Fahrweg nach links und biegen bei nächster Gelegenheit wieder rechts hinunter auf einen Waldweg ab. Über eine Lichtung hinweg erreichen wir den eingezäunten Steinbruch Löbenberg. Wir wenden uns nach links und folgen dem Weg am Steinbruchgelände hinunter. Alsbald biegen wir auf den nächsten Fahrweg nach rechts ab und am nächsten Querweg wieder nach rechts. Wir passieren eine Ruine des Steinbruchbetriebs. An der nächsten Kreuzung biegen wir links ab und folgen dem Wegweiser des Bergbaulehrpfades. Im langen Bogen führt die Route einsam durch den Wald. An der nächsten Kreuzung – schon in Sichtweite des Waldrandes – biegen wir rechts ab zum Zinkenberg. Vor dem Steinbruchgelände schwenkt der Weg nach rechts und führt an diesem geradewegs hinauf. Wir erreichen die Infotafel über den **Zinkenberg** ❹, 202 m, und kurz dahinter eine **Rasthütte**. An der nächsten Wegkreuzung biegen wir links ab und überqueren eine Kuppe im Birkenwald. Der Weg wird schmaler. An der Ostecke des Steinbruchs macht der Weg eine Linkskurve und folgt in einigem Abstand weiter der Begrenzung des Zinkenberg-Steinbruchs. Der Pfad führt zu einer Straße im Wald. Auf dieser gehen wir kurz nach links. Bei der folgenden Linkskurve zweigen

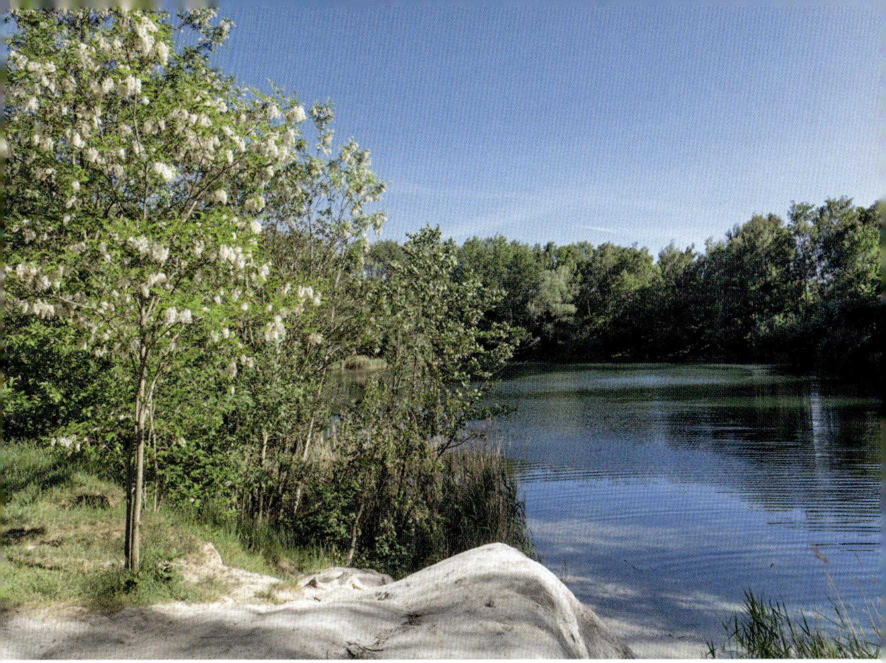

Am malerischen Kaolinsee.

zwei Wege rechts in den Wald ab. Der halbrechte Weg führt hinauf zur Abbruchkante des Gaudlitzbergs. Das Betreten des Steinbruchgeländes bleibt Kletterern vorbehalten. Wir biegen stattdessen auf den Weg scharf rechts ab, der nach einer Weile geradewegs aus dem Wald hinausführt. Vor uns sehen wir die kleine Siedlung Zwochau. Wir biegen am nächsten Querweg rechts ab und folgen dem Weg über die Felder und über eine kleine Straße hinweg in südöstlicher Richtung zum Waldrand. Der asphaltierte Weg steigt im Wald an und macht beim Abzweig zum Burzelberg (221 m) einen leichten Rechtsknick. Der Asphaltbelag verliert sich. Der Weg führt über die Kuppe des Eichbergs (215 m) hinweg. Danach passieren wir eine Kreuzung mit kleineren Wegen und 300 Meter später zweigt links der Abstecher zum **Galgenberg** ❺, 214 m, ab. Über einen Pfad erreichen wir die Startrampe eines Mountainbiketrails und kurz danach den höchsten Punkt des Berges. Zurück am Fahrweg, folgen wir diesem ein schönes Tälchen links hinunter. Am Waldrand zweigt unser ausgeschilderter Weiterweg nach Hohburg rechts ab. Durch eine Senke und über eine Kuppe gelangen wir zu den ersten Häusern. Am Ende der Straße biegen wir links ab und gehen sofort wieder rechts den Brunnenweg zwischen Spielplatz und Sportanlagen hinunter. Wir passieren das Museum am Steinarbeiterhaus und biegen bei der Sporthalle links ab. Wir gehen nach der Grundschule die Kirchgasse rechts hinunter und am Ende gleich wieder links. An der Linde biegen wir erneut rechts ab, überqueren beim Dorfteich die junge Lossa und gehen an der Kreuzung nach rechts. Nach der Gaststätte Zum Lossatal biegen wir links in den beschilderten Fußweg ab und sind zurück am **Parkplatz** ❶.

64 Nahleberg, 147 m

Künstliche Berge im grünen Gürtel von Leipzig

3.45 Std. | 15,0 km | ↗ 90 m | ↘ 90 m

Naturparadies Auenwald und ein künstlicher Berg

Die Leipziger Tieflandsbucht ist mit Abstand der am wenigsten gebirgige Teil Sachsens. Markante Erhebungen im Stadtgebiet von Leipzig sind meist nicht natürlichen Ursprungs. Der Nahleberg im Nordwesten des Zentrums ist eine frühere (inzwischen begrünte) Mülldeponie – mit toller Aussicht. Jenseits der üppig grünen Auenwälder grüßt die unverwechselbare Skyline der Stadt: Völkerschlachtdenkmal, Thomas- und Nikolaikirche, der Turm des Neuen Rathauses, das Gondwanaland im Zoo und das markante Fußballstadion – alle sind von hier zu sehen. Der etwas kleinere Rosentalhügel wurde Ende des 19. Jahrhunderts aus Bauschutt errichtet. Für Nervenkitzel ist gesorgt, wenn der stählerne Aussichtsturm bei Sturm zu schwanken beginnt.

Ausgangspunkt: Zoo Leipzig, 110 m. 10 Min. Fußweg vom Stadtzentrum, Straßenbahn Linie 12 vom Hbf.
Anforderungen: Meist leichte Spazierwege, aber dennoch gibt es immer wieder kürzere anspruchsvolle Pfadabschnitte.
Karte: GeoSN Topographische Karte 1:50.000, L4738 Leipzig West/L4740 Leipzig.
Einkehr: Haus Auensee mit Biergarten, haus-auensee-leipzig.de, Haus am See, freizeitinleipzig.de, im Sommer tgl. ab 11:30 Uhr, Hacienda las Casas am Zoo, haciendalascasas.de, tgl. 9 bis 17 Uhr geöffnet.
Tipp: Zoo Leipzig, zoo-leipzig.de, tgl. 9–17 Uhr; Parkeisenbahn am Auensee, parkeisenbahn-auensee-leipzig.de; Schillerhaus Leipzig, stadtgeschichtliches-museum-leipzig.de/besuch/unsere-haeuser/schillerhaus, im Sommer Di.–So. 10–17 Uhr, im Winter bis 16 Uhr.

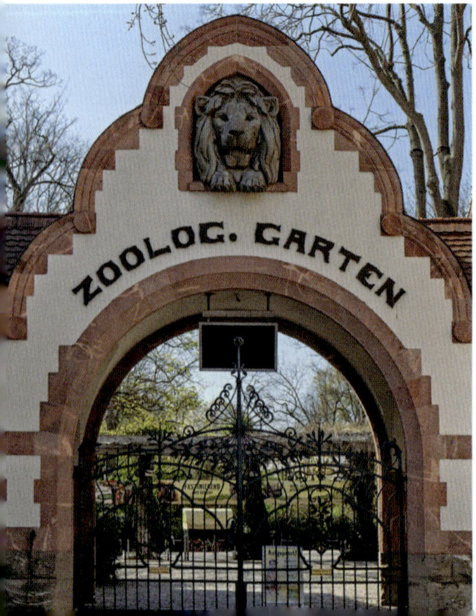

i ***Der Leipziger Zoo:*** *Er gehört zu den artenreichsten zoologischen Gärten in Europa. Gegründet wurde er 1878 vom Leipziger Gastwirt Ernst Pinkert. Die Fernsehserie »Elefant, Tiger & Co.« des MDR wird hier gedreht. Das 2011 errichtete Gondwanaland ist auch von außerhalb nicht zu übersehen, gleich zu Beginn führt unsere Wanderung hier vorbei. Es gilt als die größte Tropenhalle Europas. Kurz vor Ende der Wanderung kommen wir am sogenannten Zoofenster vorbei: Aus dem Rosental kann man mit etwas Glück die Tiere in der Kiwara-Savanne gratis bestaunen.*

Eingang zum Leipziger Zoo.

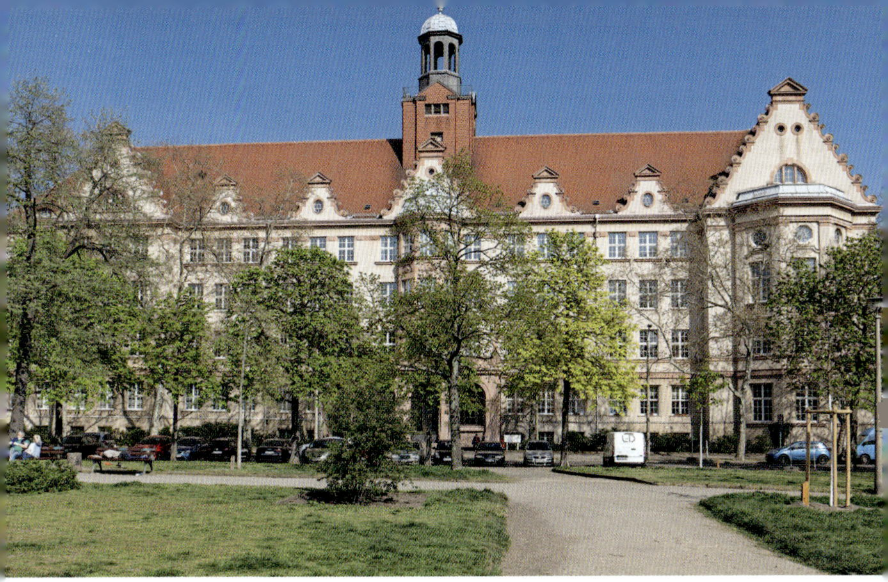

Der Nordplatz in Leipzig.

Wir starten am **Leipziger Zoo** ❶ und folgen der Pfaffendorfer Straße stadtauswärts. Hinterm Gondwanaland wenden wir uns nach links in den Kickerlingsberg. Wir folgen der Straße im Rechtsbogen, bis die Prellerstraße kreuzt. Hier biegen wir links ab (geradeaus kann in wenigen Minuten das Gohliser Schlösschen und das Schillerhaus erreicht werden). Wir wenden uns auf der Primaverastraße nach rechts und folgen ihr bis zur größeren Waldstraße. Wir gehen links über die Brücke und sofort wieder rechts an der Fußgängerampel über die Straße. Die nächsten 1,5 Kilometer geht es, anfangs an Sportplätzen, am Flüsschen Parthe stets am linken Ufer entlang. Mehrere Fußgängerbrücken führen rechts über die Parthe. Direkt nach der zweiten Brücke verlassen wir den breiten Weg und wenden uns halbrechts auf einen schmalen Uferpfad, Diesem folgen wir im Rechtsbogen, bis wir eine weitere Fußgängerbrücke erreichen. Wir bleiben auf dem ufernahen Pfad, der sogleich kurz und sehr steil Richtung Rosentalturm ansteigt. Nach 10 Metern wenden wir uns auf den Querweg nach rechts und folgen kurz der Parthe, bis wir eine Abzweigung auf einem kleinen Plateau erreichen. Bevor wir hier den Weg halbrechts steil hinunter fortsetzen, lohnt ein Besuch des stählernen **Aussichtsturmes** ❷, 125 m, über dem **Rosental**. Dazu halten wir uns an den Weg scharf links, der sich spiralförmig zum Turm hinaufwindet.

Auf dem Weiterweg bleiben wir an der nächsten Einmündung rechts. Wir passieren den Rosentalteich zur Linken und eine weitere Fußgängerbrücke zur Rechten. Am Ende des Teiches halten wir uns halbrechts und folgen weiter dem Weg an der Parthe, bis dieser eine scharfe Linkskurve macht. Hier bietet sich der kurze Abstecher geradeaus zur Mündung der Parthe in die Weiße Elster an. Alsbald erreichen wir einen asphaltierten Fahrweg. Hier wenden wir uns nach rechts über die Elsterbrücke und folgen dem Weg im langen Linksbogen, bis wir den Radweg auf einem Deich erreichen. Rechts vor uns ist der Nahleberg zu sehen. Wir überqueren die Neue Luppe auf einer Fußgängerbrücke parallel zur Bahnlinie, folgen dem Weg an den Gleisen entlang und wenden uns unmittelbar vor dem Flusslauf der Nahle nach rechts. Ein kleiner Pfad führt unter der Bahnlinie hindurch. Direkt danach wenden wir uns an den Gleisen nach rechts. Nach reichlich 100 Metern leitet uns scharf links der asphaltierte Weg zum Nahleberg hinauf. Der Weg windet sich in einer langen Schleife im Uhrzeigersinn auf das Gipfelplateau. Auf der Ostseite flacht der Weg ab und ein kurzer Pfad führt nach rechts zum höchsten Punkt des **Nahlebergs ❸**, 147 m. An einem Steinpodest vorbei gelangen wir nach links wieder zum Hauptweg und über diesen weiter im Uhrzeigersinn hinunter, bis wir am Beginn des Asphaltes wieder auf den Aufstiegsweg treffen. Auf bekanntem Weg wandern wir nun links hinunter. Vor den Gleisen wenden wir uns nach rechts und erreichen bald den schmalen Uferpfad an der Nahle. Dieser schlängelt sich flussabwärts immer am Ufer entlang. Wir kreuzen eine Eisenbahnbrücke und eine Straße und folgen dem Weg im Rechtsbogen am Waldrand entlang. Links von uns mündet die Nahle in die Neue Luppe. Wir erreichen wieder die Straße und überqueren die Brücke. Direkt danach wenden wir uns halbrechts hinunter zum Auensee und folgen dem Uferweg im Uhrzeigersinn. Wir passieren das Haus Auensee mit Biergarten und erreichen den **Bahnhof Auensee ❹**, 102 m, der Parkeisenbahn. Hier überqueren wir die Gleise und bleiben auf dem Uferweg, bis wir die Südostecke des Sees erreichen. Halb links hinauf schwenken wir bei einer Eisenbahnbrücke in den Rad- und Wanderweg auf der Deichkrone ein und folgen diesem, bis wir an der nächsten Bahnbrücke auf unseren Hinweg stoßen. Wir gehen auf bekanntem Weg

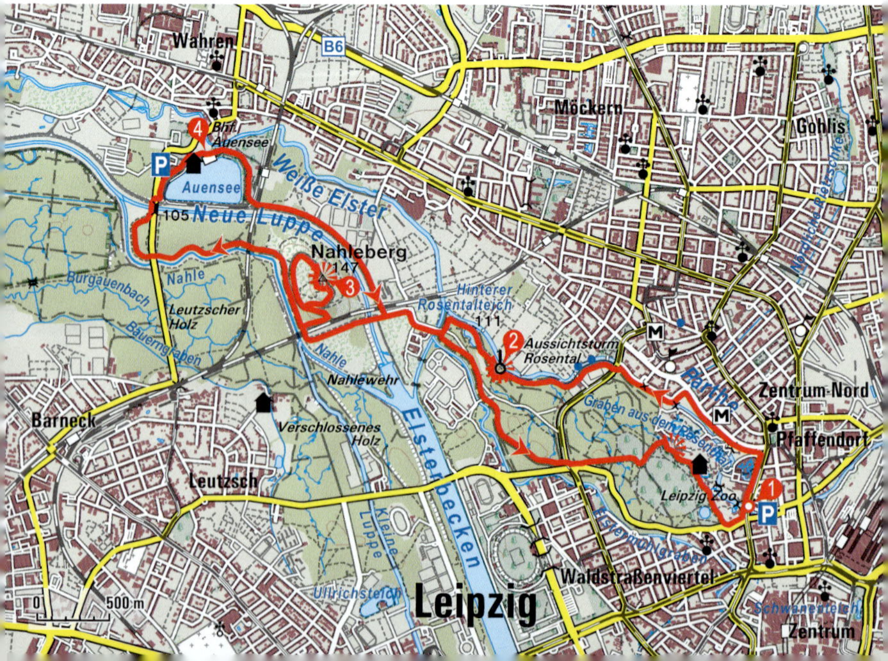

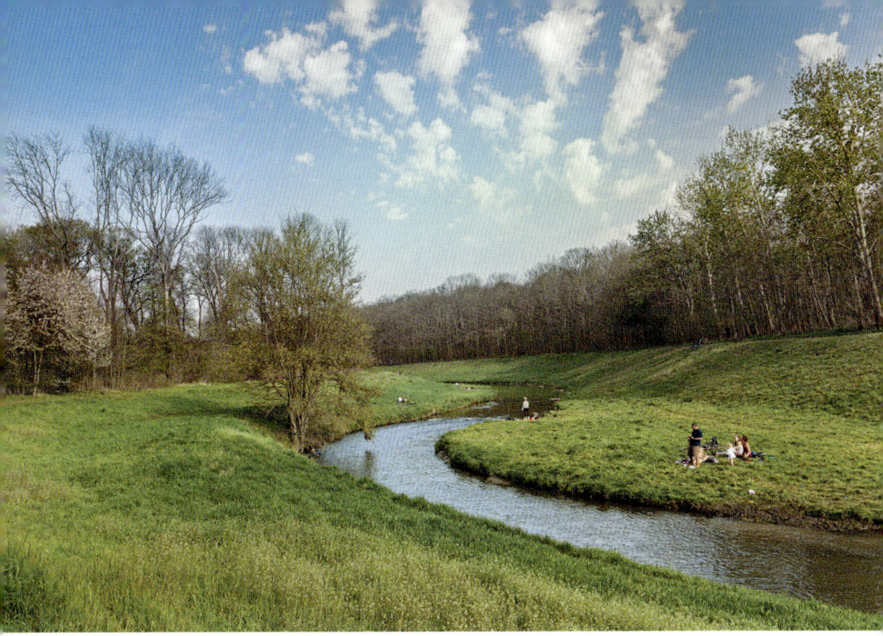

Idyllisches Tal der Nahle.

zurück bis zur Brücke über die Weiße Elster. Direkt nach dieser Brücke wenden wir uns auf dem Waldweg nach rechts und folgen dem Weg entlang der Weißen Elster. Bei einer Brücke überqueren wir die Zufahrtsstraße zum Klärwerk und gehen am Elstermühlgraben weiter. 300 Meter danach biegen wir halb links auf einen asphaltierten Wanderweg ab. Wir erreichen eine große Kreuzung und überqueren die Waldstraße mit den Straßenbahnschienen. Dahinter folgen wir noch 30 Meter dem Fußweg links neben dem Zöllnerweg, der sich zu einem schmalen Pfad verjüngt und dort, wo die Straße nach rechts schwenkt, geradeaus in einen breiteren Waldweg übergeht (nicht links abbiegen!). Wir kreuzen zwei Wege und erreichen den Waldrand an der Hundewiese. Dort biegen wir auf dem Weg nach rechts ein und 100 Meter danach an der Waldecke wieder nach links. Kurz danach halten wir uns an einer Wegkreuzung bei einzelnen großen Bäumen halbrechts. Wir erreichen die Südseite des Leipziger Zoos. Rechts schlängelt der Weg nun am Zoo entlang und bietet mit etwas Glück Einblick in die Tierwelt der Kiwara-Savanne. Die große Wiese im Rosental lädt zum Picknick ein. An der Einkehr Hacienda Las Casas und dem Teich im Rosental vorbei erreichen wir die Emil-Fuchs-Straße und wenden uns auf dieser nach links. An der folgenden Kreuzung geht es links zum **Zoo** **1**.

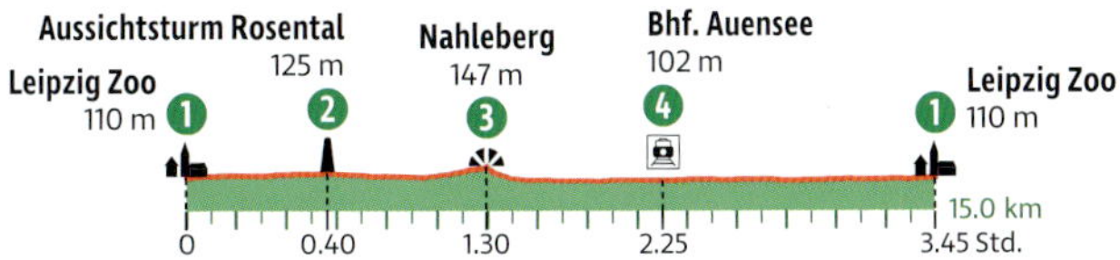

65 Halde Trages, 228 m

Ehemalige Halde im Braunkohlerevier

2.45 Std. | 9,7 km | ↗100 m | ↘100 m

Von der Umweltsünde zum Naturparadies

Fährt man von Chemnitz nach Leipzig, so fällt dieses bewaldete Hochplateau auf. Hier wurde seit den 1930er-Jahren Abraum aus dem Braunkohlentagebau rund um Espenhain aufgeschüttet. Es kam zu Hangrutschungen und niemand wäre vor 30 Jahren hier auf die Idee gekommen, wandern zu gehen. Doch Zeiten ändern sich. Die Halde wurde begrünt und versichert und zunehmend verwandeln sich die Tagebaue in Badeseen. Beim Aufstieg zur Halde Trages begegnen wir den Zeugen des Kohlebergbaus in Form eines Schaufelrades. Ein luftiger Aussichtsturm erlaubt den Blick auf das Leipziger Neuseenland und die Pleißemetropole. Sogar ein Gipfelbuch gibt es.

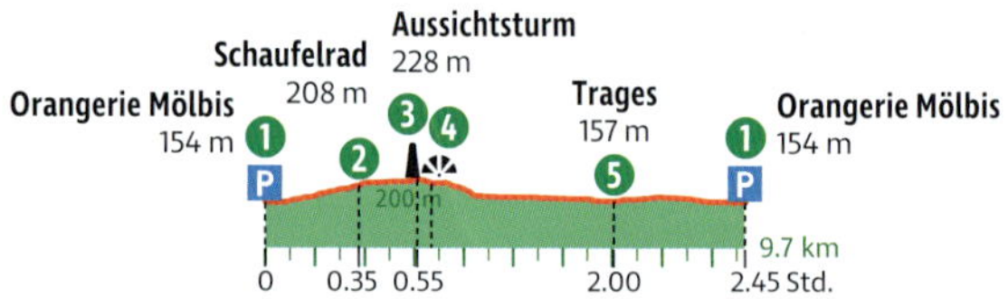

Ausgangspunkt: Parkmöglichkeit in Mölbis an der Orangerie.
Anforderungen: Leichte Wanderwege und Pfade.
Karte: GeoSN Topographische Karte 1:50.000, L4940 Borna.

Restauriertes Schaufelrad am Weg zum Gipfel der Halde Trages.

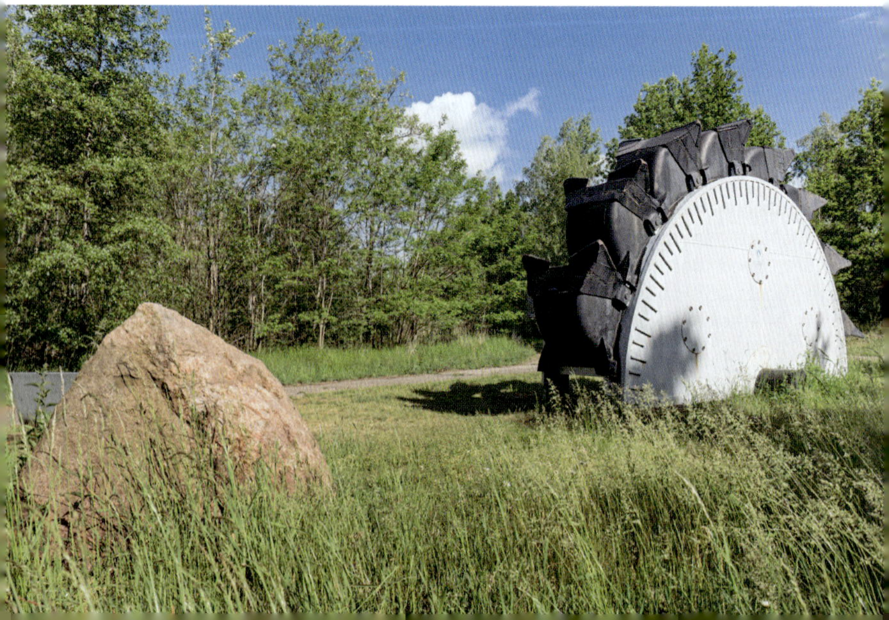

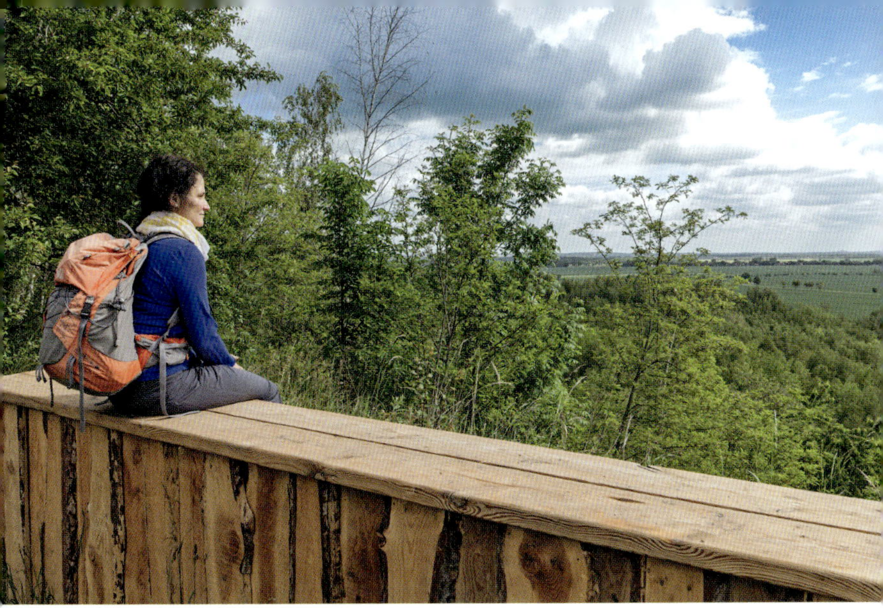

Schöner Aussichtspunkt auf der Ostseite der Halde Trages.

Wir starten an der **Orangerie Mölbis** ❶, 154 m, und folgen der Hauptstraße Richtung Espenhain. Diese macht einen Linksbogen und führt am Dorfteich vorbei. 200 Meter danach verlassen wir die Hauptstraße und gehen geradewegs den Mühlenweg weiter. Hinterm Mühlenhof geht die Straße in einen Waldweg über, der leicht ansteigend in einen Asphaltweg einmündet. Erste Blicke rechts auf Espenhain tun sich auf. Wir folgen nun dem Weg nach Süden, ein Schotterweg zweigt nach links ab. An einer Gabelung halten wir uns links. Nach einer Linkskurve zweigt rechts hinauf unser Weiterweg ab. Vorher gehen wir noch ein paar Meter geradeaus weiter, wo uns eine Picknickwiese mit einem restaurierten **Schaufelrad** ❷, 208 m, erwartet. Der Weiterweg führt nun 1,3 km geradeaus durch jungen Laubwald. Kurz vor dem höchsten Punkt mit dem 33 m hohen **Aussichtsturm** ❸, 228 m, passieren links den beschilderten Abzweig nach Trages. Am Fuß des Turmes befindet sich ein richtiges Gipfelkreuz mit Gipfelbuch. Die Aussicht von der Aussichtsplattform über das Leipziger Seenland, Mittelsachsen und bis zum Erzgebirge ist beeindruckend. Wir folgen dem Weg weiter und passieren eine Rasthütte. Danach führt der Weg im Rechtsbogen hinunter. Kurz danach erreichen wir zur Linken einen herrlichen Rast- und Aussichtspunkt nach **Osten** ❹, 214 m, wo Hinweistafeln über die Geschichte der Halde informieren.

Zurück auf dem Weg gehen wir noch kurz im Rechtsbogen weiter hinunter und biegen an der nächsten Kreuzung auf einen schönen Wanderpfad nach links ab, Thierbach ist ausgeschildert. Der Weg führt an einer aussichtsreichen Rastbank vorbei im Linksbogen hinunter. Am Ende eines längeren geraden Wegabschnitts führt die Route rechts über eine Treppe weiter. Dann wenden wir uns auf dem Querweg nach links. Im Rechtsbogen erreichen wir den Fuß der Halde und folgen dem Weg an

Aussichtsturm und Gipfelkreuz auf der Halde Trages.

einem Wassergraben entlang, bis wir links über eine Brücke abbiegen können. Direkt nach der Brücke (noch vor dem Waldrand) wenden wir uns auf einen schönen Waldpfad nach links und gehen nun gegen den Uhrzeigersinn um die Halde herum. Nach 700 m weisen uns weiße Pfeile den Weg nach rechts und vor einem Rastplatz mit Findlingen erreichen wir den Waldrand. Wir wenden uns nach links und folgen 1,6 km dem Betonplattenweg am Waldrand weiter. Nach einer leichten Kurve passieren wir die »Rückseite« von **Trages** ❺, dem Ort, nach dem die Halde benannt ist. Über die zweite der Betonbrücken mit Metallgeländer queren wir nach links über einen Graben. Wir folgen dem Asphaltweg am Fuß der Halde weiter. Bald schwenkt dieser nach links und steigt nach einer Art Wendeschleife steil an. Nach einigen Metern zweigt rechts unser breiter Weiterweg ab. Dem nahezu geraden Weg folgen wir etwa 800 Meter. Dort, wo dieser Fahrweg merklich links hinaufschwenkt, zweigt unser Weiterweg als schmaler Pfad halbrechts ab. Er schlängelt sich, teils an verfallenen Bahnschwellen entlang, durch den Wald. Auf dem nächsten, wieder größeren Fahrweg biegen wir scharf rechts ab. Durch eine wasserwirtschaftliche Anlage hindurch und an einer Schranke vorbei erreichen wir die ersten Häuser von Mölbis. Wir folgen der Siedlungsstraße in den Ort, gehen an einer links abzweigenden Straße zunächst noch geradeaus weiter. 130 m danach (rechts steht Haus Nr. 17) gehen wir links über die Wiese, wo ein schmaler Pfad in den Waldstreifen hineinführt. Diesem folgen wir am Bach entlang bis zur Straße der Republik. Hier gehen wir nach rechts, passieren ein schönes Fachwerkhaus und die Dorfkirche. Dahinter biegen wir rechts ab und wenden uns vor dem Schlosspark gleich wieder nach links zur **Orangerie** ❶.

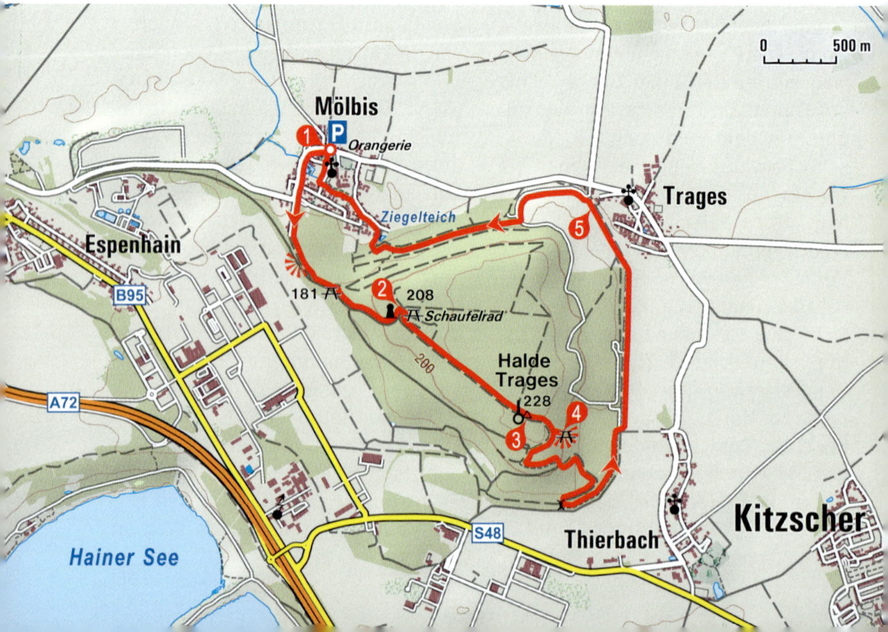

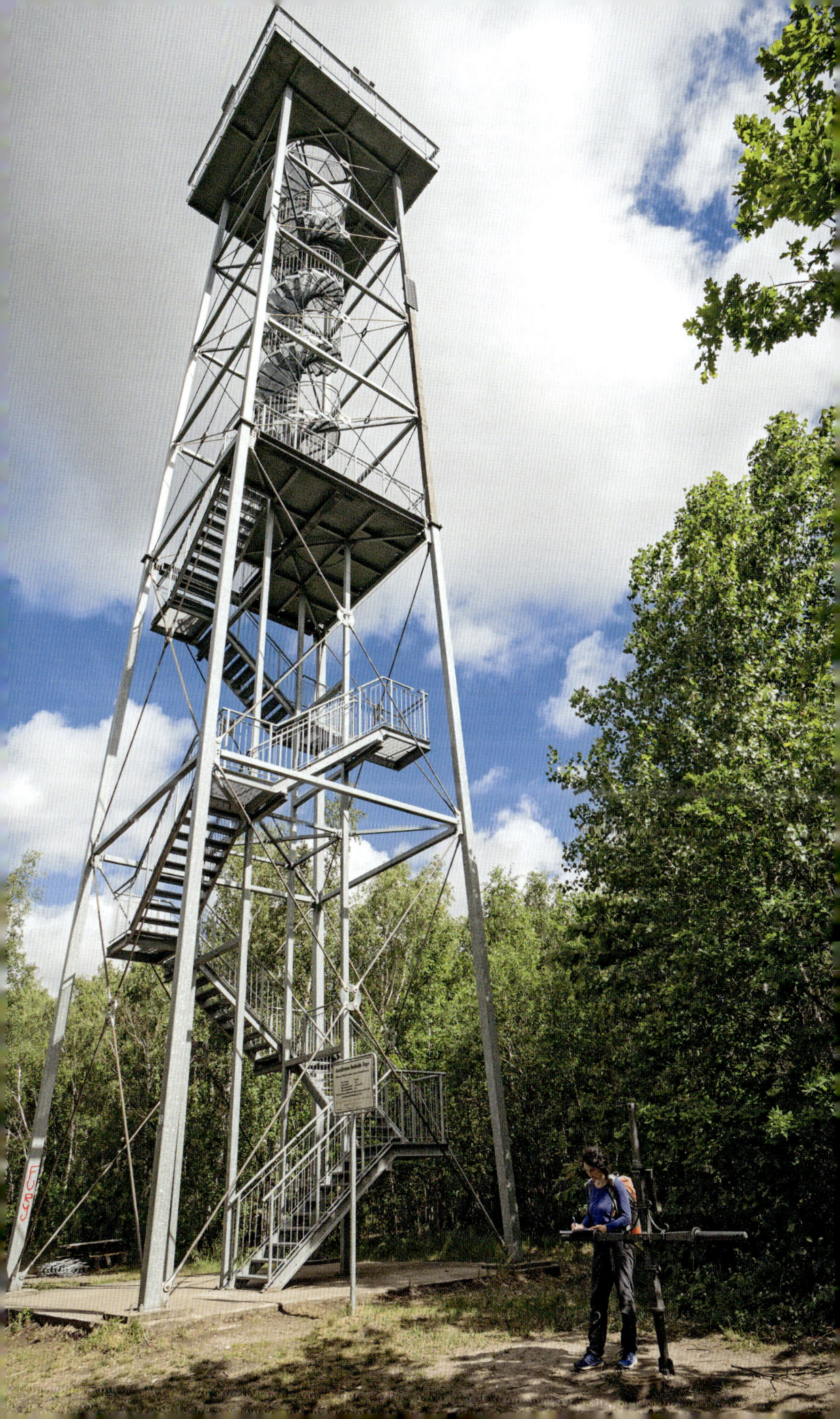

Stichwortverzeichnis

Impressum

Umschlagbild: Panorama am Gohrischstein im Elbsandsteingebirge (Tour 25).

Bild im Innentitel: Die berühmte Felsnadel der Barbarine am Pfaffenstein (Tour 26).

Seite 2: Imposante Felsformation am Schrammtor (Tour 21).

Alle 225 Fotos vom Autor.

Kartografie: 65 Wanderkärtchen im Maßstab 1:50.000
Geodaten © OpenStreetMap und Mitwirkende
Kartografisches Design: SHOCart (CZ), www.shocart.cz.
2 Übersichtskarten im Maßstab 1:1 Mio. und 1:2,5 Mio.
© Freytag & Berndt, Wien

Werk-Nr.: 3289

1. Auflage 2024

ISBN 978-3-7633-3289-2

Wir freuen uns über jeden Korrekturhinweis zu diesem Wanderbuch!
Bitte per E-Mail an: **leserzuschrift@rother.de**

ROTHER BERGVERLAG · Keltenring 17 · D-82041 Oberhaching
Tel. +49 89 608669-0 · www.rother.de